# 認知行動アプローチと臨床心理学

## イギリスに学んだこと

Cognitive Behavioural Approach and Clinical Psychology
—— Impact of British Clinical Psychology

丹野 義彦
Yoshihiko Tanno
著

Ψ 金剛出版

## はじめに　臨床心理学とは何か

　日本において，ここ数年で臨床心理士の知名度は上がり，臨床心理学を勉強したい大学生や大学院生は増えている。しかし，日本の心理臨床学はこうした状況に対応できているのだろうか。1990年代から，イギリスやアメリカでは，サイエンスの部分が強化され，実証にもとづいた臨床心理学（エビデンス・ベースの臨床心理学）が構築されつつあるが，日本ではこうした動きは稀薄である。また，日本では，臨床心理士の国家資格も実現していないし，現場での養成制度も未発達である。

　臨床家は，おもに個人の心的世界を対象として仕事するので，広く世界の臨床心理学に目を向ける機会は少ない。しかし，臨床心理士の社会的責任や資格制度を考えたり，クライエントにとって真に有効な臨床実践とは何かを考えると，世界の臨床心理学に学ぶことがいかに大切かがわかってくる。

　筆者は，2000年に短期間イギリスを訪問する機会があり，イギリスの臨床心理学に接して，目を開かれる思いをした。それまでは，筆者が思い描く科学的な臨床心理学の姿は，日本においては異端であり，筆者ひとりの独断にすぎないのではないかという不安があった。しかし，イギリスの臨床心理学をみて，まさに筆者が求めていた心理学の姿がそこにあると感じた。しかもそれこそが世界の主流なのである。大いに自信を深めた筆者は，実証と実践の統合をめざす『講座 臨床心理学』（全6巻）を編集し，またイギリスの認知行動理論を紹介した『エビデンス臨床心理学』を発表した。

　しかし，短期間の訪問や文献だけでは，現場での仕事をなかなか理解することができない。そこで，筆者はぜひとも長期間滞在して，イギリスの臨床心理士の仕事ぶりを見たいと思うようになった。自費ででも渡英しようと思っていたが，幸いなことに，文部科学省の在外研究員として援助を受けることができた。こうして2002年8月から半年間，ロンドン大学精神医学研究所の研究員として，イギリスのシステムをつぶさに観察することができた。

　留学中の半年間は，筆者の人生で最も充実した時期であった。イギリスでは科学にもとづいた臨床心理学という理念が，現場のすみずみまで行き渡っていた。臨床心理士は相当な臨床的実力を持っており，医師と対等に活躍をしていた。臨床心理

士はほぼ国家資格であり，それを支える養成制度も整っていた。知れば知るほどその充実ぶりに驚くという体験をしたのである。制度の充実ぶりからみると，イギリスの臨床心理学は世界で最も進んでいる。これからの日本の臨床心理学を考えるにあたっては，イギリスがひとつのモデルになることを筆者は確信した。

　しかし，このように言ったとしても，日本ではなかなか信じてもらえないだろう。そこで，筆者は，イギリスの臨床心理学の歴史をたどり，その周辺領域と比較して分析する本を書こうと決心した。そうすることは，国からお金をもらって留学した筆者の義務であろう。このため，ロンドン滞在中に，多くの人に会ってインタビューし，資料を集めることにした。イギリスで会うことのできた心理学者や精神医学者は60名にのぼる。また，資料収集にあたっては，ロンドンのいろいろな施設を利用した。ロンドン大学精神医学研究所の図書室をはじめとして，ロンドン大学セナトハウスの図書館や，タビストック・クリニックの図書室，ウェルカム財団の医学図書館などを利用した。大英博物館や大英図書館などにも足を運んだ。そして，帰国してから，こうした資料を整理し，日本語の文献もできる限り検索して完成したのが本書である。

丹野　義彦

認知行動アプローチと臨床心理学 □ 目次

はじめに　臨床心理学とは何か　3

# 第1部　臨床心理学　13

## 第1章　臨床心理学・心理療法・カウンセリング　15

1-1. 臨床心理学・心理療法・カウンセリング
1-2. 3つの領域はどのように発展したか
1-3. 臨床心理学の歴史
1-4. イギリスと日本の違い
1-5. 本書の構成

## 第2章　臨床心理士の仕事　20

2-1. 生物－心理－社会モデルの多職種集団での分業体制
2-2. カンファランスで感じた臨床心理士の実力──精神科医と対等な臨床心理士
2-3. 臨床心理士の仕事の枠組み
2-4. イギリスの臨床心理士の実力
2-5. 日本の臨床心理学の課題

## 第3章　心理アセスメント　32

3-1. 臨床活動と心理アセスメント──新しい臨床心理士像
3-2. 豊富な心理アセスメント・ツール
3-3. パーソナリティのアセスメント
3-4. 知的能力のアセスメント
3-5. 精神症状のアセスメント
3-6. その他の心理アセスメント（行動アセスメントなど）
3-7. 研究とアセスメント
3-8. 日本の心理アセスメントを育てるために

## 第4章　異常心理学　40

4-1. 異常心理学とは何か
4-2. イギリスの異常心理学の歴史
4-3. ベックの抑うつ認知理論
4-4. パニック障害の認知行動理論──クラークの理論
4-5. 強迫性障害の認知行動理論──ラックマンとデシルバの侵入思考の研究
4-6. 強迫性障害の認知行動理論──サルコフスキスの認知行動理論
4-7. 強迫性障害の認知行動理論──強迫認知ワーキンググループの仕事

4-8. 対人恐怖の認知行動理論——クラークとウェルズの理論
4-9. 全般性不安障害の認知行動理論——ウェルズの心配理論
4-10. PTSDの認知行動理論——エーラーズとクラークの認知モデル
4-11. 統合失調症の異常心理学——イギリスでの特異的展開
4-12. 統合失調症の家族の感情表出（EE）の研究
4-13. 妄想の認知理論——ヘムズレイとガレティのベイズ理論
4-14. 妄想の認知行動理論——ガレティとヘムズレイの理論
4-15. 統合失調症の陽性症状の認知行動理論——ガレティらの多要因理論
4-16. 妄想のアナログ研究——ピーターズの研究
4-17. 幻聴の認知行動理論——チャドウィックとバーチウッドの幻聴理論
4-18. 精神病の症状対処行動——タリアの症状対処ストラテジー
4-19. 統合失調症の早期警告サイン
4-20. イギリスの異常心理学の特徴①——メカニズム・ベースの異常心理学
4-21. イギリスの異常心理学の特徴②——セラピー・ベースの異常心理学とケース・フォーミュレーション
4-22. 異常心理学にはどんな意義があるか
4-23. 日本の異常心理学を育てるために

## 第5章　心理学的治療（認知行動療法）　　62

5-1. イギリスの認知行動療法の歴史
5-2. イギリスの認知行動療法の発展——百花繚乱の時代
5-3. ベックの認知療法
5-4. アメリカの認知療法とイギリスの臨床心理学の出会い——ベックとクラークの出会い
5-5. パニック障害への認知行動療法（クラーク）
5-6. 強迫性障害への認知行動療法（サルコフスキス）
5-7. 対人恐怖への認知行動療法（クラークとウェルズ）
5-8. PTSDへの認知行動療法（エーラーズとクラーク）
5-9. 統合失調症への心理学的介入——イギリスでの特異的展開
5-10. 統合失調症への家族介入（レフら）
5-11. 統合失調症への認知行動療法（ガレティら）
5-12. 統合失調症に対する認知リハビリテーション療法（ワイクス）
5-13. 幻聴への認知行動療法（チャドウィックとバーチウッド）
5-14. 精神病の対処ストラテジー増強法（タリア）
5-15. 統合失調症への早期介入と再発モニタリング・システム（バーチウッドらのアイリス）
5-16. 統合失調症の早期介入（ロンドンのLEO）
5-17. 摂食障害への認知行動療法（フェアバーン）
5-18. 認知行動療法の特徴と利点
5-19. 認知行動療法を支えるマニュアルやツール
5-20. 日本の認知行動療法を育てるために

## 第6章　治療効果の評価と「実証にもとづく臨床心理学」　　83

6-1. 治療効果研究はなぜ必要か
6-2. 治療効果研究の技法の階層性
6-3. メタ分析
6-4. 症状と技法の交互作用

6-5. 心理的治療のガイドライン
6-6. 実証にもとづく医療と臨床心理学
6-7. 治療効果研究の実際——その1　ロンドン－東アングリアRCT
6-8. 治療効果研究の実際——その2　ガレティのPRPの効果研究
6-9. 治療効果研究の実際——その3　ガレティのLEOの効果研究
6-10. 日本に実証にもとづく臨床心理学を育てるために

## 第7章　臨床心理学研究　95

7-1. 研究のポリシー——なぜ実証的な研究が必要か
7-2. 研究にはどのような種類があるか
7-3. 臨床研究とアナログ研究
7-4. イギリス行動認知療法学会（BABCP）
7-5. 基礎的心理学と臨床心理学のインターフェース
7-6. 心理学研究でイニシアチブをとる臨床心理学
7-7. 日本に臨床心理学研究を育てるために

## 第8章　他の医療職との連携　106

8-1. イギリスの医療制度と臨床心理士
8-2. 地域医療（コミュニティ・ケア）への歴史的転換
8-3. コミュニティ・ケアと臨床心理士
8-4. 一次医療をめぐる職種間の競争
8-5. 医療スタッフのリーダーシップをとる臨床心理士
8-6. スーパーバイザーとしての臨床心理士
8-7. 日本における他職種との連携と競争力を育てるために

## 第9章　臨床心理士の養成と訓練　120

9-1. 臨床心理士養成の認定校（博士課程）
9-2. 政府と大学と心理学会に支えられる臨床心理士
9-3. 博士課程での教育の実際——出願の条件
9-4. 入学試験の方法
9-5. 博士課程での訓練方法——その1　アカデミックな学習
9-6. 博士課程での訓練方法——その2　臨床実習
9-7. 博士課程での訓練方法——その3　研究指導と博士論文
9-8. 恵まれた環境
9-9. イギリスの臨床心理士養成——まとめ
9-10. 卒業後の研修——ワークショップ
9-11. スーパービジョン
9-12. 日本の臨床心理士養成に必要とされること

## 第10章　各大学の臨床心理学　134

10-1. ロンドン大学の臨床心理学
10-2. ロンドン大学キングス・カレッジの精神医学研究所の心理学科
10-3. ロンドン大学ユニバーシティ・カレッジ

10-4. ロンドン大学ロイヤル・ホロウェイの心理学科
10-5. オクスフォード大学の臨床心理学
10-6. ケンブリッジ大学の臨床心理学
10-7. マンチェスター大学の臨床心理学
10-8. バーミンガム大学の臨床心理学
10-9. シェフィールド大学における臨床心理学
10-10. その他の大学における臨床心理学

# 第2部　臨床心理学と関連する領域　169

## 第11章　英国心理学会の活動　171

11-1. 英国心理学会の構成
11-2. 英国心理学会の歴史と現状
11-3. 英国心理学会の内部的な力動
11-4. 英国心理学会の活動——その1　心理学研究の支援
11-5. 英国心理学会の活動——その2　資格認定制度
11-6. 英国心理学会の活動——その3　実践支援活動
11-7. 英国心理学会の活動——その4　社会的活動
11-8. 英国心理学会の活動を支える強力な事務局
11-9. 日本の学会の統合に向けて

## 第12章　心理学の資格　184

12-1. 心理学の資格システム——3つのレベルの統合
12-2. 資格システムを支える教育制度——英国心理学会による認定
12-3. 日本の資格制度への提言——イギリスとの比較から

## 第13章　職業的心理学（教育心理学, 司法心理学, 健康心理学など）　191

13-1. 急成長をとげる職業的心理学
13-2. 教育心理学
13-3. 臨床心理学
13-4. 産業心理学
13-5. 司法心理学
13-6. カウンセリング心理学
13-7. 健康心理学
13-8. 神経心理学
13-9. 心理学教員・研究者
13-10. 臨床心理士の突出
13-11. 日本の職業的心理学を確立するために

## 第14章　基礎的心理学　210

14-1. イギリスの連合心理学

14-2. 連合心理学の準備期（哲学の時代）
14-3. 連合心理学の形成期
14-4. 連合心理学の完成期
14-5. 連合心理学の拡大期
14-6. 連合心理学以後の哲学
14-7. 社会科学と文化人類学
14-8. 統計学
14-9. 心理学の周辺の諸科学
14-10. 心理学の誕生
14-11. ケンブリッジ大学の心理学
14-12. オクスフォード大学の心理学
14-13. ロンドン大学の心理学
14-14. マンチェスター大学の心理学
14-15. スコットランドの大学の心理学
14-16. その他の大学の心理学
14-17. 実験心理学会
14-18. イギリスの基礎的心理学の特徴

## 第15章　心理療法と精神分析　243

15-1. イギリス精神分析学会
15-2. アンナ・フロイトのグループ
15-3. メラニー・クラインのグループ
15-4. 独立グループと対象関係論
15-5. フロイトと対象関係論の比較
15-6. ユング・グループ
15-7. イギリスの精神分析の特徴
15-8. タビストック・クリニックと心理療法
15-9. 心理療法の展開
15-10. イギリスの心理療法の傘団体
15-11. 実証にもとづく心理療法

## 第16章　カウンセリング　268

16-1. カウンセリングと心理療法はどう違うか
16-2. カウンセリングの理論
16-3. カウンセリングの実践領域
16-4. カウンセリングにおける専門性
16-5. カウンセリングの異種性
16-6. イギリスのカウンセリングの傘団体
16-7. カウンセリングの傘団体の仕事
16-8. カウンセリングの倫理綱領
16-9. 実証にもとづくカウンセリング

## 第17章　精神医学と医療　281

17-1. 精神医療の始まり

17-2. 精神医学の成立
17-3. 神経学の伝統
17-4. 国営医療と精神医学
17-5. 精神医学の生物学化
17-6. 地域医療（コミュニティ・ケア）と社会精神医学
17-7. 記述精神医学と診断基準
17-8. 実証にもとづく精神医療
17-9. 司法精神医学
17-10. 王立精神医学会
17-11. 精神医学教育と医師養成
17-12. 看護学
17-13. 精神医学の現在——その1　ロンドン大学精神医学研究所
17-14. イギリスの精神医学の現状——その2　その他の大学の精神医学
17-15. まとめ——精神医学と臨床心理学


あとがき　309
文　　献　311
索　　引　318

認知行動アプローチと臨床心理学──イギリスに学んだこと

第 1 部

臨床心理学

# 第1章　臨床心理学・心理療法・カウンセリング

### 1-1. 臨床心理学・心理療法・カウンセリング

　日本では，臨床心理学・心理療法・カウンセリングといった用語を区別しないで用いている。これに対して，イギリスでは，図1-1に示すように，臨床心理学・心理療法・カウンセリングにははっきりとした区別がある。

　臨床心理学・心理療法・カウンセリング・精神医学の違いは表1-1に示すとおりである。表1-1は，マツィリアとホール（Marzillier & Hall, 1999）の『臨床心理学とは何か？』という本を参考にして作成したものである。筆者が「イギリスの臨床心理学を知るためにはどのような本がよいか」とイギリスの臨床心理学者に尋ねてみて，最も多くの人が推薦してくれたのがこの本である。「いい本だからぜひ読んでください」と筆者にくれた人もいる。1999年には第3版が出た。何カ国語かに翻訳されている名著であり，『専門職としての臨床心理士』というタイトルで邦訳もある（下山晴彦訳，東京大学出版会刊）。この本によると，臨床心理学と他の職種の違いは，a）業務の内容と，b）訓練の仕方の2点にある。

　表1-1に示すとおり，臨床心理学（クリニカル・サイコロジー）の仕事は，4つのキーワードにまとめられる。①心理学的アセスメント，②認知行動療法，③治療効果の評価，④測定にもとづいた研究の4つである。このマツィリアとホールの本で書かれている臨床心理士の仕事内容について，筆者は，イギリスで臨床心理士の現場をみるまでは，ピンとこないところがあった。絵に描いた餅ではないかという疑いも残っていた。しかし，現場の臨床心理士の仕事を見て，この本に描かれていることは，事実なのだと実感した。これについては第2章で詳しく述べる。

　一方，心理療法（サイコセラピー）という場合，イギリスでは，狭義には精神分析療法のことをさし，広義には精神分析の影響を受けた力動的な治療法をさす。心理療法の仕事は，訓練と経験によって異なる。心理療法家の訓練は，数カ月～数年のいろいろな訓練コースがある。

　また，カウンセリングは，障害の軽い人に対する心理的な援助のことである。職業カウンセリング，結婚カウンセリング，教育カウンセリングといった専門領域がある。訓練は，1～2年の訓練コースで受ける。カウンセリングは，パートタイムのコースであることが多い。現場の看護師や教師が，仕事をしながら，パートタイムでカウンセリングの訓練を受けることが多いためである。

　なお，精神医学（サイカイアトリー）の仕事は，4つのキーワードにまとめられ

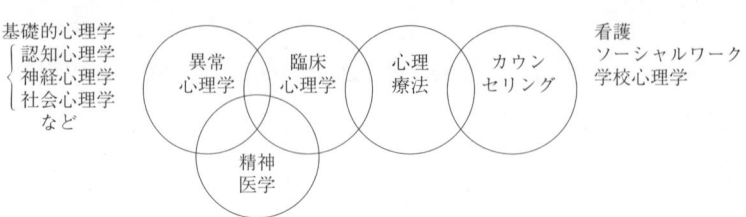

■図 1-1　イギリスの臨床心理学・心理療法・カウンセリングの関係

■表 1-1　イギリスの臨床心理関係のプロフェショナルの職種と訓練
　　　　　（Marzillier と Hall［1999］にもとづいて作成）

| 職　種 | 仕　事 | 訓　練 |
|---|---|---|
| 臨床心理士 | ①心理学的アセスメント<br>②認知行動療法<br>③治療効果の評価<br>④測定にもとづいた研究 | 心理学の学士のうえに 3 年の博士課程 |
| 心理療法家 | 心理療法<br>　（内容は訓練と経験による） | 数カ月〜数年の訓練コース |
| カウンセラー | 障害の軽い人への心理療法やカウンセリング（結婚・職業などの専門領域） | 1〜2 年の訓練コース<br>　（パートタイムのコースあり） |
| 精神科医 | 診断／薬物療法／研究／法規上の仕事 | 医学の学士のうえに卒後研修 |

る。①精神医学的診断，②薬理的・身体的な治療，③研究（リサーチ），④法令上の仕事（例えば，入院の手続きや事例の管理）の 4 つである。精神科医になるには，医学部（5〜6 年）を卒業したあと，長い卒後研修において，精神医学の専門的訓練を受ける。

　以上の 4 つの領域は「実践」を主とするが，これに対して異常心理学は「研究」における領域である。異常心理学は，基礎的心理学と臨床心理学をつないでいる。このため，基礎的心理学と臨床心理学の関係はより密になっている。

## 1-2. 3 つの領域はどのように発展したか

　臨床心理学・心理療法・カウンセリングという 3 領域が分化した歴史的経緯について，ピルグリムは次のように述べている（Pilgrim, 2002）。図示すると，図 1-2 のようになるだろう。

　1920 年頃からフロイトの精神分析療法やユングの分析心理学がイギリスに持ち込まれて定着した。亡命者であるアンナ・フロイトとメラニー・クラインの活躍によって，精神分析がイギリスで花開いた。

　1950 年頃から臨床心理学が確立した。1947 年にアイゼンクが臨床心理学の訓練コースを作った。バックグラウンドになったのは行動療法と科学者−実践家モデル

である。それ以降の50年間で、臨床心理学は成長し、イギリス社会に定着した。

1970年頃からカウンセリングが確立した。精神分析と行動療法に対して、第3勢力などとも呼ばれる。アメリカでおこったロジャースのクライエント中心療法や、ロロ・メイやマスローのヒューマニスティック心理学などがイギリスに入ってきた。

以上のような歴史をへて、3つの流れが並列するようになったのである。

## 1-3. 臨床心理学の歴史

イギリスに臨床心理学の訓練コースができたのは約60年前のことである。臨床心理学の歴史について概略を述べておこう。

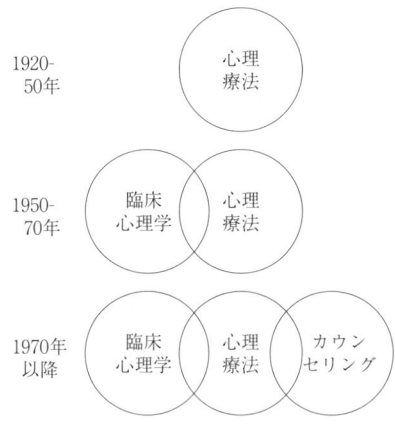

■図1-2 イギリスの臨床心理学・心理療法・カウンセリングの時間的関係

### 1）臨床心理学の黎明期（1920年〜）

1920年頃から、イギリスでは医療や教育の領域で働く心理学者が増えた。こうした職業的心理学（プロフェショナル・サイコロジー）の確立に尽力したのは、英国心理学会の初代会長チャールズ・マイヤーズであった。マイヤーズによって、実験心理学に加えて、医療・教育・産業といった職業的心理学の部門が作られた。

### 2）臨床心理学の訓練コースの設立（1947年）

1947年に、アイゼンクが、モーズレイ病院に、イギリスで最初の臨床心理学の訓練コースを設置した（Payne, 2000）。1949年に、そのコースはロンドン大学のディプロマ（資格）のコースとして認められた。1950年に、ロンドン大学の精神医学研究所の中に心理学科が設立され、アイゼンクは心理学科長となった。

心理学科は、研究部門（Ph.D. のコース）と臨床部門（臨床心理学のディプロマのコース）に分かれていた。アイゼンクは研究部門を担当し、モンテ・シャピロが臨床部門を担当した。

当時の臨床心理学の訓練コースは、毎年13名の学生を受け入れていた。講義は心理測定法や心理テスト法などが中心であった。実習は、ロールシャッハ・テストやTATといった投映法や、ウェクスラー・ベルビュー法やスタンフォード・ビネー法といった知能テストの臨床が中心であった。

1955年頃には、ウォルピの行動療法が精神医学研究所の訓練コースの中に入ってきた（Payne, 2000）。

### 3）養成コースの発展と行動療法（1960〜70年代）

1966年から、精神医学研究所の臨床心理学のコースは、ロンドン大学から修士

（2年間）の学位が与えられるようになった。この精神医学研究所の訓練コースがモデルとなって，1960年代には，イギリスのあちこちの大学院や病院に，臨床心理学の修士課程が作られた。また，ディプロマと呼ばれる資格コースも多く作られるようになった（Marzillier & Hall, 1999；李, 1992）。

1960～70年代は行動療法の最盛期であり，ラックマン，マークス，ゲルダーといった行動療法家が活躍した。精神医学研究所はその中心であった。

#### 4）公認臨床心理士制度（1968年）

1966年に，英国心理学会の中に臨床心理学部門ができた。1968年には，認定された修士課程を出た者だけが公認臨床心理士となるという制度ができた。これによって，臨床心理士は準国家資格となった。

#### 5）認知行動療法の確立（1980～1990年）

オクスフォード大学のクラークやサルコフスキスといった臨床心理学者が不安障害の認知行動理論を確立した。認知行動療法や家族介入法といった強力な治療技法を持ったことがターニングポイントとなり，精神科医と対等に仕事ができるようになった（Kuipers, 2001）。

#### 6）実証にもとづく臨床心理学への圧力（1990年以降）

1980年頃から，精神科医療が，病院医療から，地域医療（コミュニティ・ケア）へと，その重点を移した。これによって，治療チームにおける臨床心理士の地位が向上した。

また，1990年頃から，英国政府は，実証にもとづく健康政策（エビデンス・ベースの健康政策）をとるようになり，治療技法の効果がきびしく問われるようになった。それによって認知行動療法の効果が認められ，政府が認知行動療法を積極的に後押しするようになった。

#### 7）臨床心理学博士課程による公認臨床心理士の制度（1995年以降）

1995年には臨床心理学博士課程（3年間）が作られ，ここで臨床心理学博士を取ったものだけが公認臨床心理士となる制度に変わった。臨床心理学博士の第1期生は，1995年に入学し，1997年に卒業した。

### 1-4. イギリスと日本の違い

イギリスの臨床心理学を見ると，日本のあり方がよく見えてくる。このことは下山（2000b）も指摘するところである。イギリスの枠組みを用いてみると，日本の心理臨床は図1-3のようにあらわすことができる。以下，図1-1と図1-3を見比べて言えることをまとめておこう。

 1）日本では心理療法とカウンセリングがさかんである。精神分析にもとづく心理力動療法や，クライエント中心療法などのカウンセリングは根づいている。しかし，イギリス的な意味での「臨床心理学」と「異常心理学」は，日本ではすっぽ

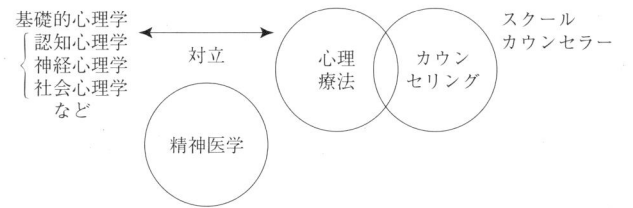

■図1-3 日本の心理臨床の現状

りと抜けている。

2）日本には臨床心理学が定着していない。日本で，アセスメントと認知行動療法を行い，治療評価と研究がきちんと行える臨床心理士はごく少数である。科学者－実践家モデルにもとづく訓練の伝統がない。イギリスと同じ意味で「臨床心理士」と呼べる人は日本には数えるほどしかいない。日本の心理臨床をさきほどの4つのキーワードで表してみると，①アセスメントなし，②認知行動療法なし，③治療評価なし，④測定にもとづいた研究なし，ということになるだろう。

3）異常心理学は日本の心理臨床ではほとんど関心が持たれていない。

4）イギリス的な意味での「臨床心理学」と「異常心理学」の仕事は，日本では，精神科医が行っている。認知行動療法を行ったり，科学者－実践家モデルにもとづく仕事をしているのは精神科医である。また，異常心理学の研究を行っているのは精神医学者である。

5）イギリスの臨床心理学や心理療法は，医療場面とつながりが深いのに対して，日本の心理臨床は，学校場面とのつながりが強い。

6）日本では，基礎的心理学と心理臨床が直接的に対立してしまう。それは「科学」対「反科学」の様相を帯びてしまう。基礎的心理学の側では，「心理臨床は科学ではない」と批判し，逆に，心理臨床の側では，「基礎的心理学の科学的方法論は実践の役に立たない」と批判する。日本の心理臨床は，基礎的心理学や精神医学とのインターフェースがよくない。こうした点からも，イギリスの心理学のあり方は，日本にとって参考になるところが多い。

## 1-5. 本書の構成

日本の多くの臨床心理士にとってイギリス的な臨床心理学はなじみが薄いだろう。このような点から，筆者はイギリスの臨床心理学について詳しく紹介したいと考えたのである。

本書では，イギリスの臨床心理学を知ることによって，日本の臨床心理学をこれからどのように構築していくべきかについて考えた。

第1部は，イギリス臨床心理学について，その仕事，歴史，訓練，研究などについて詳しく見ていくことにする。そして，イギリスとの比較から日本をどのようにしていくべきかについて考えた。

第2部では，臨床心理学に関連する領域，すなわち心理学，心理療法（精神分析），カウンセリング，精神医学の各領域について考察した。

# 第2章　臨床心理士の仕事

　イギリスの臨床心理士は実際にどのような仕事をしているのであろうか。筆者は 2002 年のイギリス留学時に，現場で働く臨床心理士を観察することができたので，それをもとに，この章では，臨床心理士の業務について紹介したい。

　観察させてもらったのは，ロンドン大学精神医学研究所の心理学科の講師であるピーターズである（写真）。ピーターズは，1992 年にロンドン大学の精神医学研究所で Ph.D. をとり，その後，1994 年に臨床心理学の修士をとり，臨床心理士となった（当時は臨床心理学の博士課程はなかった）。現在は，ロンドン大学の講師であり，南ロンドン・モーズレイ・トラストのコンサルタント臨床心理士をつとめている。ピーターズは，週2回，ベスレム王立病院で臨床心理士の仕事をしている。筆者はこの病院に通って，ピーターズの仕事を観察させてもらった。

## 2-1. 生物-心理-社会モデルの多職種集団での分業体制

　ベスレム王立病院はロンドン南部の郊外にある。この病院は，1247 年に建てられた世界最古の精神病院のひとつである。広大な敷地の中には，教会や博物館などもあり，精神科の病院というよりは，公園のような感じである。この病院のフィッツマリー病棟では，水曜日の朝にケース・カンファランスが行われる。筆者はこれに参加させてもらった。

　ケース・カンファランスをすすめるのはロンドン大学精神医学研究所教授のロビン・マレイである（写真）。マレイは，統合失調症の精神医学の研究で世界的に著名である。

　ケース・カンファランスでは，マレイを囲んで，病棟管理医，主治医，看護師，臨床心理士，ソーシャルワーカー，作業療法士といった人たちが参加していた。臨床心理士はヘムズレイとピーターズである。ヘムズレイは，ロンドン大学精神医学研究所の心理学科の教授である（10-2-9 参照）。2 人とも統合失調症の心理学研究では著名である。

　ケース・カンファランスのやり方は，日本と大きな違いはない。主治医が中心となって，カルテを検討したり，患者に来てもらって面接したり，これまでの治療を検討し，今後の方針を検討していく。患者のほとんどは，統合失調症という診断である。

　ケース・カンファランスは早口の英語で進んでいくので，筆者は半分も聞き取れなかったものの，強く感じたことがある。それは，各職種の人が仕事を分業してい

■ピーターズ講師
（ロンドン大学精神医学研究所）

■ロビン・マレイ教授（ロンドン大学精神医学研究所）と筆者

■図 2-1　生物－心理－
社会の統合モデル

ることである。つまり，多職種（マルチ・ディシプリナリー）集団の中で，分業体制が整っている。精神科医は，患者の全体的な管理に責任を持ち，薬物療法と身体面の管理を担当している。臨床心理士は，患者の心理面の管理を担当している。ソーシャルワーカーは，職業などの社会的な面を担当している。このような生物－心理－社会の統合モデル（bio-psycho-social model）の分業が成り立っている（図 2-1 参照）。お互いの仕事にはあまり口出しをしないようであった。

　面白いことに，イギリスの精神科医は，薬物療法や生物学的研究に関心を向けているため，患者の心理にはあまり関心を持たなくなっている。精神科医は，心理療法については，臨床心理士に任せ，自分は，薬物療法や身体面の管理の仕事をしている。これは筆者だけの感想ではない。イギリスに来ていた日本の精神科医の何人かにも確かめてみたが，ほとんどの人が同じ感想を持っていた。

## 2-2. カンファランスで感じた臨床心理士の実力——精神科医と対等な臨床心理士

　精神科医が心理に関心を持たなくなった分，臨床心理士が，患者の心理面について，全面的に責任を持つようになっている。例えば，薬物療法への協力度（コンプライアンス）を高めることは心理面でのことなので，精神科医というよりは臨床心理士の仕事なのである。イギリスの臨床心理士は，薬物についての基本的知識も持っている。

　心理的治療の方針を立てる時には，臨床心理士と医師は対等の立場になる。臨床心理士の発言力はかなり強い。日本では，統合失調症の治療方針について，臨床心理士が口出しすることはあまりない。

　病棟ケース・カンファランスのような多職種のプロフェショナルの間で毎日渡り合って，臨床心理士は鍛えられていると感じた。

　ただし，あとでピーターズに聞いたところでは，フィッツマリー病棟は，イギリ

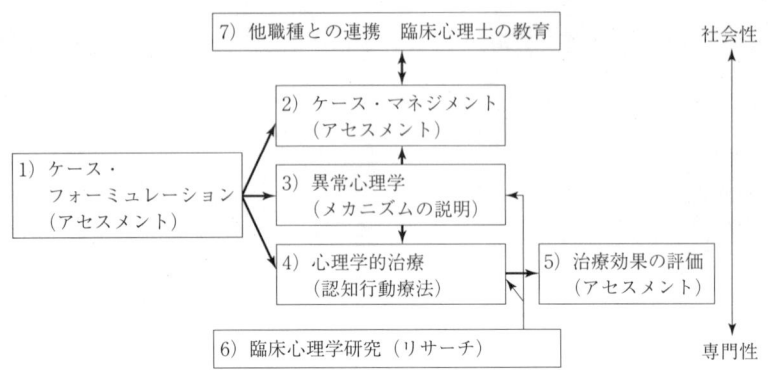

■図2-2 イギリスの臨床心理士の現場での仕事

スでも最先端の病棟であり，イギリスで最もお金がかかっている病棟である。患者数を抑えて，スタッフの数を多くした実験的な病棟であるということであった（石川, 1979）。他の病院では，これほど臨床心理士の力は強くないとのことであった。

## 2-3. 臨床心理士の仕事の枠組み

　臨床心理士の仕事はたくさんある。ピーターズの仕事から類推すると，図2-2のようになる。

　ピーターズは，新しい患者を担当すると，まずケース・フォーミュレーション（事例の定式化）を行う。それにもとづいていろいろな仕事をするが，基本となるのは，ケース・マネジメント，異常心理学，心理学的治療の3つである。また，治療の効果を評価することも大切な仕事である。以上の基本業務のほかに，臨床心理学研究（リサーチ）と他職種との連携および臨床心理士の教育という3つの仕事が加わる。

　これらのうちで，ケース・フォーミュレーションやケース・マネジメント，治療効果の評価といった業務の中心をなしているのは「心理アセスメント」の仕事である。図2-2の下方向は，臨床心理士独自の「専門性」を深めていく方向であり，上方向は，他職種との連携という「社会性」を追求する方向である。以下，これらの仕事についてやや詳しく見てみよう。

### 1）ケース・フォーミュレーション

　ケース・フォーミュレーション（Case Formulation：事例の定式化）とは，患者の症状や生活史，現病歴を詳しく把握し，病理がなぜおこっているのかを考え，それにもとづいて治療の方針を立てる仕事である。

　ケース・フォーミュレーションは以下のようなステップを踏む。すなわち，①問題のリストアップ，②DSM-Ⅳによる診断，③病理メカニズムの作業仮説，④治療

のための資源，⑤治療プランという5つのステップである（Persons & Davidson, 2001）。ケース・フォーミュレーションは，アセスメント・異常心理学・心理的治療の3つの要素を結びつける役割を持っており，イギリスの臨床心理学においても中心的な概念となっている。ケース・フォーミュレーションにおいて治療プランを立てるためには，一定の枠組みを用いる必要がある。これについては，5章で詳しく述べる。

### 2）ケース・マネジメント

臨床心理士の基本業務の第1はケース・マネジメントである。患者の心理的な問題はすべて臨床心理士の責任となる。臨床心理士は，患者の心理面について，①把握し，②説明し，③対応を考えるという責任を負っている。

第1に，臨床心理士は，患者がいまどんな心理状態にあるか，すなわち患者の症状や精神病理や社会的適応などについて，つねに「把握」していなければならない。例えば，ピーターズは，BDI（ベック抑うつ質問紙）やPDI（ピーターズ妄想質問紙）といった質問紙法を用いて，この患者は「先月は何点だったが，今月は何点になったので，妄想の確信度は下がった」といったことをケース・カンファランスで報告していた。ピーターズは質問紙法や構造化面接法など，多くのアセスメント・ツールを使っていた。

第2に，臨床心理士は，患者の心理状態について，病棟スタッフや患者本人に対して，「説明」をしなければならない。ピーターズは，毎週の病棟ケース・カンファランスにおいて，①患者の心理状態，②症状や精神病理などの状態，③症状や心理がなぜおこっているのかというメカニズム（異常心理学），④心理的治療介入の方針，⑤心理的治療介入の進行状況とその効果，⑥薬物療法への協力度などについて詳しく説明していた。

第3に，臨床心理士は，患者の心理面の問題に対して，「対応」を考える責任を負っている。例えば，ある会議（後述のロング・ハンド・オーバー）において，看護師から，「クロザピンという薬を飲んでいる統合失調症の患者が，副作用があるために服薬しようとしないのでどうしたらよいか」という問題が出された。こうした事例について，ピーターズは，看護師に対して，いろいろなアドバイスをしていた。例えば，「薬物療法へのコンプライアンスの評価尺度があるので，いちどきちんとアセスメントしてみましょう」とか，「アセスメントの結果によって，どんな原因で服薬しないのかをきちんと調べてみましょう」とか，「クロザピンという薬にはその副作用を説明するための患者用のビデオがあり，今度，研究所から借りてきますから，患者に見せましょう」といったぐあいに，いろいろな対策を打ち出していた。そして，ピーターズは，次回までにこれこれのことをしておきますと約束していた。薬物療法への協力度の調整といった仕事は，日本では精神科医の仕事で

あろう。しかし，イギリスでは，薬物療法への協力は患者の心理面に属することなので，臨床心理士の仕事なのである。

また，ある時は病棟の看護師が臨床心理士の部屋にやってきて，「患者が希死念慮を持っているがどうしたらよいか」といった相談をしていた。これに対して，ピーターズは，このように対処した方がよいとアドバイスをしていた。そして，「これについては，このパンフレットを患者に読んでもらうと役に立つ」と言って，パンフレットを看護師に渡していた。また，「もっと詳しく知りたいならこの本を読むといい」と言って，希死念慮についての認知行動療法の本のコピーも渡していた。ケース・マネジメントについて病棟のスタッフからの相談に乗ったり，スタッフに対して認知行動療法の教育をしていくことが臨床心理士の大きな仕事のひとつである。

このように，臨床心理士は，患者の心理面の把握・説明・対応についての全般的な責任を持っている。臨床心理士の仕事は，単なるアセスメントではなくて，それにもとづいて，患者の心理面のマネジメントを行うことなのである。日本では心理面のマネジメントは精神科医が行っていることが多いが，イギリスでは臨床心理士の仕事なのである。

### 3）異常心理学

第2の基本業務は異常心理学である。臨床心理士は，①精神病理の特徴について，②精神病理のメカニズムについて，③精神病理への対処法について，説明をしなければならない。

①は，精神病理の説明である。患者の症状や病理をどのように理解したらよいのか，病棟スタッフや患者自身や患者の家族に説明しなければならない。例えば，ある時，精神科医がピーターズに「強迫観念と精神病的な妄想とはどのように違うのか」といった質問をしていた。これに対して，ピーターズは「観念に巻き込まれる度合いと苦痛度が違う」といった答え方をしていた。ピーターズが精神病理学的な説明をしている間，精神科医はほとんど口をはさまず聞いていた。精神科医は身体面，臨床心理士は心理面という分業のためであろう。日本では，精神科医が精神病理の基本について，臨床心理士に向かって質問するということは，あまり見られない風景であろう。

強迫観念と妄想的観念の比較については，イギリスの臨床心理学で最近よく研究されていることであり，臨床心理学の研究がまさに病棟ケース・カンファランスで役に立っているのである。

②は，精神病理のメカニズムの説明である。例えば，ピーターズは，病棟ケース・カンファランスで，患者の妄想がどのようなメカニズムでおこっているのか，異常心理学的な説明を求められていた。それに対して，ピーターズは，「抑うつを

避けようとして，原因を外的に帰属するようになったのが被害妄想である」といった妄想の認知行動理論を説明していた。

③は，精神病理に対する対処法の説明である。患者の症状に対してどのように対処したらよいのか，どのように治療すべきかについて，病棟のスタッフに説明しなければならない。例えば，ピーターズは，患者の妄想や幻聴に対応するにはどうしたらよいのか，病棟ケース・カンファランスで説明を求められていた。これに対して，ピーターズは，その認知の仕方が問題であるので，それを変容させればよいこと，それについてどのような技法をとるべきかなどについて説明していた。

日本では，「異常心理学」という用語はあまり定着しておらず，「精神病理学」と呼ばれてきた。日本の精神病理学は哲学的で難解なきらいがあり，治療実践とは離れてしまっていた。

これに対して，イギリスの異常心理学は，決して思弁的で哲学的なものではなく，実証に裏づけられた科学的なものである。認知行動理論は，この15年間に急速に進歩し，体系化が進み，臨床的に大きな力を持つようになっている。これについては4章と5章で説明する。また，イギリスの異常心理学は，きわめて実践的であり，机上の空論ではない。図2-2に示されるように，異常心理学は，臨床心理士の業務の中心に位置しており，他の業務を支えている。異常心理学の知識こそが，専門家としての臨床心理士の業務の根底にあることは強調してよい。異常心理学には，学問としての側面だけでなく，実践としての側面が強いことを筆者は再確認した。

### 4）心理学的治療（認知行動療法）

基本業務の第3は心理学的治療である。ピーターズは，週1回病棟の患者と面接して認知行動療法を行っている。認知行動療法はイギリスの臨床心理学では最もメジャーな治療技法となっている。

イギリスにおける認知行動療法の進歩はめざましいものがあり，抑うつだけでなく，不安障害や統合失調症や摂食障害などに対する認知行動療法が発達した。とくに統合失調症に対する認知行動療法は，イギリスの臨床心理学では最先端の領域である。ピーターズは，ロンドン大学グループの中心的な存在として，その最先端に立っている。

統合失調症に対する認知行動療法の治療マニュアルとして，ロンドン大学では，精神医学研究所のガレティやカイパースが中心となって作った『精神病への認知行動療法』(Fowler, Garety & Kuipers, 1995) を使っていた。ピーターズも，このマニュアルにそって治療を行っているということであった。

また，患者教育用の教材ツールも豊富にそろっており，ピーターズはそれをフルに活用していた。臨床心理士の部屋には，患者教育用のパンフレットや病棟のスタッフを教育するためのパンフレットが豊富にそろっていた。不安，強迫性障害，抑

うつ,妄想,幻聴などいろいろな種類の資料があった（5-19-4参照）。日本には,臨床心理士の仕事を助けるこうしたツールはあまりない。

ピーターズの認知行動療法については,時間の都合で見学する機会がなかったが,のちに,認知行動療法の一種である認知リハビリテーション療法（CRT）を見学することができた。CRTは,精神医学研究所のワイクスが開発したものであり,統合失調症に対するリハビリテーションの技法である（10-2-12参照）。精神医学研究所とモーズレイ病院のサイコセラピストであるグリーンの実践を見学することができた。グリーンは,もともとは統合失調症の記憶の研究で博士号（Ph.D.）をとっている。精神医学研究所には,このようなセラピストがたくさん働いており,治療の開発や効果研究を支えている。場所はモーズレイ病院から車で30分ほど行ったところにあるコミュニティ・メンタルヘルス・センターである。近くに住んでいる患者がCRTを受けているとのことであった。クライエントは,20歳くらいの男性である。筆者が「私は日本から来ました」と自己紹介したら,彼は「私はロンドンから来ました」とまじめに答えてくれた。筆者は後ろの方で見学をさせてもらった。CRTは週に3回行うインテンシブな訓練である。1回は約50分である。CRTにはきちんとしたマニュアルが作られており,それに沿って忠実に行われていた。

### 5）治療効果の評価

臨床心理士が行う大切な仕事として,治療効果の評価がある。今行われている治療が,どれだけ効果があるかについて,心理面での評価を行うことである。薬物療法や心理的治療によって,抑うつ・不安・妄想といった心理的症状がどのくらい低下したか,それをモニターする仕事である。治療による変化は心理面にあらわれることが多いので,これも臨床心理士の仕事となるのである。

ピーターズも,アセスメント・ツールを駆使して,症状の変化を追っていた。治療法の効果をモニターして,効果があればそれを続け,効果が少ない場合は,別の方法を考えなければならない。これは「実証にもとづく医療」と呼ばれる。これについては第6章で詳しく説明したい。

認知行動療法の効果を調べる研究も大きな仕事である。ロンドン大学の精神医学研究所では,ガレティを中心として,統合失調症に対する認知行動療法について,大規模な治療効果研究が行われている（6-8参照）。ピーターズもそうした効果研究をこの病棟で行っており,またこのプロジェクトの下にある「ピックアップ」という仕事を分担していた（2-3-8参照）。また,1996年には心理療法の治療効果研究を総説した『どの治療法が誰にきくか？』という画期的な報告書が発表された（6-5参照）が,ピーターズもその総説の作業に加わった。

### 6）研究（リサーチ）

臨床心理学の研究（リサーチ）も臨床心理士の仕事のひとつである。つねに研究

を行い，新しい知見を学会に提出するということがプロフェショナルとしての臨床心理士の使命であるとされている。ピーターズもいろいろな研究をしているが，アセスメント研究，異常心理学研究，治療研究に分けることができる。

まず，アセスメント研究についていうと，ピーターズは，前述のPDIという質問紙法を作って，患者や健常者の妄想的観念について調べている。

異常心理学研究についていうと，ピーターズは，妄想の発生の心理学的メカニズムをさぐる研究をしている。これについて多くの研究論文を学術誌に発表している（4-16参照）。研究論文として発表している内容が，病棟ケース・カンファランスでもそのまま話されているのである。

さらに，治療研究についていうと，前述のように，統合失調症に対する認知行動療法について，大規模な治療効果研究が行われており，ピーターズもそうした効果研究をこの病棟で行っていた。

このように，ピーターズの研究は，すべて臨床実践と強く結びついたものである。研究活動と臨床実践は車の両輪のような関係にある。ピーターズによると，現場で得られたアイディアが，実験心理学的研究や統計的研究によって実証されるのである。

ピーターズの研究は，「英国臨床心理学雑誌（British Journal of Clinical Psychology）」や，「統合失調症研究年報（Schizophrenia Bulletin）」など著名な学術誌に発表されている。

また，ピーターズは，ロンドン大学講師として，現在，5名の博士課程の学生の研究指導もしている。また，英国心理学会（BPS）と，イギリス行動認知療法学会（BABCP）に所属して，研究成果を発表している。

### 7）他職種との連携

図2-2に示されるように，臨床心理士には高度の社会性が求められる。ピーターズは，部屋に閉じこもることなく，病棟をとびまわって，精神科医や看護師などの病棟スタッフと頻繁に交流しており，良好な関係を築いている。

また，ピーターズは病棟の看護スタッフの指導をしている。これをロング・ハンド・オーバーと呼んでいる。月に1回，1時間ほど，ミーティングを持ち，看護スタッフが事例を提示して，それについて臨床心理士が相談に乗り，指導するものである（メールのやりとりで，筆者は間違ってロング・ハング・オーバーと書いてしまい，ピーターズから訂正されたことがある。ハング・オーバーとは二日酔いのことである）。

ロング・ハンド・オーバーに参加させてもらったことがある。この時には，臨床心理士が2人（ピーターズと研修中の大学院生），看護師が10名ほど，作業療法士が2人参加していた。看護側がひとりの患者について報告し，今こんなことがある

とか，こんなことで困っているといったことを話す。例えば，前述のように，クロザピンという薬を飲んでいる統合失調症の患者が，副作用があるので服用しようとしないといったことが問題になった。そうした事例についてピーターズはずっとメモをとりながら聞いていて，いろいろなことを提案していく。看護スタッフはこのような提案に対して，いろいろと自分の意見を言っていた。いくつかの提案には賛成していた。ピーターズの提案が具体的で効果がありそうなので，受け入れることができるのであろう。こうした医療スタッフの中心となって仕事をするためには，かなりの臨床経験が必要である。ピーターズも会議が始まる前はやや緊張気味であった。

このようにピーターズは，指導的な立場から他のスタッフの相談に乗っている。他の医療スタッフとの連携を重視するのは，ピーターズの性格というわけではなく，英国政府により，医療現場における異職種集団の中でリーダーシップをとれる人材となることが期待されているからである。これについては，第8章で述べる。

### 8）臨床心理士の教育

もうひとつの大切な仕事は，若い臨床心理士への教育である。ベスレム王立病院において，ピーターズのそばには，実習中の博士課程の学生がついていた。学生はピーターズといっしょに行動しており，スーパーバイズを受けていた。ピーターズはそうしたスーパービジョンの仕事を苦にするわけでもなく，ごく自然に義務として受け入れているようであった。ピーターズ自身も，以前は，この病棟において，ヘムズレイのスーパーバイズを受けたということであった。

臨床心理士にとって，卒後教育は大きな仕事である。つまり，大学院を卒業して現場に入った臨床心理士に対して，高度な臨床スキルや新しいスキルを教えたりする仕事である。このために，「ワークショップ」という研修会が頻繁に開かれる（9-10 参照）。ピーターズは，これまでいろいろな機会にワークショップを行ってきた。2004年に神戸で開かれた世界行動療法認知療法会議（WCBCT）でも「妄想への認知行動療法」というワークショップを行った。

また，ピーターズは，若いセラピストへのスーパービジョンを行っている。ロンドン大学精神医学研究所では，統合失調症に対する認知行動療法の効果研究を行っているが，その一環として，スーパービジョンが行われている。これはピックアップ（PICuP：Psychological Intervention Clinic for out-patients with Psychosis）と名づけられている。この効果研究に参加するセラピストは何十名もいるので，初心者のセラピストもいるし，マニュアル通りに進まない事例なども出てくる。そうした事例の相談に乗るのがこの会である。精神医学研究所教授のカイパースとピーターズが担当している。ピックアップは月に2回ほどのペースで行われている。

筆者はピックアップに参加させてもらった。その回は，ピーターズが都合で参加

できず，カイパースがスーパービジョンを行った。90分ほどのセッションで，4名の若いセラピストが来て，1人20分くらいで，事例を紹介し，何が問題になっているのか，これからどうしたらよいかについて相談する。カイパースは，熱心にメモを取りながら聞いていて，こうしてはどうか，こんな方法も考えられるといったことを話していく。セラピスト同士のディスカッションもかなり活発であり，若いセラピスト同士が教え合っているという面も強い。

研究論文や学会発表にはほとんど事例の話は出てこないが，臨床現場では事例検討がしっかり行われていることはわかった。

### 9）心理アセスメント

心理アセスメントは臨床心理士の活動の基礎になっている。図2-2に示すように，ケース・フォーミュレーションやケース・マネジメント，治療効果の評価，臨床心理学研究といった仕事を支えているのは，心理アセスメントである。

ピーターズは非常に多くのアセスメント・ツールを使いこなしていた。基本となるのは精神症状のアセスメントである。抑うつ症状・不安症状・精神病症状などのアセスメントは毎日のように使っている。

ケース・フォーミュレーションにおいては，精神症状のアセスメントの他に，パーソナリティ・テスト，知能テスト，認知特性のアセスメントなどを行っていた。日本でよく使われる投映法について聞いてみたところ，「ほとんど使わない」ということであった。

ケース・マネジメントにおいては，精神症状のアセスメントの他に，希死念慮とか薬物療法に対する協力度のアセスメントをよく用いていた。

治療効果の評価においては，おもに精神症状のアセスメントを用いていた。

イギリスでは，アセスメント・ツールが豊富にそろっていて，臨床心理士は目的に応じて，いろいろなツールを使うことができる。

ピーターズは，多くの技法をマスターしており，患者ごとに目的に応じてアラカルトで技法を選択する。アセスメントとは，患者の全体像をとらえて治療プランを設計していく創造的・総合的な仕事である。

もうひとつ，興味深いことは，ピーターズ自身が，PDI（ピーターズ妄想質問紙）という質問紙を作っていることである。臨床実践の中から，妄想をきちんと測れるツールがあれば実践に役立つと思い，このツールを開発したという。このように，アセスメントとは，毎日の臨床実践の中から新しいツールを作り出していく発見的な仕事でもあるのである。出来合いの心理検査を使うだけの仕事なのではない。

アセスメント・ツールの使い方について，ピーターズはどのようにしてマスターしたのだろうか。基本的なツールについては，大学院の訓練の時にマスターしたとのことである。臨床心理士の養成においては，アセスメントの能力を養う教育がイ

ンテンシブに行われる。これについては第9章で述べる。さらに，大学院を卒業しても，アセスメント・ツールの使い方についての学習は欠かせない。学会においてもアセスメント・ツールの講習会やワークショップは頻繁に開かれており，ピーターズ自身が講師になることも多い。

## 2-4. イギリスの臨床心理士の実力

以上のように，イギリスの臨床心理士は，多忙で激務であり責任が重い。これに対して，精神科医は相対的に余裕がある。イギリスの臨床心理士は精神科医と互角に競争できる実力を持っている。臨床心理士は，看護師などの医療スタッフのリーダーシップをとり，他の職種の教育をもきちんと行っている。

心理アセスメント・異常心理学・認知行動療法の3つは，臨床心理士にとっていわば三種の神器である。こうした技能を持っているからこそ，臨床心理士は精神科医と対等に仕事ができる。

臨床心理士は社会的にも恵まれている。後述のように，公認臨床心理士の資格は準国家資格であり，この資格を取ると，ほぼ100％国立の病院や施設に就職することができる。ちなみに臨床心理士の給料は，英国心理学会の資料によると，国民健康サービスに就職したばかりの人はグレードA（20-24ポイント）のレベルであり，16,500ポンド（約330万円）である。勤めた年数と地位によってポイントは上がり，27,500ポンドから32,000ポンド（約640万円）になるとのことである。また，経験を積んだグレートBになると，36,000ポンドから60,000ポンド（約1,200万円）の給料になるということである。

臨床心理士の8割は女性であるが，福祉国家イギリスでは，働く女性の子育てに対する配慮も行き届いている。モーズレイ病院には保育所があり，ピーターズは，そこに幼児を預けながら激務をこなしているということであった。

筆者が今回の留学で一番興味を持ったことは，なぜイギリスの臨床心理学がこれほどの信頼を政府や大学から受けるようになったかという点であった。これについて何人かの教授に聞いてみたところ，養成システムの質の高さ，集まってくる人材の能力の高さ，認知行動療法の有効性，実証にもとづく態度（治療効果を目に見える形で示そうとする態度），科学的研究の質の高さ，他職種を指導できる協調性といった答えが返ってきた。こうした特徴は一朝一夕に作ることができるわけではない。60年という時間をかけて，ひとつひとつの要因を積み重ねて，社会からの信頼を勝ちえてきたわけである。

## 2-5. 日本の臨床心理学の課題

日本では，精神科医が生物−心理−社会についてのすべての知識を独占してしまうので，臨床心理士やソーシャルワーカーが対等になれない。精神科医と他の職種の能力の差が大きすぎて分業にならないのではないだろうか。日本では，臨床心理

士が精神科医より多忙であるということは少ない。

　日本の臨床心理士は，心理アセスメント・異常心理学・認知行動療法といった三種の神器にあたるものを持っていない。心理療法においてすら精神科医と対等になれない場合がある。訓練においても，医療現場で集中的なトレーニングを受けることがなかなかできない。統合失調症の診断や精神病理の知識や研究についての教育も十分ではない。また，科学者－実践家モデルによる教育をめざしている大学院は少ない。大学院を出ても，医療現場で通用するような技能を身につけておらず，自信がなかなか持てない。臨床心理士をバックアップするツールがない。心理療法のマニュアルもないし，まともなアセスメント・ツールもそろっていない。臨床心理士の資格も国家資格とはほど遠いものである。医療現場での地位も低い。

　イギリスの臨床心理士と比べると，違いに驚くばかりである。これからどのようにしていくべきであろうか。図2-2を見ていると，日本の臨床心理学のこれからの課題が見えてくるだろう。

　まず，心理アセスメントの能力を高める必要がある。また，異常心理学，認知行動療法，治療効果評価法，臨床心理学研究，他職種との連携といった領域を確立する必要がある。これらは，これまでの日本の臨床心理学においてはないがしろにされてきた領域である。

　そこで，以下の章では，図2-2にしたがって，イギリスの臨床心理学の歴史と現状を詳しく見ながら，これに学びつつ，これからの日本の臨床心理学に求められるものは何かについて考えてみたい。

　第3章では心理アセスメントについて述べる。第4章では異常心理学について，第5章では認知行動療法について，第6章では治療効果の評価と実証にもとづく臨床心理学について，第7章では研究について，第8章では他職種との連携について，第9章では臨床心理士の養成と訓練について述べる。

# 第3章　心理アセスメント

　臨床心理士の基本業務を支えているのは心理アセスメントである。日本の臨床心理学を育てるためには、まず心理アセスメントを育てる必要がある。日本の心理アセスメントは、イギリスの1950年代で止まっている。この章では、イギリスの心理アセスメントを紹介し、これからの日本への提言をしてみたい。

## 3-1. 臨床活動と心理アセスメント――新しい臨床心理士像

　日本では、心理アセスメントとは、出来合いの心理検査を型どおりに行って結果をレポートに書くといったルーチンの作業と考えられがちである。筆者の反省もこめていうと、投映法や知能検査など数少ないツールだけを、ルーチンのようにこなしているだけであった。また、アセスメントは診断のための補助手段としてしか位置づけられていないため、アセスメントと治療の関係が明確ではなかった。このため、アセスメントと治療とが対比的に別の仕事と考えられてしまい、心理テストはレッテル貼りにすぎないといった「心理検査不要論」や「心理検査アレルギー」が根強い。極端な場合は「心理検査有害論」さえ聞かれる。

　これに対し、イギリスの臨床心理学においては、第2章のピーターズの仕事（図2-2）にみられるように、アセスメントは、治療と対立するものではなく、治療の一環である。治療効果の評価にみられるように、心理アセスメントは治療に不可欠の活動なのである。また、ケース・フォーミュレーションやケース・マネジメントにみられるように、アセスメントは、決してルーチンの作業ではなく、患者の全体像をとらえて治療プランを設計していく発見的・総合的な仕事である。また、ピーターズがPDI（ピーターズ妄想質問紙）を作ったように、臨床実践の中から新しいツールを作り出していく創造的な仕事でもある。

　以上のように、イギリスの臨床心理士は、日本の心理アセスメントよりも、はるかに高度な仕事をしているのである。このような新しい臨床心理士像は筆者にとって新鮮であった。

　さらに、システムが整備されていることも大きな特徴である。第1に、次項に述べるように、アセスメント・ツールが豊富にあることである。第2に、学会をあげて、新しいアセスメント・ツールの開発に取り組んでいることである（11-6-2参照）。第3に、大学院での臨床心理士養成において、アセスメントの仕方が徹底的に訓練されることである。第4に、卒業後にもアセスメント・ツールの講習会やワークショップが頻繁に開かれることである。

## 3-2. 豊富な心理アセスメント・ツール

　心理アセスメントというと，日本ではすぐに性格テストと知能テストを思い浮かべる。しかし，性格テストと知能テストは，イギリスでは1950年代までには固まった領域である。その後，1960年代に入ると行動特性のアセスメントが進展し，70年代には精神症状のアセスメントが，80年代には認知特性のアセスメントが，90年代に入ると人格障害のアセスメントが，それぞれ大きく展開した。このようにみると，日本の心理アセスメントは，イギリスの1950年代で止まっているということができる。イギリスの臨床心理学には，豊富なアセスメント・ツールが蓄積され，それが臨床心理士の活躍を支えている。

　アセスメント・ツールを詳しく紹介するハンドブック類もたくさんある。これらをみると，抑うつ・不安障害・対人不安・摂食障害・人格障害・統合失調症など，個々の精神病理に即して，しかも，症状・認知・行動・生理のように細かく分けて，アセスメントが開発されている。以下，各領域ごとに，主にイギリスの心理アセスメントの歴史と現状について述べる。

## 3-3. パーソナリティのアセスメント

### 1）投映法の時代（1940年代まで）

　パーソナリティの理論は，大きく，ヨーロッパで発展した「類型論」の流れと，アメリカで発展した「特性論」の流れがある。類型論の代表は，クレッチマーの気質論とユングの向性の理論である。他方，特性論の代表は，アメリカのオルポートの特性論と，ギルフォードやキャッテルの因子論である。

　こうした2つの流れと呼応して，パーソナリティ・テストにも，大きく，ヨーロッパの類型論や精神分析学の流れをくむ投映法と，アメリカの因子論や心理測定学の流れをくむ質問紙法がある。投映法の代表としては，ロールシャッハ・テストやTATがある。他方，質問紙法の代表としては，ギルフォードの質問紙法やキャッテルの16PFがある。

　アイゼンクが，1947年にモーズレイ病院に臨床心理士の養成コースを作った時は，投映法の全盛期であった。当時の実習は，ロールシャッハ・テストやTATといった投映法が中心であった（Payne, 2000）。

　アイゼンクは，1949年に，ペンシルバニア大学に留学し，アメリカの臨床心理学や精神医学を視察した。当時のアメリカの臨床心理学は，フロイト派の精神分析学や投映法が中心となっていた。しかし，アイゼンクにとって，精神分析や投映法は信頼性と妥当性に乏しいように感じられた。そこで，アイゼンクは科学的な臨床心理学をイギリスに確立しようと考えた。

### 2）MPIの成立（1947年）

　アイゼンクは，因子分析を用いてパーソナリティを科学的に分析し，パーソナリ

ティの3次元説を提出し，それにもとづいて，多くの質問紙法の性格テストを作った。

アイゼンクは，もともとロンドン大学ユニバーシティ・カレッジにおいて，バートのもとで学び，因子分析を用いた個人差研究を行った。その後，ミル・ヒル病院において，700名の神経症の患者の質問紙法データをもとに因子分析を行った。また，質問紙法だけでなく，膨大な実験データなどを集めて，パーソナリティの因子分析研究を行った。その結果，N（情緒安定性）と，E（外向性）と，P（精神病性）という3つの因子を見いだした。これらの結果は，1947年の『パーソナリティの次元』や1952年の『パーソナリティの科学的研究』にまとめられている。

これら3つの次元をみると，E次元はユングの外向－内向の理論と似ており，P次元はクレッチマーの精神病質の考え方と似ている。しかし，ユングやクレッチマーが臨床経験から直観的に類型を考えたのに対し，アイゼンクが，実験やテストの測定可能なデータから，因子分析で類型を抽出した点で，両者は違う。また，因子分析で性格特性をさぐる点では，ギルフォードやキャッテルの特性論と同じだが，彼らの理論が13以上も特性があり複雑なのに対し，アイゼンクの理論は，3次元にしぼられ明快である。そこで，アイゼンクの性格理論は「特性・類型論」と呼ばれる。

アイゼンクは，1947年には，NとEの次元を測定するために，モーズレイ人格目録（MPI）を開発した。また，1965年には，これを改訂したアイゼンク人格目録（EPI）を発表した。N尺度とE尺度は，妥当な尺度として認められ，多くの研究で用いられている。筆者の経験からいうと，イギリスの心理学では，現在でも，パーソナリティといえば，アイゼンクのN尺度とE尺度のことをさすのである。

### 3）質問紙法の発展（1950～80年代）

その後，アイゼンクとアイゼンクは，1968年にP（精神病性）を測るP尺度を開発した。そしてE尺度とN尺度を合わせて，PEN尺度などと称していた。1975年には，新たに，アイゼンク人格質問紙（EPQ）を発表した。しかし，P尺度については，その内容が妥当でないという批判が相次いだ。そこで，1985年には，32項目の改訂P尺度を作り，これにともなって，改訂アイゼンク人格質問紙（EPQ-R）を提出している。P尺度の内容の妥当性には，多くの批判があるためか，PEN尺度以降は日本ではあまり知られていない。P尺度は，精神病へのなりやすさを測る尺度の出発点になったという歴史的な意義がある。こうした研究から，クラリッジやベンタルらの精神病へのなりやすさの研究が始まった。

また，1980年にアイゼンクは，雑誌「パーソナリティと個人差（Personality and Individual Difference）」を創刊した。この雑誌は現在でも続いている。また，アイゼンクは，国際個人差研究学会（International Society for Study of Individual

Difference：ISSID）を作った。

　このようにして，パーソナリティ・テストでは特性論・因子論や質問紙法が主流となった。しかし，1968年にアメリカのミシェルが『パーソナリティとアセスメント』をあらわし，パーソナリティの状況論を主張したことによって，特性論・因子論は一次的に衰退した。因子分析にもとづく質問紙法の性格テストは，パーソナリティの一貫性を前提としているので，パーソナリティの変化が問題となる臨床場面では，使いにくいきらいがある。

　　4）ビッグファイブ理論と質問紙法（1990年代）
　1990年代に入ると，アメリカを中心として，ビッグファイブ理論が発展した。これは5つの因子によって性格を記述するものである。例えば，コスタとマックレーは，N（Neuroticism 神経質），E（Extroversion 外向性），O（Openness 知性），A（Agreeableness 同調性），C（Conscientiousness 誠実性）の因子をあげている。ここからわかるように，アイゼンクのN尺度とE尺度がビッグファイブの中に吸収されている。その後，ビッグファイブをはかる質問紙法が多く作られている。NEO-PI や NEO-PI-R などが代表的である（丹野，2003）。

## 3-4. 知的能力のアセスメント

　イギリスは数理心理学の発祥の地としても知られるが，その中心的なテーマは知能の構造にあった。1883年にゴールトンは，『人間の能力とその発達の研究』という本を書いて，人間の能力の個人差を研究した。個人差を数量化するために，テスト法や質問紙法を用いた（14-10-3 参照）。また，相関関係の考え方を打ち出し，のちにピアソンの相関係数のもとになった。1904年にロンドン大学のスピアマンは，因子分析を考案し，知能の分析を行った。彼の知能の一般因子 g の理論は有名である。

　知能のアセスメントには，個別式知能検査と集団式知能検査がある。個別式の代表的なものとしてビネー式とウェクスラー式がある。ビネー式は，1905年にフランスのビネーとシモンによって作られ，アメリカのターマンがスタンフォード・ビネー・テストを作ってから世界中に広まった。ウェクスラー式は，アメリカのウェクスラーが開発したものである。一方，集団式知能検査でイギリスで作られたものとしては，レイヴンが開発したレイヴン・プログレッシブ・マトリクス・テスト（非言語性）と，ミル・ヒル語彙テスト（言語性）が有名である。

　1947年にアイゼンクが臨床心理学の訓練コースを作った当時の実習は，ウェクスラー・ベルビュー法やスタンフォード・ビネー法といった知能テストが中心であった（Payne, 2000）。現在のイギリスの臨床心理学においては，ウェクスラー式の知能検査を中心として数多くの知的能力の検査が用いられている。

## 3-5. 精神症状のアセスメント

### 1) 診断基準の確立

精神症状のアセスメントは1970年代から大きく発展したものであり，イギリスでの研究が大きな役割を果たしている。きっかけになったのは，1970年代にイギリスとアメリカでは診断が異なるという研究結果が発表されたことである（松本, 1991；北村, 1995）。つまり，統合失調症の診断の範囲は，イギリスよりアメリカのほうが広く，うつ病の診断はその逆であることが明らかになった。このように，診断は国により異なり，さらには，病院や精神科医により異なることが明らかとなり，それを解決するために，明確で客観的な診断基準が必要とされるようになったのである。

1974年に，ロンドン大学精神医学研究所の精神医学者ウィングは，CATEGOという診断基準を作った。これは，統合失調症やうつ病，不安状態などの9つのクラスからなり，世界保健機関（WHO）が作成した国際疾病分類（ICD）に近いものである。

イギリスの動きに刺激されて，アメリカ精神医学会がDSM-Ⅲ（精神障害の分類と診断の手引　第3版）をつくったのである。

こうした診断基準は，明確で操作的な基準を用いるので，臨床家に共通のコミュニケーションの道具となった。こうした利点は，治療効果の研究においてはとくに重要になってくる。

### 2) 面接基準の確立

診断基準の整備とともに，「面接基準」も整備された。面接基準とは，精神科的診断を明確に行うことを目的とする構造化面接法のマニュアルである。面接基準は，特定の診断基準と対になっていることが多い。

ロンドン大学のウィングらは，CATEGOとともに，現在症診察表（Present State Examination：PSE）という面接基準を開発した。PSEは，140個の症状について，面接しながら評定する。PSEで得られた結果を，CATEGOのコンピュータ診断プログラムに投入すると，診断が自動的にできるしくみである。

イギリスの動きに刺激されて，アメリカでは，スピッツァーらが，1979年に面接基準SADS（Schedule for Affective Disorders and Schizophrenia：感情病と統合失調症のための面接基準）を発表し，その後，多くの面接基準が発表された。

面接基準は，精神医学のツールとして育ってきたものであるが，臨床心理学の初心者にとっては，査定的面接の訓練のために大いに役立つ。

### 3) 症状評価尺度の発展

症状評価尺度は，面接の結果にもとづいて，症状の重症度などを評定するための尺度である。包括的なものと個別的なものに分かれる。

包括的な症状評価尺度として、イギリスで作られたものに BPRS（Brief Psychiatric Rating Scale：簡易精神医学的評価尺度）がある。BPRSは、オーバーオールらが作成したものであるが、のちにいろいろな改訂版が作られている。わが国で多く用いられているのは、オクスフォード大学のコラコウスカが作った「オクスフォード大学版」である。

一方、個別的な症状評価尺度として、イギリスで作られたものは、ハミルトンが開発した HRS-D（Hamilton Rating Scale for Depression：ハミルトン抑うつ評定尺度）である。ハミルトンは、ロンドン大学のモーズレイ病院で訓練を受けて、リーズ大学の精神科教授をつとめた。

治療へのニーズを測る尺度としては、MRC治療ニーズ評価がある。これは、医療審議会（MRC）の援助で、ブリューインらが1987年に開発した。

### 4）症状評価質問紙の発展

面接基準や症状評価尺度は、面接者がクライエントと面接しながら客観的に評価していく方法であるのに対し、質問紙法を用いて、クライエントが自分で記入していく方法もある。症状評価質問紙にも包括的なものと個別的なものがある。

包括的な症状評価質問紙の代表的なものには、GHQ（General Health Questionnaire：精神健康調査票）がある。GHQは、1972年に、マンチェスター大学のゴールドバーグ（17-13-2-4参照）が開発したものであり、60項目からなるスクリーニング用の質問紙である。

個別症状の質問紙法は多く開発されている。イギリスで作られたものに、強迫症状をはかる MOCI（モーズレイ強迫症状質問紙）がある。また、幻覚、妄想、陰性症状などのアセスメント法の多くはイギリスで作られたものである（石垣・丹野, 1998；丹野, 2001a）。

## 3-6. その他の心理アセスメント（行動アセスメントなど）

### 1）行動アセスメント

1960年代に入ると、行動療法の急速な発展にともなって「行動アセスメント」が進歩した。イギリスで開発された行動アセスメントとして以下のものが有名である。

カンバウェル家族面接法（CFI）は、家族の感情表出の研究において、ロンドン大学のブラウンらが開発し、同じくロンドン大学のレフとヴォーンが短縮版を作成した（4-12参照）。

リハビリテーションのための評価（REHAB）は、オクスフォード大学のベイカーとホールによって開発されたものであり、リハビリテーションの計画を立てるのに必要な情報を得るための評価法である。邦訳も出版されている。

### 2）認知特性のアセスメント

1980年代には認知特性のアセスメントが発展した。認知の偏りのアセスメントは，自由再生法と実験法と質問紙法がある（レビューとして，Dryden & Rentoul, 1991）。自由再生法には，思考列挙法・発話思考法・思考サンプリング法が含まれ，実験法にはストループ課題・両耳分離聴課題などが含まれる。認知の偏りの質問紙法も多く開発されている。後述のベックの抑うつ理論（4章参照）では，①自動思考，②推論の誤り，③抑うつスキーマという3つのレベルの認知を分けて考え，それぞれの認知をはかる質問紙法が開発されている。自動思考質問紙（ATQ），推論の誤り尺度（TES），非機能的態度尺度（DAS）などである。また，不安認知についても，苦痛思考質問紙（DTQ）や不安思考質問紙（ASSQ）など多くの質問紙法が開発されている。こうした方法は，治療が認知のどの要素に効果があるのか（自動思考か抑うつスキーマか）を調べることなど，治療にも用いられるようになっている。

### 3）人格障害のアセスメント

1990年代にはいると人格障害のアセスメントが発達した。1980年にDSM-Ⅲが，精神疾患とは独立した次元として，12種の人格障害を取り入れて以来，その研究は爆発的に増えている。人格障害のアセスメント技法には，面接基準と質問紙がある。これらはさらに，包括的なもの（すべての人格障害を総合的に測るもの）と，個別のもの（個々の人格障害だけを評価するもの）に分かれる。邦訳されているのは一部に限られている。

## 3-7. 研究とアセスメント

アセスメント・ツールは，治療においてだけでなく，研究（リサーチ）においても不可欠である。臨床心理学研究を行うためにはアセスメント・ツールが必要である。治療が新しいアセスメント・ツールを求めると同時に，アセスメント・ツールの発展が治療や異常心理学理論をドラマチックに展開させる（丹野，2001a）。その際に威力を発揮するのが「半構造化面接法」である。半構造化面接法は，非構造化面接法の発見的機能と，構造化面接法の確認的機能をあわせ持っている。こうした利点を生かし，仮説形成段階において，半構造化面接法を用いるのである。後述のサルコフスキスの強迫性障害の理論（4-6参照）や，クラークらの対人恐怖の理論（4-8参照）は，半構造化面接法から出てきた。

## 3-8. 日本の心理アセスメントを育てるために

日本の心理アセスメントを育てるためには，どうすればよいだろうか。

### 1）アセスメント・ツールを組織的に紹介する体制づくり

日本で使われているアセスメント・ツールは，世界的にみるとかなり古いものである。日本の臨床心理学の教科書をみると，いまだに心理アセスメントは性格テストと知能テストの2分法があげられている。医療保険の点数の分類でもそうなって

いる。性格テストはさらに，投映法・作業検査法・質問紙法の3つに分けられている。どの教科書をみてもそうである。しかし，性格テストと知能テストは，前述のように，イギリスでは1950年代までには固まった領域である。日本の臨床心理学は，投映法が中心であり，60年代以降に開発された技法があまり使われていない。とくに精神症状のアセスメントはあまり使われていない。したがって，新しいアセスメント・ツールを組織的に翻訳・出版する体制が必要である。欧米には心理アセスメントの進歩を伝えるハンドブック類がたくさんある。これらも紹介されるとよいだろう。

### 2）アセスメントのリテラシーを高める体制づくり

イギリスの臨床心理士の教育では，アセスメント・ツールを使いこなせるように，徹底的な訓練をうける。筆者が見学したロンドン大学やマンチェスター大学では，心理アセスメントの考え方や種類や使い方について，独自のアセスメント・ハンドブックを作っていた。大学院を卒業しても，ワークショップなどを通じて，アセスメントの習得に力を入れている。体制として，イギリスではアセスメント・リテラシーを高めるシステムが整っているのである。例えば，英国心理学会は，心理アセスメントの普及に力を入れ，心理テストの専門家の資格化や登録などを行ったり，多くのパンフレットを作るなど，心理テストのサポート体制を整えている（11-6-2参照）。日本においてもこうしたシステムが参考になるだろう。

### 3）アセスメント・ツールを組織的に開発する体制づくり

わが国で開発されたアセスメント・ツールには問題のあるものが多い。例えば，標準化されていない，信頼性が確かでない，妥当性が確かでない，大学生のデータしかない，翻訳が多く日本独自のものが少ない，翻訳の版権が未取得である，日本の病態に適合しているか不明である，といった限界を持つツールが多い。こうした問題があるために，日本の臨床心理士が自信を持って使えるツールは限られてしまうのである。しかし，ひとつのアセスメント・ツールの開発・翻訳・標準化・臨床適用などをすすめるには，膨大な費用と人員と手間がかかる。個人の力ではどうにもならない。日本でも，本格的なアセスメント・ツールを開発する体制づくりが必要である。一言でいうならば，以前筆者が提案したように，わが国には「臨床アセスメント・ツール学」が必要なのである（丹野，2001c）。

# 第4章　異常心理学

　日本の感覚からすると，異常心理学は研究の領域であり，実践の領域ではないように思える。しかし，第2章で述べたとおり，異常心理学は，臨床心理士の基本的な業務のひとつになっている。そこで，この章では，異常心理学と臨床実践の関係について詳しく紹介したい。筆者は日本に異常心理学を定着させることが最重要課題であると考えている。本章は本書の中心的メッセージをなす部分である。

## 4-1. 異常心理学とは何か

　わが国では「異常心理学」という用語はあまり定着していない。では「異常心理学と臨床心理士は無縁か」というと，決してそうではない。クライエントの病理がなぜ生じるのかを考えたり，クライエントの病理がなかなか消失しないのはなぜかを考えることは，臨床心理士の仕事の中心をなしている。つまり，実質的には，臨床心理士は，日々，異常心理学の仕事を行っているといえる。このような仕事にはこれまで名前がついていなかった。そこで，筆者はこうした仕事を「異常心理学」と名づけることを提案したい。このような考え方で，筆者らが『講座 臨床心理学』を編集したとき（東京大学出版会刊），その第3・4巻を『異常心理学』に充てた。

　これまでは「精神病理学」と呼ばれることが多かったが，ここでは「異常心理学」という用語を採用する。これは精神医学の基礎理論としての「精神病理学」と区別するためである。

　異常心理学には，以下のようないろいろな仕事が含まれる。

① **病理の記述**：心理的な問題や病理を記述し分類する
② **病理の発生メカニズムの説明**：クライエントの問題や病理がなぜ生じるのかを考え説明する
③ **病理の維持メカニズムの説明**：その病理がなぜすぐに消失せずに長びくのかを考え説明する
④ **転帰の予測**：その病理が将来どのような経過をへるのかを考え予測する
⑤ **病理の発生の予測と予防**：どのような人がどのような場合に病理が発生しやすいかを考え，発生を予測し，可能ならば発生を予防する
⑥ **変化の予測**：その病理が心理学的援助に反応するか，どのような技法が有効かを考え予測する
⑦ **変化メカニズムの理解**：心理学的援助によってどのようなメカニズムを経て改善したのかを考え説明する

## 4-2. イギリスの異常心理学の歴史

イギリスの異常心理学の歴史は，図4-1のように示すことができる。

### 1）1940年代以降　行動病理学

まず「行動的アプローチ」がさかんになった。図4-1に示すように，行動的アプローチは，行動主義心理学，行動病理学，行動アセスメント，行動療法といった領域が発展した。

| 1940年代以降 | | |
|---|---|---|
| 行動的アプローチ | | |
| 行動主義心理学 | | |
| 行動病理学 | | |
| 行動アセスメント | | |
| 行動療法 | | |

| 1980年代以降 | 1980年代以降 |
|---|---|
| 認知的アプローチ | 認知行動アプローチ |
| 認知心理学 | 認知行動理論 |
| 認知病理学 | 認知行動病理学 |
| 認知アセスメント | 認知行動アセスメント |
| 認知療法 | 認知行動療法 |

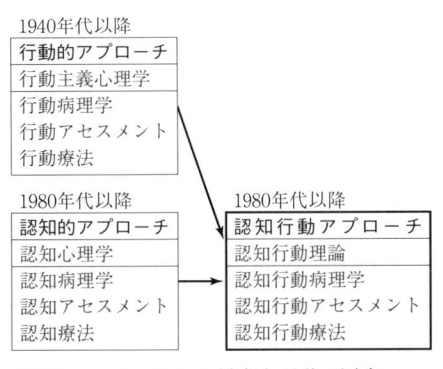

■図4-1　イギリスの異常心理学の歴史

「行動主義心理学」では，パヴロフの古典的条件づけやスキナーのオペラント条件づけのパラダイムをもとにしている。こうしたパラダイムを用いて，フラストレーションや葛藤などの異常行動や，不安・行動障害などの臨床症状を説明しようとする「行動病理学」がさかんになった。また，客観的な行動観察法を用いる「行動アセスメント」の技法が発展した。こうした行動アプローチの中心的な人物がアイゼンクである（10-2-1参照）。

### 2）1980年代以降　認知病理学

1980年頃から，認知的アプローチがさかんになった。図4-1に示すように，認知的アプローチは，認知心理学，認知病理学，認知アセスメント，認知療法といった領域が発展した。1970年代から，コンピュータをモデルとして人間の認知を考える情報処理心理学がさかんとなった。また，異常心理学においても，多くの理論が提出され，「認知病理学」と呼ばれる分野となっている。また，アセスメントにおいては，質問紙法や自由再生法や構造化面接法が多く開発され，「認知アセスメント」と呼ぶべき分野が成立してきた。治療の領域においては，ベックの認知療法をはじめとして，認知を重視する技法がいろいろ提案されてきた。エリスの論理情動療法やマイケンバウムのストレス免疫訓練などであるが，こうした技法を総称して「認知療法」と呼ぶことがある。こうした認知的アプローチはおもにアメリカで大きく展開した。

### 3）1980年代以降　認知行動病理学

これに対して，イギリスでは，行動アプローチと認知アプローチを統合した認知行動アプローチがさかんになった。

図4-1に示すように，認知行動アプローチも，認知行動理論，認知行動病理学，認知行動アセスメント，認知行動療法といった領域が発展した。

イギリスの認知行動病理学の特徴は，不安障害と統合失調症についての研究が多いことである。もともとベックの認知理論は，抑うつを対象とするものであり，ア

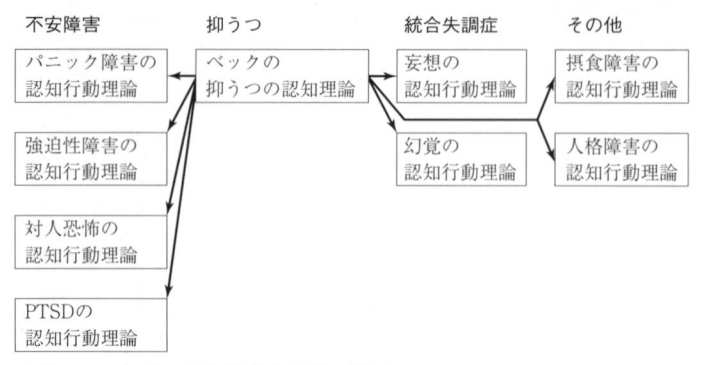

■図4-2　イギリスにおける認知行動病理学の展開

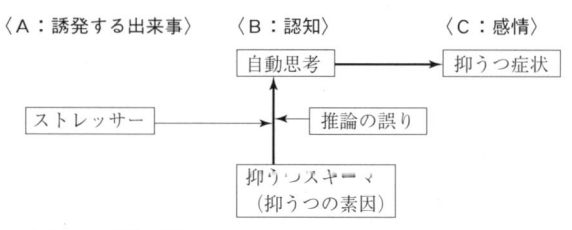

■図4-3　ベックの抑うつの認知理論

アメリカでは抑うつへの認知療法が進歩した。これに対して，イギリスにおいては，抑うつ以外の症状にも適用された。これを図4-2に示す。不安の領域では，パニック障害・空間恐怖・強迫性障害・対人恐怖・PTSDなどの症状に適用された。また，統合失調症の症状についても，妄想や幻覚などの症状に適用されるようになった。ほかにも摂食障害やアルコール依存などに適用されている。不安障害と統合失調症の認知行動理論は，イギリスにおいて大きく発展し，世界的にも独創的な領域である。現在でも世界で最も進んでいる。

以下では，認知行動病理学を中心に，おもにイギリスの最近の異常心理学の動向を述べる。

## 4-3. ベックの抑うつ認知理論

認知病理学は，アメリカのペンシルバニア大学の精神医学者アーロン・ベックによる抑うつの認知理論から出発している。ベックの抑うつ理論は図4-3のようにあらわされる。

ベックの理論は，アルバート・エリスのABC図式を枠組みにしている。Aは悩みのきっかけとなる出来事やストレスのことをさし，Bは，出来事の受け取り方や信念をさす。Cは，信念の結果としておこってくる悩みや抑うつ感情などをさす。ベックはABC図式を抑うつに当てはめた。つまり，抑うつ感情Cを生み出すもの

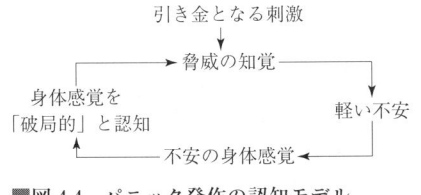

■図4-4　パニック発作の認知モデル
（Clark, 1986）

は，外界の出来事Aではなくて，その出来事をどう解釈するかという認知Bである。これまでは，うつ病の認知障害（微小妄想や思考制止など）は，感情障害の結果であると考えられていた。ベックは，これを逆転させ，認知障害が感情障害を生じるとした。こうしたコペルニクス的な発想転換により，認知を変えれば抑うつが軽減されるという認知療法の考え方が出てきたのである。異常心理学におけるひとつのパラダイム・シフトといってよいだろう。ベックの抑うつ理論をはじめとして，認知行動理論は，ほとんどABC図式であらわすことができる。

さらに，ベックは，抑うつスキーマ，推論，自動思考という3つのレベルの認知を分けて考える。第1の自動思考とは，例えば「私は不幸せだ。私は失敗者だ。私には何のとりえもない」といった，否定的な認知のことである。こうした自動思考が直接に抑うつ感情をひきおこすのである。第2の推論のレベルについて，ベックは，抑うつ的な人の推論は，過度の一般化や選択的注目など，推論の誤りがあるとしている。第3の抑うつスキーマとは，より深層にある認知構造や信念体系のことである。例えば，「他の人に嫌われたら，幸せになれない」とか「仕事の上で失敗したら，人としても失敗者である」といった信念である。抑うつスキーマは，ストレスによって活性化され，それによって自動思考を生み出す。

## 4-4. パニック障害の認知行動理論——クラークの理論

イギリスにおける認知理論の発展の基礎を作ったのは，オクスフォード大学の臨床心理学者デイビッド・クラーク（現ロンドン大学の精神医学研究所）である。

クラークは，パニック障害に認知行動理論を適用することに成功し，1986年に「パニックへの認知アプローチ」という論文を発表した（Clark, 1986）。パニック障害がおこるメカニズムについて，クラークは図4-4のようにあらわしている。この図は，クラークが臨床実践の中からクライエントとともに生みだしていった図式であり，単なる思弁から生まれたものではない。この図は，実際の治療にも用いられる。

この理論を筆者なりのABC図式であらわすと，図4-5のようになる。

図4-5で，Aはストレスであり，社会的な要因を含んでいる。BとCは，認知と感情であり，心理的な要因である。Dは身体・生理であり生物学的要因である。

この図において，不安のきっかけとなるストレス（A）があったとする。その刺激は脅威と知覚される（B）。その結果，軽い不安（C）が生じる。軽い不安によって，動悸・息切れ・体の震えといった不安の身体感覚が引きおこされる（D）。こうした身体感覚が，「この状況ではふさわしい身体感覚だ」と認知された場合は，

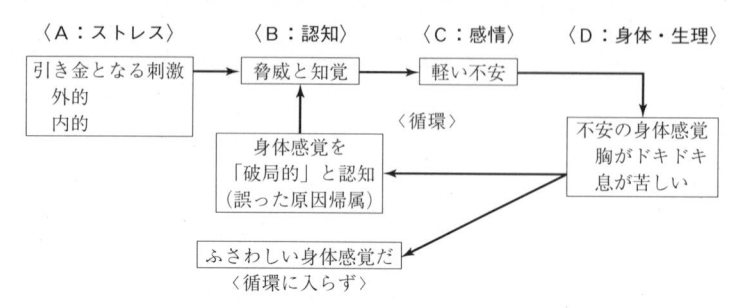

```
〈A：ストレス〉    〈B：認知〉    〈C：感情〉    〈D：身体・生理〉
引き金となる刺激  →  脅威と知覚  →  軽い不安
  外的                 ↑                           ↓
  内的                 │         〈循環〉      不安の身体感覚
                   身体感覚を                   胸がドキドキ
                   「破局的」と認知  ←          息が苦しい
                   (誤った原因帰属)

                   ふさわしい身体感覚だ
                   〈循環に入らず〉
```

■図4-5　パニック発作の認知モデル（Clark［1986］にもとづいて作成）

気にとめられず，抑制される（B）。ところが，「心臓がドキドキするのは，心臓発作の前兆ではないか」「体が震えているのは気が狂ってしまう前兆ではないか」といったように，その身体感覚を破局的(カタストロフィック)であると認知すると，脅威はますます強まる（C）。そうなるとさらに強い不安の身体感覚を引きおこし，それはさらに破局的(カタストロフィック)であるという認知を強める。このように認知と生理が互いに増強する悪循環がおこり，その絶頂でパニック発作がおこるのである。

　クラークの研究グループは，いろいろな調査や実験を行って，このモデルの妥当性を実証している。

　この理論は，認知療法を抑うつから不安障害に広げた点で画期的なものであり，1986年の論文は，世界中の論文に引用された。

　図からわかるように，悪循環に入るか入らないかの分かれ目は，不安の身体感覚を「ふさわしい感覚だ」と認知するか，「破局的(カタストロフィック)なものだ」と認知するかという点にある。ふさわしい感覚だと認知すればパニック発作は起こらないわけである。ここからクラークらは，身体感覚の認知の仕方を変える認知行動療法を開発した。これについては次章で述べる（5-5参照）。

## 4-5. 強迫性障害の認知行動理論——ラックマンとデシルバの侵入思考の研究

　強迫性障害は，強迫観念と強迫行為からなる複雑な病理であり，どのようなメカニズムで生じるかについて多くの研究がある。

　1978年に，ロンドン大学の精神医学研究所のラックマンとデシルバは，強迫観念についての画期的な研究を発表した（Rachman & de Silva, 1978）。この論文が，強迫性障害の認知行動理論のきっかけとなった。

　まず，ラックマンらは，第1研究で健常者の強迫観念を調べた。健常者に対して，「侵入的で，受け入れ難い思考や衝動」があるか，どのくらいの頻度でおこるかを質問紙で聞いた。その結果，80％の人がこのような思考を体験していた。つまり，強迫観念は健常者にもみられるのである。強迫観念そのものは，必ずしも病理的なものではない。のちに，このような正常な強迫観念は，自分の意志と無関係に意識

に侵入するという意味で,「侵入思考」と呼ばれるようになった。この研究は,歴史的にみて大きな意義がある。それは,非臨床アナログ研究の発展のきっかけになったことである。この研究以降,健常者を対象とした強迫観念(侵入思考)の研究がさかんになった。

つぎに,ラックマンら(1978)の第2研究では,臨床群(強迫症状を主訴とする精神科患者)と健常者を対象として,強迫観念について半構造化面接を行った。その結果,臨床群の強迫観念は,健常群にくらべて,頻度・強度・苦痛度・自我違和感が高く,自分にとって受け入れ難く,その苦痛に対処しようとしていろいろなことを行い,容易に忘れられないという特徴を持っていた。

この研究は,のちに,精神病理の多次元アセスメントという新しい研究分野を生んだ点で意義がある。強迫観念について,頻度・持続・苦痛度・忘却可能性など,多くの変数について聞き,その結果を2つの群で比べるというパラダイムを開発したのである。

さらに,ラックマンら(1978)の第3研究では,強迫観念に馴れさせる実験を行った。被験者は強迫観念を思い浮かべ,頭に浮かんだら,人差し指を立てて合図するように教示された。臨床群も健常群も平均10秒くらいでこれができたという。次に,強迫観念を4分間思い浮かべ続けるという訓練を3回繰り返した。その後,もう一度思い浮かべる。すると,頭に浮かぶまでに20秒くらい必要になった。それと同時に苦痛度も減った。つまり,訓練によって,強迫観念に馴れがおこり,しだいに思い浮かべにくくなったのである。これは,強迫観念に対する治療として馴化訓練(強迫観念を長い間考えて馴れて平気になる方法)の有効性を示すものである。このように,ラックマンらの研究は,メカニズム研究(異常心理学)と治療研究を結びつけた点でも意義がある。

### 4-6. 強迫性障害の認知行動理論──サルコフスキスの認知行動理論

オクスフォード大学のポール・サルコフスキス(現ロンドン大学精神医学研究所)は,認知行動療法を強迫性障害に適用することに成功した。1985年に,サルコフスキスは「強迫性障害の問題:認知行動論的分析」という画期的な論文を書き,強迫性障害の異常心理学研究を大きく進めた(Salkovskis, 1985)。

サルコフスキスのモデルを,筆者なりのABC図式であらわすと図4-6のようになる。サルコフスキスは,半構造化面接法を用いて,臨床実践の中からこの理論を作り上げていった。彼は16名の事例をあげて,詳しく分析している。

この図に沿って説明しよう。まず,何か引き金となる出来事(a)によって,侵入思考が生じる(b)。侵入思考とは,強迫観念のことであり,意識に突然割り込んでくるものであり,信念と一致せず,自我違和的なものと感じられる。ラックマンの研究で明らかになったように,侵入思考は健常者でも体験するありふれたもの

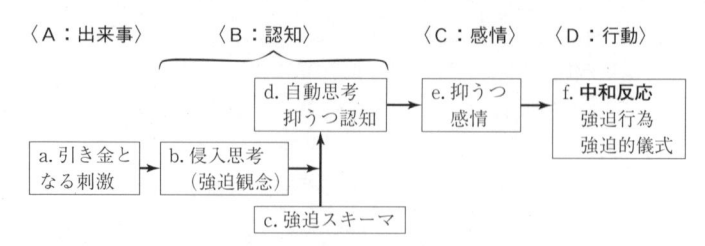

```
〈A：出来事〉    〈B：認知〉      〈C：感情〉   〈D：行動〉

                    d. 自動思考    e. 抑うつ    f. 中和反応
                       抑うつ認知     感情         強迫行為
                                                   強迫的儀式
    a. 引き金と   b. 侵入思考
       なる刺激      (強迫観念)
                    c. 強迫スキーマ
```

■図4-6　強迫性障害の認知行動モデル（Salkovskis［1985］にもとづいて作成）

である。ふつうの人は，侵入思考がおこっても，気にしないですぐ忘れてしまう。

cの強迫スキーマとは，以下のような極端な信念のことである。

①何かをすることを考えることは，それを実行したのと同じことだ
②危害を避けられなかったということは，危害を与えたのと同じことだ
③どんなことがあっても，責任ということは変わらない
④危害を防がないということは，危害を望んでいるのと同じことだ
⑤人は自分の思考をコントロールできなければならない

サルコフスキスは，これらに共通するのは「責任」というテーマであるとしている。侵入思考がおこったとき，ふつうの人は気にしないのに対して，強迫スキーマを持つ人は，侵入思考がおこったことに責任を感じ，他人から非難されるのを恐れ，自分を責めてしまう。

例えば，強迫スキーマを持っている人が，人を攻撃する衝動（侵入思考）を体験したとしよう。すると，その人は，「人を攻撃することを考えるということは，それを実行したのと同じだ」とか，「自分の衝動をコントロールできないような私は一人前の人間ではない」とか，「人を攻撃することを考えるなんて，きっと私は邪悪な人間に違いない」といった考えがわくだろう。これらが自動思考である（d）。この結果，抑うつ感情（e）がおこってくる。苦痛をもたらすのは，侵入思考そのものではなく，むしろ自動思考なのである。強迫観念に対する評価が苦痛をもたらすといえる。このような侵入思考と強迫スキーマの交互作用こそが，強迫症状のメカニズムである。

侵入思考はだれにでもおこりうるものであるから，強迫スキーマを持っているか否かが，異常か否かの分かれ目であることになる。強迫スキーマは強迫症状の素因といってもよいだろう。

さらに，fに示すように，抑うつ感情を和らげようとして，いろいろな中和反応がおこる。強迫行為や強迫的儀式を行ったり，場面から逃避したりすることである。一般に，強迫行為は，おこりうる危険を阻止して，抑うつや不安を和らげようとする「中和」の手段であるとされている。例えば，病気の不安を避けるために，洗浄

強迫がおこる。また，失敗の不安を和らげるために，確認強迫がおこる。
　サルコフスキスの研究グループは，いろいろな調査や実験を行って，このモデルの妥当性を実証している。サルコフスキスの認知行動モデルは，強迫性障害の認知行動療法を切り拓くことになった（5-6参照）。

### 4-7. 強迫性障害の認知行動理論——強迫認知ワーキンググループの仕事

　1985年のサルコフスキスの論文は，強迫性障害の研究を強く刺激し，その後の10年で，多くの研究が蓄積した。侵入思考，強迫的信念（スキーマ），自動思考という3つのレベルそれぞれで，多くの理論とアセスメント技法が発表された。そこで，これらの理論や技法を整理する必要が生じた。1995年にデンマークのコペンハーゲンで開かれた世界行動療法認知療法会議において，強迫認知ワーキンググループが作られた。グループは何回かの会合を開き，その成果を1997年に論文にまとめた（Obsessive compulsive cognitions working group, 1997）。このワーキンググループには，ラックマンやデシルバ，サルコフスキスをはじめ，世界の第一線の強迫研究者37名が名を連ねている。ワーキンググループは，認知の3つのレベルのうち，とくに信念（スキーマ）のレベルについて，包括的な質問紙を作るなど，精力的な研究を続けている。ワーキンググループの仕事によって，強迫性障害の研究は格段に進歩したのである。このワーキンググループに日本人が参加していないことは残念である。

### 4-8. 対人恐怖の認知行動理論——クラークとウェルズの理論

　認知行動理論は，対人恐怖にも適用された。オクスフォード大学のデイビッド・クラークとエイドリアン・ウェルズ（現マンチェスター大学）は，対人恐怖の認知行動理論を提案した（Clark & Wells, 1995；Wells & Clark, 1997；Wells, 1997）。
　対人恐怖がおこるメカニズムについて，クラークとウェルズは，図4-7のようにあらわしている。この図は，彼らが臨床実践の中からクライエントとともに生みだしていった図式であり，思弁から生まれたものではない。論文では，このモデルを裏づける12名の事例が掲げられている。また，この図は，実際の治療にも用いられる（5-7参照）。
　この理論を筆者なりのABC図式であらわすと，図4-8のようになる。
　図4-8で，Aは出来事であり，Bは認知，Cは感情，Dは行動である。対人恐怖の人は，対人恐怖スキーマと呼ばれる独特の信念を持っている（b）。怖れている場面（a）に遭遇すると，「自分はこの場面の中で危険にさらされている」とか，「今の地位を失ったり，自分の価値がなくなったり，人から拒絶されるだろう」といった自動思考が浮かんできて，その対人場面を危険であると認知する（c）。すると，「観察者視点の自己注目」という特殊な状態となる（d）。こうした状態になると，不安症状（e）や安全行動（不合理な対処行動）がおこってくる（f）。

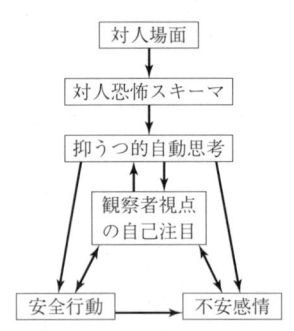

■図4-7 対人恐怖の認知行動理論（Clark & Wells, 1995）

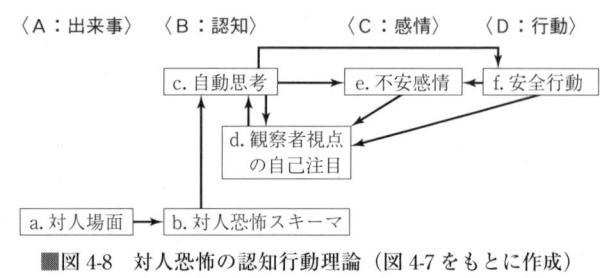

■図4-8 対人恐怖の認知行動理論（図4-7をもとに作成）

クラークとウェルズは，図4-8のいろいろな要素のうち，「観察者視点の自己注目」と「安全行動」に力点をおいている。

クラークとウェルズによると，対人恐怖の状態になると，注意の焦点が変わり，他者の視点から自分自身を観察するようになる。例えば「私はまわりの人から注目されている」と感じる。これが苦痛をもたらす。対人恐怖においては，こうした観察者視点への切り替わりが特徴的である。そうした観察内容は，客観的にみると誤っており，思い込みにすぎない。例えば，ある患者は，人前で，自分の手がブルブルと震えているイメージが頭に浮かび，そして，「まわりの人は私のブルブル震える手を見ている」と思い込んでしまう。しかし，客観的にみると，かすかに手が震えているだけなのである。このように，自分勝手な思い込みから，誤った自己イメージを作り上げてしまう。その自己イメージこそが他者からの評価だと思い込んでしまう。

次に，安全行動についていうと，対人恐怖者は，不安に対処するためにいろいろな行動をとるが，中には不合理なものも多い。例えば，酒を飲むときに手が震えることを悩んでいる患者は，グラスをきつく握って手が震えないようにしている。他人から不安症だと思われないか心配している患者は，話がとぎれないように，同じ話を何回も繰り返し早口でしゃべるようにしている。中には迷信行動に近いものもある。クラークとウェルズは，これらを「安全行動」（Safety Behavior）と呼んでいる。しかし，結果的にいうと，不安を弱めるどころか，不安を強めることになる。というのは，積極的な課題解決にはならず，表面的な対処に終わり，非現実的なスキーマをテストできなくなり，いつまでもスキーマが残ってしまうからである。

クラークとウェルズの研究グループは，いろいろな調査や実験を行って，このモデルの妥当性を実証している。クラークとウェルズは，このモデルにしたがって，対人恐怖の認知行動療法を提案しているが，それについては5章で述べる（5-7参照）。

## 4-9. 全般性不安障害の認知行動理論——ウェルズの心配理論

エイドリアン・ウェルズは，オクスフォード大学からマンチェスター大学に移り，

それまでの治療研究をまとめて『不安障害の認知療法：実践マニュアルと理論ガイド』という著書をまとめた（Wells, 1997）。この本はいろいろな不安障害を扱っているが，中でも，上で述べた対人恐怖の理論と，次に述べる全般性不安障害の理論は有名である。

全般性不安障害（GAD）の特徴は，DSM-Ⅳによると，「心配」ということである。心配（Worry）とは，生活上の出来事や活動について，過度に心配したり，不安を持ったりすることである。心配と全般性不安障害の関係について，そのメカニズムを明らかにしたのがウェルズの功績である。全般性不安障害のメカニズムについて，ウェルズは，図4-9のようにあらわしている。

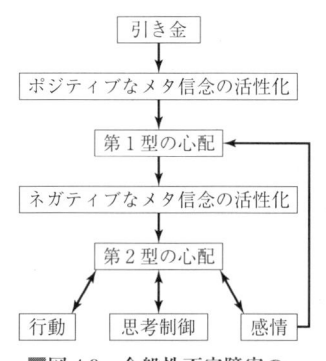

```
引き金
  ↓
ポジティブなメタ信念の活性化
  ↓
第1型の心配
  ↓
ネガティブなメタ信念の活性化
  ↓
第2型の心配
 ↓ ↓ ↓
行動 思考制御 感情
```

■図4-9　全般性不安障害の認知モデル（Wells, 1997）

図4-9によると，引き金となる出来事がおこると，「ポジティブなメタ信念」が活性化され，「第1型の心配」をひきおこす。ポジティブなメタ信念とは，例えば「心配することは，将来の問題に対処するために必要である」とか，「心配しておけば，悪いことに準備することができる」といった考え方である。ここまではごく普通の過程であり，多くの人に見られる。

ところが，「第1型の心配」が続くと，今度は「ネガティブなメタ信念」が活性化されて，今度は「第2型の心配」が生じてくる。ここからが病理的な反応である。ネガティブなメタ信念とは，例えば「心配はコントロールできないものだ」とか「心配すると気が狂ってくる」といった考え方である。「第2型の心配」は，不安行動や思考制御や不安感情といった要素を引き出す。これらの要素が，「第2型の心配」をますます増幅する。このような循環になった状態が全般性不安障害である。

この図も，ウェルズが臨床実践の中からクライエントとともに生みだしていったものであり，実際の治療に用いられる。

この認知モデルに従って，ウェルズは，全般性不安障害の認知行動療法も行っている。これについては，クラークとフェアバーン編『認知行動療法の科学と実践』（伊豫雅臣監訳，星和書店，2003）に収録されたウェルズの論文「全般性不安障害」に少し解説がある。筆者は2001年にバンクーバーで開かれた世界行動療法認知療法会議（WCBCT）に出たときに，ウェルズの全般性不安障害の認知行動療法についてワークショップを聞いたが，明快でわかりやすいものであった（10-7-5参照）。

## 4-10. PTSDの認知行動理論——エーラーズとクラークの認知モデル

アメリカの同時多発テロ事件以降，外傷後ストレス障害（PTSD）がクローズアップされ，その心理学研究は世界的に増えている。オクスフォード大学のワーンフ

ォード病院では，以前からオクスフォード・トラウマ・認知療法グループを作り，PTSDの認知行動療法にとり組んできた。その中心は，アンケ・エーラーズ（現ロンドン大学精神医学研究所）と，デイビッド・クラークである。図4-10は，エーラーズとクラークによるPTSDの認知モデルである（Ehlers & Clark, 2000）。

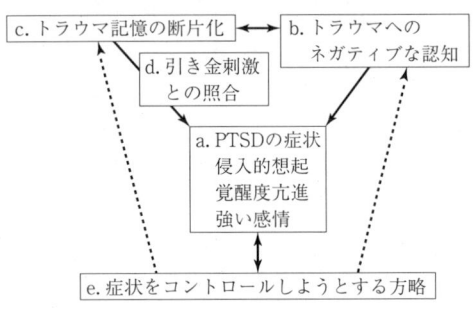

■図4-10 PTSDの認知モデル（Ehlers & Clark, 2000）

図4-10において，PTSDの症状（a）は，侵入的な想起や，覚醒度の亢進，強い感情（怒りや恐怖）などからなっている。こうした症状を引きおこすものは，トラウマ（心的外傷）に対するネガティブな認知（b）である。すなわち，PTSDの症状を引きおこすものは，認知の仕方であると考える。

また，トラウマの記憶の断片化（c）も，PTSD症状と大きくかかわっている。すなわち，PTSDでは，トラウマとなる出来事を断片化して記憶しており，うまく統合されていない。このために，断片的な記憶がフラッシュバックといった形で意識に侵入してくる。こうした記憶は，引き金刺激との照合（d）によって生じる。

さらに，症状をコントロールしようとする方略（e）も症状に影響を与える。例えば，安全行動とか思考抑制の試みなどである。

エーラーズとクラークのグループは，いろいろな調査や実験を行って，これらの3つの要素がPTSDの症状を強めていることを確かめている。

エーラーズとクラークは，このモデルにしたがって，PTSDの認知行動療法を提案しているが，それについては5章で述べる（5-8参照）。

## 4-11. 統合失調症の異常心理学——イギリスでの特異的展開

統合失調症のケアというと，日本では，精神科医の仕事であると思われがちであるが，イギリスでは，臨床心理士の仕事の中心をなしている。その一端は，第2章で紹介したピーターズの活動からも窺うことができる。臨床心理士が行った統合失調症の研究は，臨床心理学の専門誌だけでなく，精神医学の代表的な専門誌である「英国精神医学雑誌（British Journal of Psychiatry）」にも多く発表される。統合失調症の研究をしている以上，研究者として，臨床心理士も医師も対等であり，同じ土俵にたつ競争相手なのである。こうしたことも日本ではあまり見られない現象である。

統合失調症の臨床心理学の研究は，イギリスのオリジナルな仕事であり，アメリ

カではそれほど発展していない。統合失調症の研究は、イギリスの臨床心理学では最先端であり、最もホットな研究領域である。多くのグループが競って研究をすすめており、その中から、新しい研究が次々と生まれている。その中心となるのは次の4つのグループである。①ロンドン大学のグループ（ヘムズレイ、ワイクス、ガレティ、ピーターズたち）、②マンチェスター大学のグループ（タリア、ベンタル、バロウクロウ、モリソンたち）、③バーミンガム大学のグループ（バーチウッド、チャドウィックたち）、④ニューカースル大学のグループ（ターキングトンたち）である。

統合失調症の心理学が飛躍的に発展した背景には、症状中心アプローチの展開がある。統合失調症という疾患全体を扱う方法を「疾患中心アプローチ」と呼ぶのに対し、妄想・幻聴といった個々の症状を扱う方法を「症状中心アプローチ」と呼ぶ。これまでの精神医学の研究は疾患中心のアプローチが強かった。このアプローチは、統合失調症の心理と健常な心理とを質的に違うものと考え、統合失調症の「了解不能性」を強調する。これに対して、イギリスの臨床心理学者は症状中心アプローチを開発した。統合失調症の症状を、妄想、幻聴、自我障害、自閉、感情障害といったように分解してみると、それぞれの症状は、健常者でもそれほど珍しいものではない。一般成人を対象とした研究によると、幻聴は10～30％の人が体験しており、妄想は10～50％の人が体験をしている。症状中心アプローチは、異常心理学と健常心理学の橋渡しをする方法であり、心理学者にはなじみやすい発想である。また、個々の症状ごとに分けると、脳のどの部位の障害かを明らかにする神経心理学的研究がしやすくなる。また、統合失調症の症状について、一般の大学生で調べる非臨床のアナログ研究も出てきている。こうした症状中心アプローチがあらわれるようになってから、統合失調症への研究や治療は飛躍的に進歩したのである。

イギリスにおける統合失調症研究のきっかけとなったのは、①統合失調症の家族の感情表出（EE）の研究であった。これを土台として、②妄想や幻覚に対する認知行動理論、③統合失調症への早期警告サインの研究が育ってきたのである。以下、これらについて述べる。

## 4-12. 統合失調症の家族の感情表出（EE）の研究

EEとは、Expressed Emotion（感情表出）の略である。この研究は、ロンドン大学ベドフォード・カレッジの社会学者ジョージ・ブラウンらによって始められた（Brown et al., 1972）。彼らは、まず、カンバウェル家族面接法（Camberwell Family Interview：CFI）を開発した。これは、家族が患者に対してどのような感情を抱いているか、いくつかの尺度で評価するものである。このうち、重要な尺度は以下の3つである。

①批判的コメント（患者の行動や性格に対して，好ましくないとコメントすること）
②敵意（患者に対して，家族が敵意を抱いていること）
③情緒的巻き込まれすぎ（家族が患者に対して，おおげさな情緒的反応を示したり，過度に献身的に行動したり，過保護的行動をとっていること）

　ブラウンら（1972）は，ロンドンのカンバウェル地区等に住む統合失調症の患者101名の家族を対象として，CFIを行った。そして，①批判的コメント数が7回以上，②敵意が存在する，③情緒的巻き込まれすぎが4点以上，のいずれかに該当する家族を，感情表出の多い家族（高EEの家族）とした。それ以外は感情表出の少ない家族（低EEの家族）とした。

　その後，患者の9カ月後の再発率を調べると，患者の再発率は，感情表出の多い高EEの家族の患者では58％だったのに対し，低EEの家族の患者では16％であった。この発見がきっかけとなって，感情表出の研究がはじまった。その後の研究は，基本的に，ブラウンらの方法を踏襲したものである。

　この研究を受け継いだロンドン大学精神医学研究所のレフとヴォーンは，より洗練された方法を用いて，多くのデータを集めた。そして，それまでの研究成果をまとめ，次のことを明らかにした。①感情表出の多い家族は，少ない家族より，再発率が高い。②家族との接触時間を「週35時間以下」と「週35時間以上」に分けると，多く接触しているほうが再発率が高い。③向精神病薬を規則的に服用していないと再発率が高い。この事実は，イギリス以外の多くの国で追認された。こうしたEE研究の成果は，レフとヴォーンの『分裂病と家族の感情表出』（三野善央・牛島定信訳，金剛出版，1991）にまとめられている。

　こうした研究成果にもとづいて，家族の感情表出を減らしたり調整したりする家族介入法がさかんになった。これについては第5章で述べる。EE研究と家族介入法の成功は，イギリスの精神医学や臨床心理学に大きな影響をもたらした。現在の統合失調症の臨床心理学研究のリーダーであるバーチウッドやタリアは，もともとEE研究や家族介入に長く携わってきた。こうした家族研究の土壌から，統合失調症への認知行動療法が育ってきたと言える。

### 4-13. 妄想の認知理論――ヘムズレイとガレティのベイズ理論

　ロンドン大学精神医学研究所のヘムズレイは，統合失調症の心理学的研究をずっと行ってきた。1987年の知覚的統合障害仮説，1994年の抑制系障害説など理論的なレビュー論文をいくつか書いており，その仮説は世界的な影響力がある。1986年に，ヘムズレイは，ガレティとともに，確率論のベイズ統計学にもとづく信念形成の7段階モデルを枠組みとして，各段階からの逸脱として妄想を説明した（Hemsley & Garety, 1986）。最近は，人間の推論や意思決定にベイズ理論を適用する研究が進んでいる。ベイズ理論では，人間の信念が形作られるプロセスを，確信

度と情報によって説明する。人間はいろいろな信念を持っているが、信念によって確信度が異なる。また、同じ信念でも、新しい情報が入ってくると確信度が変わる。ベイズ理論にもとづくモデルでは、①仮説形成、②事象の確信度評定、③事前確信度の評定、④尤度の評定、⑤統合、⑥情報の検索、⑦行動、という枠組みに沿って人間の信念や判断を記述する。

　ヘムズレイとガレティは、ベイズ理論の枠組みを用いて、妄想を説明した。少ない情報から強い確信に至ってしまう判断傾向のことを「結論への性急な飛躍」（jumping to conclusion）と呼ぶが、これが妄想を生み出すという仮説である。

　ヘムズレイらは、こうした仮説を実験的に確かめる研究も行った（Huq, Garety & Hemsley, 1988）。彼らは、妄想の強い統合失調症患者、妄想を持たない精神科患者、健常対照者を対象として、確率推定課題を行った。この課題は、2つの集合の中からサンプルを抽出して、どちらの集合に属するかを推測させるものである。従属変数として、結論に至るまでのサンプル抽出数（結論に必要な情報量）や、仮説の確信度などを調べた。その結果、妄想群は、結論に至るまでのサンプル抽出数が少なく、最初に立てる仮説の確信度が高かった。つまり、少ない情報量から性急に結論を引き出し、自説について過剰な確信を持つわけである。こうした判断スタイルが妄想を発生させる素地になる。

　面白いことに、この結果をベイズ理論からみると、妄想群のほうが「合理的」な判断をしていることになる。逆に、健常群のほうが非合理的で慎重すぎる判断をしているわけである。ベイズ理論からいうと、むしろ健常者に慎重な判断バイアスがあり、妄想群にはそうした慎重なバイアスがないというのである。抑うつ研究に、「抑うつリアリズム」という理論がある。それによると、抑うつ患者のほうがネガティブに歪んだ判断をしているのではなく、健常者のほうがポジティブに歪んだ判断をしており、抑うつ患者はむしろ正確な判断をしている。ベイズ理論による妄想論も、「抑うつリアリズム」と同じように、逆転の発想というべきものである。こうしたヘムズレイらの仮説から妄想の判断バイアスの研究が始まった。

　筆者が2002年にロンドン大学に滞在した時、妄想についての研究会に何回か出た。そうした研究会では、いつも"jumping to conclusion"というキーワードが出てきて、ヘムズレイとガレティらの研究の影響力を感じたものである。

## 4-14. 妄想の認知行動理論——ガレティとヘムズレイの理論

　ロンドン大学精神医学研究所のガレティは、指導教官であるヘムズレイとともに、妄想についての症状中心アプローチを開拓した。妄想のアセスメント技法を開発し、発生メカニズムを考え、治療介入を行うという研究パラダイムを作った。

　ガレティとヘムズレイは、まず、PQ法（個人別質問紙技法）や、MADS（モーズレイ妄想評価スケジュール）といった妄想のアセスメント技法を開発した。これ

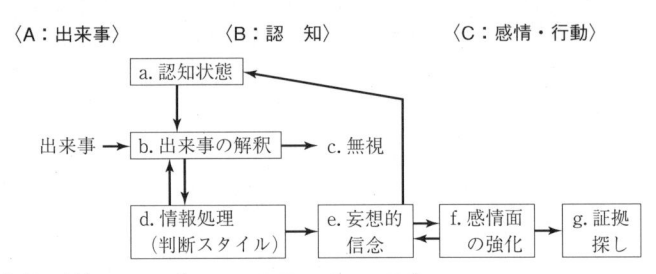

```
〈A：出来事〉      〈B：認　知〉      〈C：感情・行動〉
                ┌──────────┐
                │ a.認知状態 │◄─────────────┐
                └─────┬────┘               │
                      ▼                    │
   出来事 ──► ┌──────────┐  ► c.無視        │
            │b.出来事の解釈│                │
            └─────┬────┘                   │
                  ▼                        │
          ┌──────────┐  ┌──────┐  ┌──────┐ ┌──────┐
          │d.情報処理 │─►│e.妄想的│─►│f.感情面│►│g.証拠│
          │(判断スタイル)│  │  信念 │  │ の強化 │ │ 探し │
          └──────────┘  └──────┘  └──────┘ └──────┘
```

■図 4-11　妄想の認知モデル（Garety & Hemsley, 1994）

らのツールによって妄想を数量的にとらえることに成功した。

次に，ガレティとヘムズレイは，妄想の発生メカニズムについて認知行動理論を適用した（Garety & Hemsley, 1994：ミネルヴァ書房から邦訳予定）。図 4-11 は，ガレティとヘムズレイのモデルを ABC 図式であらわしたものである。

図の a「認知状態」とは，先入観とか，その時の気分とか，人格特性などをさしている。そうした状態の中で，ある出来事がおこったとしよう。例えば，まわりの人から冷たくされたとか，幻覚を体験したとか，といった出来事である。b は「出来事の解釈」である。ここで，その出来事が，これまでの枠組みで解釈できるものか否か，予測できたことか否かといった点について判断される。もし，解釈可能で予測可能なものであると判断されれば，その出来事は無視される（c）。もし，解釈不能で予測不能なものであると判断されれば，次の段階に進む。ここで，妄想的な判断スタイル（d）を持つ場合は，e「妄想的信念」が発生する。こうして，「自分はまわりの人から迫害されている」といった被害妄想が発生する。妄想的信念は，a に影響を与え，それが新たな認知状態となるので，新たな出来事を妄想的に解釈してしまうことになる。一度妄想的信念が発生すると，a〜e がループを形成するので，妄想的な解釈は強まっていくわけである。

また，f「強化」と g「証拠探し」も妄想的信念を強める。「強化」とは，妄想的信念を持つことによって，不安が軽くなったとか，抑うつ気分が晴れたとか，誇大的な感情を体験したといった感情的な体験をさしている。それまで周囲の人から何となく冷たくされているといった不安を持っていた人が，被害妄想を持つことによって，あいまいさが消えて，かえって不安が軽くなるといった体験をすることも多い。また，「証拠探し」とは，妄想的信念に合う出来事だけに選択的に注目し，信念に合わない出来事は無視することである。これは「確証バイアス」として知られている事実である。

### 4-15. 統合失調症の陽性症状の認知行動理論──ガレティらの多要因理論

ガレティらの研究グループは，上の妄想理論を一歩進め，2001 年に「精神病の

〈A：出来事〉　〈B：認知〉　〈C：感情〉

```
b.ストレス ────────────────→ d.感情の変化
   ↑         ↘        ↗         ↓
a.生理的・      c.基礎的な認知障害
心理的・         と異常体験
社会的な           ↓  ↑
脆弱性          e.体験の解釈
         f.解釈を左右　↓
          する要因
               g.陽性症状（妄想・幻聴）
                      ↓
               h.陽性症状を慢性化させる要因
```

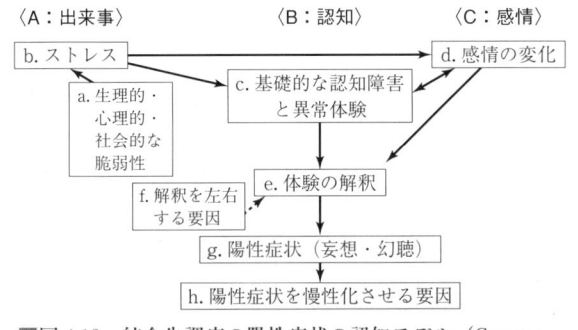

■図4-12　統合失調症の陽性症状の認知モデル（Garety, Kuipers, Fowler, Freeman & Bebbington, 2001）

陽性症状の多要因理論」という論文を書いた（Garety, Kuipers, Fowler, Freeman & Bebbington, 2001）。この論文は，陽性症状の発生のメカニズムについて，これまでの研究成果を集大成したものである。ガレティらのモデルを ABC 図式であらわすと図 4-12 のようになる。

　この図で，まず，生理的・心理的・社会的な脆弱性の要因（a）が，ストレス（b）を生み出す。ストレスは，基礎的な認知障害と異常体験（c）をもたらす。また，同時に感情の変化（d）をもたらす。それによって体験の解釈（e）が変わる。この体験の解釈に影響を与える要因がいくつかある（f）。体験の解釈の歪みによって陽性症状（g）が生じる。また，陽性症状を慢性化させる要因がいくつかある（h）。

　この図のf「解釈を左右する要因」として，ガレティらは，「推論バイアス」をあげている。推論バイアスについて，ガレティの研究グループは，3つの仮説にまとめた（Garety & Freeman, 1999）。すなわち，①前述のベイズ理論における性急な結論バイアス，②「心の理論」の障害（他者の意図を推測する歪みが被害妄想を生じるとする仮説），③原因帰属バイアス（抑うつのバイアスとは正反対で，ネガティブな出来事に対しては外的に帰属し，ポジティブな出来事に対しては内的に帰属しやすい傾向のこと）である。

　以上のような多要因理論にもとづいて，ガレティらは「精神病への認知行動療法」を行っているが，これについては5章で述べる（5-11 参照）。

## 4-16. 妄想のアナログ研究——ピーターズの研究

　ガレティとヘムズレイの妄想研究は大きな影響力を持ち，その著書『妄想：妄想的推論の心理学的研究』（1994）に惹かれて多くの若手心理学者が妄想の研究をはじめた。エマニュエル・ピーターズもそのひとりである。前述のように，ピーターズの指導教官はヘムズレイであった。

　ピーターズらは，PDI（ピーターズ妄想質問紙）という質問紙法を開発した（Peters, Joseph & Garety, 1999）。PDIは，40項目からなるが，それらの項目は，妄想の精神医学的診断基準から選ばれたものである。ひとつの項目について，①妄想的観念の有無（これまでに妄想的観念を体験したことがあるか），②心的占有度

（どれくらい妄想的観念について考えてしまうか），③確信度（どれくらい真実だと確信しているか），④苦痛度（それによってどのくらい苦痛を感じているか）という4つの次元から答えるものである。

PDIを一般成人に実施した結果，約25％の人がこれまで妄想的観念を経験したことがあると答えた。また，健常者と，妄想を持つ精神疾患患者の得点を比較すると，妄想的観念の有無には差がなく，心的占有度，確信度，苦痛度という次元において有意差がみられた。つまり，健常者の多くが妄想的観念を経験しているが，統合失調症患者は，幻覚や妄想を体験して苦痛を感じたり，常に気になったりするわけである。逆にいうと，幻覚や妄想を体験していても，苦痛を感じない人は，特に大きな問題とはならないということである。その後，PDIを用いた研究が世界的に行われ，イギリス以外の国でも，同じような結果が得られている。

また，ピーターズは，前述のヘムズレイのベイズ課題を用いて，統合失調症型人格（Schizotypy）における妄想的観念の研究を行っている。これも非臨床アナログ研究である。

### 4-17. 幻聴の認知行動理論——チャドウィックとバーチウッドの幻聴理論

バーミンガム大学のチャドウィックとバーチウッドは，認知行動理論を幻聴に適用することに成功した（Chadwick & Birchwood, 1994）。

チャドウィックとバーチウッドは，まず幻聴認知アセスメント（CAV）という半構造化面接法を作った。これを幻聴を持つ統合失調症患者に実施し，幻聴の内容，幻聴に対する認知，幻聴による感情や行動などについて詳しく聞いた。

このような事例研究をつみかさねて，チャドウィックとバーチウッドは図4-13のような理論を提出した。この図は，バーチウッドらのモデルをABC図式であらわしたものである。このモデルを裏づけるため，チャドウィックとバーチウッドは多くの事例をあげて，詳しく分析している。

図4-13によると，幻聴（A）に対して，人は一定の認知（B）をし，それが感情（C）と行動（D）をもたらす。A～Dは，それぞれネガティブなものとポジティブなものに分けられている。例えば，幻聴の内容（A）は，ネガティブな内容（悪いことを命令したり批判したりするもの）とポジティブな内容（忠告してくれたりするもの）がある。また，認知（B）は，悪意的な解釈と善意的な解釈に分けられる。前者は例えば「悪魔が悪意を持って話してくる」といったものであり，後者は例えば「神が善意を持って話してくれる」といったものである。

ここで重要なことは，幻聴（A）と認知（B）とは直接の関係がないということである。例えば，「彼を殴れ」といったネガティブな内容の幻聴が聞こえた場合，「神が私を陥れようとしている」というふうに悪意的に認知することもあれば，「これは神が私の力と信仰を試そうとしているのだ」のように善意的に認知することも

```
A                B                    C                  D
幻聴の内容        幻聴に対する認知     幻聴による感情     幻聴に対する行動
ネガティブ ─┐┌─→ 悪意的 ────────→ ネガティブ感情 ────→ 抵抗行動
           ╳
ポジティブ ─┘└─→ 善意的 ────────→ ポジティブ感情 ────→ 協調行動
```

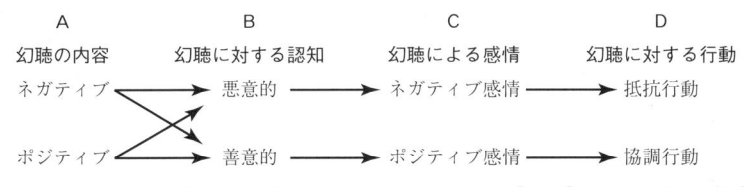

■図 4-13　幻聴の認知行動モデル（Chadwick & Birchwood［1994］にもとづいて作成）

ある。逆に，幻聴の内容がポジティブであっても，解釈は「悪魔が私を陥れようと監視している」のように悪意的なこともある。チャドウィックらの研究によると，31％の患者では，声の内容と認知が一致していなかった。

一方，認知（B）と感情（C）と行動（D）の間には強い結びつきがあることがわかった。つまり，認知が悪意的であると，ネガティブ感情がおこり，抵抗行動がおこる。一方，認知が善意的であると，ポジティブ感情がおこり，協調行動がおこる。

チャドウィックとバーチウッドは，このモデルにもとづいて認知行動療法を行っているが，これについては第5章で述べる（5-13 参照）。

### 4-18. 精神病の症状対処行動──タリアの症状対処ストラテジー

マンチェスター大学のタリアは，統合失調症の陽性症状への症状対処行動について調べた（Tarrier, 1992）。

妄想や幻聴などの陽性症状がおこったとき，患者は症状の改善をはかろうとして，自発的にいろいろな手段を用いる。例えば，幻聴が聞こえた時，娯楽や仕事を始めたり（行動的ストラテジー），大きな音で音楽を聴くなど感覚入力を操作したり（感覚的ストラテジー），注意を逸らすために別のことを考えたり（認知的ストラテジー）することである。一般に，社会生活への適応度の高い患者は，適応度の低い患者にくらべて，一貫して同じ方法を用い，陽性症状の引き金となる刺激に対して自覚的である。そこで，こうした症状対処行動を組織的に用いるように患者に働きかければ，症状を積極的にコントロールできる可能性がある。

こうした研究にもとづいて，タリアは，症状対処行動を組織的に用いるように患者に働きかける対処ストラテジー増強法（CSE）を開発した。これについては，第5章で述べる（5-14 参照）。

### 4-19. 統合失調症の早期警告サイン

バーミンガム大学のバーチウッドらは，統合失調症への早期介入法や再発予防の研究を続けている（Birchwood & Tarrier, 1992；Birchwood, Fowler & Jackson, 2000）。

統合失調症の発病や再発の直前には心理的変化や行動変化があらわれる。これが

「早期警告サイン」である。具体的には①不安・緊張・不眠，②抑うつ・ひきこもり・食欲不振，③脱抑制・攻撃・不穏，④初期精神病症状（幻聴様症状や妄想的観念）などをさす。こうした早期警告サインは，面接法や質問紙法などによってアセスメントすることが可能である。早期警告サインは，個々のクライエントによって異なるが，ひとりのクライエントにとっては一貫したものがあり，「署名」のようなものだとしている。したがって，クライエントやその家族がこうしたサインをモニターしていれば再発を予測でき，早く対処することができる。これが5章で述べる再発モニタリング・システムである（5-15参照）。

## 4-20. イギリスの異常心理学の特徴①——メカニズム・ベースの異常心理学

イギリスの異常心理学の大きな特徴は，症状のメカニズムを重視することである。多くの理論では，症状の発生や持続のメカニズムを示すパス図（因果関係を示す図）が明らかにされている。すなわち，クラークのパニック障害の理論（図4-4と図4-5），サルコフスキスの強迫性障害の理論（図4-6），クラークとウェルズの対人恐怖の理論（図4-7と図4-8），ウェルズの全般性不安障害の理論（図4-9），エーラーズとクラークのPTSDの理論（図4-10），ガレティとヘムズレイの妄想の理論（図4-11），ガレティの陽性症状の理論（図4-12），チャドウィックとバーチウッドの幻聴の理論（図4-13）など，メカニズムを示すパス図がある。これらの図では，「このように認知するので，こうした症状が生じる」という因果関係が明らかにされている。こうした認知行動理論は，ほとんどABC図式であらわすことができる。このように，イギリスの臨床心理学は，メカニズム・ベースの考え方が強い。治療もこのパス図にもとづいて行われる。

## 4-21. イギリスの異常心理学の特徴②——セラピー・ベースの異常心理学とケース・フォーミュレーション

イギリスの異常心理学のもうひとつの特徴は，異常心理学が，認知行動療法と密接な関連をもって発展したことである。

本章に登場したパス図は，症状のメカニズムを説明するだけではなく，治療のメカニズムを教えてくれる。「このように認知するので，こうした症状が生じる」ということがわかれば，逆に「このように認知しなければ，症状は生じない」ということもわかるのである。イギリスの臨床心理学者は，異常心理のメカニズムを研究し，そのメカニズムにもとづいて治療技法を開発しているのである。第4章の異常心理学と第5章の認知行動療法を比べると，これらが盾の両面であることがわかる。異常心理学が単なる思弁に終わることなく，治療と直結した異常心理学がつくられたのである。

また，これらのパス図は，一見すると事例を越えた一般論のように見えるがそうではなく，個々の事例に適用できる個人的なものである。治療場面では，このパス図を各事例ごとに埋めていき，その図式をもとに治療を進めていくのである。こう

した方法をケース・フォーミュレーションと呼ぶ。このように，異常心理学（パス図）と各クライエントへの治療が結びついているのである。認知行動療法のケース・フォーミュレーションとは，このパス図を埋めていくことに他ならない。

また，ケース・フォーミュレーションはアセスメントの一種であるから，アセスメントと治療とが結びついているということにもなる。このため，異常心理学が単なる思弁に終わることなく，アセスメントによる実証に支えられて発展したのである。

以上のように，イギリスの認知行動理論においては，異常心理学，心理的治療，心理アセスメントの3つの領域が，互いに密接な関連をもって発展した。心理学や精神医学の歴史をみても，3領域がこうした有機的な関連をもってすすむことは稀である。

## 4-22. 異常心理学にはどんな意義があるか

ここで，異常心理学の意義についてまとめておきたい。1）～5）は実践的意義であり，6）は学問的意義である。

### 1）治療的意義

前述のように，イギリスの臨床心理学の基本的な考え方は，病理のメカニズムを考えて，そこから治療技法を考えるということである。異常心理学は治療の一環である。メカニズムはわからないが，とにかく効果があるので，ある治療技法を用いるという考え方は危険な面がある。ある臨床心理士から次のような話を聞いたことがある。担当しているクライエントがよくなったので，そのことをスーパーバイザーに報告した。すると，スーパーバイザーから「なぜよくなったのか」「どのようなメカニズムでよくなったのか」について詳しく聞かれた。スーパーバイザーが言うには，「たとえひとりのクライエントがよくなったとしても，別のクライエントに対しては適用できない。治療のメカニズムが明確にならなければ意味がない」ということであった。

### 2）新しい治療技法開発の意義

異常心理学は，新しい治療技法を開発するという発見的・創造的な機能を持っている。メカニズムが明らかになれば，従来の治療技法の限界がわかり，新しい治療技法を開発することができる。これは，前述のサルコフスキスの強迫性障害の理論や，クラークとウェルズの理論などを考えれば理解できるであろう。

### 3）ケース理解のツールとしての意義

異常心理学は，クライエントの理解に必要である。ケース・フォーミュレーションを行うに当たっては，異常心理学の知識が必要である。クライエントの問題を分析し，そのメカニズムを考えることは，まさに異常心理学の仕事である。このように，異常心理学は臨床実践において重要な位置を占めている。

### 4）新しいアセスメント技法開発の意義

異常心理学は，新しいアセスメント技法を開発するという発見的・創造的な機能を持っている。例えば，ベックの認知理論が，ATQとかDASといった新しい質問紙法の開発を促したのである。

### 5）異職種集団の中の伝達のツールとしての意義

臨床心理士は，患者や病棟スタッフから，患者の症状についての異常心理学的説明が求められる。つまり，臨床心理士は，患者の症状や病理をどのように理解したらよいのか，患者や病棟スタッフに説明しなければならない。これについては第2章で述べた。異常心理学とその研究は，臨床心理士にとって，頼りになる武器となっている。

### 6）科学的研究としての意義

異常心理学は，基礎的心理学の一分野として確立している。異常心理学は，精神病理のメカニズムを明らかにするという科学的な側面を持っている。歴史的にみても，例えばフロイトの精神分析学や，ワトソンの恐怖獲得の実験，失語症の研究など，臨床研究は基礎的心理学に対して強いインパクトを与えてきた。フランスの心理学は病理的な方法を基本として発展した。最近では，「心の理論」や神経心理学などの研究において，異常心理学は，基礎的心理学と臨床心理学をつなぐインターフェースとして機能している（7-5参照）。

## 4-23. 日本の異常心理学を育てるために

### 1）異常心理学の組織的な紹介

欧米においては，異常心理学についての著書が多い。イギリスでは，古典的なものとしてアイゼンクが編集した『異常心理学ハンドブック』（Eysenck, 1960）がある。また，よく使われている本としては，リンゼイとパウエルの『臨床成人心理学ハンドブック』がある（Lindsay & Powell, 1994）。この本には，ヘムズレイやデシルバ，ワードルといったロンドン大学の臨床心理学者が分担執筆している。ほかにも，チャンピオンとパワーの『成人の臨床的問題』（Champion & Power, 2000）や，カーの『異常心理学』（Carr, 2001）などがある。

欧米の異常心理学のテキストは，大学だけでなく，臨床場面でクライエントに対するメンタルヘルス教育のツールとしても使われているようである。これまで，異常心理学は，一般社会において「異常」に対してレッテルを貼り，偏見を助長するだけだとされてきたが，こうしたメンタルヘルス・リテラシー教育では，メンタルヘルスの知識を普及させ，自分の中の異常を見つめることによって，逆に異常への偏見を低めている。筆者らが執筆した『自分のこころからよむ臨床心理学入門』（丹野・坂本, 2001）もこのような意図がこめられている。

### 2）異常心理学のリテラシーを高める体制づくり

異常心理学は臨床実践においてきわめて重要である。臨床心理士の養成においても本格的な異常心理学の教育を組み込む必要があるだろう。また，大学院を卒業し，現場に出ても，ワークショップなどを通じて普及をはかる必要があるだろう。

### 3）異常心理学研究の体制づくり

　異常心理学は，基礎的心理学と臨床心理学をつなぐインターフェースとして機能している。こうしたインターフェースを強めるためにも，学会として異常心理学に取り組むメリットは大きい。学会は，広い視野を持ち，異常心理学のインフラストラクチャーを整備すべきであろう。そうした仕事のひとつとして，筆者は，DSM-IVを改訂した臨床心理士のためのDSMを作ることを提案している（丹野，2001）。DSMは5つの軸（次元）からなる多軸診断方式をとるが，第1軸（臨床症候群）については多くの研究がなされているものの，それ以外の軸については研究が少ない。考えてみると，2軸（人格障害と知的障害），4軸（心理社会的問題とストレス），5軸（生活適応度）は，もともと臨床心理士が得意とする領域である。これからは臨床心理士が2・4・5軸についての研究を行い，それにもとづいて臨床心理士がDSMに対していろいろな提案をしていくべきであろう。そこで，筆者は第2・4・5軸をもっと充実させたDSM-CP（DSM for Clinical Psychologist：臨床心理士のためのDSM）を作っていくことを提案したい。このようなインフラストラクチャーづくりは，莫大な資金と労力を必要とするため，学会として取り組むべきである。

# 第5章　心理学的治療（認知行動療法）

イギリスの臨床心理学において最もメジャーな治療技法となっているのは認知行動療法である。認知行動療法という心強い武器を手に入れることで，臨床心理士は精神科医と対等の立場になれたという（Kuipers, 2001）。日本の臨床心理士が，認知行動療法という心強い武器をまだ持っていないのは残念なことである。この章では，認知行動療法の展開について詳しく述べる。本章も本書の中心的メッセージをなす部分である。

## 5-1. イギリスの認知行動療法の歴史

認知行動療法の歴史は，いくつかの段階に分けられる。ラックマンは，①行動療法の発展期，②認知療法の出現期，③認知行動療法への統合期という3つに分けている（Rachman, 1997）。

### 1）行動療法の発展期（1947〜1970年代）

イギリスの行動療法の草分けとなったのは，アイゼンク，ラックマン，マークス，ゲルダーらであった。1960年にアイゼンクが編集した『行動療法と神経症』は，行動療法という用語を定着させるのに大きな力があった。1963年にアイゼンクは，雑誌「行動研究と行動療法（Behaviour Research and Therapy）」を創刊した。この雑誌は，現在でも行動療法や認知行動療法の分野では，ステータスの高い雑誌となっている。1970年頃のロンドン大学精神医学研究所では，研究指導を行うアイゼンクと，臨床指導を行うラックマンの二人体制ができ，不安障害治療の第一期黄金時代を迎える（Wilson & Clark, 1999）。精神医学研究所は，世界における行動療法研究の中心地となり，世界中から研究者が集まった。1972年にはイギリス行動療法学会が設立された。

イギリスの行動療法に大きな影響を与えたのは，ウォルピによる系統的脱感作療法であった。ウォルピの治療理論は，方法論の厳密さや，適用性の広さなどの点で，イギリスの臨床心理学に大きな影響をもたらした。

その後，系統的脱感作療法にかわって，精神医学研究所のマークスらが提唱したエクスポージャー法がさかんになった。系統的脱感作療法がイメージ上で不安状況に接するのに対して，エクスポージャー法は直接不安状況に接する方法である。

### 2）認知療法の出現期（1980年代以降）

アメリカでは，ベックの認知療法や，エリスの論理情動療法，マイケンバウムのストレス免疫訓練など，認知を重視する技法が多く提案された。ベックの認知療法

は，イギリスの心理学者や精神科医の注目を集め，1981年には，エディンバラ大学のブラックバーンらが，1984年にはオクスフォード大学のティーズデイルとフェンネルが，うつ病への認知療法の効果を調べた。こうした研究によって，認知療法が薬物療法と同じくらいの効果があることが確かめられた。また，認知療法が，アメリカの開業医だけでなく，イギリスの医療制度（国民健康サービス）の中でも効果を発揮できることが明らかになった。こうして認知療法はイギリスにも広がった（Pilgrim, 2002）。

### 3）認知行動療法の確立期（1980年代以降）

行動療法は認知行動療法へと脱皮した。行動療法の考え方は，狭くて臨床には合わないところがあったが，認知療法や認知理論が出てきて，行動療法を吸収した。アメリカでは認知療法が広まったが，イギリスでは行動療法の伝統を吸収した認知行動療法が確立した。こうした動きの中心にいたのは，クラーク，サルコフスキス，エーラーズといったオクスフォード大学の臨床心理学者であった。彼らは，第4章で述べたように，不安障害の認知行動モデルを確立し，それにもとづいて認知行動療法を考案した。また，ロンドン大学やマンチェスター大学などの研究者は，第4章で述べたように，統合失調症の症状（妄想や幻聴）の認知行動モデルを確立し，それにもとづいて認知行動療法を考案した。

アメリカに比べると，イギリスの認知行動療法は，行動療法と認知療法が自然に統合されている。行動療法と認知療法のよいところだけを抽出しているという印象がある。

1992年に，イギリス行動療法学会は，イギリス行動認知療法学会（BABCP）と改名した。

### 4）実証にもとづく臨床心理学の定着期（1990年代以降）

1990年頃から，心理療法の効果があるかどうかがきびしく問われるようになり，治療効果研究がさかんに行われるようになった。その中で多くの技法は淘汰されていった。このような動きは，実証にもとづく（エビデンス・ベースの）アプローチと呼ばれる。認知行動療法はこのような淘汰につねにさらされてきたが，これを乗り切り，イギリス政府（国民健康サービス）から高く評価された。これによって，臨床心理士の養成コースは，政府によって認定されるようになったわけである。

ロンドン大学精神医学研究所では，2000年に，クラークらがオクスフォード大学から移ってきた。これによって，精神医学研究所の不安障害治療は世界トップの座に返り咲き，現在，第二期黄金時代を迎えている。

2002年には，先端臨床医学研究所（NICE）が，統合失調症の認知行動療法の有効性を公に認めるガイドラインを発表した。

このような50年の経過を経て，認知行動療法や臨床心理学は成長し，イギリス

社会に定着したといえる。

## 5-2. イギリスの認知行動療法の発展——百花繚乱の時代

　論客が一時期に集中して出現し，オリジナルな理論を提出する百花繚乱の時代というものがある。例えば，1950～60年のイギリスの精神分析学がそうであった。後述のように，フェアバーン，ウィニコット，ガントリップ，バリントといった論客が次々とあらわれ，対象関係論のオリジナルな流れを作った（15-4参照）。また，1970～80年のイギリスの精神医学もそうであった。第17章に示すように，ルイス，シェパード，ウィング，レフ，ベビントン，ラター，マークスといった精神医学者たちが活躍し，記述精神医学や診断基準，社会精神医学，統合失調症家族のEE研究，エクスポージャー法など，オリジナルな研究が次々と生まれた。この時期はイギリス精神医学の黄金時代といってよいだろう。

　そして，1980年代半ばから現在に至るイギリスの認知行動療法の流れは，まさにそのような時代のひとつである。本章で述べる不安障害に対する認知行動療法は，クラークをはじめとしてサルコフスキス，エーラーズ，ウェルズらのオリジナルな仕事である。また，統合失調症に対する認知行動療法は，ガレティ，ヘムズレイ，ワイクス，ピーターズ，バーチウッド，タリアらのオリジナルな仕事である。こうした展開は，心理学の歴史に残るような一種のパラダイム・シフトである。

　こうした表現は筆者の我田引水のように聞こえるかもしれないが，あながちそういうわけでもないことは，イギリスの認知行動療法の発展をコンパクトにまとめたピルグリムの次の文章からも窺える。直訳して引用してみよう。

---

**イギリスにおける認知行動療法の発展** （Pilgrim, 2002, p.296）

　イギリスの認知療法家は，治療実践だけでなく，研究にも力を入れた。イギリスの認知療法家が最も創造力を発揮したのは，①不安障害と，②精神病（統合失調症）の領域においてであった。

　第1に，不安障害についていうと，1980年代半ばから，オクスフォード大学のデイビッド・クラークとその同僚たちが，不安障害の認知的メカニズムをモデル化することに成功した。パニック障害（クラーク，1986），強迫性障害（サルコフスキス，1985），心気症（サルコフスキスとワーリック，1986），対人恐怖（クラークとウェルズ，1995），外傷後ストレス障害（エーラーズとクラーク，2000）など，一連の理論が次々と生まれてきた。こうしたモデルにもとづいて，彼らは，各障害への治療法を開発し，その効果を確かめたのである。

　最近，クラークたちのグループは，ロンドン大学精神医学研究所に移り，そこでRCTを用いて，認知行動療法の治療効果を調べようとしている。熟練した治療者だけでなく，臨床心理学の専門家ではないコメディカル・スタッフが行う治療

の効果も調べている。精神医学研究所は，イギリスにおいて最初に認知療法の訓練コースができたところでもあり，イギリスにおける認知療法の訓練の最前線ともなっている。認知療法は，臨床心理士の訓練においても，最もメジャーな心理的治療法となっている。また，精神科医の研修の中にも認知療法の経験を取り入れるべきだとされている。

第2に精神病（統合失調症）の臨床にも大きな発展がある。最近までは，精神病に対しては，心理的治療は歯がたたないと思われてきた。しかし，これに対して，イギリスの大学の臨床心理学研究者は，統合失調症の妄想や幻覚に対する認知行動療法を発展させている。チャドウィックとロウ（1991），バーチウッドとタリア（1992），キングドンとターキングトン（1994），ファウラーとガレティとカイパース（1995）らの仕事である。

## 5-3. ベックの認知療法

認知療法は，アメリカのベックによる抑うつの認知理論（図4-3参照）から出発している。

認知療法は，行動的な技法と認知的な技法を用いる。行動的技法としては，自己モニタリングや活動スケジューリングなどがある。認知的技法の基本は，自動思考レベルの技法と，スキーマ・レベルの技法の2つに分けられる。自動思考レベルの技法の代表としては，非機能的思考記録（DRDT）がある。一方，抑うつスキーマを変える技法は総称してスキーマ・ワークと呼ばれ，例えば下向き矢印法などがある。

ベックは，ラッシュらとともに，うつ病のクライエントを対象として，認知療法の効果を調べた（Rush et al., 1977）。その結果，認知療法と薬物療法は，ともにうつ病に有効であるが，認知療法のほうが有効性が高いことがわかった。その有効性は3カ月後まで続いていた。心理的治療が薬物療法よりも効果があるという実証研究の結果は，心理学史上でも画期的なことであった。

うつ病への認知療法の技法と最新の効果研究については，井上のレビューに詳しい（井上, 2002）。

## 5-4. アメリカの認知療法とイギリスの臨床心理学の出会い——ベックとクラークの出会い

イギリスでの認知行動療法の発展に大きく貢献したのは，デイビッド・M・クラークである。

認知療法とイギリスの臨床心理学との出会いは，1982年のベックとクラークの出会いに始まる。この年，ローマで開かれたヨーロッパ行動療法学会にベックが参加し，そこでクラークと初めて話をしたという。84年に，クラークは，フィラデルフィアの認知療法センターに数カ月滞在し，ベックと共同研究を行った。87年には，逆にベックがサバティカル（研究休暇）をとり，オクスフォードのクラークを

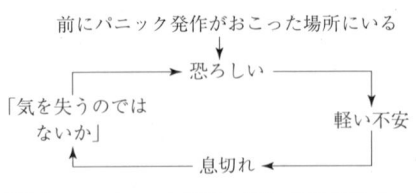

■図 5-1　パニック障害の認知行動療法の
ケース・フォーミュレーション
（サルコフスキス，2002）

何回か訪ね，ワークショップを開いた。イギリスの臨床心理学者の中で，ベックは暖かく迎えられたようだ（Weishaar, 1993）。イギリスの臨床心理学は，もともと精神分析の影響を受けておらず，行動療法や心理学をベースに発展していたので，認知療法はすぐに受け入れられた。87年には，ベックは，イギリスの王立精神医学会からフェローに選ばれた。88年にクラークとベックは，共著論文を書いた。

1980〜90年代にかけて，認知行動療法の本が多く出版されるが，多くはクラークのグループを中心したものである。1989年に，クラークは，ホートンやサルコフスキスとともに『精神科的問題に対する認知行動療法』を編集した（Hawton, Salkovskis, Kirk & Clark, 1989）。この本は名著として版を重ねている。1997年に，クラークとフェアバーンの編集で『認知行動療法の科学と実践』が出版された（Clark & Fairburn, 1997）。この本は，科学者－実践家モデルをベースにした名著であり，邦訳も出た（伊豫雅臣監訳，星和書店，2003）。

## 5-5. パニック障害への認知行動療法（クラーク）

クラークのパニック障害の理論（Clark, 1986）は4章で述べたとおりである。図4-4と図4-5に示すように，不安の身体感覚を「破局的なものだ」と認知するかによってパニック発作がおこる。これを「ふさわしい感覚だ」と認知すればパニック発作は起こらないわけである。こうした理論にもとづいて，クラークは，身体感覚の認知の仕方を変える認知療法を開発した（Clark et al., 1985）。

まず，前章で述べた図4-4のような図式を，クライエントといっしょに作っていく。これがケース・フォーミュレーションである。あるクライエントについては，図5-1に示すような図式ができた。

このクライエントは次のようにケース・フォーミュレーションできる。つまり，「以前パニック発作がおこった場所にいる」という「引き金となる刺激」にさらされると，「恐ろしい」という感情を持ち，それによって不安を感じ，それにより「息切れ」という身体感覚を強く感じる。こうした身体感覚に対して，「気を失うのではないか」といった破局的な認知をしてしまう。これによって，悪循環が生じて，パニック発作をおこしてしまう。このように，事例ひとりひとりに，パニック発作のフォーミュレーションを行うのである。

こうしたケース・フォーミュレーションにもとづいて，認知行動療法が行われる。治療者は，この図式の各要素のつながりが本当かどうか，クライエントとともにひ

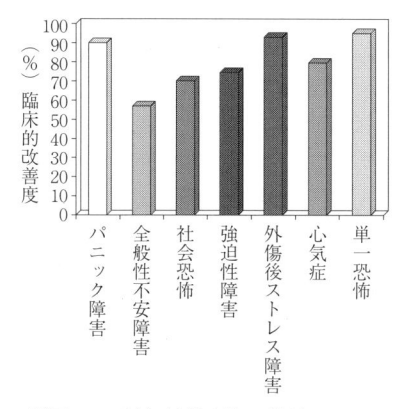

■図 5-2　認知行動療法の効果
　　　　（サルコフスキス, 2002）

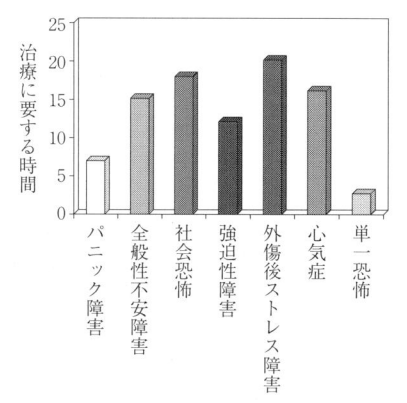

■図 5-3　認知行動療法に要する時間
　　　　（サルコフスキス, 2002）

とつひとつ確かめていく。例えば，深呼吸を繰り返し，自発的な過呼吸状態をつくりだし，パニック発作と同じであることを，体験から理解させる。また，深呼吸をしすぎると過呼吸状態がおこることを説明し，身体感覚と認知の悪循環がパニック発作を引きおこすことを説明する。さらに，発作時に対処できるよう，呼吸を落ちつかせる呼吸法訓練を行う。

　クラークが，実際にパニック障害のクライエントを相手にして治療を行うところは，ビデオで公開されている。アメリカ心理学会の心理療法ビデオ・シリーズ日本語版（S・マーフィ重松監修）の問題別アプローチ編第 6 巻に収録された『パニック障害に対する認知療法』というビデオである（日本心理療法研究所刊）。このビデオでは，実際の治療をもとに，役者がクライエントの役割を演じ，クラークがふだんのままの姿でセッションに臨んでいる。クラークの人柄が伝わってくるビデオである。

　クラークらの認知行動療法は，その治療効果も確かめられている。現在では，アメリカ心理学会の臨床心理学部会によって「十分に確立された介入法」と評価されている。パニック障害に対して心理的な治療法の効果が明らかになったのは初めてのことであり，この治療法は世界的な影響を与えたのである。

　パニック障害に対する認知行動療法は，その後も進化をとげており，少ない治療回数で効果があらわれるようになった。2001 年にサルコフスキスが来日してパニック障害への認知行動療法についてのワークショップを行ったが，この中で，不安障害に対する認知行動療法の効果を図 5-2 および図 5-3 のように示している（サルコフスキス, 2002）。この図で見られるように，パニック障害に対しては，認知行動療法によって 90 ％の患者に臨床的改善がみられ，数時間の治療で効果があらわれ

る。

### 5-6. 強迫性障害への認知行動療法（サルコフスキス）

前述のように，サルコフスキスは強迫性障害の認知行動理論を作った（Salkovskis, 1985）。そのモデルは，4章の図4-6に示すとおりである。このモデルは，従来の強迫性障害の治療を大きく変えるものであった。サルコフスキスによると，第1に，強迫観念そのものは異常なものではないから，これを直接消そうとしても意味がない。第2に，患者を苦しめているのは，自動思考や強迫スキーマなのだから，これらを治療のターゲットにするべきである。そのためには，ベックの認知療法が有効であろう。自動思考や強迫スキーマを変えることによって，たとえ強迫観念がおこっても，苦痛を感じないようにするのである。第3に，中和反応（強迫行為）に対しては，これまで行われてきた反応制止エクスポージャー法がよいということになる。反応制止エクスポージャー法とは，強迫行為を制止しながら，不安状況に直面させるものである。例えば，洗浄強迫を持つ患者には，手洗い行動を制止しながら，汚れを手につけてそれに耐える訓練をする。この技法は，強迫性障害への効果が強いことが確かめられている。

1985年の論文では，以上のような治療的示唆にとどまっていたが，後にサルコフスキスは，強迫性障害の治療について具体的な認知行動療法の技法をまとめている（Salkovskis, 1989）。認知行動療法の効果を反応制止エクスポージャー法と比較すると，同等かそれ以上の効果があったという。

サルコフスキスは，2001年に来日して強迫性障害に対する認知行動療法のワークショップを開いた（サルコフスキス，2002）。それによると，図5-2および図5-3に示すように，強迫性障害については，認知行動療法によって70％の患者に臨床的改善がみられ，10時間強の治療で効果があらわれる。

### 5-7. 対人恐怖への認知行動療法（クラークとウェルズ）

対人恐怖のメカニズムについて，クラークとウェルズは，図4-7および図4-8に示すような理論を作った。このモデルにもとづいて，ウェルズは対人恐怖に対する認知行動療法の技法を詳しく述べている（Wells, 1997 ; 1998）。これによると，治療は以下の6段階からなっている。

#### 1）ケース・フォーミュレーションと社会化

まず，前章の図4-7のような図式を，クライエントといっしょに作っていく。あるクライエントについては，図5-4に示すような図式ができた。これがケース・フォーミュレーションである。

このクライエントは次のようにケース・フォーミュレーションできる。同僚と出会うといった対人場面になると，このクライエントは「自分はその同僚から臆病だと思われている」という自動思考がわいてくる。すると，「目を合わせない」とい

う安全行動や、「何も考えられなくなる」といった不安感情がわいてくる。さらに、緊張でブルブル震えている自分のイメージが浮かんでくる。これが観察者視点の自己注目である。これは、さらに自動思考を強め、安全行動や不安感情も強めている。こうした悪循環が生じて、対人恐怖がおこる。

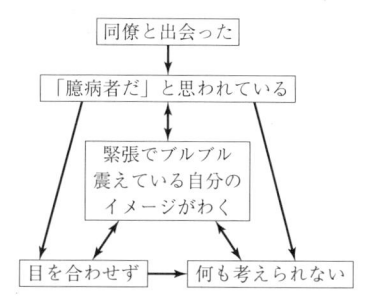

■図5-4 対人恐怖のケース・フォーミュレーション（Wells, 1998）

### 2）安全行動を変え、注意を外に向ける
第2段階では、安全行動を変えて、不合理な対処行動をやめる。また、「観察者視点の自己注目」に陥らず、注意を外に向けて、もっとまわりの人をよく観察し、現実の他者を見る訓練をする。

### 3）ビデオ・フィードバックを使って、歪んだ自己イメージを正す
クライエントの状況をビデオに撮って、それを観察させる。このクライエントの場合、「緊張でブルブル震えている自分」のイメージを持っているが、ビデオで観察すると、実際にはほとんど震えていない。ビデオ・フィードバックによって、このことが理解されるのである。こうして「観察者視点の自己注目」を変えていく。

### 4）行動実験
実際にはクライエントが考えるような破局的な事態にはならないことを「行動実験」を行って確かめる。

### 5）スキーマの変容
第5段階では、対人恐怖スキーマを変えることをめざす。

### 6）再発防止対策
再発防止の方法を考える。

対人恐怖に対する認知行動療法の効果については、図5-2および図5-3に示すように、70％の患者に臨床的改善がみられ、20時間弱の治療で効果があらわれる（サルコフスキス、2002）。

## 5-8. PTSDへの認知行動療法（エーラーズとクラーク）

前章で述べたように、エーラーズとクラークは、PTSDの認知モデルを作った。図4-10にもとづいて、彼らは、PTSDへの認知行動療法を提案している（Ehlers & Clark, 2000）。図4-10でいうと、PTSDの症状（a）に影響を与えているのは、ネガティブな認知（b）、トラウマの記憶の断片化（c）、方略（e）の3つである。したがって、PTSDの症状を軽減するには、これら3つの要因を減らしていけばよい。

エーラーズとクラークは、9つのステップに分けて、PTSDへの認知行動療法の

技法をまとめている。①アセスメント，②治療の原則を伝える，③思考抑制実験，④教育，⑤人生をやり直す，⑥認知的再構成法による再生，⑦エクスポージャー法，⑧侵入的記憶の引き金刺激を特定する，⑨イメージ技法である。この中で中心になるのは，⑥認知的再構成法と⑦エクスポージャー法である。トラウマの記憶が断片化しているので，PTSDの症状が生じている。したがって，トラウマの記憶を詳しく思い出しながら，その中で断片化した記憶を統合し，再体制化をはかるのである。

PTSDに対する認知行動療法の効果については，図5-2および図5-3に示すように，90％の患者に臨床的改善がみられ，20時間の治療で効果があらわれる（サルコフスキス, 2002）。

## 5-9. 統合失調症への心理学的介入――イギリスでの特異的展開

統合失調症の治療は，イギリスの臨床心理学の最大のフロンティアである。第4章で述べたように，①ロンドン大学，②マンチェスター大学，③バーミンガム大学，④ニューカースル大学など，多くのグループが競って治療研究をすすめている。

イギリスで開発された統合失調症に対する研究と技法としては，以下の3つが有名である。①家族介入法，②陽性症状に対する認知行動療法，③早期介入と再発予防。以下，この順で述べる。

## 5-10. 統合失調症への家族介入（レフら）

家族の感情表出（EE）が，統合失調症の患者の再発を高めている（4-12参照）。こうした研究成果にもとづいて，家族の感情表出を減らしたり調整したりする家族介入法がさかんになった。

例えば，ロンドン大学の精神医学研究所のレフら（Leff et al., 1982）は，家族教育プログラムを作った。このプログラムは3つの要素からなる。第1は，患者の家族を対象として，統合失調症の特徴・経過・治療について教育することである。第2は，患者の家族のセッションであり，家族内のコミュニケーションの改善を行う。第3は，家族のグループ治療である。例えば，感情表出の多い（高EE）家族と，少ない（低EE）家族の両方に集まってもらい，お互いの交流をうながす。つまり，低EE家族についての観察学習をうながすのである。

のちに，レフらは，エリザベス・カイパースやドミニク・ラム（いずれもロンドン大学の精神医学研究所）とともに，家族教育プログラムのマニュアルを作った（Kuipers, Leff, Lam, 1992）。この本は邦訳もある（『分裂病のファミリーワーク』三野善央・井上新平訳，星和書店）。

統合失調症に対する家族介入法の治療効果は実証されている。1995年にアメリカ心理学会の臨床心理学部会が作成した心理療法のガイドラインにおいても，統合失調症に対する家族教育プログラム（家族介入法）は，「十分に確立された介入法」

とされている。

### 5-11. 統合失調症への認知行動療法（ガレティら）

ガレティらの陽性症状の認知モデルは、図4-12のとおりである。

このモデルにもとづいて、ガレティらは、統合失調症への認知行動療法を開発した。その詳細は、治療マニュアルである『精神病への認知行動療法』（Fowler, Garety & Kuipers, 1995）に述べられている。このマニュアルは、精神病に対する認知行動療法のバイブルのような本であり、すでにイタリア語にも翻訳されているという。ぜひとも邦訳を出したいものである。2003年に、ガレティは日本心理学会の招きで来日し、統合失調症の認知行動療法についてのワークショップを行った（『認知行動療法の臨床ワークショップ2』金子書房, 2004）。

ガレティらの認知行動療法は、外来患者個人を対象として、週1回1時間、20回（6カ月）を標準としている。その目的は、精神病の症状をなくすことではなく、症状によって引きおこされる苦痛を減らすことにある。そのために、患者に精神病をよく理解してもらい、それらに対処していく方法を学んでもらう。

治療は6つの段階に分かれる。第1段階は、治療関係の形成とアセスメントにあてられる。治療的協力関係を確立し、治療に対するモチベーションを高める。また、現在の症状と問題点をアセスメントする。

第2段階は、症状に対する自己コントロールを確立する時期である。妄想や幻聴といった症状を特定し、それによる苦痛や抑うつを和らげる対処法を身につける。

第3段階は、ケース・フォーミュレーションである。症状発生のメカニズムについて、各患者ごとにモデル化をして、症状に対する理解を深める。第4章の図4-12のような図式を患者といっしょに作っていく。

ある患者については、図5-5に示すような図式ができた。

この事例は、2003年に来日したガレティがワークショップで提示したものである。この事例は、小さい頃から皮膚病を持ち、まわりの子どもからいじめられたり、家族仲がよくないという社会的な脆弱性を持っていた。これによって、「人は敵意を持っている」とか「自分は負け犬だ」といったスキーマが作られた（以上、a）。そして、父親が不治の病にかかったり、皮膚病が悪化したり、恋人と別れたといったストレスが発病のきっかけとなった（b）。このストレスによって、「けち」とか「よそ者」という幻聴が聞こえるようになり、食べ物の味が変わるという幻味を体験した（c）。また、同時に、抑うつや対人不安という感情の変化（d）もあった。それによって、幻聴や幻味という体験を、妄想的に解釈するようになったのである（e）。これによって、「世間は私の敵である」とか「人々は私を傷つける」といった妄想的信念が作られた（g）。これが陽性症状である。この陽性症状を慢性化させる要因として、自分を責めたり、人を避けたり、仕事を避けるといった行動があ

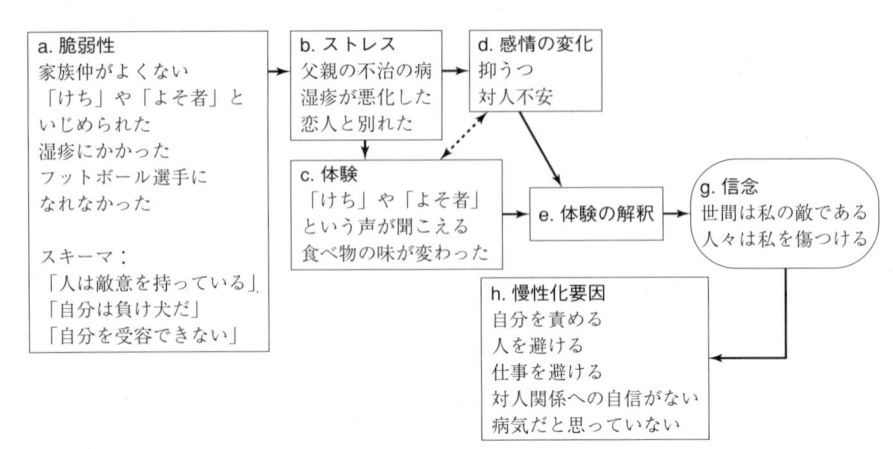

```
┌─────────────────┐    ┌──────────────┐   ┌──────────────┐
│ a. 脆弱性        │    │ b. ストレス   │   │ d. 感情の変化 │
│ 家族仲がよくない │───→│ 父親の不治の病│   │ 抑うつ        │
│「けち」や「よそ者」と │ │ 湿疹が悪化した│   │ 対人不安      │
│ いじめられた    │    │ 恋人と別れた  │   └──────┬───────┘
│ 湿疹にかかった  │    └──────┬───────┘          │
│ フットボール選手に│          │                  │
│ なれなかった    │    ┌──────▼───────┐          │
│                 │    │ c. 体験       │   ┌──────▼───────┐   ┌──────────────┐
│ スキーマ:       │    │「けち」や「よそ者」│──→│ e. 体験の解釈 │──→│ g. 信念       │
│「人は敵意を持っている」│ │ という声が聞こえる│   │               │   │ 世間は私の敵である│
│「自分は負け犬だ」│    │ 食べ物の味が変わった│  └──────┬───────┘   │ 人々は私を傷つける│
│「自分を受容できない」│ └──────────────┘          │           └──────┬───────┘
└─────────────────┘                        ┌──────▼───────┐          │
                                           │ h. 慢性化要因 │          │
                                           │ 自分を責める  │←─────────┘
                                           │ 人を避ける    │
                                           │ 仕事を避ける  │
                                           │ 対人関係への自信がない│
                                           │ 病気だと思っていない│
                                           └──────────────┘
```

■図5-5 統合失調症の陽性症状のケース・フォーミュレーション（丹野ほか編, 2004）

る（h）。このようにケース・フォーミュレーションすることによって，妄想の発生のメカニズムを整理し，特定していくのである。

第4段階は，妄想や幻聴についての信念をターゲットとする。そうした信念を支持する証拠はあるのか，信念に反する証拠はないのか，といったことを明らかにしていく。認知療法の中心的な技法を妄想治療に応用したものである。第4章で述べたような妄想の心理学的研究（4-13参照）の成果がもとになっており，ガレティの心理学の真骨頂といえる。

第5段階では，「スキーマ」の変容をめざす。スキーマとは，妄想を発生させる基本的な信念のことであり，例えば「自分は価値のない人間だ」といった自分に対する信念などをさしている。これを変えるために，自尊心を高める介入などを行う。

第6段階は，終結期であり，再発予防のための戦略を考える。

このような認知行動療法の効果は実証されている（Kuipers, Garety, Fowler et al., 1997）。カイパースらは，統合失調症の患者を対象として，無作為割付対照試験（Randomized Controlled Trial：RCT）を行った。これは，患者を治療群と対照群（標準的治療群）にランダムに割り付けて，治療群の効果を調べるものである。精神医学的症状を調べると，9カ月後の治療の終了時には，認知行動療法群で症状の改善がみられた。この症状改善の効果は，治療をやめた9カ月後にも続いていた。このように，認知行動療法は，精神医学的症状を改善する効果があることが確かめられた。また，妄想の苦痛度や幻聴の頻度も有意に改善された。また，統合失調症の認知行動療法については，2002年に，先端臨床医学研究所（NICE）が，その有効性を公に認めるガイドラインを発表した（6-5参照）。

### 5-12. 統合失調症に対する認知リハビリテーション療法（ワイクス）

最近大きく注目されているのが，ロンドン大学精神医学研究所のティル・ワイクスによる認知リハビリテーション療法（CRT）である。

認知リハビリテーションは，歴史的にみると，おもに脳損傷や発達障害を持つ人に対して行われてきた訓練法である。統合失調症の認知障害は，患者の生活にとって大きな障害になっているため，認知リハビリテーションの技法が適用された。しかし，1986年に，ゴールドバーグらが，統合失調症を持つ患者に対して認知リハビリテーションを行っても，改善が長続きしないことを報告し，これによって，一時下火になった。しかし，ワイクスらのグループが，無誤答学習などの新たな方法を取り入れて，効果があることを示した。こうして，2000年頃から再び認知リハビリテーションに対する関心が高まった。

ワイクスらの方法は，週3回，1回1時間程度のインテンシブなものである。多様な心理学的訓練法を用いて，認知機能をトレーニングする方法であり，治療マニュアルも作られている。認知心理学や神経心理学などで使われている認知課題や図版をうまく利用しており，心理学と心理療法のインターフェースをなしている。また，心理アセスメントと心理療法とがうまく結びついた方法でもある。最近の認知行動療法の国際学会ではあちこちで引用されている。

認知リハビリテーション療法の治療効果については，ワイクスらが直接確かめている。これまでの効果研究のレビューによると，効果量の平均値は0.45であり，夢のような効果というわけではないが，統合失調症への心理学的介入としてはまあまあの効果量であろう。また，ワイクスらは，fMRI（核磁気共鳴映像法）を用いて，認知リハビリテーション療法で改善があった患者は，前頭葉の血流量が増えたことを報告している。

筆者が2002年にロンドン大学精神医学研究所に滞在したときに，ワイクスの研究内容を詳しく知る機会があり，認知リハビリテーション療法の実際を見学した（2-3-4参照）。2003年12月に，ワイクスが来日した時に，東京大学駒場キャンパスにおいてワークショップを開いてもらった（丹野，2004）。日本にも広めたいものであるが，そのためには，マニュアルや図版の翻訳・出版も必要である。図版の日本版を作るには，直訳しただけではだめなので，やや工夫が必要である。中国の精神医学者がこの療法に興味を持ち，中国語の図版やマニュアルを作りつつあるということなので，それが参考になるだろう。また，ワイクスたちは，CRTの訓練コースも作っており，そうしたコースが日本でも開けるとよいだろう。

### 5-13. 幻聴への認知行動療法（チャドウィックとバーチウッド）

バーミンガム大学のチャドウィックとバーチウッドは，認知行動理論を幻聴に適用することに成功した（Chadwick & Birchwood, 1994）。彼らの認知行動モデルは，

図4-13に示すとおりである。

このモデルによると，幻聴の内容はどうであれ，幻聴に対する認知の仕方を変えれば，ネガティブな感情や行動は減らすことができると考えられる。臨床的に問題になるのは，幻聴そのものというよりは，幻聴によって生じる抑うつ・自殺企図・攻撃行動といった問題である。そこで，幻聴に対する認知の仕方を変えることによって，抑うつや攻撃行動を減らしていこうとするのである。

チャドウィックとバーチウッドは，幻聴を持つ統合失調症のクライエントを対象として，認知行動療法を試みた（Chadwick & Birchwood, 1994）。方法はディスピュート法と認知検証法である。前者は，聞こえるのは誰の声か，声の目的は何かといった認知について，仮想的な反証を出して考えさせたり，考えに反する事実をどう解釈するかについて話しあう方法である。後者は，「幻聴の声をコントロールすることができない」といった信念について，実際に幻聴を増やしたり止めたりしてみせながら，実際にはコントロールできることをテストさせる方法である。その結果，幻聴に対する信念の確信度は大きく下がり，幻聴に対するネガティブな感情が弱まり，協調的な行動が増えた。

### 5-14. 精神病の対処ストラテジー増強法（タリア）

妄想や幻聴などの陽性症状がおこったとき，患者は症状の改善をはかろうとして，自発的にいろいろな手段を用いる。こうした症状対処行動をうまく利用すれば，症状を積極的にコントロールできる可能性がある。第4章で述べたように，マンチェスター大学のタリアは，統合失調症の陽性症状への症状対処行動について調べた（Tarrier, 1992）。これにもとづいて，タリアは，症状対処行動を組織的に用いるように患者に働きかける対処ストラテジー増強法（Coping Strategy Enhancement：CSE）を開発した。タリアがCSEと課題解決療法を比べたところ，前者のほうが有意に症状を低減させたのである。このCSEの研究は，アメリカ精神医学会の治療ガイドラインにも引用されているほど，信頼性の高い研究である。2004年7月の世界行動療法認知療法会議で，タリアは来日し，「精神病の陽性症状への対処ストラテジー増強法」というワークショップを開いた。

### 5-15. 統合失調症への早期介入と再発モニタリング・システム（バーチウッドらのアイリス）

4章で述べたように，統合失調症の再発の直前には，「早期警告サイン」と呼ばれる心理的変化や行動変化があらわれる（4-19参照）。したがって，患者やその家族が早期警告サインをモニターしていれば，再発を予測したり早く対処したりすることができる。これが再発モニタリング・システムである。バーミンガム大学のバーチウッドらは，再発モニタリング・システムの研究を行っている（Birchwood & Tarrier, 1992；Birchwood, Fowler & Jackson, 2000）。再発モニタリングの方法としては，①関係づくりと心理的教育，②再発の早期警告サインを特定するアセスメン

ト，③早期警告サインのモニタリング，④薬物療法の選択，⑤危機カウンセリングなどの段階からなる。ここでは薬物療法を積極的に用いており，心理学的治療と医学的治療の連携が強調されている。

バーチウッドは，大学の教員ではあるが，バーミンガムの「早期介入センター」という臨床施設に常駐して研究を行っている。ここでの早期介入のプログラムは，アイリス（Initiative to Reduce the Impact of Scizophrenia：IRIS）という愛称である。統合失調症をはじめて発病した人を援助し，精神病が発病したらすぐに介入できる体制を整えている。バーチウッドの施設は，バーミンガムの西地区を担当している。西地区の人口は18万名で，統合失調症を発病する人は毎年100名近くいる。ひとりのコミュニティ・ナースが15名のケースを担当する。24時間365日の体制で，発病した人の家庭を訪問し，医療サービスを行う。イギリスの精神科医療が，病院医療からコミュニティ・ケアへと転換される中で，バーチウッドは，訪問形式の早期介入の試みを行い，低コストで大きな成果をあげた。バーチウッドの研究は，コミュニティ・ケアの実践の中から生まれてきた。

イギリスでは，1970年代から，精神病院のベッド数を大幅に減らしている（8-2-2参照）。そこで，病院医療に替わる4つの医療がクローズアップされている。すなわち，①早期介入，②コミュニティ・メンタルヘルス・サービス，③訪問医療，④在宅医療である（8-3参照）。バーチウッドらの早期介入センターは，①早期介入と③訪問医療を組み合わせた活動を長年行ってきたのである。バーチウッドらが確立した方法が成功したことをうけて，イギリス政府の国民健康サービス（NHS）は，2000年に，統合失調症に対する早期介入を正式の活動とすることを決定した。イギリス国内に50カ所の早期介入施設が作られるという。早期介入はイギリスのメンタルヘルスの最先端の仕事なのであり，バーチウッドはその先頭に立っている。

## 5-16. 統合失調症の早期介入（ロンドンのLEO）

統合失調症に対する早期介入の試みが，イギリス各地で行われるようになった。
ロンドン地区においては，ランベス地区のLEOサービス，サザーク地区のFIRSTチーム，クロイドン地区のCOASTチーム，セントジョージ病院の早期介入チームなどが競って仕事をしている。

このうち，LEOサービスについて筆者は詳しく知る機会があった。LEOとは，ランベス地区早期介入サービス（Lambeth Early Onset Service）の略称である。ロンドン南部のランベス地区に設けられたのでこの名がつけられた。ランベスは，戯曲『マイ・フェア・レディ』に出てくる地名である。LEOがサービスを始めたのは2000年のことである。LEOは，次の3つのチームからなっている。
①危機アセスメント・チーム（CAT）は，町中のマンションにあるLEOの事務所

に常駐している。医師や家族から紹介されたクライエントと会って，アセスメントを行い，その後の対処を決める。この事務所は，5つの部屋からなっており，小さな集会所があったり，地域の保健所のような感じである。

②入院ユニットは，この地区の精神科病院であるランベス病院の中にある。この病院にLEO専用の建物（リー・ハウス）を持っていて，ここで入院治療を行う。この病棟はまだ新しいこともあって，まるでホテルかユースホステルのような感じであり，精神科の病院という雰囲気ではなかった。

③コミュニティ・チームは，町中のマンションにあるLEOの事務所に常駐して，24時間体制で，治療や家庭訪問などをする。イギリスは，9時から5時まで仕事をして，土日は完全に休むという体制が徹底している。このような社会体制の中で24時間体制の仕事をするということは例外的なことである。

さらに，2002年から④OASISチームが新たに加わった。これは，精神病の前駆症状の段階から介入していくものであり，まだ実験的な段階ということである。

いずれのチームも，精神科医・臨床心理士・看護師・ソーシャルワーカーなどの多職種集団となっているが，その中心にいるのが臨床心理士である。治療は，薬物療法のほかに，認知行動療法・家族介入・危機介入といった心理社会的な治療が行われる。

LEOを立ち上げたひとりが，ロンドン大学精神医学研究所教授のガレティであり，彼女は現在，LEOの治療効果研究を行っている（6-9参照）。

LEOの施設を社会に公開するオープンデーがあったので，見学することができた。オープンデーは，3カ月に1回ほど行われている（料金は30ポンド）。広報には力を入れており，いろいろな人に向けたパンフレットが大量に作られていた。

## 5-17. 摂食障害への認知行動療法（フェアバーン）

オクスフォード大学の精神科医クリストファー・フェアバーンは，認知行動療法を神経性大食症に適用した。

ベックの認知療法にもとづき，食物・食べること・体型・体重についての過剰な関心を変えていく。5カ月間，外来通院で行われ，以下の3つの段階が設定されている。

第1段階は行動療法である。4週間，週に2回の面接が行われる。「摂食への自己コントロール」を確立することが目的である。技法としては，①クライエントの行動の自己モニタリング，②規則的に食事をとる訓練，③毎週体重をはかること，④刺激コントロール法（食事に関して，外的な刺激でなく，内的な刺激を重視する方法であり，肥満に対する行動療法で用いられている），⑤自己誘発嘔吐や下剤乱用の悪影響についての教育，などからなる。

第2段階は認知療法である。8週間，週1回の面接が行われ，非合理的な思考・

信念・価値観をはっきりさせ，変えることに焦点をあてる。食物・食べること・体型・体重について，クライエントがどんな関心を持っているかを明らかにし，その妥当性を問い直すように教育される。

第3段階は再発予防である。クライエントが，不快な出来事や気分とうまく協調できるように指導し，むちゃ食いとダイエットを繰り返すような生活に戻らないようにする。

フェアバーンは，50例以上の治療例をまとめた。それによると，大半のクライエントで認知行動療法の効果がみられた。

## 5-18. 認知行動療法の特徴と利点

イギリスの認知行動療法の特質をまとめると以下のようになろう。

### 1) メカニズム・ベースの治療（アメリカとの違い）

イギリスの認知行動療法において顕著なことは，科学的な基礎研究に裏づけられて技法が発展したことである。つまり，4章で述べた異常心理学の研究にもとづいて治療が開発されている。異常心理学にとっても，単なる思弁に終わることなく，治療に支えられて発展することができた。イギリス行動認知療法学会（BABCP）に参加してみると，治療のメカニズムの研究が多い。これに対して，アメリカの認知行動療法や認知療法は，メカニズムへの志向はそれほど強くはない。アメリカの認知行動療法の中心である行動療法促進学会（AABT）では，治療効果の研究が中心である。

アメリカの臨床心理学は，メカニズムよりも治療効果を優先して考える。その治療法がなぜ効果があるのかを考えるのがイギリス流だとすれば，いかに効果があるかを重視するのがアメリカ流である。アメリカの臨床心理学では，RCT（無作為割付対照試験）を用いた治療効果研究が主流である。アメリカの臨床心理学者は，いかにしたら効果の大きい技法を開発できるかという点についての関心が強い。たとえメカニズムはよくわからなくても，とにかく効果のある治療技法を開発したいという意欲がアメリカでは強いようである。

こうしたアメリカの治療効果優先主義に対して，批判的な目を向けるイギリスの臨床心理学者もいる。例えば，サルコフスキス（2002）は，臨床心理学の活動を図5-6のように捉える。サルコフスキスによると，臨床心理学の中心にあるのは臨床実践（心理学的治療）であるが，それを支えるものは，「理論」と「実験研究」と「効果研究」の3つである。

この図の「臨床実践」は，心理学的治療にあたる。

この図の「理論」は，精神病理の理論のことをさしており，本書でいう「異常心理学」や認知行動理論，認知行動病理学に当たる。

「実験研究」とは，その治療がどのようなメカニズムで効果があるのかを調べる

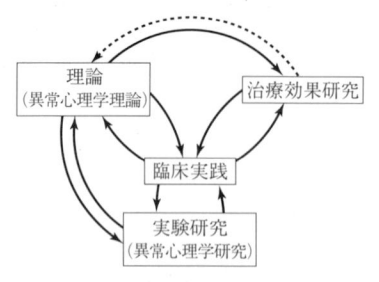

■図5-6 経験に裏づけられた臨床的介入（Salkovskis［2002］より引用）

研究である。本書においては異常心理学研究に当たる。

「治療効果研究」とは，その技法の治療効果がどのくらいあるかについて，RCTなどを用いて統計学的に調べることである。

この図で考えると，アメリカもイギリスも，「臨床実践」を重視する点では共通する。ただ，アメリカが「治療効果研究」を重視するのに対し，イギリスは「理論」と「実験研究」を重視する点で対照的である。サルコフスキスによると，「治療効果研究」は非常に大切であるが，それだけでは不十分である。治療効果研究は，治療のメカニズムについて教えてくれないからである。その治療によってよくなることはわかっても，よくなる理由はブラック・ボックスのままなのである。図5-6で，「治療効果研究」から「理論」への矢印が点線になっているのはそういう意味である。したがって，理論が正しいかどうかを検証するためには，どうしても「実験研究」が必要になる。理論の因果関係を検証するためには実験研究が最も優れているからである。治療効果があることが証明されるためには，単に統計的に治療効果があることが示されるだけでなく，治療メカニズムが解明される必要がある。イギリスではこうした考え方が強い。

こうした理論・臨床実践・治療効果研究・実験研究の4つを組み合わせた臨床活動のことを，サルコフスキスは「経験に裏づけられた臨床的介入」と呼ぶ。そして，「治療効果研究」だけを重視するアメリカ流の「実証にもとづく臨床的介入」を批判している。このようなメカニズム重視の思想は，サルコフスキスの師であるラックマンの影響もあるのかもしれない。

イギリスとアメリカの臨床心理学は，どちらも科学的な志向が強いのであるが，違いもある。アメリカはプラグマティズム（実用論）的な発想が強いのに対して，イギリスは科学合理論的な発想が強いのかもしれない。筆者がイギリスの臨床心理学に魅力を感じ，留学先にイギリスを選んだのは，こうしたメカニズム志向による。

### 2）アセスメント・ベースの治療

イギリスの認知行動療法の大きな特徴は，心理アセスメントに裏づけられて治療技法が発展したことである。ケース・フォーミュレーションにもとづいて治療が行われる。心理アセスメントにとっても，空疎な測定至上主義に陥ることなく，治療に即した技法を発展させることができたのである。治療とアセスメントは車の両輪である。

### 3）エビデンス・ベースの治療

もうひとつの特徴は，治療効果を客観的に評価するという態度が強いことである。これは6章でのべる「実証にもとづく臨床心理学」の哲学にもとづいており，臨床心理士が政府から信頼されている理由のひとつともなっている。認知行動療法は，治療効果が明確に示されている。ベックたちの効果研究をはじめとして，多くの研究がうつ病に対する効果を示している（井上, 2002）。また，アメリカ心理学会が作成した心理的治療のガイドラインのリストにも認知療法や行動療法が多くとりあげられている（6-5参照）。

さらに，治療時間も短縮されている。図5-3にみられるように，パニック障害に対しては，数時間の治療で効果があらわれることが示されている（サルコフスキス, 2002）。

### 4）システムとしての認知行動療法

認知行動療法の特徴は，システムとして成り立っていることである。認知行動療法，異常心理学，アセスメントが個々に別々に発展したのではなくて，バランスよく相互的に発展したのである。認知行動療法は，単なる治療技法ではなく，異常心理学やアセスメント法も含んでおり，さらには研究の枠組みでもある。これらは全体的なシステムをなしている。このように認知行動療法を研究や実践のシステムとして考えるのが，イギリス臨床心理学の大きな特徴である。

## 5-19. 認知行動療法を支えるマニュアルやツール

認知行動療法のもうひとつの特徴は，臨床ツールが豊富なことである。治療マニュアル，研修用教材，アセスメント・ツール，患者教育用教材，病棟スタッフの教育用教材などきわめて豊富である。媒体は，書籍，パンフレット，ビデオ，DVD，パソコン用ソフトなど多様である。

### 1）治療マニュアル

認知行動療法では，構造化された治療マニュアルが多く作られている。1979年にベックらは『うつ病の認知療法』（坂野雄二監訳，岩崎学術出版社）を著した。心理的治療の本格的なマニュアルという点で，この本は画期的な意義を持っている。

イギリスでは，統合失調症に対する認知行動療法の治療マニュアルも作られている。最も古いのは，ニューカースル大学のターキングトンやキングドンたちのマニュアル（『統合失調症の認知行動療法』原田誠一訳，日本評論社）である。ロンドン大学では，『精神病への認知行動療法』というマニュアルが作られた（Fowler, Garety & Kuipers, 1995）。

治療マニュアルは，治療の原理を説明し，いつどのような時に何をするかといった治療のプロトコルが具体的に書かれている。また，治療効果研究においては，治

療手続きを客観的に示すために、マニュアルを作らなければならない。第三者が追試できなければ公式の有効性とは言えないため、マニュアルは不可欠なものとなる。このようなマニュアルは、臨床心理士の訓練にも使われている。また、マニュアルは、看護師など病棟のスタッフに対して認知行動療法の教育をしていく時にも活用されていた。

こうしたマニュアルを系統的に邦訳し紹介していくとよいだろう。マニュアルが訳してあれば、ワークショップの理解も進む。これに気がついたのは、オクスフォード大学のフェアバーンのワークショップを聞いていた時である。このワークショップでは、フェアバーンの書いた自助マニュアル『過食を乗りこえる』(Fairburn, 1995) に沿って話が進んでいた。英語の聞き取りが難しいので内容がよく理解できないところもあった。もし、このマニュアルが翻訳してあれば、ワークショップの理解はずいぶん進むだろうと感じられた。同じことは、2003年9月に東京で行われたガレティのワークショップでも感じた。ガレティのワークショップは、マニュアルである『精神病への認知行動療法』に沿って行われた。このマニュアルを読んでからワークショップを聞けば理解はより深まるだろう。マニュアルとワークショップは車の両輪であり、互いに効果を高めあうツールなのである。

日本でも、マニュアルの翻訳をシリーズで出せないものだろうか。例えば、「認知行動療法マニュアル体系」といったシリーズが出せると、現場には役に立つであろう。こうした本があれば、日本人がワークショップを開くときの教材にもなるだろう。

## 2) 研修用教材（ビデオ、パソコン・プログラム）

ビデオ、DVD、CD、カセットテープ、パソコン・プログラムなど、さまざまな視聴覚媒体の研修用教材が欧米ではたくさん販売されている。

ビデオで印象的なのは、アメリカ心理学会の心理療法ビデオシリーズ日本語版である（S・マーフィ重松監修、日本心理療法研究所）。吹き替えではなく、日本語の字幕が出るだけであるが、十分に臨場感が伝わってくる。このようなシリーズが多く出回ると、研修もしやすいだろう。

また、最近は、認知行動療法の研修用のパソコン・プログラムも発売されるようになった。例えば、イギリスのニューカースルで作られた「プラクシス」というタイトルのソフトウェアがある。こうした教材も、英語版を見ただけでは理解しにくいので、邦訳して販売できるとよいだろう。

## 3) アセスメント・ツール

イギリスの臨床心理士は臨床現場でさまざまのアセスメント・ツールを使いこなしていた。これについては第3章で述べたとおりである。BDI（ベック抑うつ質問紙）やBAI（ベック不安質問紙）などは日本にも知られているが、多くは日本に

は知られていない。アメリカ行動療法促進学会（AABT）の『AABT臨床アセスメント・シリーズ：実践家のための実証にもとづく測定のガイド』という3巻のシリーズは，膨大な数のアセスメント・ツールを紹介している。日本にも，こうしたアセスメント・ツール集があれば非常に便利であろう。

### 4）患者教育用のパンフレット・教材

クライエント教育用の教材ツールも豊富にそろっており，臨床家はそれを活用していた。第2章で述べたように，筆者が見学したピーターズの部屋には，クライエント教育用のパンフレットや，病棟のスタッフを教育するためのパンフレットが豊富にそろっていた。不安，強迫性障害，うつ病，妄想，幻聴などいろいろな種類の資料があって，相談の内容と人に応じて違うものを渡していた。自助グループ向けの資料などもあった。

例えば幻聴についていうと，クライエントに渡すパンフレットとしては，ベイカー（Baker, 1995）の「内なる声：幻声に対処するための実践的ガイド」とか，パスファインダー幻声グループ（Pathfinder Hearing Voices Group, 1999）の「声を聴く」といったものがある。これは5分くらいで読めてしまう薄いもので，幻聴に対する考え方や対処法を教えていくものである。また，クライエント用の厚いものとしては，コールマンとスミス（Coleman & Smith, 1997）の「声との作業：犠牲者から勝利者へ」という小冊子があった。これは，設問に答えたり，考えながら書き込んでいくワークブックである。一方，専門家向けのものとしては，英国心理学会の「精神病と精神病的体験の研究における最近の進歩」といった小冊子がある（British Psychological Society, 2000）。これはマンチェスター大学のベンタルを中心として，英国心理学会の臨床心理学部会が，陽性症状についての心理学的研究や治療介入をまとめたものである。このようなパンフレットが何種類もあった。こういった教材も邦訳があると便利であろう。

## 5-20. 日本の認知行動療法を育てるために

### 1）臨床ツール類の組織的翻訳

日本には，臨床や研修のサポート・ツールが少ない。構造化された治療マニュアル，研修用教材，アセスメント・ツール，患者教育用教材などについて，系統的に翻訳・紹介・出版できるとよい。学会としてシステマティックに取り組めないだろうか。

### 2）認知行動療法のワークショップの開催

認知行動療法の臨床スキルを普及させるうえで，「ワークショップ」は大きな力を発揮する（7章参照）。ワークショップに参加するには，欧米から専門家を呼んでワークショップを開く場合と，欧米のワークショップを聞きに行くという2方向がある。

欧米から臨床家を呼んでのワークショップについて，大きな学会では外国の研究者をゲストとして招待するので，こうした機会を利用したい。例えば，筆者が関係したものとしては，サルコフスキスとバーチウッドを招待した2001年の日本心理臨床学会（『認知行動療法の臨床ワークショップ』金子書房刊）や，ガレティを招待した2003年の日本心理学会（『認知行動療法の臨床ワークショップ2』金子書房刊）などがある。また，2004年に神戸で開かれた世界行動療法認知療法会議（WCBCT）のワークショップは，日本で開かれる認知行動療法の組織的なワークショップとして画期的であった。

日本から聞きに行くワークショップについては，大きな学会に併設されるワークショップが勧められる（7-4-1参照）。また，大学や研究所で開かれる短期的なワークショップがある。さらに，英米の大学院での修士・博士・ディプロマのコースや，研修所での長期的な研修もある。若い人やサバティカルをとれる大学関係者にはこれを勧めたい。こうした海外のワークショップや研修プログラムの情報は日本では意外に知られていない。学会などが組織的に，情報をインターネットで紹介したり，集団の海外研修を企画したり，支援したりするとよいだろう。

### 3）日本に認知行動療法を定着させるシステムづくり

最終的には，欧米の輸入ではなく，日本人の特性を考えた独自のマニュアルやワークショップを作る必要がある。入門者，初心者，中級者，熟練者のそれぞれの位相で研修やスーパーバイズを行う長期育成プログラムが必要だろう。スーパーバイズのできる人材やワークショップを開ける人材を育てなければならない。さらに，認知行動療法が本当に日本人に効果があるのかという治療効果研究も必要であろう。こうしたことについても，学会としてシステマティックな取り組みを期待したい。

# 第6章　治療効果の評価と「実証にもとづく臨床心理学」

　イギリスの臨床心理学の根底には，実証にもとづく臨床心理学（Evidence-Based Clinical Psychology）という哲学がある。第1章の表1-1で述べたように，臨床心理士の基本的な4つの仕事のひとつとして，治療効果の評価があげられている。大学院時代から，臨床心理士は，治療効果研究の訓練を徹底して受ける。このようなポリシーがあるために，臨床心理士はイギリス政府から高く評価されているのである。実証にもとづく臨床心理学という考え方は，これからの日本の臨床心理学にとっても重要である。こうした考え方は日本ではよく知られていないので，本章では具体的に解説してみたい。

## 6-1. 治療効果研究はなぜ必要か

　実証にもとづいて臨床活動を行うことは，臨床心理士の倫理のひとつである。治療効果が証明されない心理療法を用いることは，プロとして倫理的に許されることではない。また，クライエントに対して「これから行う治療にはこのような効果がある」と明らかにすることは，インフォームド・コンセントの観点からも必要である。治療の費用を負担する政府や保険会社に対しても，医療費削減の圧力のもと，治療効果を客観的に示すことが求められる。心理療法の効果を示すことは臨床心理士の死活問題となっている。

　歴史的にみると，心理療法の効果の研究は，1952年のアイゼンクの批判にさかのぼる。アイゼンクは，文献調査により，精神分析や心理療法は神経症には効果がないばかりか，むしろ悪化させていると主張した。これに対して，イギリスでは，タビストック・クリニックのマランが反論し，アメリカでは，バーギンやガーフィールドが反論した。アイゼンクもこれらの反論に応えたので，論争がおこった。

　ところで，こうした論争をみると，不思議なことがある。全く同じ文献にもとづいているのに，アイゼンクは治療効果がないと言い，バーギンは効果があると主張しているのである。心理的治療の効果は，あるかないかの二者択一のものではないから，同じデータを引用しても，質的にみると，研究者の主観によって結論が変わってしまう。そこで，研究者は，何とか治療効果を客観的に量的に判定する方法がないかと模索した。こうしていろいろな技法が集積したのが治療効果研究である。

## 6-2. 治療効果研究の技法の階層性

　治療効果研究の技法には，図6-1に示すような階層性がある。こうした技法は，いろいろなバイアス（結論を誤らせる諸要因）をさけるために，厳格な議論の中か

■図 6-1 治療効果研究の階層性

```
    d  無作為割付対照試験
   c   対照試験
  b    一事例実験
 a     事例研究
```

ら育ってきたものである。

最も基本的なレベルは,「事例研究」である（a）。ひとりの事例についての治療の報告である。しかし,事例研究には限界がある。その治療が他の事例にも当てはまる一般性を持つのかが判定できないからである。

治療効果を調べるためには,量的な指標を用いる必要がある。そのためには,診断面接基準や症状評価質問紙などの技法を用いて,症状を量的に測り,治療経過を量的に把握するのが望ましい。このように量的な指標を導入すると「一事例実験」になる（b）。これは1人の事例について,量的な測定を用いて縦断的に調べる手続きである。縦断的に反復測定をして統計処理をする。これだけでもかなり客観的な推論ができるようになる。

さらに客観的に調べるためには,「対照試験」が必要である（c）。これは治療しない対照群を別に設けて,それと対照群を比較する方法である。

それより厳密な方法としては,「無作為割付対照試験」（RCT）が考えられている（d）。これは,事例をランダムに治療群と対照群に割り付ける方法である。

図 6-1 のような階層を考えると, a→d にいくほどバイアスが入りにくくなり,結論の確実性は高くなる。しかしその分, a→d にいくほど実施にはコストがかかり,ビッグ・サイエンス化していく。実施には多大な時間と労力と費用がかかるので,研究数も少なくなる。

## 6-3. メタ分析

対照試験がいくつか報告されると,それらの文献をレビューして,治療効果を大局的に評価できる。しかし,印象批評的な文献レビューだと,前述のアイゼンクとバーギンの論争のように,研究者によって,解釈が恣意的になり,結論が正反対になったりする。そこで 1977 年にスミスとグラスはメタ分析を考え出した（Smith & Glass, 1977）。メタ分析は,任意の尺度を用いて,治療群と非治療群の差を求め,それを非治療群の標準偏差で割り,効果量（effect size）を算出する。効果量がマイナスの値になれば治療によって悪化したことを示し,ゼロならば治療の効果は全くないことを示し,プラスの値であれば治療効果があることを示す。値が大きいほど治療の効果は高い。

この方法を用いて,スミスとグラスは 375 個の研究をレビューしたところ,心理的治療全体の効果量の平均は 0.68 であった。したがって,心理的治療は十分な効果があると結論できたのである。スミスとグラスの 1977 年の論文は,アイゼンク以来の効果論争に決着をつける画期的なものであった。この論文は,臨床心理学から出た業績としては画期的なものであり,メタ分析は臨床心理学のみならず心理学

や人文社会科学全体に広まった。また，後述のように，医学領域にも大幅に取り入れられた。

メタ分析に対してはいろいろな批判もあった。例えば，条件の統制などにおいて，質の悪い研究もいっしょにして平均値を求めているため，そうした質の悪い研究によって効果量がゆがめられてしまうといった批判が出された。そこで，シェフィールド大学のシャピロとシャピロは1982年に，これらの批判を取り入れ，質の高い研究を厳選したうえで，メタ分析を行った（Shapiro & Shapiro, 1982）。その結果，心理療法の効果量は0.93となった。

## 6-4. 症状と技法の交互作用

メタ分析は，心理的治療にかかわるいろいろなことが数量的に比較できるという利点がある。その後のメタ分析は，心理療法全体ではなく，個々の技法ごと，個々の症状ごとに行われるようになった。例えば，シャピロとシャピロは，症状ごとの効果量や，治療技法ごとの効果量を計算している（Shapiro & Shapiro, 1982）。それによると，空間恐怖やネズミ恐怖などは効果量が大きく，不安や抑うつなどは効果量が小さい。また，内潜行動療法やモデリング法は効果量が大きく，力動的療法や人間学的療法は小さい。さらに，シャピロとシャピロは，症状と治療技法の交互作用も調べている。それによると，認知療法は，不安・抑うつには1.34の効果量があるが，恐怖症には0.92しかない。逆に，行動療法は，不安・抑うつには0.74しかないが，恐怖症には1.46の効果量がある。つまり，不安・抑うつには認知療法が効き，恐怖症には行動療法が効く。ある技法は万能ではなく，特定の症状との相性がある。教育心理学でいう適性・処遇交互作用のようなものである。ここから，クライエントの症状によって技法を使い分けるべきであるという主張が出てきた。

## 6-5. 心理的治療のガイドライン

治療効果研究の成果は，ガイドラインの形で公表されることもある。欧米では，心理療法のガイドラインがいろいろ作られている。

最も大規模なものは，アメリカ心理学会の第12部会（臨床心理学部会）が作成したガイドラインである。1980年頃から対照試験は非常に多くなり，それを集約するために，第12部会は，デイビッド・バーロウを座長とするタスクフォースを組織した。このタスクフォースは1993年に「十分に確立された治療」18種と「おそらく効果がある治療」7種を選び出した。基準に達しないものは「試験的な治療法」というカテゴリーに分類した。このガイドラインは大きな反響を呼び，多くの雑誌で特集が組まれた。

一方，イギリスでは，1996年に，国民健康サービスの要請によって，ロスとフォナギーが，さまざまな治療効果研究を総説し，報告書『どの治療法が誰にきくか？』を発表した（Roth & Fonagy, 1996）。そのガイドラインの一部を表6-1に示

■表 6-1　どの治療法が誰にきくか（心理的治療法の効果）(Roth & Fonagy, 1996)

|  | 認知行動療法 | 対人関係療法 | 家族療法 | 力動的心理療法 | カウンセリング |
|---|---|---|---|---|---|
| うつ病 | ○ | ○ | ? | △ | ? |
| パニック障害 | ○ | ? | ? | ? | ? |
| 全般性不安障害 | ○ | ? | ? | ? | ? |
| 単一恐怖 | ○ | ? | ? | ? | ? |
| 対人恐怖 | ○ | ? | ? | ? | ? |
| 強迫性障害 | ○ | ? | ? | ? | ? |
| PTSD | ○ | ? | ? | △ | ? |
| 摂食障害 | ○ | ○ | △ | ? | ? |
| 人格障害 | ○ | ? | ? | △ | ? |
| 統合失調症 | △ | ? | ? | ? | ? |

○著明な効果がある　△一応の効果か部分的な効果がある　?妥当性があまりないか,十分な証拠がない

す。

　これによると，多くの対象に対して，認知行動療法は効果があるのに対し，力動的心理療法や一般的なカウンセリングの効果を示すエビデンスは少なかった。こうした研究結果を受けて，国民健康サービスは，認知行動療法を用いる臨床心理士を積極的にバックアップするようになったのである。

　また，2002年には，先端臨床医学研究所（NICE）による治療のガイドラインにおいて，統合失調症への認知行動療法の効果が確かめられた。NICEとは，実証にもとづく医療を実現するために作られたイギリス国営機関である。NICEは，統合失調症の認知行動療法について，13本のRCTの研究結果を評価し，次のような結論を出した。

1．認知行動療法は，統合失調症の持続的な症状と苦痛を緩和するのに有効であるというエビデンス（実証）がある。その効果は治療後1年間持続する。
2．認知行動療法は，治療の終了時には，症状を改善させ，「洞察力」を高めるというエビデンスがある。
3．限定的なエビデンスによると，認知行動療法は，感情・再発・対人関係・自尊心を改善させ，この改善効果は5年間続く。
4．認知行動療法は，症状を20～40％減少させた。最も効果があるのは新しい抗精神病薬であるが，認知行動療法はこれに匹敵する。
5．6カ月以上で10回以上の認知行動療法を行うと効果も高いというエビデンスが

ある（通常は9カ月で20回行っている）。つまり，認知行動療法は短いと効果があらわれず，最低でも6カ月間継続し，10回以上の面接を行わなくてはならない。

6．医療経済学のエビデンスによると，認知行動療法は低コストであり「お金を払うに値する」。

NICEは，いろいろな治療法を，ABCの3段階で格付けするが，統合失調症への認知行動療法は，Aレベルが与えられている。

## 6-6. 実証にもとづく医療と臨床心理学

もうひとつ，治療効果研究を実践に取り入れる動きの最先端は「実証にもとづく医療」（エビデンス・ベースの医療）である。実証にもとづく医療は，これまでの医療が医師個人の経験と勘に頼っていたことを反省し，客観的に実証された根拠にもとづいて医療を行っていこうとする運動であり，1990年頃からさかんになった。

実証にもとづく医療は，身体医学だけでなく，看護学やリハビリテーションにも及んでいる。「実証にもとづく看護学」や「実証にもとづくリハビリテーション」といった領域も出てきて，こうした考え方は保健医療の全体に及ぶようになった。とくにイギリスでは，それらを総称した実証にもとづく保健医療（エビデンス・ベースの保健医療）と呼ばれる考え方が普及した。さらには，実証にもとづく健康政策論（エビデンス・ベースの健康政策論）と呼ばれる分野も出てきている。イギリス政府の国民健康サービス（NHS）は，この考え方を採用し，あらゆる領域の医療に治療効果の実証を示すことを求めるようになった。

そうした動きは臨床心理学も例外ではない。イギリスの臨床心理学は，アイゼンクの批判にあるように，もともと治療効果に対する実証を大切にしてきたので，実証にもとづく臨床心理学といった考え方がしぜんに出てきたのである。英国心理学会は，実証にもとづく臨床心理学を支援するために，1995年に，治療効果研究センター（Centre for Outcomes, Research and Effectiveness：CORE）を作った。COREは，ロンドン大学ユニバーシティ・カレッジの中に設置されており，心理療法の治療効果をレビューし，ガイドラインを作る作業をしている。また，英国心理学会は，英国医学会と王立精神医学会との共同で，「実証にもとづくメンタルヘルス」という雑誌を出している（表11-1参照）。

こうした傾向は，心理療法やカウンセリングにも及ぶようになり，最近では「実証にもとづく心理療法」（15-11参照）や「実証にもとづくカウンセリング」（16-9参照）といった動きもさかんになってきている。

## 6-7. 治療効果研究の実際――その1　ロンドン-東アングリアRCT

筆者が2002年に会った臨床心理学者の多くは，治療効果研究に携わっていた。ガレティ，クラーク，サルコフスキス，ウェルズ，タリア，ティーズデイルなど，臨床家のリーダーはみんな無作為割付対照試験（RCT）を行っていた。RCTは社

■ガレティ教授（ロンドン大学精神医学研究所）と筆者

会的意義が大きく，臨床家のリーダーは，社会からRCTを行うことが期待されている。

筆者の留学の目的のひとつは，RCTの仕方を学ぶことであった。RCTはいろいろな専門家が協働する学際研究である。RCTを行っている日本の心理学者は少ない。これから日本でRCTを行う場合に，何が大切なのかを知っておく必要がある。そこで，RCTの協働研究の実際をみて，勉強しようと思ったのである。

筆者は，ロンドン大学精神医学研究所のガレティ（10-2-10参照）に頼んで，RCTの現場を観察させてもらった。

ガレティ（写真）は，これまでもいくかのRCTに携わってきた。とくに1997年の「ロンドン－東アングリアRCT」研究は，精神病に対する認知行動療法の効果を初めて確かめた大規模なRCTとして有名である（Kuipers et al., 1997 ; Garety et al., 1997 ; Kuipers et al., 1998）。

「ロンドン－東アングリアRCT」は，ロンドンのモーズレイ病院，ケンブリッジ大学のアデンブルック病院，ノーリッジのノーフォーク病院の共同で行われた。それぞれの病棟とコミュニティ・ケアのチームに対して，次の基準を充たす患者の紹介を依頼した。その基準とは，①DSM-Ⅲ-Rの統合失調症，妄想性障害，統合失調感情障害の診断基準を満たすこと，②精神病の陽性症状を1つ以上持ち，その症状は6カ月以上の薬物療法によっても効果が低いこと，③ドラッグ問題，アルコール問題，器質的障害を持たないことである。152名の患者が紹介されたが，スクリーニング面接で基準を充たしていることが確認されたのは69名であった。このうち，9名は参加に同意しなかったので，60名が参加した。

60名の患者は，ランダムに2群に分けられた。「認知行動療法群」28名は，認知行動療法と標準的ケアを受けた。一方，「対照群」32名は標準的ケアだけを受けた。認知行動療法群・対照群への割り付けは目隠し状態（ブラインド）で行われた。アセスメント時には，治療をしていない別の研究者がアセスメントを行った。ただし，アセスメント時には完全にブラインドにはできなかったという。

認知行動療法の治療期間は9カ月，治療回数は平均18.6回だった。認知行動療法は熟練した臨床心理士が行った。治療マニュアルは，『精神病への認知行動療法』（Fowler, Garety & Kuipers, 1995）である。このマニュアルに沿った治療が行われているか，常に厳しくチェックされた。このために，治療者は，少なくとも月1回

の治療者会議に参加し,同僚やベテランの治療者のスーパービジョンを受けた。認知行動療法群と対照群は,それぞれの施設で,標準的な治療(ケース・マネジメントと薬物療法)を受けた。

治療効果のアセスメントは,ベースライン期,3カ月後,6カ月後,9カ月後,18カ月後のフォローアップの5回行った。用いた尺度はきわめて多様である。

第1に,症状の指標として,BPRS(簡易精神医学的評価尺度:3-5-3参照)を用いた。また,妄想の確信度,心的占有度,苦痛度を測定し,MADS(モーズレイ妄想評価スケジュール)も用いた。幻覚の頻度,強度,苦痛度も測定した。BDI(ベック抑うつ質問紙),BHS(ベック絶望感尺度),BAI(ベック不安質問紙),社会的機能尺度も用いた。

第2に,認知の指標として,英国成人読みテスト,認知的推定テスト,言語流暢性テスト,確率推論課題,洞察力のテストを用いた。

第3に,自尊心の指標として自己概念質問紙,非機能的態度尺度,自伝的記憶課題,形容詞再生課題,治療への満足尺度などを用いた。

その結果,9カ月の治療後,BPRS得点は,認知行動療法群で19.9であり,対照群で22.7であり,認知行動療法群で有意に低かった。認知行動療法群は,BPRSの得点が治療前より25%下がった。治療の効果量(6-3参照)は認知行動療法群で1.16であり,対照群で0.06であった。9カ月後に臨床的改善を示した患者は,認知行動療法群では50%だったのに対し,対照群では31%であった。症状の悪化を示した患者は,認知行動療法群では3%(28名中1名)だったのに対し,対照群では9%(32名中3名)であり,対照群では自殺してしまった人もいた。このように,認知行動療法が精神病理を改善することが確かめられた。

18カ月後のフォローアップにおけるBPRS得点は,認知行動療法群で18.8であり,9カ月後の得点をほぼ保っていた。これに対して,対照群においては,23.5であり,ベースライン時と同じであった。このように,認知行動療法は,治療が終わってからも9カ月は治療効果が持続する。

また,認知行動療法に対する満足度は高かった。認知行動療法群の80%の患者は,治療に「非常に満足した」か「満足した」と答えた。「不満」と答えたのは5%であった。9カ月後の治療の間に,認知行動療法群の4名と対照群の7名が治療から脱落した。認知行動療法群の脱落率は比較的低いものであった。

さらに興味深いのは,経済コストの分析である。たとえ効果があっても,お金がかかりすぎるのであれば普及しない。そこで,彼らは認知行動療法の費用と,認知行動療法による経済的利益を比べたのである。その結果を表6-2に示す。まず,認知行動療法は月平均2.1回行われ,その費用は治療者に払われる報酬の時給換算で,月平均123ポンド(約25,000円)であった。一方,治療終了後から18カ月後まで

■表6-2　認知行動療法は費用効果が高い（Kuipers et al., 1998）

|  | 認知行動療法群 | 対照群 |
|---|---|---|
| 認知行動療法にかかった費用 | 123 ポンド | 0 ポンド |
| 治療後に入院にかかった費用 | 360 ポンド | 486 ポンド |
| 治療後にコミュニティ・ケアにかかった費用 | 163 ポンド | 190 ポンド |
| 合　計 | 646 ポンド | 676 ポンド |

に患者が医療サービスに支払った金額を調べた。精神科病院への入院は，認知行動療法群で14.5日（金額にして月360ポンドの支出）であったのに対し，対照群では26.1日（月486ポンドの支出）であった。コミュニティ・ケアへの参加日数の平均は，認知行動療法群で23.5回（月163ポンドの支出）であったのに対し，対照群では36.7回（月190ポンドの支出）であった。すべての支出を合計すると，認知行動療法では646ポンドであり，対照群では676ポンドであった。このように，認知行動療法は，治療効果だけでなく，費用の点からも効率的であることがわかったのである。

## 6-8. 治療効果研究の実際——その2　ガレティのPRPの効果研究

　ガレティは，2002年当時，3つの治療効果研究に携わっていた。①PRPの効果研究，②LEOサービスの効果研究，③OASISの効果研究である。

　PRPとは，精神病の再発防止に認知行動療法が効果があるかを調べるプロジェクト（Psychological Prevention of Relapse in Psychosis）の略語である。これは，無作為に認知行動療法群と従来治療群に分けて，その再発予防効果について，無作為割付対照試験（RCT）を用いて調べるものである。20名のセラピストが，500名の患者を2年間に渡って追跡する大プロジェクトである。プロジェクトの倫理的側面は，ロンドン大学キングス・カレッジの倫理委員会から許可が下りている。イギリス政府から5年間で約3億円の予算がおりていた。

　このプロジェクトは，多くの職種がかかわる共同作業であり，①幹事会，②アセスメント・チーム，③セラピストという3つのチームからなる。

　①幹事会は，統括者のガレティを中心として，治療担当の臨床心理学教授カイパース（10-2-11参照）や，マンチェスター大学の医療統計学教授のグラハム・ダンが協力し，治療効果研究の経験があるロンドン大学精神医学教授のポール・ベビントンがオブザーバーとして加わっていた。幹事会は2週間に1度，ガレティのオフィスで開かれる。

　②アセスメント・チームは，おもにPh.D.を持つポスドクの研究者十数名からなり，被験者の情報については知らされずに現場に行き，目隠し状態（ブライン

ド）でいろいろなアセスメントを行う。
　③セラピストは，臨床心理士の資格を持つ臨床家やその卵たちである。治療マニュアルとしては，前述の『精神病への認知行動療法』が用いられていた。カイパースは，現場のセラピストの治療のスーパーバイザーをつとめていた。つまり，PRP プロジェクトの一環として，セラピストのための認知行動療法のスーパービジョンが行われている。これは PICuP と名づけられている。この効果研究に参加するセラピストは何十名もいるので，初心者のセラピストもいるし，マニュアル通りに進まない事例なども出てくる。そうした事例の相談に乗るのがこの会である（2-3-8 参照）。

　PRP プロジェクトにかかわる人は総勢 100 名になる。打ち合わせや会議は頻繁である。前述のように幹事会は 2 週間に 1 度開かれる。このほかに，アセスメント・チームやセラピストの代表者が集まる全体の会議がひと月に 1 度は開かれていた。筆者は，ロンドン大学キングス・カレッジで開かれた全体会議に出席することができた。20 名ほどのスタッフが集まり，前半はこのプロジェクトの学術的な成果を若手研究者が発表する。後半は，具体的な実務について綿密な相談を行う。朝から晩まで一日がかりの会議であった。以上のようなビッグ・プロジェクトを動かしているガレティの努力は並大抵のものではない。

## 6-9. 治療効果研究の実際——その 3　ガレティの LEO の効果研究

　ガレティは，もうひとつ，LEO サービスの治療効果研究にも携わっていた。LEO については，前に詳しく述べた（5-16 参照）。LEO を立ち上げたひとりがガレティであり，彼女は LEO の治療効果研究を組織している。筆者は，この効果研究の会議に参加させてもらい，治療効果研究について学ぶところが多かった。

　研究の目的は，LEO という臨床活動が，客観的にみて治療効果があるかどうかを確かめることである。方法は，RCT（無作為割付対照試験）の手続きである。LEO に紹介されてきた患者を無作為に 2 群に分ける。そして，LEO のプログラムを実施する群と，従来の方法で治療を行う群を作る。そして，LEO を実施した群がどれだけ症状が改善するかどうかを調べる。

　LEO の効果研究の予算は，国民健康サービス（NHS）の財団から出ていた。2 年計画で 35 万ポンド（7,000 万円）ということである。ほとんどが人件費ということであり，大きな機械設備を使わない研究としては，大きな予算である。LEO そのものの予算は別に NHS から出ている。プロジェクトの倫理的側面は，ロンドン大学キングス・カレッジの倫理委員会から許可が下りている。

　LEO の治療効果研究も，多くの職種がかかわる共同作業であり，①幹事会，②アセスメント・チーム，③現場のスタッフ，という 3 つのチームからなる。

　①幹事会は，ロンドン大学の社会精神医学教授のトム・クレイグが中心であり，

ガレティが，プロジェクト全体の統括と管理をしている。ほかに，統計面の相談役として，グラハム・ダンと，精神医学的な相談役としてポール・ベビントンが加わっている。大規模な治療効果研究は，臨床家だけではなく，統計学・倫理学などの専門家の力を借りた協働作業となることが実感できた。幹事会は2週間に1度，ガレティのオフィスで，2時間ほどの会議を開いていた。こうした会議が2年間続いている。もうすぐ試験は終わり，その結論が出るということであった。筆者は何回か出席させてもらった。

　会議では，毎回，新たにリクルートした患者は何名，アセスメントに入った患者は何名，アセスメントを終了したのは何名というように，各段階の人数を確認する作業が続いた。また，「無作為化の手続きをどのようにするか」とか，「この症状のアセスメントは何を使うか」「ここの欠測値をどうするか」といった各段階の具体的な手続きについて議論していた。さらに，「今月はリクルートされた患者が少ない」とか「このアセスメント技法にはこうした問題があるがどうしたらよいか」など，いろいろな問題が発生するので，それにどう対処するかが議題になっていた。ガレティは，毎回出てくる難問に対して，てきぱきと具体的な対応を決め，次回の会議までに，誰が何をどこまで行うかについて決定していた。会議の議事録は，コーディネーターのミリアム・アンブロゾがまとめて毎回配付資料を用意する。次の会議では，その対策がどこまで達成されたかを確認し，また新たに出てきた問題に対策を考えていく。その繰り返しである。

②アセスメント・チームは，おもにPh.D.を持ったポスドクの研究者であり，コーディネーターであるミリアム・アンブロゾと，ガレティ研究室のスージー・コルバートやジェイソン・リードが加わっていた。全体としては10名近くになるという。彼らは，被験者の情報については知らされずに現場に行き，目隠し状態（ブラインド）でいろいろなアセスメントを行う。面接をしたり，心理テストを受けたり，症状評価尺度や心理的尺度が含まれた分厚いテスト用紙を配る。被験者は，膨大な量のアセスメントを受けるようである。実際にアセスメントしているところを見学させてもらえることになったが，日程の関係で，結局果たすことができなかったのは残念である。

③現場のスタッフは，LEOサービスのスタッフである。精神科医のパディ・パワーを中心として，精神科医のニキ・ラーマーなどをはじめ，多くの臨床心理士が現場で働いている。

　ガレティはもうひとつ，OASIS（Outreach And Support In South London）の効果研究も行っていた。これはLEOサービスに新たに加わった活動である。早期介入よりも早く，精神病の前駆症状がある段階から介入を始めようとするものである。

このプロジェクト自体が，まだ実験的な段階にすぎず，筆者は詳しいことを聞く機会はなかった。

多くのRCTを統括してきたガレティは，そのノウハウを蓄積している。イギリスで最も多くのRCTを手がけている臨床心理学者は，ガレティとタリア（マンチェスター大学）であろう。2003年にヨークで開かれたイギリス行動認知療法学会（BABCP）で，タリアとともにパネル・ディスカッションに呼ばれたガレティは，RCTのやり方についてそのノウハウを述べていた。医学界では，よりよいRCTを行うためのチェックリストCONSORT（Moher et al., 2001）が作られており，それに沿って改善していくことを提案していた。

大規模な治療効果研究は，多くの条件が整って初めて可能になる。臨床施設，セラピスト，アセスメント・チーム，治療マニュアル，多額の費用，多職種の専門家集団といった多くの条件が整わないと難しい仕事である。日本で治療効果研究が可能になるのはいつの日だろうか。

## 6-10. 日本に実証にもとづく臨床心理学を育てるために

日本にも実証にもとづく臨床心理学の体制が必要であることは，時代の要請である。そうした体制づくりに必要なことを考えてみた。

### 1）実証にもとづく臨床心理学という理念の定着

第1に必要なことは，実証にもとづく臨床心理学という哲学の定着である。日本では実証にもとづく実践という理念がない。日本の臨床心理学の特徴をまとめてみると，診断をしない，クライエントの症状を質的に言葉で記述する（定量的な指標を用いない），適用対象の非特異性（どのクライエントにもほぼ同じ治療技法を適用する），治療効果を質的に言葉で記述する（治療効果についての量的なデータを持たない）といったことになるだろう。日本の臨床心理学は科学性が抜け落ちており，これは世界の動きとは逆行するものである。まず科学的な理念の定着をはかる必要があるだろう。

### 2）治療効果の評価の定着

第2は，データベースを治療に利用することである。そのためには，臨床現場において，①きちんとした診断をし，②症状を量的にアセスメントし，③症状別に治療を選択し，④その治療効果を量的にアセスメントするといった実践が不可欠になる。日本にはまだ量的な心理アセスメントの土台がないので，治療効果を評価するという発想がない。心理療法の効果は目に見えないものなので，治療効果を量的に評価することはできないという考え方が根強い。したがって，まず，心理アセスメントという仕事を定着させる必要があるだろう。これは第3章で述べたとおりである。次に，精神症状を量的に記述するという仕事を定着させなければならない。治療効果研究の第一歩は，クライエントの主訴や症状を記述する時，量的な指標を用

いることである。また，データベースを利用するためには，DSM-Ⅳなどの客観的な診断基準を使いこなせなければならない。

### 3）治療効果研究の定着

第3はデータベースを作ることである。つまり，治療効果研究を定着させていく必要がある。これはまさに臨床現場でしかできない研究である。その際，図6-1の階層においてより上位の研究をめざさなければならない。日本の臨床心理学の多くは事例研究である。筆者は，雑誌「心理臨床学研究」の第1巻から第15巻までに掲載された312本の論文について，5つの側面から調べてみた（丹野，2001d）。その結果，事例研究が6割以上を占めていた。日本の臨床心理学において，事例研究の歴史的な意義は高かった。「心理臨床学研究」が創刊されたのは事例を大切にするためであり，そうした精神は日本の臨床心理学に定着したといえよう。これからはそうした土台のうえに，新しい臨床研究を築いていく必要がある。これまでの日本の事例研究のほとんどが量的な指標を全くとっていない。事例研究だけでは治療効果のエビデンスとしては弱い。事例の質的な記述は，図6-1のような治療効果研究の階層からみると，一番低い段階でしかない。イギリスの「英国臨床心理学雑誌」やアメリカの「相談臨床心理学雑誌（Journal of Consulting and Clinical Psychology）」には，事例の質的な記述はほとんど掲載されていない。事例研究は，たしかに臨床心理学のアルファにしてオメガであるが，最終的には，RCT（無作為割付対照試験）をめざさなければならない。欧米で開発された治療技法が果たして日本人にも合うのか，RCTを用いて調べる必要もあるだろう。

### 4）データベースの定着

第4は，データベースをまとめることである。データベースを作るためには，情報科学・統計学・倫理学・コーディネーターなどの専門家の力が必要となる。現場で得られたデータは，どこかに集積されなければならないが，それには大学という場が適切であろう。大学は，研究者・書籍・雑誌などの形で情報が集積するし，社会に対して情報を発信しやすい場所だからである。以上のような作業のためには，莫大な資金と労力を必要とするため，個人のレベルを越えてしまう。大きな学会などの組織的な取り組みが必要になる。

# 第7章　臨床心理学研究

　研究（リサーチ）はイギリスの臨床心理士の基本的な業務のひとつである。ここでいう研究とは，測定にもとづいた実証的研究である。日本の心理臨床では，研究といえば事例研究であるが，イギリスの臨床心理学では，事例報告は研究とは見なされない。この章では，イギリスにおける臨床心理学研究を紹介し，日本の研究について提言してみたい。

## 7-1. 研究のポリシー――なぜ実証的な研究が必要か

　第1章の表1-1で述べたように，マツィリアとホールは，臨床心理士の基本的な仕事として，「研究（リサーチ）」をあげている。これは，大学や研究所につとめる臨床心理士だけのものではない。現場の臨床心理士にとっても同じである。ひとりひとりの臨床心理士が，つねに研究を行わなければならないというポリシーを持っている。研究を行って，新しい知見を学会に提出するということが，プロフェショナルとしての臨床心理士の使命であるとされている。こうした哲学は，大学院での徹底した訓練の中でたたき込まれる。臨床心理士になるためには，科学的な研究をして，博士論文を書くことが義務づけられている。この根底にあるのは科学者―実践家モデルである。

　それは，研究の成果や科学的態度が臨床実践に役に立つからである。これは第2章のピーターズの仕事で見たとおりである。研究を続けていくことは，現場の臨床心理士が精神科医と対等に仕事をしていくためにも必要である。

　逆に，研究の側からみれば，臨床実践において得られた体験が，研究のヒントを与えてくれることにもなる。研究と臨床実践は車の両輪のような関係にある。

## 7-2. 研究にはどのような種類があるか

　第2章で紹介したピーターズの研究（2-3-6参照）は，イギリスの臨床心理学研究の代表的なサンプルである。臨床心理学研究は，表7-1に示すように，A）アセスメント研究，B）異常心理学研究，C）治療研究に分けることができる。

## 7-3. 臨床研究とアナログ研究

　また，対象によって研究を分類することもできる。臨床心理学研究の主流は，病院や施設を受診した人を対象とした臨床研究である。これ以外にも，非臨床のアナログ研究や動物実験も重要である。非臨床アナログ研究とは，大学生や一般人などの非臨床的サンプルを対象とした研究である。アナログ研究の利点は，条件統制しやすいこと，多人数を対象にできること，統計的な処理が容易になること，などで

■表7-1　臨床心理学の研究の種類

A）アセスメント研究
A-1. 症状記述研究：患者の主訴や症状を記述し，類型化を行ったり，診断の方法を考える。
　A-1-1. 症状記述：患者の主訴や症状を記述する。
　A-1-2. 類型化：症状の類型化を行って整理する。
　A-1-3. 診断：診断の体系や方法を考える。
　A-1-4. 症状比較：症状どうしを比較して異同を調べ，その関係を探る。
　A-1-5. 疫学的研究：一般人口のどのくらいの人にそうした症状が生じるのかを調査する。
　A-1-6. 文化比較：文化による症状の異同を比較する。
A-2. ツール開発研究：非構造化面接法や質問紙法などのアセスメント・ツールを開発する。項目収集・尺度構成・標準化・信頼性検討・妥当性検討などの手順を踏む。

B）異常心理学研究
B-1. 病理記述研究：病理の記述・分類・類型化などを行う。
B-2. 病理発生メカニズム研究：病理がなぜ生じるのかを調べる。
B-3. 病理維持メカニズム研究：病理がなぜすぐに消失せずに長びいてしまうのかを調べる。
B-4. 発生予測・予防の研究：どのような人がどのようなストレスを受けたときに病理が発生しやすいかを調べ，発生を予測し，可能ならば発生を予防する。
B-5. 転帰研究：その病理が将来どのような経過をへるのかを調べる。
B-6. 病理治療研究：その病理がどのような治療法に反応するのか，治療によってどのようなメカニズムを経てよくなるのかなどを調べる。

C）治療研究
C-1. 治療開発研究：新しい技法を発見し開発し，それを記述する。
C-2. 治療メカニズム研究：技法がどのようなメカニズムで効果をもたらすのかを調べる。
　C-2-1. 要因研究：いろいろな治療要素のうち，どの要素が有効なのかを調べる。
　C-2-2. 分解研究：治療要素を分解して，有効な治療の最小限の要素は何かを調べる。
　C-2-3. 過程研究：どのような過程で治療が進んでいくのかを調べる。
　C-2-4. 治療構造研究：どのような治療構造が有効なのかを調べる。
　C-2-5. 治療者態度研究：治療者がどのような態度をとる場合に有効なのかを調べる。
C-3. 治療効果研究：新しい技法が本当に効果を持つのか客観的に調べる。
　C-3-1. 事例研究：ひとりの事例についての治療の報告。
　C-3-2. 一事例実験：量的な測定を用いてひとりの事例の治療効果を縦断的に調べる。
　C-3-3. 対照試験：対照群との比較により治療効果を比較する。
　C-3-4. 無作為割付対照試験（RCT）：治療群と対照群にランダムに振り分けて治療効果を比較する。

ある。アナログ研究にも，①アセスメント研究，②異常心理学研究，③治療研究などの領域がある。

①については，アセスメント技法の標準化の手続きなどで大学生や一般人を対象とした研究が行われる場合が多い。

②の異常心理学研究のきっかけとなったのは，エイブラムソンらの改訂学習性無力感理論と，ラックマンらの侵入思考の研究である。これらの研究では，もともとの臨床の類似物(アナログ)という立場を越えて，独自の研究領域となりつつある。

また，③の治療研究については，例えば，大学生のテスト不安や動物恐怖症を調べ，その治療を行って，その効果を確認するような研究がある。ただし，治療効果

■表7-2　認知行動療法の国際的学会（開催地と日本人の参加者概数）

| 学会名 | 2001年 | 2002年 | 2003年 | 2004年 |
|---|---|---|---|---|
| 世界行動療法認知療法会議 WCBCT | バンクーバー 約260名 | ― | ― | 神戸 1,126名 |
| イギリス行動認知療法学会 BABCP | グラスゴー 1名 | ウォリック ？ | ヨーク 3名 | マンチェスター 15名 |
| アメリカ行動療法促進学会 AABT | フィラデルフィア ？ | リノ 3名 | ボストン 15名 | ニューオーリンズ 20名 |
| ヨーロッパ行動認知療法学会 EABCT | イスタンブール ？ | マーストリヒト 3名 | プラハ 10名 | マンチェスター 15名 |

の証明としてはこうした研究だけでは不十分である。

もうひとつのアナログ研究として動物実験がある。人間と動物は生理的特性や基本となる心理特性は同じなので，その限りにおいて，動物モデルは有用である。また，人間を対象とする実験にくらべて倫理的制約も少ない。恐怖や不安などの研究においては，動物実験の影響力は大きい。例えば，抑うつの学習性無力感理論は，もともとは動物実験から出発しているのである。

限界を認識し，非臨床アナログ研究の利点を生かすことが大切となる。

## 7-4. イギリス行動認知療法学会（BABCP）

研究を支えるのは学会である。イギリスの臨床心理学のおもな学会は，英国心理学会と，イギリス行動認知療法学会である。前者については第11章で詳しく述べるので，ここでは後者について詳しく紹介したい。その前に，世界の認知行動療法系の学会からみていこう。

### 1）世界の認知行動療法の学会

国際的によく知られている認知行動療法の学会は，表7-2と図7-1に示すとおりである。

世界行動療法認知療法会議（World Congress of Behavioral and Cognitive Therapies：WCBCT）は，3年に1度開かれる行動療法・認知療法の国際学会である。1979年から開かれてきた世界行動療法会議と，1983年から開かれてきた国際認知療法学会が，1995年から合体して開かれるようになったものである。図7-1に示すように，第1回は，1995年にコペンハーゲン（デンマーク）で開かれた。第2回は1998年にアカプルコ（メキシコ）で，第3回は2001年にバンクーバー（カナダ）で開かれた。第4回は2004年に日本の神戸で開かれた。第5回は2007年にバルセロナ（スペイン）で開かれることになっている。世界の50カ国から2,000名の参加者があり，毎回，世界の指導的な臨床家・研究者が多く参加する。

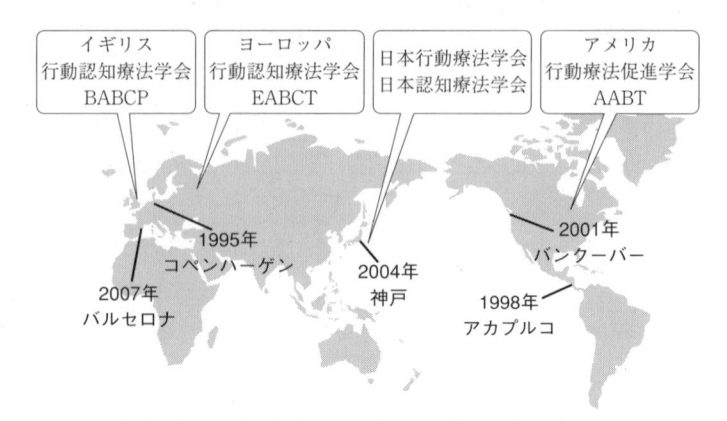

■図 7-1　世界行動療法認知療法会議（WCBCT）の開催地と各国の学会

　日本人の参加者も多く，第1回（コペンハーゲン）は240名，第2回（アカプルコ）は180名，第3回（バンクーバー）は260名の日本人が参加した。第4回の神戸大会では1,126名の日本人が参加した。

　アメリカ行動療法促進学会（Association for Advancement of Behavior Therapy：AABT）は，1966年に創設された。学会の名前は「行動療法」となっているが，実質は認知療法と行動療法の両方を含んでいる。毎年11月に，大きなホテルで大会が開かれ，3,000名が参加するマンモス学会となる。アメリカの国内学会とはいうものの，イギリスやオーストラリアなど世界からの参加者がある。最近の開催地は，フィラデルフィア（2001年），リノ（2002年），ボストン（2003年），ニューオーリンズ（2004年），ワシントン（2005年）である。

　ヨーロッパ行動認知療法学会（European Association of Behavior and Cognitive Therapies：EABCT）は，1976年に，ヨーロッパの各国の行動療法学会が連合してできた学会である。1992年に，認知療法が加わって，ヨーロッパ行動認知療法学会と改称した。現在は，29カ国から36の学会が加盟している。イギリス行動認知療法学会もその一員である。毎年9月にヨーロッパ各地で大会が開かれる。参加者は例年500名くらいで，小規模のこぢんまりした学会である。参加者は，主催した国の人が多くなるが，講演やワークショップには，世界的に著名な臨床家が多数参加する。最近の開催地は，トルコのイスタンブール（2001年），オランダのマーストリヒト（2002年），チェコのプラハ（2003年），イギリスのマンチェスター（2004年），ギリシアのテッサロニーキ（2005年），フランスのパリ（2006年）である。

　日本行動療法学会は，1974年にできた。現在会員数は約950名である。第1回大会は1975年に九州大学で開かれた。それ以来，日本各地の大学が主催して大会が開

かれている。最近の主催校は，北海道医療大学（2000年），琉球大学医学部（2001年），東京大学医学部（2002年），鹿児島大学医学部（2003年），中京大学心理学部（2004年），広島大学総合科学部（2005年）である。

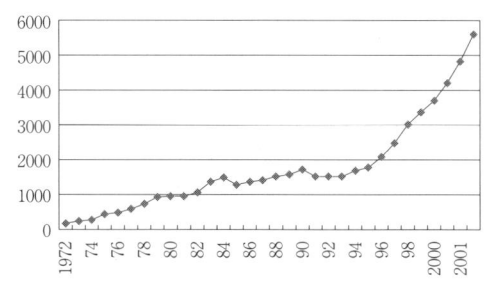

■図7-2 イギリス行動認知療法学会（BABCP）の会員数（1972年の創設から現在まで）

日本認知療法学会は2001年創立の新しい学会である。現在会員数は約300名である（2002年5月現在）が，毎年100名というペースで増えている。第1回大会は2001年京都府立医科大学で開かれた。その後の開催地は，慶應義塾大学（2002年），大阪市立大学医学部（2003年），北海道医療大学心理科学部（2004年），名古屋・医療法人和楽会（2005年）である。

その他にも，認知行動療法関係の学会のある国は多い。

## 2）イギリス行動認知療法学会（BABCP）の概要

イギリス行動認知療法学会は，BABCPと略される。1972年に設立されたイギリス行動療法学会が，1992年に，イギリス行動認知療法学会と改名されたものである。現在の会員は約5,500名であり，アメリカのAABTと並ぶマンモス学会である。

会員数は現在でも増加している。図7-2に示すように，1990年代の前半までは，会員数が1,500名くらいで横ばいであったが，1992年に改名してからは，毎年500名以上のペースで増え続け，現在も増えている。認知行動療法がイギリスでいかに爆発的に成長しているかを示すグラフである。

職種は，6割くらいが臨床心理士で，3割くらいが精神科医，1割が看護師などということである。

学会誌は「認知行動的心理療法（Cognitive Behavioural Psychotherapies）」である。雑誌の編集はサルコフスキスが行っている。筆者は，2000年に渡英したのをきっかけにして，この学会に入った。入会すると，学会誌と「BABCP News」というニューズレター誌が定期的に送られてくる。いろいろな情報が載っていて役に立つ。年会費は49ポンド（約9,000円）であり，クレジット・カードで支払うことができる。

## 3）BABCPの大会

BABCPの大会は，毎年7月頃に，イギリスの各地で開かれる。最近の開催校は，ロンドン大学の教育研究所（2000年），グラスゴウのストラスクライド大学（2001年），ウォリックのウォリック大学（2002年），ヨークのヨーク大学（2003年），マ

ンチェスターの UMIST（2004年），ケント大学カンタベリー校（2005年）である。

### 4）BABCP のグラスゴウ大会に参加して

筆者が参加した最初の認知行動療法の学会は，2001年の BABCP グラスゴウ大会であった。この学会のリーダーは D・M・クラーク，サルコフスキス，タリア，バーチウッド，ガレティ，ウェルズといった人々であり，30～50歳代という若さである。この大会に参加する人も 20～30歳代の若い人が多い。認知行動療法そのものがまだ若い学問であり，イギリスの臨床心理士の平均年齢も低く，全体にのびのびとしていてパワーが感じられた。大会への参加者は 1,000名ほどで，大きすぎず小さすぎず，手頃な規模である。イギリス国内学会ではあるが，アメリカやオーストラリアなどから多くの臨床家が来ており，国際性が強い。中心はシンポジウム・講演・ワークショップであり，研究発表をするというよりは，若い会員が新しいことを勉強することが主眼となっている。

グラスゴウ大会に参加した時の驚きと喜びは忘れられない。それまでは，筆者の思い描く臨床心理学の姿は現在の日本の中では異端であり，筆者ひとりの独断にすぎないのではないかという不安があった。しかし，BABCP に出て，筆者が求めていた臨床心理学の姿がここにあったと感じた。しかもこれこそが世界の主流なのである。大いに意を強くした。日本では臨床系の学会といえば事例報告が主であるが，BABCP では事例報告はほとんど見られなかった。多くは多数例研究や治療効果研究や実験研究であり，日本との違いに驚いた。講演やシンポジウムをみると，実証にもとづく（エビデンス・ベースの）臨床ということが当然のこととして語られていた。客観的にアセスメントをすすめ，それを統計学的に処理し，厳正な手続きで治療の効果を調べていく方法論をとっている。また，実証にもとづく臨床心理学の方法論の柱となる無作為割付対照試験（RCT）の発表が多く見られていた。

領域は，だいたい，①うつ病，②不安障害，③精神病，④発達障害の4つのテーマに分かれる。臨床研究が主であるが，基礎研究や非臨床アナログ研究も多い。

この大会で，筆者は妄想的観念についての研究をポスターで発表した。イギリスでは統合失調症の研究が臨床心理士たちの手によって行われていることを知って，さらに意を強くした。しかし，日本からの参加者は筆者ひとりであった。

### 5）BABCP のワークショップに参加して

BABCP では，ワークショップも行われる。ワークショップは，1日かけてゆっくりと，臨床場面の具体的な事例や治療技法などについて学ぶ講習会である（9章参照）。2002年のウォリック大会は，学会創立30周年記念ということで，30本のワークショップが開かれたという。

筆者は，2003年のヨーク大会で，初めて BABCP のワークショップに参加した。

大会の初日は，6時間の全日ワークショップが行われる。2日目以降は，3時間の半日ワークショップが数本並列して行われる。参加費は，会員が120ポンド，非会員が150ポンド，学生会員が100ポンドであった。筆者は，モリソン（10-7-6参照）とターキングトン（17-14-6参照）の「精神病とPTSD」というワークショップに出た。参加者は45名くらいであった。トラウマのアセスメントの仕方，ケース・フォーミュレーションの仕方，介入の仕方などについて，事例を交えながら解説してくれた。口頭での英語は理解しにくいが，パワーポイントのスライドをすべて配付資料として配ってくれるので，内容はつかめた。朝から夕方までびっしり研修して，充実感と快い疲労が残った。

2004年のマンチェスター大会でも，初日に20本のワークショップが組まれた。担当したのは，ウェルズ，ウィリアムズ，ラックマン，ハドック，カイパース，ノバコ，サルコフスキス，リーヒー，フェアバーンといったそうそうたる講師たちであった。

### 7-5. 基礎的心理学と臨床心理学のインターフェース

臨床心理学は，基礎的な心理学のいろいろな領域と交流することによって豊かな実りをもたらしている。ここではそれについてまとめてみたい。

#### 1）認知心理学との交流

イギリスではケンブリッジ大学を中心として，認知科学・認知心理学の研究がさかんである（14-11参照）。こうした認知心理学の成果は，臨床心理学にも大きな影響をもたらしている。1970年代には，コンピュータをモデルとして人間の知覚や記憶を研究する「情報処理心理学」がさかんとなった。この研究は不安・抑うつ・統合失調症などの研究にも応用された。抑うつについては，抑うつの記憶バイアス研究が行われた。その研究成果をもとにして，ティーズデイル（ケンブリッジ大学）は「抑うつ的処理活性仮説」を生み出す。この仮説は，ベックの理論に対する批判としておこってきたものであり，両者の間には「抑うつスキーマ論争」がおこる。

また，ウェルズ（マンチェスター大学）とG・マシューズ（シンシナチ大学）は，1994年には，『注意と感情：臨床的パースペクティブ』という著書を発表した。この本は，抑うつや不安障害といった精神病理を，情報処理の観点から捉え直したものである。認知心理学や自己意識理論，ストレス対処理論，臨床心理学などの豊富な研究成果を厳密に検討した上で，精神病理の背後にある注意と感情のメカニズムを明らかにした。そのうえで，ウェルズとG・マシューズは，SREF（自己調節実行機能）という認知モデルを新たに提案し，これによって不安障害や抑うつのメカニズムと治療を統合的に考えた。厳密にして壮大であり，理論的にして実践的な本であり，高く評価され，1998年に英国心理学会の出版賞を受けた。この本は邦訳

があり，筆者もかかわった（邦訳『心理臨床の認知心理学』箱田裕司・津田彰・丹野義彦監訳，培風館，2002）。さらに，不安の認知心理学的研究としては，アンドリュー・マシューズ（ケンブリッジ大学）やブリューイン（ロンドン大学ユニバーシティ・カレッジ）らの研究が有名である。さらに，統合失調症の情報処理研究は，妄想・幻覚の認知理論を生み出す源になった。

### 2）感情心理学との交流

ダルグライシ（ケンブリッジ大学）とパワー（エディンバラ大学）は，感情心理学と認知心理学の知見を用いて，いろいろな精神病理を解明する研究を精力的に行っている。『認知と感情：秩序から障害へ』，『認知と感情ハンドブック』といった著書を出している。

### 3）社会心理学との交流

1978年に，エイブラムソンらが，社会心理学の原因帰属理論を導入し，改訂学習性無力感理論を提案したことは有名である。この1978年の論文は，エイブラムソンとセリグマンと，当時オクスフォード大学にいたティーズデイルの3名の議論から生まれた。この時のエピソードは，セリグマンの『オプティミストはなぜ成功するか』（講談社文庫）に興味深く書かれている（10-6-3参照）。また，社会心理学で展開した理論を用いて，精神病理を解明する研究もさかんである。ベンタル（マンチェスター大学）のグループは，原因帰属理論を用いて，妄想や幻覚の研究をしている。

### 4）ストレス心理学との交流

ロンドン大学のブラウンとハリスは，抑うつにおけるストレスの寄与について実証した（10-4参照）。また，ブラウンとバーリーの研究によると，ライフイベントがストレスとなり，統合失調症を発症させやすくなったり，再発を引きおこしやすくなる。また，ブラウンは，家族内の対人関係についての研究も行い，前述のように，家族の感情表出（EE）が高いと統合失調症の再発率が高いことを実証した（4-12参照）。

### 5）パーソナリティ心理学との交流

イギリスには，ロンドン大学のアイゼンクのパーソナリティ理論（10-2-1参照）や，グレイのパーソナリティ心理学がある（10-2-4参照）。こうした流れを受け継いで，統合失調症の症状についてパーソナリティ心理学から研究をすすめているのがクラリッジ（オクスフォード大学）である（10-5-1参照）。

### 6）発達心理学との交流

ボールビィの「母子分離」と「愛着」の研究をへて（15-9-4参照），エインスワースの「分離不安」研究，ラター（ロンドン大学の精神医学研究所）の改訂母性剥奪理論などが生まれた（17-13-3参照）。

### 7）進化心理学との交流

進化的アプローチは不安障害の理解には欠かせないが，進化心理学はイギリスではかなり定着している。霊長類の研究や子どもの発達研究からあらわれた理論として「心の理論」があげられる。「心の理論」は自閉症の臨床において中心的な役割を果たすようになり，バロン－コーエン（ケンブリッジ大学）やウタ・フリス（ロンドン大学ユニバーシティ・カレッジ）が精力的な研究をすすめている。コーコラン（マンチェスター大学）は，「心の理論」を統合失調症にも適用した。

### 8）脳科学との交流

ロンドン大学では，神経画像学（ニューロイメージング）の研究が非常にさかんである。ロンドン大学の神経学研究所のフリストンが開発したSPMという解析ソフトは有名である（17-14-1参照）。また，ロンドン大学の精神医学研究所のブルモア（現ケンブリッジ大学）は，BAMMという解析ソフトを開発した（17-13-5参照）。これによって，統合失調症などの脳画像解析研究が爆発的に展開した。フリストンもブルモアも精神医学者であり，統合失調症の研究も続けている。また，クリス・フリス（ロンドン大学ユニバーシティ・カレッジ）は，神経心理学研究で世界的に有名である（13-8-3参照）。

このようなニューロイメージング研究に，臨床心理学者も積極的に参加している。ヘムズレイ（ロンドン大学精神医学研究所）は，統合失調症の神経心理学についての研究をしており，指導的な論文をたくさん書いている。また，ワイクス（ロンドン大学精神医学研究所）も，認知リハビリテーション療法の効果研究にfMRIを使った研究をしていた。精神医学研究所では，毎週金曜日の朝にニューロイメージングのグループが研究会を開いて，活発に研究していた。そのメンバーの多くは心理学者であった。

### 9）行動遺伝学との交流

イギリスにおける精神医学的遺伝学の確立者と称されるのはエリオット・スレイター（1904-1983）である（Gottesman & McGuffin, 1996）。スレイターが研究を始めた当時は，ドイツでクレペリンが精神医学的遺伝学の研究を進めていた。そこで，スレイターは，ミュンヘンに渡って遺伝学を学んだ。1935年にロンドンに戻り，精神疾患の双生児研究などをはじめた。1948年には，ベスレム・モーズレイ双生児登録を作った。1959年に，スレイターは，精神医学研究所において精神医学的遺伝学部門の主任になった。そこで，多くの研究者を育てた。彼のもとで学んだ人の中には，心理学者アービング・ゴッテスマン（アメリカのバージニア大学）や，精神医学者ミング・ツァン（ハーバード大学）など有名な研究者が多い。1971年には『精神疾患の遺伝』を著した。1969年にスレイターが引退すると，精神医学的遺伝学は一時下火になったが，1990年代から，分子遺伝学の進歩と，共分散構

造分析などの統計的解析法の進歩により、行動遺伝学という新たな分野が展開してきた。そうした新たな分野を切り開いたのは、スレイターの弟子たちであった。

ロンドン大学精神医学研究所の社会遺伝発達精神医学研究科は、現在、マクガフィンとプロミンが教授をつとめている。ピーター・マクガフィンは、統合失調症やうつ病などの精神疾患の遺伝的研究をしている。マクガフィンは、リーズ大学医学部を卒業し、モーズレイ病院で精神医学の訓練を受けた。その後、精神医学研究所やアメリカのワシントン大学医学部で遺伝学の研究をはじめた。イギリスのウェールズ大学カーディフ校医学部の心理学的医学科の主任教授となり、その後精神医学研究所に移った。共書に『行動遺伝学（第4版）』などがある。

ロバート・プロミンは、双生児法と行動遺伝学の研究で有名である。彼は1974年に、アメリカのテキサス大学で心理学の博士号を取り、コロラド大学の行動遺伝学研究所やペンシルバニア州立大学で研究した。共書に『行動遺伝学（第4版）』などがある。邦訳された著書に『遺伝と環境：人間行動遺伝学入門』（安藤寿康・大木秀一訳、培風館）がある。筆者は2002年にプロミンの研究室を訪れ、行動遺伝学について話を聞くことができた。本書で行動遺伝学について述べたことは、プロミンから聞いた情報や文献によるところが大きい。

## 7-6. 心理学研究でイニシアチブをとる臨床心理学

1998年に、英国心理学会の臨床心理学部会は、「臨床心理学者が研究資金を獲得するには」という文書を出して、研究費の獲得方法をまとめた。イギリス政府は認知行動療法の効果研究や統合失調症の研究などには莫大な研究費を出すようになった（6-8参照）。これによって、イギリスの臨床心理学者は、豊富な研究費を持つようになった。

最近では、基礎的心理学の研究者のほうから、研究費の豊富な臨床心理学へとインターフェースを求める現象がおこっている（11-2-6参照）。こうした現象は、基礎的心理学と臨床心理学のインターフェースを考えれば喜ばしいことである。

## 7-7. 日本に臨床心理学研究を育てるために

### 1）研究体制の強化

イギリスと日本の大学をくらべて決定的に違うのは、教員の数である。日本の大学だと、教授・助教授・講師・助手などを合わせて、ひとつの心理学科で10名くらいであろう。イギリスの大学の心理学科では、たいてい教授・助教授（リーダー）・上級講師・講師といったアカデミック・スタッフが20～30名ほどおり、そのうえ、リサーチ・スタッフやテクニシャンと呼ばれる人が20名くらいいる。さらに、教授にはそれぞれ秘書もついているし、事務的な仕事をするスタッフも大勢いる。ひとつの心理学科の教育スタッフは60名くらいになる。日本の数倍の規模である。イギリス人は夕方5時になると仕事を切り上げて帰宅し、土曜日と日曜日

は一切仕事をしない。大学の研究者も例外ではない。それでいながら，毎年，世界的な研究業績をたくさんあげている。その秘密の一端は，研究を支えるスタッフの多さにある。学問や科学研究に注がれる予算の規模が，イギリスと日本では大きく違う。筆者は自信を持って言えるのだが，もし勤勉な日本人にイギリスと同じ規模のスタッフが与えられたら，イギリス人の3倍の業績をあげられるだろう。日本でも根本的な研究体制の強化が必要である。

### 2）ポスドクを中心にした研究チーム

イギリスの大学では，教授を中心にして，多くのポスドクの研究者がグループで研究をしており，大いに成果が上がっていた。例えば，ロンドン大学教授のサルコフスキスは，ポスドクやリサーチ・スタッフなど，総勢18名の研究スタッフを率いて研究していた。ポスドクは研究のプロフェショナルであり，研究スキルに習熟し，やる気も高い優秀な人が多い。これに対して，日本は，研究活動は個人でバラバラに行うことが多く，効率が悪く，なかなか成果が上がらない。また，日本では，ポスドクの研究者が少なく，大学院生がおもに研究をしている。大学院生は研究スキルを習得すると卒業してしまうので，大学には研究スキルが蓄積しない。日本でもポスドクを中心にすえた研究チームを作っていく必要があるだろう。そのためには，ポスドクが生活できる待遇を用意しておかなければならない。

### 3）研究スキルの定着と研究環境マネジメント

研究を進めていく上で必要なスキルは，①受信のスキル（論文を読み，先行研究をレビューするスキル），②研究遂行のスキル（研究を企画し，遂行し，まとめるスキル），③発信のスキル（自分の考えを論文や学会発表で表現できるスキル）の3つに集約できる。これらをすべて個人の責任と才覚において習得することには限界がある。そこで，個人のスキル習得をサポートする環境を作っていかなければならない。筆者はこれを研究環境マネジメントと呼んでいる。そうしたマネジメントの中心となるのは，大学院などの教育機関である。とくに，修士論文や博士論文の指導をしっかり行う必要がある。その場合，講義によって一般論を教えるよりも，ORT（On-the-Research-Training：実地に研究をしながらの指導）が有効であろう。

# 第 8 章　他の医療職との連携

　第 2 章で述べたように，臨床心理士には高度の社会性が求められる。図 2-2 に示されるように，臨床心理士の業務として，他職種（精神科医や看護師など）との連携という仕事が加わる。イギリスの臨床心理士は，チーム医療の中で，他職種とうまくコミュニケーションをとり，さらには医療スタッフの中でリーダーシップをとることが期待されている。そのような連携の仕事ができるように，徹底した訓練を受けるのである。この点で，外来型の個人臨床の訓練を中心とする日本とは異なっている。

　この章では，まず，イギリスの医療制度と精神科医療について述べる。イギリスには，国民健康サービスや一般開業医といった日本にない制度がある。イギリスの臨床心理学を理解するためには，こうした医療制度を知っておく必要がある。その後，こうした制度の中における臨床心理士の役割について述べる。

## 8-1. イギリスの医療制度と臨床心理士

### 1）福祉国家イギリスの国営医療

　イギリスは福祉国家であり，誰でも無料の医療が受けられる。「揺りかごから墓場まで」というイギリスの社会保障政策は有名である。歴史的にみると，第二次世界大戦中に，イギリスのチャーチル首相は，国民に窮乏生活を強いるかわりに，戦争が終わったら，医療を無料化するなどのバラ色の福祉国家を作ることを約束した。これがビバリッジ報告書である。戦後，労働党のアトリー内閣が，この約束を実行に移した。社会保障を基本に掲げ，重要産業を国営化し，福祉政策を実行したのである。1948 年には国民健康サービス（National Health Service : NHS）を作り，国営医療を始め，病院のほとんどは国営化された。

　無料の国営医療という制度は，世界で最初の画期的なものであった。それまでは，お金のない人は，医療が受けられなかった。国民健康サービスが活動しはじめると，国民の健康状態は大いに改善された。例えば，乳児や妊産婦の死亡率や，結核による死亡者数などは，劇的に低下し，平均寿命は延びた。これらの点から，国民健康サービスの制度は，現在でもイギリス国民から強く支持されている。

　しかし，この制度にも，いろいろな欠点が出てきた。まず，すぐに予算を大きく上回ることがわかった。その後も医療費は増大し，国の予算を圧迫している。また，日本の医療に比べると，官僚主義や公務員体質が強く，無駄や非能率が多いようである。例えば，「待機リスト問題」がある。本格的な治療を受けられるまでに何日

■表8-1　イギリスの医療制度

|  | 場所 | 担当医師 |
|---|---|---|
| ①一次医療<br>（初期医療） | 地域 | 一般開業医師<br>（GP） |
| ②二次医療<br>（専門医療） | 病院 | 病院の専門医師 |
| ③地域医療 | 地域 | コミュニティ医師 |

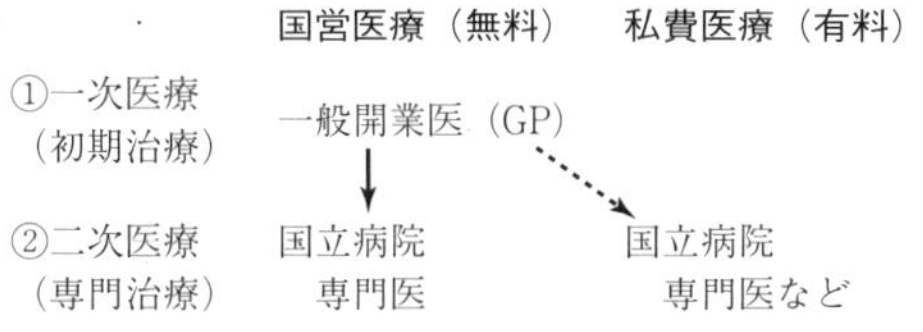

|  | 国営医療（無料） | 私費医療（有料） |
|---|---|---|
| ①一次医療<br>（初期治療） | 一般開業医（GP） | |
| ②二次医療<br>（専門治療） | 国立病院<br>専門医 | 国立病院<br>専門医など |

■図8-1　イギリスの一次医療と二次医療

も待たされることである。時には，治療を受ける前に死んでしまったというケースも報道される。また，医療関係者は公務員なので，いくら熱心に働いても給与は変わらない。このため，医療関係者の仕事へのモチベーションが下がってしまう。有能な医師や看護師は，高給のアメリカに行ってしまうので，医師が不足してしまう。こうした非効率なシステムによる社会の活力低下は，一般に「イギリス病」と呼ばれるようになった。これに対して，競争原理を導入することにより，イギリス病を改革しようとしたのがサッチャー内閣（1979-1990）である。サッチャー首相は，国民健康サービスの予算を削減したために，医療関係者の間では評判が悪い。

### 2）国民健康サービスが主体

イギリスの医療は，ほとんどが国民健康サービスによって実施されている。国民健康サービスは，イギリスの医療を実施している巨大な組織であり，100万人の職員がいる。これはイギリスの勤労者の4％に相当し，軍隊を除けば，世界最大の組織のひとつである。イギリスの病院は約2,000あるが，そのほとんどは国民健康サービスの所有である。

国民健康サービスを管轄しているのは政府の保健省（Department of Health）である。医療費の大部分は国民の税金から支払われる。このように，イギリスの医療は，人的にも資金的にも中央政府のコントロールが強い。

### 3）一次医療と二次医療

イギリスの医療は，表8-1に示すように，①一次医療（初期医療），②二次医療（専門医療），③地域医療に分かれる。③については後述することにして，ここでは①と②について説明する。

図8-1に示すように，一次医療は一般開業医（General Practitioner：GP）によって行われる。一方，二次医療は国立病院を中心に行われる。

イギリスの国民は，自分の住む地域の一般開業医（GP）を選んで登録する。国民は，病気になると，その登録した一般開業医のクリニックに行って診療を受ける。一般開業医が「この患者は専門的な医療が必要である」と判断すると，国立病院などの二次医療に紹介する。患者は国立病院に行って，専門医療を受ける。一般開業

医は入院施設をもつことができない。統計によると，ほぼ90％の人は一般開業医の治療で良くなり，二次医療に進むのは10％の患者という。治療費は，国が払ってくれるので，無料である。

### 4）一次医療と一般開業医

　一般開業医（GP）という制度は，「シャーロック・ホームズ」に出てくるワトソン医師のように，イギリス社会に根を下ろしており，地域住民からの信頼も厚い。家族ぐるみの「かかりつけ医」であり，一般開業医は，家族全員の面倒を子どもの頃からみるので，家族全員の健康状態をよくわかっている。したがって，「一般家庭医」と訳されることもある。

　一般開業医という制度は，日本にはないものであり，日本の開業医と比べるといろいろな違いがある。

　第1に，日本の開業医は，内科・外科・小児科などと診療科を細かく決めているが，イギリスの一般開業医は専門を決めることができない。つまり，内科から外科や精神科まで，あらゆる病気を扱わなければならず，オールラウンドな能力を要求される。

　第2に，一般開業医になるためには，病院の医師とは別の専門的訓練を受ける必要がある。日本ではこのような訓練制度はない。イギリスの一般開業医の社会的な地位は高い。王立一般開業医学会（Royal College of General Practitioner）は大きな力を持っている。イギリスの医師数は，一般開業医と病院勤務医がほぼ同数であり，約5万人ずつである。

　第3に，一般開業医への登録制度があり，これも日本の開業医とは大きく異なる。イギリスの国民は，自分の住む地域の一般開業医を選んで登録する。登録した一般開業医以外には診てもらえない。登録できるのは1カ所だけであり，1人で複数の一般開業医に登録することはできない。

　第4に，一般開業医が受ける報酬のシステムも異なる。1人の一般開業医は，平均して約2,000名の地域住民の登録を受けている。以前は，登録者1人につき何ポンドという報酬を国からもらっていた。これを「人頭式報酬」という。これだと，一般開業医は，何もしなくても，国から金がもらえるし，逆に，いくらたくさん仕事をしても，収入が増えるわけではない。俗に「カゼにかかったら3週間後に来いと言われる」というように，一般開業医のサービスが低下した。そこで，現在では，こうした「人頭式報酬」だけでなく，「出来高式の報酬」も取り入れられるようになった。

　一般開業医という制度は，古くからの地域社会に適した制度であるが，一般的にいうと，都市化が進むにつれて，病院の医療へと移行する傾向にある。アメリカや日本では，大きく見ると，開業医はしだいに衰退している。これに対して，イギリ

スでは、一般開業医という古い制度が法律によって温存されている。イギリス国民は、高度に機械化された医療よりも、平等主義的で団結を重視する医療を支持するという（Raffel, 1984）。また、精神科においては、コミュニティ・ケアが普及するにつれて、在宅医療が重視され、一般開業医は再評価されるようになった。

### 5）二次医療と国立病院

イギリスでは、病院を直接訪れても、診てもらうことはできない。病院に行くためには、一般開業医からの紹介が必要である。

このため、簡単な病気は一般開業医が処置をして、病院は真に専門的な医療に専念することができる。日本では、カゼをひいただけの人が大病院を訪れるので、大病院が混雑し、重病の人の診察時間がなくなったりする。イギリスではこうしたことはおこらず、前述のように、患者の90％は一般開業医の診察で良くなり、残りの10％が病院で専門的な治療を受ける。こうした点ではたしかに合理的である。

しかし、弊害もある。イギリスでは、例えば、心臓病になっても、すぐに循環器科の専門医に直接診てもらうことができない。まず一般開業医を訪れて、そこで病院への紹介状をもらう必要がある。手続きが煩雑であり、病院に行けるまでに何日もかかる。

また、入院が必要な場合でも、長く待たされてしまう。これが「待機リスト問題」である。重病なのに病院に入院するまでに長期間かかったといった話が多い。治療を受ける前に死んでしまったというケースも報道される。2002年の統計では、国民健康サービスの入院待ち時間の平均は4.3カ月ということである。あまり急を要しない場合、例えばヘルニアの手術で12〜20週間、静脈瘤の手術で20〜25週間待たされるのは普通という。

こうした不合理な点もあるため、イギリスでは私費で医療費を払う制度も取り入れられるようになった。自分でお金を払えば、待たされることはなく、すぐに医師に診てもらえる。つまり、無料の国営医療と併行して、有料の私費医療も行われている。これが図8-1に示す「私費医療」である。国立病院の専門医が有料の私費医療を行うことも、法律で認められている。

### 6）国営医療と臨床心理士

臨床心理士の仕事にも、こうした医療制度は大きな影響を与えている。

心理学の職種には、医療制度にもとづく住み分けがある。図8-2に示すように、精神分析家は、フロイトがそうだったように、多くの場合、個人で開業している。患者から直接診療費を受けとり、これを収入としている。つまり、「私費医療」で仕事をしていることが多い。また、心理療法家は、国営医療の国立病院で働く人が多いが、私費医療で仕事する人も多い。筆者が知り合ったある大学の専任講師は、正式の臨床心理士の資格は持っておらず、自宅で開業していた。彼は、週に5名く

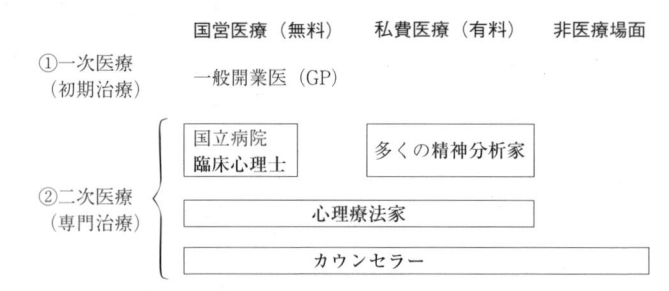

|  | 国営医療（無料） | 私費医療（有料） | 非医療場面 |
|---|---|---|---|
| ①一次医療<br>（初期治療） | 一般開業医（GP） | | |
| ②二次医療<br>（専門治療） | 国立病院<br>臨床心理士 | 多くの精神分析家 | |
| | 心理療法家 | | |
| | カウンセラー | | |

■図8-2　イギリスの医療制度と心理学の職種

らいを担当し，自宅をオフィスとして，認知行動療法を行っており，それなりの収入になるということであった。

　また，カウンセラーは，国立病院で働く人もいるが，後述のように，多くは非医療場面で働いている（16-3 参照）。

　これに対して，臨床心理士のほとんどは，図8-2に示すように，国営医療の中で働いている。臨床心理士は，ほぼ全員が国民健康サービス（NHS）の職員であり，国から給与を受ける。患者は，無料で臨床心理士のサービスを受ける。第9章で述べるように，臨床心理士は，国営医療の中に根を張って発展したのである。こうした特徴は，アメリカや日本とはやや異なるものである。

## 8-2. 地域医療（コミュニティ・ケア）への歴史的転換

　イギリスの医療は，①一次医療と②二次医療に分かれているが，もうひとつ，表8-1に示すように，③地域医療（コミュニティ・ケア）がある。

　コミュニティ・ケアとは，地方自治体の責任で行われる医療であり，妊娠分娩や小児保健，学校保健，老人や障害者への福祉サービス，予防接種などの予防サービス，救急サービス，環境衛生サービスなどをさす。精神科医療では，コミュニティ・ケアが特に重視されている。日本にもこうした制度はあるが，イギリスほどには定着していない。

### 1）コミュニティ・ケアの発祥と定着

　精神科におけるコミュニティ・ケアの始まりは，ジョーンズやメイン，デイビッド・H・クラークといった精神科医によるところが大きい（17-6 参照）。

　1960年代から，コミュニティ・ケアはイギリスに定着しはじめた。1971年には，当時の社会保障大臣のジョセフが，「すべての精神病院を今後15年以内に閉鎖して，新しい医療サービスに取ってかわる」という政策を発表した。これによって，脱病院化とコミュニティ・ケア化の動きは加速した。1970年代からイギリスのコミュニティ・ケアを主導したのは，ウィングやシェパードといったロンドン大学精神医学研究所の社会精神医学者たちであった（17-13-7 参照）。1990年には，コミュニ

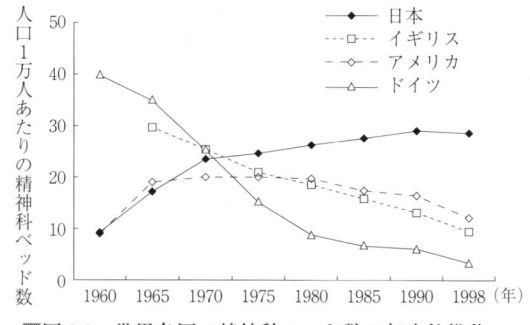

■図 8-3　世界各国の精神科ベッド数の年次的推移
（Oshima, Mino & Inomata［2003］より引用）

ティ・ケア法が成立し，1996年には，コミュニティにおける精神衛生法が成立し，コミュニティ・ケアは制度化された。

コミュニティ・ケアの実施にあたっては，コミュニティ医師，訪問保健師，地区看護師といった特別の職種が作られている。「コミュニティ医師」は，表8-1に示すように，一般開業医（GP）や病院専門医とは別の資格であり，養成課程も異なる。1974年に作られたものであり，個人の健康を診るのではなくて，コミュニティ全体の健康をみるのが仕事である。

「訪問保健師」や「地区看護師」は，コミュニティ・ケアを専門に行う看護師である。この資格を得るには，正看護師の免許を取得してから，一定の養成課程を経て，試験に合格しなければならない（17-12-3参照）。

イギリスのコミュニティ・ケアの普及には著しいものがある。その理由はいろいろある。第1は，病院医療は予算がかかりすぎることである。それに比べて，コミュニティ・ケアは予算が少なくてすむ。第2に，入院生活によるホスピタリズム（施設病）や，入院することに対するスティグマ（偏見）が大きな問題となったことである。第3に，コミュニティ・ケアは入院治療と同等の効果があるという実証研究の結果があること（Thornicroft & Goldberg, 1998），などである。

2）コミュニティ・ケアと脱病院化

コミュニティ・ケアの重視にともなって，病院医療は大きく削減された。図8-3は，1960年以降の各国の精神科ベッド数を示す（Oshima, Mino & Inomata, 2003）。この図からわかるように，イギリスでは，1960年代から90年代にかけて，病院のベッド数が半減しており，今でも減り続けている。イギリスだけでなく，アメリカやドイツでもベッド数は減っている。病院のベッド数が増えているのは日本だけである。日本の精神病院のビルは巨大であり，日本にいると，脱病院化とかコミュニティ・ケアといってもピンとこない。

これに対し，イギリスでは，脱病院化やコミュニティ・ケアを目で見て実感することができる。イギリスの精神病院はかなり小さな建物であり，町の至るところにコミュニティ・ケアの施設がある。筆者が認知行動療法を見せてもらったのはコミュニティ・メンタルヘルス・センターであるし（2-3-4参照），LEOサービスも町中のふつうのマンションに事務所があった（5-16参照）。バーミンガム大学のバー

■表 8-2　病院医療に替わる新しい医療体制

|  | 場所 | 担当医 | 新しい精神科医療 |
|---|---|---|---|
| ①一次医療<br>（初期医療） | 地域 | 一般開業医<br>（GP） | 在宅医療の強化と GP への情報提供（1） |
| ②二次医療<br>（専門医療） | 病院 | 病院の専門医 | 入院期間の短縮 |
| ③地域医療 | 地域 | コミュニティ医 | コミュニティ・メンタルヘルス・チーム（2）<br>早期介入（3）<br>主張的訪問医療（4） |

チウッドを訪ねたときは，こぢんまりとした「早期介入センター」の中で仕事をしていた（10-8-2 参照）。いずれも大病院とはほど遠く，町中の小さな建物やマンションの一室である。

## 8-3. コミュニティ・ケアと臨床心理士

　精神科において，病院医療に替わるケアとしては，表 8-2 に示すように，いろいろなものが試みられているが，とくに次の 4 つがクローズアップされている。1）在宅医療の強化，2）コミュニティ・メンタルヘルス・チーム，3）早期介入，4）主張的訪問医療である。これらの新しい活動には，臨床心理士が大きくかかわっている。

### 1）在宅医療の強化

　病院を減らすには，一般開業医の治療（一次医療）を強化すればよい。これが在宅医療の強化である。

　イギリスでは，精神科的な症状を持つ人が最初に相談するのは，精神科医ではなく，一般開業医（GP）である。日本では，市民は直接，精神科に行くことができるが，イギリスでは，精神科の病院に直接行くことはできない。いったん一般開業医にかかり，そこで「精神科医療が必要である」と認められて初めて，精神科の国立病院を紹介してもらうことができる。したがって，精神科医療において，一般開業医の果たす役割は大きい。うつ病や不安障害は，最初は内科的な疾患と区別がつかないことも多いので，なおさらである。

　そこで，一般開業医の精神科的なケア能力を高める試みがなされている。そのパイオニアは，タビストック・クリニックの精神分析医マイケル・バリントであった。バリントらは，1950 年代，一般開業医に対して，精神分析のセミナーを行い，一般開業医の心理的ケアの能力を高めようとした（15-4-4 参照）。

　また，イギリスのように，専門的な病院治療をうけるまでに何週間もかかる状況においては，とりわけ初期の「診断」が大切になってくる。そこで，一次医療にお

いて精神科的診断をしやすくするツールも作られている。例えば，一般開業医が診断基準 ICD-10 を使いやすいように作られた ICD-10-PHC（プライマリ・ヘルスケアのための ICD-10）がある。これは，24 枚のカードからなり，初心者でもわかりやすいように，カードの表に診断名が書かれ，その裏には対処方法が書かれている。また，一般開業医が精神科診断基準 DSM-Ⅳ を使いやすいように，DSM-Ⅳ-PC（プライマリ・ケアのための DSM-Ⅳ）が作られた。さらに，PRIME-MD システムは，1 ページの質問紙に患者が答え，それにもとづいて，一般開業医が 12 ページの構造化面接を行って精神科診断を行うものである（Spitzer et al., 1994）。SDDS-PC は，16 項目の質問紙に患者が答え，それにもとづいて一般開業医が 5 分間の面接モジュールを用いて診断するシステムである（Olfson et al., 1995）。

二次医療にくらべて，一次医療にはいろいろな利点がある。外来中心なので費用が安くすむこと，一次医療の方が患者の家族とのコミュニケーションがとりやすいこと，入院治療へのスティグマ（偏見）が軽減できることなどである。後述のように，国民健康サービス（NHS）は，それまで病院で働いていたスタッフを，一次医療に移動させようとして，多くのドラマを生んだ（8-4 参照）。

### 2）コミュニティ・メンタルヘルス・チーム

コミュニティ・メンタルヘルス・チーム（CMHT）は，精神科のコミュニティ・ケアをになう集団である。ひとつのチームは，地域のメンタルヘルス・センターに常駐し，一般開業医から紹介された患者を援助する。

ひとつのチームは，①コミュニティ精神科看護師（Community Psychiatric Nurse：CPN），②作業療法士，③ソーシャルワーカー，④臨床心理士，⑤精神科医からなっている。こうした多職種（マルチ・ディシプリナリー）の集団であることを生かして，多面的な援助を行う。

この中で，中心になるのは，コミュニティ精神科看護師である。コミュニティ・ケアにともなって作られた職種であり（現在約 1 万人），チームの中で最もアクティブに働いている。コミュニティ精神科看護師は，行動療法的な介入も行うことがある。

また，臨床心理士も，コミュニティ・メンタルヘルス・チームの中では大きな役割を果たしており，チームのリーダー的な役割を期待されることも多い。精神科医は，非常勤の相談役であることが多い。

### 3）早期介入

早期介入とは，精神病を発病したり再発した人に対して，できるだけ早期に医療的介入を行うものである。この試みは比較的新しいものであるが，ここでも臨床心理士は中心的な役割を果たしている。前述のように，バーミンガムの早期介入センター（IRIS）の心理学者バーチウッドがパイオニアのひとりである（5-15 参照）。

このような試みはイギリス各地で行われるようになり，例えば，ロンドン地区においては，ランベス地区のLEOサービス，サザーク地区のFIRSTチーム，クロイドン地区のCOASTチーム，セントジョージ病院の早期介入チームなどが競って新しい方法を開発している。これらのチームにおいても，心理学者は中心的な役割を果たしている。LEOサービスについては，すでに何回か触れた（5-16および6-9参照）。こうした試みが成功したために，イギリス政府は，これをモデルとした早期介入センターを全国に50カ所作ることを決定した。

### 4）主張的訪問医療

主張的訪問医療（アサーティブ・アウトリーチ）は，ユーザーが医療サービスを受診するのを待つのではなく，積極的に家庭訪問をして，医療サービスを届けることである。主張的コミュニティ治療（ACT）とかインテンシブ・ケース・マネジメントなどとも呼ばれる（Thornicroft & Szmukler, 2001）。ACTについては，東京大学の大島氏の精力的な紹介により，最近注目を浴びるようになった（大島，2004）。

### 5）コミュニティ・ケアが臨床心理士に及ぼした影響

このように，コミュニティ・ケアの中では，臨床心理士は中心的な役割を果たしている。これにともなって，臨床心理士に求められる役割は大きく変化した。

病院医療の時は，精神科医の占める位置が強かったのに対し，コミュニティ・ケアへと転換するにつれて，臨床心理士や看護師などの比重が相対的に上がった。また，多職種（マルチ・ディシプリナリー）の集団の中でのチームワークが強調されるようになった。

臨床心理士に求められる資質も大きく変化した。①病院における個人療法といったこれまでの仕事だけでなく，②地域におけるコミュニティ・ケアの仕事や，③多職種との連携が期待されるようになった。さらには，医師にかわって，④コミュニティ・ケアのリーダーとしての責任も，臨床心理士に期待されるようになったのである。

## 8-4. 一次医療をめぐる職種間の競争

イギリスでは，一次医療と，二次医療である精神科医療は，別のシステムなので，これまでは精神科のスタッフが一次医療にかかわることは少なかった。しかし，国民健康サービス（NHS）は脱病院化の政策をとり，1990年代には精神科医療のスタッフを一次医療に移動させようとした。こうして1990年代には，精神科医，コミュニティ精神科看護師，臨床心理士，カウンセラーなどの職種が次々と一次医療に参入した。これを図8-4に示す。一次医療は空白地帯だったのが，二次医療の職種が参入をめぐって競争しているわけである。こうした職種にとって，「一次医療は成長産業である」ともいわれるが，逆にいうと，一次医療での仕事の獲得は，精

① 一次医療
（初期治療）

② 二次医療
（専門治療）

一般開業医（GP）

1 精神科医
2 CPN
3 臨床心理士
4 カウンセラー

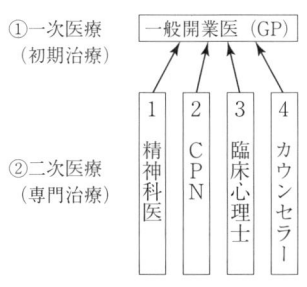

■図 8-4　一次医療をめぐる職種間の競争

神病院が閉鎖される現状において職種の生き残りをかけた戦いである。こうした動きは，イギリスの臨床心理士の置かれた立場を浮き彫りにしてくれる。そこで，ここではこうしたドラマについていくつかの文献をもとにして（Burton, 1998；Thornicroft & Szmukler, 2001；Gournay & Brooking, 1994）紹介したい。

### 1）精神科医の参入

これまで，精神科の専門医は，病院にいて，一般開業医からの紹介があってはじめて動いていたが，最近では，精神科医が一般開業医にかかわることも多くなった。その形態は，一般開業医の私的・公的なコンサルタントになったり，一般開業医と陪席でアセスメントをしたり，一般開業医のクリニックで治療したり，さまざまである。1984年の調査によると，精神科医の20％は，週1回以上，一般開業医のもとで仕事をしている。この比率は年々高まっている。

### 2）コミュニティ精神科看護師の参入

コミュニティ精神科看護師（CPN）は，前述のように，コミュニティ・ケアにともなって作られた職種であり，コミュニティ・メンタルヘルス・チーム（CMHT）の中心的な役割を果たしている。はじめは，精神科医からの紹介を受けて，精神病の患者を援助していたが，しだいに，一般開業医からの紹介が増えるようになった。この時に，コミュニティ精神科看護師を強力に指導したのは，マークス（ロンドン大学の精神医学研究所教授）である。1970年代はじめから，マークスは，看護師への行動療法の指導をはじめた。3年間の行動療法の訓練を受けた看護師が，不安障害の患者の行動療法を行ったところ，大きな効果をあげた（Marks, 1985a）。こうした成功によって，モーズレイ病院では，看護師を対象として行動療法の訓練コースが作られた。マークスは，『一次医療におけるナースセラピスト』という本を書いた（Marks, 1985b）。これによって，行動療法は，広く看護師の間に普及し，コミュニティ精神科看護師にも受け継がれた。コミュニティ精神科看護師が扱う対象は，精神病から神経症圏内の患者へと拡大した。

しかし，1994年に，グールネイらが行った効果研究の結果が発表された（Gournay & Brooking, 1994）。彼らは，無作為割付対照試験（RCT）を用いて，一般開業医から紹介されてきた患者（精神病でない心理的問題を持つ）を2群に分けた。一方は，そのまま一般開業医による治療を続け，他方は，コミュニティ精神科看護師による心理的介入を行った。その結果，両群間の改善効果には有意差が見られなかった。つまり，コミュニティ精神科看護師の介入は，それほど効果がなかった。この

結果を受けて，イギリスの保健省は，コミュニティ精神科看護師の心理的介入は，もともとの精神病に限定するように方向転換した。これによって，コミュニティ精神科看護師は，一次医療から後退を余儀なくされたという（Burton, 1998）。

このように，治療効果研究の力は強く，その結果は政策に反映される。しかし，それは両刃の刃である。効果を示すことに成功すれば大きく前進するが，逆に，失敗すると，後退を余儀なくされる。効果研究にはこのような厳しい側面がある。

### 3）臨床心理士の参入

コミュニティ精神科看護師の後を埋めるようにして，臨床心理士が，一次医療に雇われるようになった。臨床心理士は，もともと国民健康サービスの職員として，国営医療の中で働いてきたし，また，前述のように，コミュニティ・メンタルヘルス・チームの一員としてもコミュニティ・ケアの経験もあったので，一次医療にも参入しやすかった。

一次医療での臨床心理士に期待される役割は，患者への心理的治療だけでなく，一般開業医のコンサルタント，一般開業医グループへの教育，地域教育のイベント，一次医療の効果研究とそれへの助言など，きわめて多い。臨床心理士に対する期待は大きいものがある。

臨床心理士の側も一次医療に対する関心が強まり，英国心理学会の臨床心理学部会の中に，一次医療についての特別関心グループが作られたり，1994年には，臨床心理学部会のニューズレターである「臨床心理学フォーラム」において，一次医療心理学（プライマリ・ケア心理学）についての特集が組まれたりした。

### 4）カウンセラーの参入

臨床心理士とともに，カウンセラーが一次医療に雇われつつある。1998年の統計では，一次医療（一般開業医のクリニック）の半数以上が，臨床心理士やカウンセラーを雇っている。日本でいうと，ふつうの内科の医院がカウンセラーを雇うようなものである。英国カウンセリング協会（BAC）は，1993年に，一次医療でカウンセラーを雇うためのガイドラインを出した。この協会の医療領域カウンセリング部会（CMS）は，一次医療におけるカウンセラーの仕事獲得に熱心である。なお，後述のように，CMSは，2000年から健康領域カウンセラー心理療法家部会（FHCP）と改称された（16-6-1参照）。大学院の中には，一次医療カウンセリングの履修コースも設けられるようになった。

この領域に対するカウンセラーの関心も高く，筆者が留学していた2002年には，書店のカウンセリングのコーナーには，『一次医療におけるカウンセリング』とか『一次医療と心理療法』といった新刊本がたくさん出ていた。

また，カウンセラーの間では，治療効果研究への関心が高くなっている。いくつか治療効果研究も見られるようになった（Burton, 1998）。1996年には，国民健康

サービス (NHS) が「イギリスにおける NHS の心理療法サービス：政策のための戦略的レビュー」という文書 (Parry & Richardson, 1996) を発表し，これからの医療カウンセリングや心理療法には，実証にもとづく（エビデンス・ベースの）アプローチが必要であることを強調している (15-11 および 16-9 参照)。

### 5) 異職種間の競争と共同

1994 年のデータによると，イギリスの一次医療に働く精神科の職種の割合は，精神科医 9 %，コミュニティ精神科看護師 34 %，臨床心理士 12 %，カウンセラー 17 % であった。このように，多くの職種が一次医療に参入し，職種間の競争が激しい。

とくに，最近では，臨床心理士とカウンセラーの競争が激しくなっている。そうした状況を反映して，1997 年には，臨床心理学部会のニューズレター「臨床心理学フォーラム」において，臨床心理士とカウンセラーの協働についての特集が組まれた。

## 8-5. 医療スタッフのリーダーシップをとる臨床心理士

第 2 章に登場した臨床心理士のピーターズは，臨床心理士室に閉じこもることなく，病棟をとびまわって仕事をしていた。看護師やソーシャルワーカーからひっきりなしに相談を受けていたし，定期的に看護師とのケース検討会（ロング・ハンド・オーバー）を開いたりしていた。ロング・ハンド・オーバーでは，臨床心理士によって看護スタッフへの教育が行われていた (2-3-7 参照)。ピーターズは，ケース・マネジメントの中心にいて，かなり指導的な立場から仕事をしていた。他職種とうまく連携を保つだけでなく，医療スタッフのリーダーシップをとりながら仕事をしていた。これは，ピーターズが活発な性格だからといった個人の資質の問題ではなく，臨床心理士の存立基盤にかかわることなのである。そもそも臨床心理士は，英国政府により，医療現場における異職種集団の中でリーダーシップをとれる人材となることが期待されているからである。

1970 年代の病院医療からコミュニティ・ケアへの方向転換にともなって，それまで病院内でリーダーシップをとってきた精神科医に代わって，あらたにリーダーシップをとれる人材が必要になった。英国政府は，臨床心理士に目を向け，臨床心理士にリーダーシップをとることを期待するようになった。こうした歴史的経緯から，臨床心理士は英国政府から優遇され，高い社会的ステータスを持つようになったのである。

臨床心理士が医療スタッフの中でリーダーシップをとって仕事をしている背景には，このような歴史的・社会的背景がある。それだけに臨床心理士の仕事は激務であり，責任も重い。こうした責任に見合った臨床的な実力を持っていなければならない。イギリスの臨床心理士が元気なのは，精神科医と互角に競争できるだけの実

力を持っているからである。こうした実力は，臨床心理学の長い歴史や，永年つちかわれてきた訓練システム，それを支える科学者－実践家モデルといった多くの要因に支えられて育ってきたものである。

　臨床心理士は，大学院での訓練の中で，他職種との連携やリーダーシップのとりかたなどについて徹底した訓練を受ける。第9章で詳しく述べるように，臨床心理士の博士課程の臨床実習は，国民健康サービス（NHS）の臨床施設で行われる。ひとりの学生にひとりのスーパーバイザーがつき，長期間マンツーマンの指導を受ける。こうした実習の中で，他職種との連携やリーダーシップの取り方などについて，学生は観察学習を積むわけである。

## 8-6. スーパーバイザーとしての臨床心理士

　現場の臨床心理士の側からみると，学生のスーパービジョンという面倒な仕事がひとつ増えることになる。第2章で述べたように，ピーターズのそばには，臨床実習中の博士課程の学生がついていた。ピーターズはそうしたスーパービジョンの仕事を苦にするわけでもなく，ごく自然な義務として受け入れているようであった。

　臨床実践において，スーパービジョンは不可欠である（9-11参照）。スーパービジョンをする側の時間と労力は計り知れないが，そのような犠牲を払ってでも臨床心理士を育てるという土壌が臨床心理士の側にあるのかもしれない。臨床心理士が医療チームのなかのリーダーシップをとる役割を期待されている以上，後輩の臨床心理士を育てることも大きな仕事である。スーパーバイズにはそれなりの金銭的報酬もあるのかもしれないが，スーパーバイザーを頼まれるということは，臨床心理士としての実力を認められたという誇りにもなるようである。自分がそのような手厚いスーパービジョンによって育ってきたので，その恩返しをしているという意識もあるかもしれない。

　スーパービジョンをすることは，現場の臨床心理士の実力を高めている。スーパービジョンは，スーパーバイジー（教育を受ける側）だけでなく，スーパーバイザー（教育をする側）の臨床能力をも高めるからである。これはスーパービジョンをしたことのある人なら誰でもうなずけることであろう。また，後輩を指導することは，他の職種のスタッフ（精神科医や看護師）を指導する際にも役立つだろう。

## 8-7. 日本における他職種との連携と競争力を育てるために

### 1）社会性を高める訓練

　イギリスの臨床心理士は，チーム医療の中での臨床活動の訓練を徹底して受ける。これに対して，日本の臨床心理士の養成では，フロイトの精神分析に代表される外来型の個人療法や，ロジャースのクライエント中心療法のような個人カウンセリングが中心であった。チーム医療型の訓練を受けていないために，チーム医療の現場で働くようになると臨床心理士は戸惑ってしまう。ついつい臨床心理士室に閉じこ

もって仕事をしてしまうといった状態になりやすい。また，スクールカウンセリングなどにおいても，個人療法と同時に，学校集団とのかかわりが必要とされるようになる。下山（2000）は，臨床家として最低限必要なものは，コミュニケーション，ケース・マネジメント，システム・マネジメントの3つの能力であるとしている。このうち，システム・マネジメントとは，臨床心理士の社会性を強調したものである。日本の臨床心理士の養成においても，今後は，社会性を重視した実習を取り入れていく必要があるだろう。

### 2）他職種との連携を助けるツールの開発

イギリスの臨床心理士はたくさんのツールを持っているが，それらは，他職種との連携や教育にも役立っている。例えば，第2章で述べたように，看護師が，「患者が希死念慮を持っているがどうしたらよいか」といった相談を臨床心理士にした時，臨床心理士は，「これについては，このパンフレットを患者に読んでもらうと役に立つ」と言って，パンフレットを看護師に渡していた。また，「もっと詳しく知りたいならこの本を読むといい」と言って，希死念慮についての認知行動療法の本のコピーも渡していた。もともとは患者を教育するためのパンフレットや，認知行動療法の治療マニュアルだが，それが連携に役立っている。こうしたツールを日本に紹介していくことは，臨床心理士だけでなく，他の職種のプロフェッショナルにも役立つだろう。

### 3）来るべきコミュニティ・ケアに向けて

図8-3に示すように，精神科のベッド数が増えているのは日本だけである。日本は人口あたりの精神科ベッド数が世界一多い。大島ら（Oshima et al., 2003）は，日本の精神病院に入院している患者について，統合失調症の陰性症状と，社会的環境の悪さの間に有意な相関を見いだしている。ここから，日本もイギリスのようなコミュニティ・ケアが必要であるとしている。

もちろん，病院医療の縮小には，ネガティブな面も多いだろう。ソーニクロフトとゴールドバーグは，病院医療縮小によるネガティブな側面をいろいろと挙げている（Thornicroft & Goldberg, 1998）。しかし，彼らは，そうしたネガティブな面以上にポジティブな面が多いことを，エビデンスを挙げながら述べている。

日本も，医療費を削減せざるを得ない状況にあるので，将来は，精神科病院を縮小し，コミュニティ・ケアを重視せざるを得ないだろう。その場合，イギリスの臨床心理士の活躍はひとつのモデルとなるだろう。

# 第9章　臨床心理士の養成と訓練

　第2章で述べたように，イギリスの臨床心理士の臨床能力は高いが，その秘密は選抜と養成のシステムにある。筆者は，臨床心理士の養成についても詳しく観察することができ，日本との違いに驚いた。本章では，臨床心理士の養成について述べる。

## 9-1. 臨床心理士養成の認定校（博士課程）

　臨床心理士の養成は，図9-1に示すとおりである。
　イギリスの大学には，臨床心理学の大学院博士課程（3年制）が設けられている。ここで臨床心理学博士（Doctorate of Clinical Psychology）の学位を取ると，公認臨床心理士（Chartered Clinical Psychologist）となることができる。この課程以外に臨床心理士になることはできない。
　このような臨床心理士の博士課程ができたのは1995年のことである。臨床心理学博士の第1期生は1995年に入学し，1997年に卒業した。ここに至るまでには長い歴史がある。これについては，第1章で述べたとおりである（1-3参照）。
　イギリスの臨床心理学の博士課程として認定されているのは，2002年現在で，26校である。これを表9-1に示す。
　この表に示すように，2002年には，1,670名が出願し，入学できたのは481名である。競争率は3.5倍である。認定校に入学できるのは，イギリス全国でも毎年500名弱にしかすぎず，競争は激しい。
　臨床心理士の人気が高いのは，在学中から給料が出て，就職がほぼ確実なことや，科学者－実践家モデルによる育成システムが効果を上げて，社会的なステータスが高くなっていることなどによる。人気が高く定員が少ないので競争率が高くなり，優秀な人材が集まるのである。日本でいえば医学部の選抜のようなものといってよいだろう。
　表9-1からわかるとおり，ロンドン大学には認定校が3つある。9）精神医学研究所，16）ユニバーシティ・カレッジ，20）ロイヤル・ホロウェイである。これらの認定校はいずれも競争率が高い。とくに，ロンドン大学精神医学研究所は，すべての認定校の中で最も高く，20倍に達している。精神医学研究所は，臨床心理学の養成コースの発祥の地であり，伝統がある。また，ユニバーシティ・カレッジは，32名を受け入れており，最も多い。
　博士課程の学生の受け入れ数の推移を図9-2に示す。この図に示されるように，受け入れ人数はしだいに増えている。これはイギリス政府が，臨床心理士の実力と

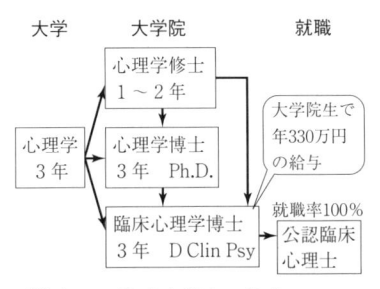

```
大学          大学院          就職

              ┌─心理学修士─┐
              │ 1～2年      │
              │             ├──大学院生で
心理学─┤                    │  年330万円
3年    │  心理学博士        │  の給与
       │  3年  Ph.D.        │
       │                    │
       └─臨床心理学博士─────┘  就職率100%
          3年  D Clin Psy      公認臨床
                               心理士
```

■図 9-1　臨床心理士の養成

■表 9-1　イギリスの臨床心理学の博士課程の認定校

|  | 出願数 | 受入者数 | 倍率 |
|---|---|---|---|
| 1. バーミンガム大学 | 341 | 25 | 13.6 |
| 3. コベントリ大学・ワーリック大学 | 187 | 15 | 12.5 |
| 4. 東アングリア大学 | 158 | 24 | 6.6 |
| 5. 東ロンドン大学 | 355 | 21 | 16.9 |
| 6. エディンバラ大学 | 210 | 20 | 10.5 |
| 7. エクセター大学 | - | - | - |
| 8. グラスゴウ大学 | 174 | 16 | 10.9 |
| 9. ロンドン大学精神医学研究所 | 319 | 16 | 20 |
| 10. ランカスター大学 | 204 | 21 | 9.7 |
| 11. リーズ大学 | 316 | 16 | 19.7 |
| 12. レスター大学 | 205 | 14 | 14.6 |
| 13. リバプール大学 | 267 | 22 | 12.1 |
| 14. マンチェスター大学 | 308 | 20 | 15.4 |
| 15. ニューカースル大学 | 227 | 20 | 11.4 |
| 16. ロンドン大学　ユニバーシティ・カレッジ | 568 | 32 | 17.8 |
| 17. ウェールズ大学バンガー校 | 90 | 9 | 10 |
| 18. オクスフォード大学 | 286 | 20 | 14.3 |
| 19. プリマス大学<br>2. 西イングランド大学ブリストル校 | 279 | 36 | 7.8 |
| 20. ロンドン大学　ロイヤル・ホロウェイ | 311 | 24 | 13 |
| 21. サロモンズ | 301 | 24 | 12.5 |
| 22. シェフィールド大学 | 296 | 20 | 14.8 |
| 23. サウザンプトン大学 | 220 | 19 | 11.5 |
| 24. サリー大学 | 306 | 24 | 12.8 |
| 25. ウェールズ大学カーディフ校 | 120 | 10 | 12 |
| 26. ティースサイド大学 | 143 | 13 | 11 |
| 合　　計 | 6,191<br>(1,670人) | 481 | 12.8<br>3.5 |

番号はコード番号。コード番号はコース名のアルファベット順になっている。

ひとりの出願者は 4 つの大学に出願できるので，出願数は受け入れ者数の約 4 倍になっている。

出願者数と受け入れ者数は 2002 年現在。

出典　Clearing House for Postgraduate Course in Clinical Psychology（2002）

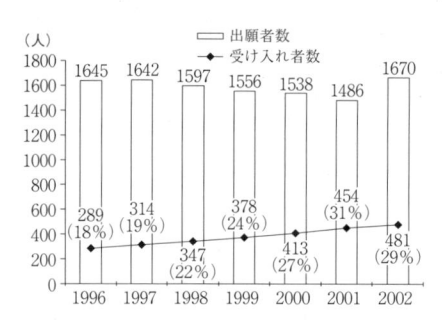

■図9-2 イギリスの臨床心理学認定校の出願者数と受け入れ者数の推移

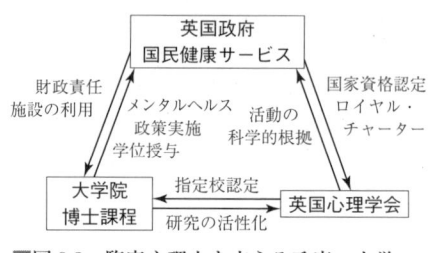

■図9-3 臨床心理士を支える政府・大学・心理学会

人気を認めて，認定校数や定員を増やしているからである。認定校の数は，1994年に比べて2倍になっているとのことである。このため，志願者数は毎年一定であるが，競争率はしだいに緩和されている。1996年には受け入れ者は志願者の18％であり，かなりの狭き門（倍率は5.5倍）であったが，次第に受け入れ人数が増えたために，2002年には29％となっている。とはいうものの倍率は3.5倍であり，狭き門であることにはかわりがない。

## 9-2. 政府と大学と心理学会に支えられる臨床心理士

　イギリスの臨床心理士の養成は，国民健康サービスと大学院と英国心理学会の三者の密接な連携のもとに行われている。これを図9-3に示す。

　イギリスの臨床心理学は，政府から全面的なバックアップを受けている。イギリスの健康政策を管轄する国民健康サービス（NHS）が，臨床心理学を全面的に支援しているのである。国民健康サービスは，日本でいえば，厚生労働省と国民健康保険を合わせたような巨大組織である。臨床心理士の養成は，イギリスのメンタルヘルス政策の一環である。臨床心理士は，まず何よりも国立の病院や臨床施設で働くプロフェッショナルとして養成される。イギリスの臨床心理学は，ほぼ医療領域に特化しているということができる。

　臨床心理士の養成にあたって，国民健康サービスが，施設と人材と資金を全面的に提供する。臨床実習の場所やスーパーバイザーを用意したり，養成の費用を出すのは，国民健康サービスである。学生は学費を払う必要がないうえに，給料までもらう。学生時代から半ば公務員扱いとなるわけである。博士課程を出ると，国民健康サービスの国立医療機関に確実に就職できる。臨床心理士は公務員としての身分が保障される。

　大学は，博士課程の学生を教育し，臨床心理学博士の学位を与える。臨床心理士は，政府のメンタルヘルス政策の実施という形で，政府に貢献するわけである。

　英国心理学会は，大学院の認定校のカリキュラムについて，厳しく審査している。その審査に合格した者だけが，学会から認定を受けるのである。臨床心理士の質を

維持するために，認定は厳しく行われる。臨床心理士はイギリスの医療政策を支える人材であり，学生の質は高い水準に維持しなくてはならないからである。

これに対して，大学は，心理学の研究の活性化という形で，英国心理学会に貢献している。大学院の臨床指導者のほとんどは，英国心理学会の臨床心理学部会に所属している。

英国心理学会は，政府に対して，臨床心理士の活動の科学的根拠を提供している。つまり，臨床心理士の活動が科学的にみて妥当であるという保証をしているのである。

■ジョンズ講師
（ロンドン大学精神医学研究所）

政府は，英国心理学会が，公認心理士の資格を管理することを許可している。英国心理学会は，資格者の名簿を作り，資格を管理している。これはロイヤル・チャーター制度と呼ばれる。ロイヤル・チャーターとは，公認の職能者団体であることをイギリス政府から正式に認められていることを示している。心理学の資格制度については，第12章で詳しく述べる。

このように，国民健康サービスと大学院と英国心理学会の三者の連携は，がっちりとした鉄の三角形という印象を受ける。臨床心理士がこれほどの信頼を政府や大学から受けているということは，驚くべきことである。政府が大学院生に給料を払ってまで臨床心理士を養成するといった制度は，世界的にみても珍しいと思われる。

## 9-3. 博士課程での教育の実際——出願の条件

臨床心理士はどのように養成されるのだろうか。博士課程での教育について，臨床心理士のジョンズ（写真）に聞いてみた。ルイーズ・ジョンズは統合失調症や幻覚の研究者であり，筆者の研究テーマに近いため，いろいろな研究会でいっしょになり，研究についての話を聞くことも多かった。そこで，ジョンズに臨床心理士の養成について聞き取り調査を行った。ジョンズは，ロンドン大学精神医学研究所の臨床心理学博士課程に1996年に入学し，1998年に卒業し，臨床心理学博士をとった。新しい博士制度の第2期生である。現在，ロンドン大学精神医学研究所の講師をしている。

まず，博士課程への出願についてであるが，ひとりの出願者は4つの認定校に出願できる。出願には，いくつかの要件がある。1）心理学の大学を出ていること，2）臨床経験があること，3）研究経験があることである。

### 1）心理学の大学を出ていること（多くはすでに大学院を出ている）

英国心理学会（BPS）では，大学の心理学科についての認定を行っており，学部ごとにランクをつけている。各認定校は，一定以上のランクの学部を出た学生に限

るという要件を設けている。

イギリスの大学院の博士課程は，必ずしも修士課程を出てから進むわけではない。図9-1に示すように，臨床心理学博士へは，修士課程を経ずに，大学の心理学科を卒業してすぐに進学することができる。しかし，臨床心理学の博士課程は，競争率が高いために，大学を卒業した人より，博士や修士を取っている人のほうが有利になる。そこで，合格者の一部は，心理学の博士（Ph.D.）か修士（M.A.またはM.Sc.）を取っている。

例えば，ジョンズは，ケンブリッジ大学の実験心理学科を出て，オクスフォード大学の実験心理学科の大学院に進み，「前頭前野における損傷の心理学的効果」というテーマで博士号（Ph.D.）を取った後，臨床心理学博士課程に入学した。ロンドン大学精神医学研究所では，合格者の半分は心理学の博士号（Ph.D.）を持っており，残りの半分は修士（M.A.またはM.Sc.）を持っているという。臨床心理学の博士課程は，心理学の博士課程（Ph.D.）と同等かそれより上位になっているのである。日本と比べると驚くべきことである。日本では，心理学の博士号を取ったうえで，臨床心理学の指定校（修士課程）に入り直す学生はどれだけいるだろうか。

イギリスでは，すでに心理学の科学的研究法を身につけた研究者が，臨床心理学の博士課程に入り，臨床実践のトレーニングを受けるのである。つまり，入り口の段階ですでに，科学者－実践家モデルは半ば達成されていることになる。イギリスの場合，科学者－実践家モデルとは，臨床家が科学的研究をするという側面よりも，科学者が臨床実践を行うという側面が強い。臨床心理士にとって，科学的研究は決してお荷物なのではなく，活動の前提として当たり前のことなのである。筆者は，ジョンズの経歴を聞いて，イギリスの臨床心理士が，研究（リサーチ）を基本業務のひとつにしていることの自然さを納得できたのである。これは医学部の教育と似ている。医学部では，はじめに基礎科学を身につけて，その後で臨床実践をトレーニングする。臨床心理士の養成もこれと同じである。

また，逆に，臨床心理学博士を卒業した学生が，心理学の博士号（Ph.D.）のコースに入る人も多いとのことである。こうしたアカデミックなレベルの高さがイギリスの臨床心理士のレベルを維持しているのである。

イギリスの大学と大学院については，日本と違う制度もあるので，囲み記事にまとめておこう。

## イギリスの大学と大学院

### イギリスの大学

大学は3年制であり，18歳で入学し，21歳で卒業する。アメリカや日本よりも

1年短い。イギリスの教育は，中学校の段階から専門化されており，Aレベル試験（大学入学資格試験）の内容はかなり専門的である。したがって，大学には一般教養の課程が設けられていない。学生は入学してすぐに専門教育を受けるので，専門教育のレベルは高い。イギリスには大学が約100校あるが，歴史や成り立ちの点から，いくつかのタイプに分けられる。これについては後述する（10-1の囲み記事参照）。イギリスの大学の学期は，9月に始まり，翌年の7月頃に終わり，その後は長い夏期休業となる。

### イギリスの大学院

大学院は，修士課程（1年制）と博士課程（3年制）からなる。しかし，システムは日本とやや異なる。日本では，修士課程（2年制）を出た後に，博士課程（3年制）に進む。これに対し，イギリスの大学院では，はじめから修士の教育コースを取るのか，博士の研究者コースを取るのかを選択する。修士課程に入らずに，博士課程に進む場合もある。臨床心理学の博士課程もそうである（図9-1参照）。したがって，大学（3年）を卒業してすぐに博士課程に入り順調に進めば24歳で博士号（Ph.D.）を取ることができる。日本では最短でも27歳である。

イギリスの修士課程は，あらかじめ決められたカリキュラムに沿って講義やセミナーに出席し，3カ月ほどで約1万語の修士論文を書けば，修士号（M.A.またはM.Sc.）を取得できる。日本の半分の1年で修士号が取得できるので，狙い目であろう。

これに対して，博士課程は，研究者養成が目的であり，とくにカリキュラムが定められていないこともあり，自分のペースで研究する。博士論文には高いオリジナリティが要求される。博士課程は，すべて自分ひとりの力で考え，計画し，実行していかなくてはならない。また，博士課程の学費や研究費について，自分で支払うということは少なく，何かの奨学金（グラント）から支払うことが多い。したがって，奨学金が取れてから博士課程に進学することが多い。奨学金が取れないとなかなか博士課程に進学できない。

ただ，大学院によっては，すぐに博士課程に入るのではなく，まず修士課程に入り，研究が順調に進んでいると判断されれば，博士課程に転じることが認められるというところもある。

### 大学の研究者

日本やアメリカの大学には，教授・助教授・講師・助手といったポストがあるが，イギリスはやや異なり，教授，助教授（リーダー），上級講師（シニア・レクチャラー），講師（レクチャラー）というポストである。教授は，ポストの数が少なく，権威が高い。助教授に当たるリーダーのポストも少ない。これに比べて，上級講師と講師の数は多い。業績のある教授が定年退官すると名誉教授という肩書きがつく。名が知られているベテランの研究者でも，講師で定年退職となる人も多い。その場合，「名誉講師」という肩書きがつく。これは日本にはない制度である。

> イギリスの研究者から名刺をもらうと，学士号・修士号・博士号などの学位や，臨床心理士などの資格，学会での役職名など，肩書きがたくさん並んでいる。ほとんど略語なのでわかりにくい。肩書きや資格を名誉と考えるイギリス人の特徴があらわれている。最終の学位や現在の職種だけを書くことが多い日本人とは対照的である。

### 2) 臨床経験があること

臨床心理学の博士課程に出願するためには，一定の臨床経験が必要である。多くの志願者は，国民健康サービス（NHS）の病院や施設の助手としての経験を持つとのことである。それ以外の施設での臨床経験を持つ人もいる。このような臨床経験をどのように評価するかについては，各認定校によって異なる。

### 3) 研究経験があること

研究経験というのは，大学や大学院での実証的な研究をしたことがあるということである。認定校によっては，このことが入学の要件になる。臨床心理学大学院では，実証研究や治療効果研究を重視するので，研究能力をもつことが重視される。この点でも，すでに心理学の修士号や博士号を持つ人が有利になる。

出願は，各大学ごとに行われるのではなく，クリアリング・ハウスという事務所を通して一括して行われる。出願の手続きや各大学の内容については，ハンドブックが作られている（Clearing House for Postgraduate Course in Clinical Psychology, 2002）。ハンドブックの内容や申し込み方法は，クリアリング・ハウスのホームページで公開されている（http://www.leeds.ac.uk/chpccp/）。

## 9-4. 入学試験の方法

出願自体が高いハードルとなっているかわりに，入学試験そのものは，それほど努力を要するわけではない。入学試験は書類選考と面接試験だけであり，筆記試験などは行われない。ジョンズも入学の選考はそれほどたいへんではなかったと言う。書類選考では，上で述べた①大学や大学院のランクや成績，②臨床経験，③研究経験などを総合して行われるようである。面接試験のやり方は大学によって異なり，ロンドン大学精神医学研究所はひとり20分くらいだが，バーミンガム大学では1日かけた長い面接を行うということである。

臨床心理士の制度は，外国人には狭き門となっている。イギリス以外の国の学生が入学することはかなりの制限が設けられている。

## 9-5. 博士課程での訓練方法──その1　アカデミックな学習

よく，欧米の大学院は，日本の大学院とは逆に，入るのは容易だが卒業するのがたいへんだと言われる。臨床心理学の大学院もそれに当てはまるようである。

博士課程での訓練は，1）大学でのアカデミックな学習，2）臨床実習，3）研

究指導の3つからなる。週に2日は大学でアカデミックな学習を受け，週3日は臨床現場での実習という体制になる。

　大学院でのアカデミックな学習は，講義を聴いたり，セミナーやワークショップ（臨床のスキルの講習会）に出たりすることである。臨床の倫理の問題についての講義もある。試験によって学習が評価され，2回落ちたら退学となる。

## 9-6. 博士課程での訓練方法——その2　臨床実習

　臨床実習は，NHSの臨床施設で行われる。ロンドン大学精神医学研究所の場合は，モーズレイ病院，ベスレム王立病院，LEO施設などで行われる。

　臨床実習は6×6の配属で行われる。これは，6カ月ずつ6つの領域で実習を行うというものである。6領域のうち，4領域は必修であり，2領域は選択である。ロンドン大学精神医学研究所の場合，必修は，①成人の臨床，②子どもと思春期の臨床，③高齢者の臨床，④神経心理学臨床である。また，マンチェスター大学では，①成人の臨床，②子どもと思春期の臨床，③高齢者の臨床，④学習障害の臨床が必修となっている。このように，おもな領域をひととおり体験する。

　ひとつの施設に同時にふたりの学生が行くということである。そこで，ひとりの学生にひとりのスーパーバイザーがつき，マンツーマンの指導を受ける。実習の各領域（大人・子ども・高齢者など）にスーパーバイザーがつき，徹底した事例の実習を行う。スーパーバイザーは，現場で長期間の指導を行う。臨床心理士のあらゆる活動について，観察学習する機会を与えられる。

　臨床実習で身につけることはきわめて多い。2章の図2-2に示したような臨床心理士の基本的な業務はすべて臨床実習で身につけなければならない。ケース・フォーミュレーション，ケース・マネジメント，異常心理学，心理学的治療（認知行動療法など），治療効果の評価，研究，他職種との連携（リーダーシップのとり方）などである。

　対象も，成人，子どもと思春期，高齢者，学習障害，脳損傷など多岐にわたる。おもな領域の患者との臨床をひととおり体験しなければならない。この中には，統合失調症の患者との臨床も大きな比重を占める。

　臨床実習では，事例学習（ケーススタディ）が中心である。スーパービジョンを受けながら，自分で事例を受け持ち，自分でアセスメントをして，治療計画を立て，治療をするのである。ジョンズは，ある領域では20名以上の事例のアセスメントをしたという。

　また，臨床実習で担当した事例の中から，4つの事例を選んで，ミニ論文を書き，それを博士論文に含めることが義務づけられている。例えば，ジョンズの博士論文の事例研究は，次の4つである。①軽度の学習障害を持つ少年の攻撃性の治療，②うつ病の治療における認知行動療法の使用，③知的障害を持つにもかかわらず記憶

スパンは保たれていた事例について，④前頭葉に損傷を持つ患者の神経心理学的アセスメント。

実習を受け入れるスーパーバイザーの臨床心理士も大変である。その時間と労力は計り知れないが，臨床心理士にとって，後輩の臨床心理士を育てることも大きな仕事である。マンチェスター大学の臨床心理学博士課程では，1学年20名ほどの学生に対し，現場で指導する臨床心理士が150名いるという。学生の7倍である。後輩の学生を指導することは，面倒な仕事というよりは名誉と考えられているようである。

以上のように，臨床実習は，NHSの臨床施設を使った恵まれた環境で行われる。ジョンズに全体的な感想を尋ねると，臨床実習はすべきことが多くて大変だったということである。

## 9-7. 博士課程での訓練方法——その3　研究指導と博士論文

研究指導は，2年目から重点的に行われる。ここでもスーパーバイザー（指導教官）がついて個別に指導する。博士課程の研究を端的にあらわしているのは，博士論文である。博士論文は，以下の3部構成とすることが義務づけられている。

### 1）心理学の研究論文

第1部は，中心となる研究論文である。これはふつうの心理学の博士（Ph.D.）の論文と変わりがない。測定にもとづいた実証研究の論文である。仮説を立てて，アセスメントをして，仮説を検証するというタイプの論文である。

ジョンズの論文のテーマは「精神科患者と非精神科患者における幻聴体験の研究」というものである。これは幻聴体験についての構造化面接法を開発して，精神科患者と一般の健常成人の幻聴体験を比較した研究である。スーパーバイザーは，精神医学研究所のカイパース，ヘムズレイ，マクガイアの3名である。また，指定討論者まで決まっており，ジョンズの論文の指定討論者はワイクスであったという。

精神医学研究所の図書室では，これまでの博士論文をすべて閲覧することができる。1997年の第1期生からずっと博士論文をみてみると，すべてが測定にもとづいた定量的な実証研究であった。事例の質的な記述だけのものは全くなかった。また，いくつかの大学のホームページには，臨床心理学の博士論文のタイトルも載っているが，それをみると定量的な実証研究がほとんどである。

### 2）臨床サービスの評価研究

博士論文の第2部は，「臨床サービスの評価研究」と題される。これは治療法や臨床の技法の効果を調べる研究である。小規模ながら，治療効果研究を行うのである。これによって，「実証にもとづく臨床心理学」のトレーニングを受けるわけである。これも，別のスーパーバイザーの指導のもとで行われ，場合によってはグループ研究をしてもよいそうである。ジョンズの場合は「幻聴治療グループの効果についての評価」という研究である。スーパーバイザーは，カイパースである。

### 3）事例研究

　第3部は事例研究である。臨床実習で受け持った事例の中から，4つのミニ論文を書いて収録する。事例研究というと，日本では事例との面接過程を質的に述べたものが多い。これに対し，イギリスの事例研究は量的なアセスメントにもとづいて事例の定式化（ケース・フォーミュレーション）を行い，治療方針をたて，治療効果を量的に測定した研究をさす。一事例についての実験研究ともいうべきものである。ジョンズの博士論文にも，臨床実習で受け持った前述の4事例が収録されている。

### 4）研究の理念——科学者－実践家モデルと実証にもとづく臨床心理学

　こうした論文の構成の中に，①科学的研究，②治療効果研究，③事例研究という3つの研究理念が体現されている。①と③は科学者－実践家モデルという理念をあらわし，②は「実証にもとづく臨床心理学」という理念をあらわしている。

　この2つの原理についての教員のコンセンサスはかなり強い。筆者が話した限り，どの教員に聞いても，この2つの原則については一貫して肯定していた。この2つの哲学こそが今の臨床心理士の地位を築いてきたという誇りを持っているようであった。

　博士論文は分厚いものとなる。ジョンズの論文は，第1部140ページ，第2部35ページ，第3部90ページの合計265ページとなり，電話帳ほどの厚さとなる。どの博士論文も同じような厚さである。こうした厚さをみても，博士課程の研究がいかにハードなものであることがわかる。ジョンズによると，3年間でいろいろな種類の研究をこなさなくてはならないので，仕事のバランスをとるのが大変だったとのことである。

## 9-8. 恵まれた環境

### 1）恵まれた訓練環境

　臨床心理学の博士課程全体に対する感想を聞くと，ジョンズは即座に「非常によい」と答えた。ジョンズにとっては，オックスフォード大学での実験心理学の博士課程（Ph.D.）の方がきつかったということである。心理学の Ph.D. は，すべて自分ひとりの力で考え，計画し，実行していかなくてはならず，たいへんだったという。それに比べると，臨床心理学博士は，よく構造化されており，教員やスタッフからの援助が行き届いており，グループワークも多く，勉強しやすかったとのことである。また，チューターもついて，いろいろと相談に乗ってくれたという。

### 2）恵まれた経済環境

　博士課程の費用は，国民健康サービス（NHS）の地方財団が出すので，学生は学費を払う必要がない。そのうえ，学生は NHS の地方財団から給料をもらう。学生は，NHS の施設で臨床の仕事をするので，それに対する報酬が支払われるのである。これは，3年間ハードな勉強をしなければならないので，他の仕事との掛け

持ち（パートタイム）が許されないからでもある。学生の間から，半ば公務員扱いとなるわけである。給料の年額は，1年生で約15,000ポンド（約300万円），3年生で16,500ポンド（約330万円）である。学生の生活費としては十分な額であるとジョンズはいう。日本の日本学術振興会の特別研究員と同じ程度の額である。

### 3）恵まれた就職環境

博士課程を卒業すると，公認臨床心理士となり，国立の病院にほぼ確実に就職できる。ジョンズも，卒業後，就職先を探すのは楽だったという。周りの人も，面接を受ければ就職できたとのことであった。就職後の給料は段階があって，毎年上がっていく（日本の公務員と同じである）。このように確実に就職できるので，臨床心理士の人気は高いということであった。

一般に臨床心理士の仕事は競争が激しいという。ある教授に聞いた話では，国立の病院の心理職のポストをひとり公募したところ，200名もの応募者があったという。それだけ競争が激しく，つねに能力を磨いていないと生き残れない。

## 9-9. イギリスの臨床心理士養成──まとめ

イギリスの臨床心理学大学院の特徴をまとめると，次のようになる。

第1に，イギリスのメンタルヘルス政策を支えるプロフェッショナルを養成するという明確な目的を持つことである。医療領域に特化されている。臨床心理士の資格は，準国資格であり，臨床心理士は国民健康サービス（NHS）の施設に就職できることが保証されている。

第2に，臨床心理士の養成の哲学が明確である。「科学者－実践家モデル」と「実証にもとづく臨床心理学」という2つの原理が明確に設定されている。これは博士論文の構成にもあらわれている。

第3に，ハードな実習システムによって実践家を養成する。スーパーバイザーがマンツーマンで鍛える。病院で豊富な事例に接し，ケーススタディ（事例学習）が中心である。こうした実習のシステムから有能な実践家が育ってくるのは当然であろうと思われた。

第4に，入学する学生の能力が高い。イギリスでは大学で心理学を専攻することが大学院の受験資格となるため，臨床心理士は，少なくとも6年間の心理学教育を受ける。また，すでに博士号（Ph.D.）を持った学生が認定校に入学する場合も多い。このため，実質的に，臨床心理学の博士課程は，心理学の博士課程（Ph.D.）と同等かそれ以上になっている。

第5に，いろいろな点で，医学部の医師養成の過程と似ている。領域は違うが，科学者－実践家モデルにもとづいて教育する点は同じである。

## 9-10. 卒業後の研修──ワークショップ

大学院を卒業して臨床心理士として現場に入っても，高度な臨床スキルや新しい

スキルの習得は必要である。臨床心理学の進歩はかなり早いので，大学院で習った知識はどんどん時代遅れになるからである。生涯学習は不可欠であり，そのためにワークショップやスーパービジョンなどのシステムが完備されていた。

### 1）ワークショップの特徴と利点

こうした卒後研修のために，「ワークショップ」という研修会が頻繁に開かれる。臨床スキルの教育として「ワークショップ」の占める位置は大きい。

筆者は，以前，ある国際学会でワークショップに参加してみて，その質の高さに驚いた。その後，いろいろな機会をとらえてはワークショップに参加してみた。30本ほどに参加することになったが，多少の当たりはずれはあるものの，概してわかりやすく非常にためになった。そこでわかったことは，その実践性である。ワークショップは，臨床のスキルの習得には不可欠のシステムである。

ワークショップには，①学会に併設されるものと，②単独で開かれるものがある。

### 2）学会に併設されるワークショップ

臨床心理学系の学会では，ワークショップが併設されることが多い。第7章の表7-2に示した学会は，いずれも多くのワークショップが併設される。例えば，イギリス行動認知療法学会（BABCP）などでは，毎年20本近くのワークショップが併設される。「学会」と「ワークショップ」は，全く別のものである。学会は，アカデミックな研究を発表し議論する場であるのに対し，ワークショップは臨床のスキルを学ぶための研修会である。前者では，事例の提示などはほとんどなく，多数例研究にもとづく実験研究や効果研究などが発表されるのに対し，後者では，事例などを豊富に提示して，臨床家にわかりやすい形で研修が行われる。また，前者では個々のセッションでお金をとられることはないのに対し，ワークショップでは，1回ごとにお金をとられる（認知行動療法の場合は，半日で5,000円～10,000円，1日で10,000円～20,000円くらいが相場である）。

### 3）単独で開かれるワークショップの例

後者の例としては，ロンドン大学精神医学研究所のワークショップがある。精神医学研究所では，毎年10月～11月頃に，臨床ワークショップが開かれる。2002年には，2日間ずつ，5回にわたって開かれた。

筆者が2002年に精神医学研究所に留学した時，このワークショップについて日本にメールで知らせたところ，筆者の研究室の何名かが参加した。料金は，1回につき180ポンド（約33,000円）であるが，学生は120ポンド（約22,000円）になる。小堀はこのワークショップに参加した体験を記録している（小堀，2003）。ワークショップは，朝9時半から夕方5時まで行われた。講義では，アセスメントの仕方，病理の発症や持続のメカニズム，治療技法の説明などが扱われた。また，治療場面を写した事例のビデオを提示した。参加者が2名1組になってロールプレイも

行われた。参加者に配付される資料には，講義で使われたパワーポイントの出力だけでなく，アセスメントに用いる質問紙や治療マニュアルなども含まれていた。「カウンセラーが明日からすぐ使えるものばかり」だということである。

このようなワークショップ形式の研修会は，至るところで開かれている。例えば，第5章であげた認知リハビリテーション療法（CRT）のワークショップとか，カンバウェル家族面接法（CFI）のワークショップなどである。イギリスの臨床家は，自分たちが開発した治療技法やアセスメント技法を構造化してプログラムを作り，ワークショップを開いて多くの人に広めようとする。こうした意気込みには感心する。

## 9-11. スーパービジョン

### 1）スーパービジョンの必要性

臨床心理士の訓練や実践において，スーパービジョンは不可欠である。

英国心理学会の臨床心理学部会が作った『臨床心理学サービスのガイドライン』という仕事マニュアル（13-3参照）には，次のように書かれている。

①すべての臨床心理士は，スーパービジョンを受けなければならないし，また，他の人のスーパービジョンを引き受けなければならない。
②スーパービジョンを受ける時間は，通常の仕事の中に含められなければならない。少なくとも月に1回はスーパービジョンを受ける時間をとらなければならない。
③複雑な事例を受け持った場合は，必ずスーパービジョンが受けられるようにすべきである。
④スーパーバイザーに対する苦情などを扱う手続きも決めておかなければならない。
⑤学会などが主催するスーパーバイザーのための会合に参加しなければならない。
⑥スーパーバイザーとしての能力を保つために，学会に参加したり，他のスーパービジョンに陪席したり，文献を調べたりするなど，時間を使わなければならない。
⑦臨床心理士は，他の職種のスーパービジョンも引き受けるべきである。周りにスーパーバイザーとなる臨床心理士がいなければ，他の職種の専門家にスーパービジョンを受けてもよい。

以上のような規定は決してタテマエではない。現場でのスーパーバイズは頻繁に行われていた。

### 2）スーパービジョンの方法（認知行動療法におけるスーパービジョン）

認知行動療法におけるスーパービジョンは，治療の過程と同じ構造を持っている。認知行動療法の治療においては，問題をリストして，定式化し，目的を決め，宿題を出したりする。スーパービジョンにおいても，同じように，問題をリストして，定式化し，目的を決め，宿題を出したりするのである。認知行動療法のスーパービジョンの方法について，パデスキーはグリッド・モデルを提案している（Padesky, 1996）。彼女は，スーパービジョンの目的とプロセスを目で見てわかるようにする

ために,「モード」と「焦点」という2つの次元からなるスーパービジョン・グリッドを考案した。「モード」とは,どのような方法でスーパービジョンを行うかということであり,①事例についての議論,②観察(ビデオ,テープ,ライブ),③ロールプレイで実演,④スーパーバイザーがスーパーバイジーに対して準治療を行う,⑤同僚が準治療を行う,という5つの方法がある。また,「焦点」とは,何をテーマとしてスーパービジョンを行うかということであり,a)認知療法の技法のマスター,b)事例の定式化,c)クライエントと治療者の関係,d)治療者の反応,e)スーパービジョンの過程そのもの,という5つの領域がある。これら2つの次元を組み合わせたものが,スーパービジョン・グリッドである。2つの次元を組み合わせると,25通りの方法が得られることになる。このうちどれを用いるかについて,パデスキーは5つの原則をあげている。

原則1. スーパーバイジーの力に合った方法を選べ。
原則2. スーパーバイジーの力を育てるような方法を選べ。
原則3. 事例の定式化のスキルを身につけられる方法を選べ。
原則4. うまくいかない問題がおこったら,何が問題なのかを明らかにせよ。
原則5. スーパーバイジーが触れなかった問題に注意せよ。

## 9-12. 日本の臨床心理士養成に必要とされること

### 1)臨床の実力を高める教育体制

前述のように,心理アセスメント・異常心理学・認知行動療法の3つは,臨床心理士にとって心強い武器となる。こうした三種の神器を持っているからこそ,臨床心理士は精神科医と対等に仕事をしていける。日本でも,こうした教育を徹底させて,臨床心理士の臨床能力を高める必要がある。これについては,本書の各章で強調したとおりである。

### 2)国家資格の実現

ボトムアップ式に臨床心理士の臨床能力を高めていくことと同時に,トップダウン式に,国家資格化を実現することで,臨床心理士の養成システムを制度的に強化することも大切である。イギリスの臨床心理士の実力が高いのは,臨床心理士の資格制度が整い,イギリス政府によるバックアップ体制ができているからである。

### 3)科学者-実践家モデルによる養成

イギリスの臨床心理士養成の基本となっているのは,「科学者-実践家モデル」や「実証にもとづく臨床心理学」といった哲学である。こうした科学性こそが,イギリス政府から臨床心理士が信頼を勝ち得た要因となっている。これに対して,日本の臨床心理士養成においては,「科学者-実践家モデル」や「実証にもとづく臨床心理学」といった哲学は希薄である。臨床の実力を高めるためにも,国家資格の実現のためにも,こうした科学的なポリシーは大切であるように思われる。

# 第10章　各大学の臨床心理学

　イギリスの臨床心理学の中心は，ロンドン大学，オクスフォード大学，ケンブリッジ大学，マンチェスター大学，バーミンガム大学などである。この章では，大学別に，臨床心理学の動向をみていきたい。

　次の囲み記事に示すように，イギリスの大学は，いくつかのタイプに分けられる。

## イギリスの大学とその歴史

　イギリスには大学が約100校あるが，歴史や成り立ちの点から，いくつかのタイプに分けられる。

### 1）学寮制度をとる古典大学（オクスフォードとケンブリッジ）

　オクスフォード大学は12世紀にできたイギリスで最も古い大学である。その100年後にケンブリッジ大学ができた。当時の大学は，自由七科（文法，論理学，心理学，哲学，神学，法学，医学）を，講義と討論によって教えていた。この自由七科が現在のリベラルアーツの起源である。オクスフォード大学とケンブリッジ大学は，現在でも世界最高の水準の研究・教育レベルを誇る。多くのカレッジ（学寮）からなっており，学生はどこかのカレッジに所属して教育を受ける。

### 2）スコットランドの古典大学

　オクスフォード大学とケンブリッジ大学に続いて，15世紀から16世紀にかけて，スコットランド地方に4つの大学ができた。セント・アンドリュース大学（1411年創立），グラスゴウ大学（1451年創立），アバディーン大学（1495年創立），エディンバラ大学（1583年創立）である。これら4つの大学は，現在もスコットランド地方の教育・研究の中心である。19世紀初めまでは，イギリスには以上の6大学しかなかったのである。

### 3）連合大学（ロンドン大学とウェールズ大学）

　産業革命期には，技術者・科学者・教育者などを育てるために大学教育の需要が高まり，19世紀には，イギリス各地の産業都市に大学が創立された。とくにロンドンとウェールズ地方には，多くの大学ができた。ロンドンには，1826年にユニバーシティ・カレッジ・ロンドンが創設され，続いて1828年にキングス・カレッジが創設された。これらが中心となって，1836年にロンドン大学が作られた。その後，ロンドンには多くのカレッジや高等教育機関が作られ，ロンドン大学は

それらを吸収していった。ロイヤル・ホロウェイ・カレッジ（1886年創立），クイーン・マリー・カレッジ（1887年創立），ゴールドスミス・カレッジ（1891年創立），ロンドン経済学・政治科学校（1895年創立），インペリアル・カレッジ（1901年創立）などである。現在では，19のカレッジや機関が連合をなして，ロンドン大学を形成している。各「カレッジ」は，「単科大学」ではなく，総合大学であり，それぞれがいろいろな学部を持っている。これらのカレッジはそれぞれ独立した教育を行っているが，卒業すると，ロンドン大学から学位が授与されるしくみである。ロンドン大学は，約8万名の学生が学ぶイギリス最大の大学である。

また，ウェールズ地方には，カーディフ（1883年創立），バンガー（1884年），アベリストウィス（1872年），ラムピータ（1822年）など，19世紀に多くのカレッジが作られ，1893年には，これらが連合してウェールズ大学となった。現在のウェールズ大学は，8つのカレッジからなっており，8万名近くの学生が学ぶイギリス第2の規模の大学である。各カレッジは，独立した総合大学であり，カレッジを卒業すると，ウェールズ大学から学位が授与される。こうした連合大学の制度は，アメリカのカリフォルニア大学と似ている。つまり，カリフォルニア大学も，ロサンジェルス校，バークレイ校など独立した大学の連合体である。ウェールズ大学には，カーディフ校，バンガー校，スワンジー校などに心理学科が設置されている。

### 4）赤レンガ大学

19世紀の後半から20世紀にかけて，各地の大都市に大学が創立された。マンチェスター大学（1851年創立），バーミンガム大学（1900年創立），リバプール大学（1881年創立），シェフィールド大学（1901年創立），リーズ大学（1904年創立）などである。これらの第一次世界大戦以前に創立された名門大学は，赤レンガ大学と称される。

### 5）白タイル大学

第二次世界大戦後には，多くのカレッジが大学に昇格した。エクセター大学（1955年昇格），レスター大学（1957年昇格），サウザンプトン大学（1952年昇格），ニューカースル大学（1963年昇格）などであり，これらの大学は，白タイル大学と称される。

### 6）プレートグラス大学

1960年代には，高等教育への需要が爆発的に増加したため，1963年のロビンス報告にもとづいて，新たに7大学が新設された（サセックス大学，ヨーク大学，東アングリア大学，ケント大学，ワーリック大学，ランカスター大学，エセックス大学）。これら60年代に新設された大学は，プレートグラス大学と称される。また，スプートニク・ショックによって，理工系の8つのカレッジが大学へと昇格した。スコットランドには，1960年代に，ストラスクライド大学，ヘリオッ

ト・ワット大学，ダンディー大学，スターリング大学の4大学が作られた。

### 7）ポリテクニクが昇格した大学

1960年代には，ポリテクニクという地域密着型の総合技術専門学校が作られたが，1992年に，これらの30校が大学に昇格した。大学としての歴史は浅いものの，ポリテクニク時代の特性を生かして，実践的・実用的な教育が盛んである。これによってイギリスの大学数は100校にふくらみ，大学教育は一気に普及した。

### 8）放送大学

1969年には，放送大学（オープン・ユニバーシティ）が作られ，現在7万人以上の学生が学んでいる。これは通信教育やテレビ・ラジオの放送教育を通じて，社会人に対して大学教育を提供する大学である。日本の放送大学（1981年設立）のモデルとなった。

表9-1において，臨床心理学の博士課程（認定校）をみてみると，古典大学では，オクスフォード大学と，スコットランドの名門大学（エディンバラ大学，グラスゴウ大学）に設置されている。また，連合大学では，ロンドン大学の3カ所（精神医学研究所，ユニバーシティ・カレッジ，ロイヤル・ホロウェイ）と，ウェールズ大学の2カ所（バンガー校，カーディフ校）に設置されている。さらに，マンチェスター大学，バーミンガム大学，リバプール大学，シェフィールド大学，リーズ大学などの，伝統ある赤レンガ大学にも設けられている。このように，臨床心理士の認定校は，歴史のある名門大学に設置されていることがわかる。

## 10-1. ロンドン大学の臨床心理学

イギリスで最も臨床心理学がさかんなのはロンドン大学である。

ロンドン大学は，最初から法学部・文学部・医学部というように計画的に作られたわけではなく，自然発生的にできたカレッジをまとめて「ロンドン大学」という名称で呼ぶようになったものである。このようにしてできた大学を「連合大学」という。現在は19のカレッジや研究所が集まった寄り合い所帯である（表10-1参照）。各「カレッジ」は，いろいろな学部を持った

■表10-1　ロンドン大学のおもな組織

キングス・カレッジ・ロンドン
　├─ 精神医学研究所
　└─ ガイ・キングス・セント・トマース医学校
ユニバーシティ・カレッジ・ロンドン
　├─ 神経学研究所
　├─ 児童健康研究所
　└─ スラブ東欧研究学校
ロイヤル・ホロウェイ
ゴールドスミス・カレッジ
セント・ジョージ医学校
教育研究所
バークベック・カレッジ
インペリアル・カレッジ
クイーン・マリー・カレッジ
東洋アフリカ研究学校（SOAS）
ロンドン・ビジネス・スクール
ロンドン経済学・政治科学校
王立音楽アカデミー
薬学校

注）このほかにもいろいろな研究所や施設がある

■表10-2　ロンドン大学の心理学科と臨床心理学の博士課程

| 心理学科 | 臨床心理学の博士過程 |
| --- | :---: |
| 1．ユニバーシティ・カレッジ・ロンドンの心理学科 | ○ |
| 2．キングス・カレッジ精神医学研究所の心理学科 | ○ |
| 3．ロイヤル・ホロウェイの心理学科 | ○ |
| 4．ゴールドスミス・カレッジの心理学科 | × |
| 5．セント・ジョージ医学校の心理学科 | × |
| 6．教育研究所の心理学科 | × |
| 7．バークベック・カレッジの心理学科 | × |

総合大学である。各カレッジそれぞれが心理学科を持っているので，ロンドン大学全体では7つの心理学科がある。これを表10-2に示す。

7つの学科のうち，3つが臨床心理学の博士課程（臨床心理士の認定校）を持っている。1つの大学で3つの臨床心理学の博士課程を持っているのはロンドン大学だけである（表9-1参照）。ロンドン大学だけで毎年72名の博士課程の学生を受け入れており，イギリスでは最も多い。なお，ロンドン大学には医学部が5つもあり，イギリスの大学では最も医学がさかんである（17-11-1参照）。こうした伝統もあり，ロンドン大学は医療分野の臨床心理学がイギリスで最もさかんである。

以下，表10-2に示される3つの臨床心理学の博士課程について詳しくみていく。

## 10-2. ロンドン大学キングス・カレッジの精神医学研究所の心理学科

ロンドン大学の精神医学研究所（Institute of Psychiatry：IOP）は，ロンドン南部のカンバウェル地区にあるモーズレイ病院の敷地内に建てられている。ロンドン大学の医学系の大学院として機能すると同時に，精神病や脳機能についての臨床研究の世界的中心地である。1997年までは，ロンドン大学の中で独立した組織であったが，医学部の統合により，ロンドン大学のキングス・カレッジの一組織となった。

精神医学研究所にはいろいろな学科があるが（17-13-1参照），そのうち心理学科（Department of Psychology）は，イギリスの臨床心理学や認知行動療法の中心地である。イギリスの臨床心理学のリーダーのほとんどは，かつてこの研究所で学んだことがあるといってよい。

臨床心理学の博士課程（臨床心理士認定校）を持っており，このコースは，イギリスのすべての認定校の中でも最も倍率が高く，人気がある（表9-1参照）。また，毎年，学科をあげて認知行動療法についてのワークショップを開いている（9-10-3参照）。

歴史的に見ると，精神医学研究所の心理学科は，イギリスの臨床心理学の発祥の地である。アイゼンクが，シャピロとともに，1947年にモーズレイ病院において

■表10-3　ロンドン大学精神医学研究所の
　　　　　心理学科のスタッフと研究分野

| 学科長 | デイビッド・クラーク（不安障害） |
|---|---|
| 教授 | ポール・サルコフスキス（不安障害） |
| | アンケ・エーラーズ（不安障害） |
| | ウィリアム・ユール（不安障害） |
| | デイビッド・ヘムズレイ（統合失調症） |
| | エリザベス・カイパース（統合失調症） |
| | ティル・ワイクス（統合失調症） |
| | フィリッパ・ガレティ（統合失調症） |
| | グリシ・グッドジョンソン（司法心理学） |
| 上級講師 | パドマル・デシルバ（不安障害） |
| | ドミニク・ラム（うつ病）など |
| 講師 | エマニュエル・ピーターズ（統合失調症） |
| | ダニエル・フリーマン（統合失調症）など |

(2003年1月現在)

臨床心理士の養成をはじめ，1950年には，心理学科が創設された。1970年頃には，研究指導を行うアイゼンクと，臨床指導を行うラックマンの二人体制ができ，不安障害研究の第一期黄金時代を迎える（Wilson & Clark, 1999）。しかし，ラックマンは，1982年にカナダのブリティッシュ・コロンビア大学に移った。このため，精神医学研究所の心理学科の不安障害の研究は弱体化したと言われる。約20年後の2000年に，クラークとサルコフスキスとエーラーズの3教授が，オクスフォード大学から移ってきた。彼らはもともと精神医学研究所の出身であり，ラックマンの弟子である。そして，クラークが心理学科の学科長をつとめるようになった。精神医学研究所の不安障害の研究は世界トップの座を取りもどし，現在は不安障害研究の第二期黄金時代を迎えている。

また，精神医学研究所は統合失調症の臨床研究についても世界の中心地である。心理学者たちも，アイゼンクの時代から，統合失調症の心理学研究に取り組んできた。その中心はヘムズレイであった。現在は，カイパース，ワイクス，ガレティらが教授をつとめている。統合失調症の研究グループでは，若手が伸びてきており，講師のピーターズやフリーマンなどが活躍している。統合失調症の臨床心理学については，現在，オランダのヴァン・オズや，イタリア，オーストラリア，香港のグループなどが活躍しているが，こうしたグループの研究者の多くは，以前に精神医学研究所に来て研究し，その後地元に帰って活躍しているのである。統合失調症を研究する心理学者はどこかで精神医学研究所とつながりを持つといっても過言ではない。

心理学科の研究者は，表10-3に示すとおりである。大きくは，不安障害系と統合失調症系の研究者に分かれる。

精神医学研究所の心理学科で学んだ日本人は，相場覚氏や岩脇三良氏（岩脇，1980），木村駿氏，永井洋子氏などがいる。相場氏と永井氏はここでPh.D.をとった。

以下では，以前に精神医学研究所で活躍した心理学者や現在のスタッフを紹介する。

## 1）アイゼンク

　イギリスの心理学に最も大きな影響を与えた人物は，ハンス・アイゼンクであろう。英国心理学会では，「アイゼンク講演」と呼ばれる講演会が毎年開かれるが，これはアイゼンクの仕事を記念したものである。アイゼンクは知の巨人ともいうべき存在である。アイゼンクの仕事はきわめて多岐にわたるが，決してバラバラなものではなく，ひとつの一貫した主張がある。アイゼンクの仕事には，多くの領域を扱いながら，ひとつの主張にまとめあげる強い意志が感じられる。

　ハンス・アイゼンク（1916-1997）は，ドイツに生まれたが，ナチスを逃れて1934年にイギリスに渡った。ロンドン大学のユニバーシティ・カレッジのバートのもとで心理学を学び，Ph.D. をとった。1942年から46年まで，ミル・ヒル救急病院につとめ，そこで統計学的・実験的な研究をした。当時，モーズレイ病院は，戦時中のためミル・ヒル救急病院に避難していたのである。ここでの研究が，最初の著書『パーソナリティの次元』としてまとめられる。

　戦後，1946年に，モーズレイ病院はもとのデンマークヒルの地に戻った。アイゼンクも共に移動し，1946年からモーズレイ病院に勤めた。1947年にはモーズレイ病院の臨床教育部門に，イギリスで最初の臨床心理学の訓練コースを設置した（Payne, 2000）。1948年には，モーズレイ病院の敷地内に精神医学研究所が作られ，アイゼンクは心理学グループの長となった。精神医学研究所の所長オーブリー・ルイスは，臨床心理学の訓練コースを本格的なものにしたいと考えた。1950年に，精神医学研究所の中に心理学科が設立され，アイゼンクは心理学科長となった。

　心理学科は，研究部門（Ph.D. のコース）と臨床部門（臨床心理学のディプロマのコース）に分かれていた。アイゼンクは研究部門を担当し，臨床部門はモンテ・シャピロが担当した。アイゼンクは患者への面接は行わなかったが，パーソナリティ心理学や行動療法の研究を通して，「科学者－実践家モデル」にもとづく臨床心理学を育てた。

　アイゼンクは，1955年に，心理学科長の職のままロンドン大学の教授に任命され，以後，精力的な研究をすすめた。心理学科が一丸となってひとつの問題に取り組むプログラム研究と呼ばれる体制が確立し（相場, 1971），多くの研究業績を上げた。アイゼンクのもとには，世界中から集まる研究者や Ph.D. 志望の若い研究者がおり，アイゼンクの指導のもとに，それぞれ割り当てられたテーマの研究に没頭していたという。1983年に，アイゼンクは引退した。引退後も精神医学研究所で研究を続けていたが，1997年に癌のため亡くなった。

　アイゼンクは，1987年に日本行動療法学会の招きで来日し，各地で講演をした。それを記念して，雑誌「行動療法研究」はアイゼンク特集号を組んでいる。アイゼンクの著書は60冊以上にも登り，そのうち20冊以上は邦訳がある。アメリカ行動

療法促進学会（AABT）のAABTアーカイブ・シリーズで，フィリップ・ケンドールがアイゼンクにインタビューしているところが記録されている。

アイゼンクの夫人のシビルも心理学者であり，息子のマイケル・アイゼンクも心理学者となった（10-4参照）。父子で『マインド・ウォッチング』という著書も出している（邦訳は，田村浩訳，新潮選書，1986）。

アイゼンクの業績は多岐にわたる（今田，1988）。以下，臨床心理学関係の仕事を整理してみたい。

　①因子分析によるパーソナリティの分析

アイゼンクは，因子分析を用いたパーソナリティの分析を行い，MPIなどのパーソナリティ測定法を完成させ，パーソナリティの3次元説を提出した。この3次元説は現在ビッグファイブ理論の基礎となっている。この点で，数理心理学と心理測定学とパーソナリティ心理学を結びつけた（3-3-2参照）。

　②心理測定とアセスメント

アイゼンクは，1947年には，NとEの次元を測定するために，モーズレイ人格目録（MPI）を開発した。また，1965年には，これを改訂したアイゼンク人格目録（EPI）を発表した。N尺度とE尺度は，妥当な尺度として認められ，多くの研究で用いられている。筆者の経験からいうと，イギリスの心理学では，パーソナリティといえば，アイゼンクのN尺度とE尺度のことを指すのである（3-3-3参照）。

また，アイゼンクとアイゼンク（1968）は，P（精神病性）を測るP尺度を開発した。この研究は，オクスフォード大学のクラリッジの仕事に引き継がれている（10-5-1参照）。

　③パーソナリティの生物学的基礎

アイゼンクは，性格を数量的に記述しただけでは満足せず，さらに進んで，性格の因果的な理論を考えようとした。つまり，性格を決めている生物学的な原因（遺伝子や脳神経系の特徴との関係）を考えた。その際に参考にしたのは，パヴロフの条件づけや実験神経症の研究である。こうして，アイゼンクは，性格の次元を脳神経系の特徴から説明した（丹野，2003）。

アイゼンクが大きな影響を与えた理論のひとつにグレイの性格理論がある（10-2-4参照）。

　④行動病理学（不安障害のメカニズム）の確立

アイゼンクは，不安障害のメカニズムを学習理論から説明した。アイゼンクによれば，神経症の症状は誤って学習された行動である。それは3段階に分けて説明できる。第1段階は，情緒反応である。強い精神的ショックを受けて，情緒的に混乱し，自律神経系が強く反応する。第2段階は条件性情動反応である。自律神経系の混乱が，それまで無関係だった刺激と結びつく。ここにはパヴロフのいう古典的条

件づけの原理が働く。これは条件性情動反応と呼ばれ，不安症状や恐怖症状を説明できる。第3段階は回避反応である。条件性情動反応がたまたま低減した時，他の行動を行っていると，スキナーのいうオペラント条件づけの原理が働く。つまり，不安・恐怖の低減が強化となって，その行動が学習され，今度は似たような場面で，その行動を儀式的に繰り返すようになる。これは回避反応と呼ばれ，強迫症状が説明できる。

こうした行動病理学によって，メカニズム・ベースの異常心理学の考え方が定着した（4-20参照）。アイゼンクは異常心理学の創始者といってよいだろう。

### ⑤行動療法の確立

神経症が学習されるなら，逆に，学習の原理に従って，神経症を消すこともできるはずである。適応的な行動習慣を再学習することによって，神経症の症状を消去しようとするのが，行動療法である。1960年に編集した『行動療法と神経症』は，行動療法という用語を定着させるのに大きな影響力を持った。アイゼンクは，自分では臨床実践をしなかったが，学習心理学研究に裏づけられた行動療法を高く位置づけ，行動療法の基礎となる研究を多く行った。彼は精神分析学を痛烈に批判したことでも有名である。

### ⑥臨床心理学コースの設立

アイゼンクは，臨床心理学者の教育にも並々ならぬ関心を示し，1947年にイギリスで初めて臨床心理学者養成のコースを作った。1949年に，そのコースはロンドン大学のディプロマ（資格）のコースとして認められた。この頃は，毎年13名の学生を受け入れていた。

アイゼンクは科学的な臨床心理学をイギリスに確立しようと考えた。精神医学研究所の訓練コースは，多くの有能な臨床心理士を育てた。このコースは，イギリスだけでなく，世界においても，臨床心理学の発祥の地とされている。

### ⑦治療効果研究への刺激

1952年に，アイゼンクは，文献調査により，精神分析や心理療法は神経症には効果がないばかりか，むしろ悪化させていると主張した（6-1参照）。これに対してバーギンが反論し，アイゼンクとの間に論争がおこった。この論争からいろいろな治療効果研究の方法論が生まれたのである（6-2参照）。

### ⑧後世への影響

アイゼンクのもとには多くの若手研究者が集まった。今のイギリスの心理学界には，アイゼンクの弟子たちが非常に多い。上で触れなかった例では，イギリスの司法心理学の確立者となったグッドジョンソンを挙げることができる（13-5-4参照）。

また，アイゼンクは，2つの雑誌を創刊したが，それらは現在でも世界的な影響力を持っている。ひとつは，「行動研究と行動療法」であり，1963年に創刊した。こ

の雑誌は，行動療法や認知行動療法の分野では，ステータスの高い雑誌となっている。もうひとつの雑誌は，「パーソナリティと個人差」であり，1980年に創刊された。

さらに，アイゼンクは，いろいろな学会の設立にも積極的に関わっている。後述のように，1946年に実験心理学グループ（のちの実験心理学会）が結成されたとき，創立メンバーには，アイゼンクがいた。第2回の学術集会は1947年にロンドン大学経済学部で開かれ，アイゼンクらが発表した。さらに，国際個人差研究学会（ISSID）にも関わっている。この学会は，1年おきに開かれる。

現在のイギリスの臨床心理学や異常心理学は，アイゼンクの敷いたレールの上を走っているといっても過言ではない。

### 2）シャピロ

アイゼンクの作った臨床心理学の訓練コースにおいて，臨床教育の中心人物だったのがシャピロであった。モンテ・シャピロは，ケンブリッジ大学で心理学を学び，モーズレイ病院でアイゼンクとともに，臨床心理学のコースを作り，その教育の中心人物になった。現在でも，心理学科の大学院生室には，アイゼンクとともにシャピロの肖像画が飾ってある。シャピロは，単一事例の実験の方法論を確立したことで有名であり，その方法論を臨床場面に適用して多くの研究を発表した。

とくに，1959年の妄想の認知行動療法の研究は，先駆的な試みとして有名である（Shapiro & Ravenette, 1959）。彼らは，ひとりの妄想型の統合失調症患者を対象として，合理的な議論（いわゆる直接的直面法）によって，被害妄想を弱めようと試みた。彼らは，PQ法（Personal Questionnaire Technique：個人別質問紙技法）を開発し，妄想的信念の強さを客観的に測定した。PQ法は個性記述的な方法であり，ふつうの質問紙法とは異なっている。さらに，抑うつ・罪悪感・敵意などの尺度を用いて，これらの精神病理と妄想的信念の関係を調べている。こうした介入を16回行った結果，妄想的信念は弱くなり，また，抑うつと敵意はゼロになった。しかし，罪悪感は変化しなかった。この罪悪感に対して介入を行ったところ，罪悪感は弱まらず，むしろ妄想的信念は強くなった。この研究は，①治療面で認知行動療法の先駆的な意義をもつだけでなく，②PQ法を開発し，妄想の確信度を客観的にアセスメントした最初の報告であり，そのうえ，③多次元アセスメントの先駆をなすという点で，歴史的な意義をもつものである。

### 3）ラックマン

アイゼンクとともに精神医学研究所の第一期黄金時代を作ったのはラックマンである。

スタンレイ・ラックマンは，1934年南アフリカで生まれ，修士号をとり心理学講師をつとめた。そこで，ウォルピと出会い，以後長い交友が続く。1959年にイギリスに渡り，1961年にロンドン大学精神医学研究所でアイゼンクに学び，Ph.D.

をとった。1965年には，神経症の精神病理学の集大成である『神経症：その原因と治療』（アイゼンクと共著，黒田編訳，岩崎学術出版社）を発表した。1976年に，精神医学研究所の教授となり，臨床心理士の育成の責任者になった。クラークやサルコフスキス，デシルバ，ホジソンといったイギリスを代表する臨床心理学者を育てた。1980年には，ラックマンは，不安障害の基礎理論として感情処理理論を発表し，大きな影響を与えた。また4章で述べた侵入思考（強迫観念）の研究でも著名である。

　ラックマンは基本的には行動主義の枠内で仕事をしていたが，侵入思考の研究にみられるように，認知論的な視点を強く持っていた。こうした視点が，クラークやサルコフスキスの認知理論を育てる土壌となった。しかし，この点で，認知論を認めないマークス（17-13-2-1参照）たちとは考え方を異にしたようである。ラックマンは当時としては早すぎる認知理論家であったのかもしれない。

　ラックマンは，1982年にカナダのブリティッシュ・コロンビア大学に移った。このため，20年後に，クラークらが戻るまで，精神医学研究所の心理学科の不安障害の研究は弱体化したと言われる。ラックマンは，ブリティッシュ・コロンビア大学でも多くの弟子を育て，1999年に大学を定年退官した。その後もいろいろな国際学会に顔を出すなど，世界中を飛び回っている。

　1979〜2002年まで，ラックマンは，雑誌「行動研究と行動療法」の編集長を務めた。この雑誌は，1963年にアイゼンクが中心になって創刊したものである。1999年には，ラックマンが大学を引退するために，この雑誌で特集号が出た。この号には，デシルバ，クラーク，サルコフスキス，ホジソンといった弟子たちや，ケンブリッジ大学のティーズデイルやアメリカのバーロウなど，そうそうたるメンバーが寄稿している。また，その号には，「ラックマンの家族樹」という表が載っているが，ここにはアイゼンクを研究面の親とし，ジョセフ・ウォルピを臨床面の親として，ラックマンが出て，そこからロンドン大学精神医学研究所の同僚や弟子200名と，ブリティッシュ・コロンビア大学の同僚や弟子50名の名前が載せられている。ラックマンの懐の広さを示している。

　ラックマンの著書で邦訳されたものとしては，『恐怖の意味』（木村駿監訳，北山修訳，誠信書房），アイゼンクと共著の『神経症：その原因と治療』（岩崎学術出版社）などがある。邦訳された論文としては，サルコフスキス編『認知行動療法：臨床と研究の発展』（坂野雄二・岩本隆茂監訳，金子書房，1998）に「認知療法と行動療法の動向」がある。

### 4）グレイ

　アイゼンクの定年退官を継いで精神医学研究所心理学科長となったのが，ジェフリー・グレイ（1934-2004）である。グレイはオックスフォード大学で心理学を専攻

し，精神医学研究所でPh.D.と臨床心理士の資格をとった。オクスフォード大学の講師をへて，精神医学研究所の教授となり，アイゼンクの後，第二代心理学科長をつとめた。グレイは生理心理学の研究で有名であり，生理心理学と異常心理学との橋渡しをした理論家である。400本以上の論文を発表し，実験心理学会の会長をつとめた。著書には『恐怖とストレスの心理学』がある。この本は，感情についての心理学や生理学の研究成果について，動物実験やパーソナリティの問題，神経症や行動療法など幅広い問題を解説したものである。第1版は1971年に出版されて，『恐怖とストレス』というタイトルで邦訳された（斉賀久敬・今村護郎・篠田彰・河内十郎訳，平凡社）。大幅に増訂した第2版は1987年に出版され，『ストレスと脳』というタイトルで邦訳された（八木欽治訳，朝倉書店）。ほかの著書として『不安の神経心理学』が有名である。これは，海馬の機能と不安の関係について分析したものである。

　また，グレイは，アイゼンクのパーソナリティ理論を批判的に受け継いで，新しい理論を提出した。グレイは，アイゼンクの理論を再解釈し，報酬に対する感受性と，罰に対する感受性のバランスという点から説明した。情緒不安定が強いと，報酬・罰へのいずれかの感受性が強くなる。情緒が安定すると感受性は低くなる。また，外向性は，報酬に対する感受性が強いのに対し，内向性は罰に対する感受性が強い。このような報酬と罰に対する感受性のバランスによってさまざまな組み合わせが生じる。情緒不安定が強く外向性の人は，報酬に対する感受性が最も強い。一方，情緒不安定が強く内向性の人は，罰に対する感受性が最も強い。グレイの理論は，アイゼンクの理論でうまく説明できない現象をたくみに説明しており，その後のパーソナリティ理論に大きな影響を与えた。

　グレイの生理学的理論は，基礎的心理学と臨床心理学を結びつけるものであり，この点でも，現在の精神医学研究所の心理学科に大きな影響を残している。2000年には，アイゼンクの仕事を記念して行われる英国心理学会の「アイゼンク講演」を行った。グレイは，2004年にオクスフォードの自宅で亡くなった。「神経科学生物行動学レビュー」誌は，その追悼特集を組んだ。

### 5）クラーク

　デイビッド・M・クラークは，イギリスの臨床心理学や認知行動療法のリーダー的存在である。

　クラークは，ロンドン大学精神医学研究所で，ラックマンのもとでPh.D.をとり，臨床心理学の訓練を受けた。1983年からオクスフォード大学の精神科で臨床心理学の仕事をした。彼は，抑うつの認知療法について，イギリスへの定着に大きく貢献した。第5章で述べたように，1982年に，クラークはローマでベックと初めて出会い，84年に，フィラデルフィアの認知療法センターに数カ月滞在し，ベック

と共同研究をした。

クラークは，オクスフォード大学の不安障害研究グループを率いて，サルコフスキスやエーラーズと共同で精力的に研究をすすめ，イギリスの認知行動アプローチの研究の中心的な存在となった。第4章と第5章で述べたように，クラークが中心となって，パニック障害，強迫性障害，対人恐怖，PTSDの認知行動療法が発展した。86年にクラークは，有名なパニック障害の論文を書き，これが世界に認められた。その治療効果も確かめられ，アメリカ心理学会の臨床心理学部会によって「十分に確立された介入法」と評価された。その業績をたたえて，オクスフォード大学のワーンフォード病院の廊下には，フェアバーンらと並んで，クラーク，サルコフスキス，エーラーズの写真が飾ってある。

1996年に，アメリカの行動療法促進学会が「1974年からの20年でこの分野の最も生産的だったトップ50人の研究者」という特集を組んだが，クラークはその中に選ばれた。1997年に，クラークは，フェアバーンと共編で『認知行動療法の科学と実践』を出版した。この本は，科学者－実践家モデルをベースにした名著であり，2003年に邦訳も出た（伊豫雅臣監訳，星和書店）。

2000年の秋に，クラークは母校のロンドン大学精神医学研究所の第三代の心理学科長として招かれた。これとともに，オクスフォードの「不安障害とトラウマ研究」のグループは精神医学研究所に移った。クラークを中心として，サルコフスキスやエーラーズなど16名のグループが移った。彼らの移動とともに，精神医学研究所には新しい心理学科の建物（ヘンリー・ウェルカム・ビル）が建てられ，「不安障害とトラウマ研究センター」が作られた。2001年の4月には新しい建物をオープンする式典がアン王女を招いて開かれ，ベックやラックマンなども参加した。クラークの移動がイギリスの臨床心理学の歴史の上でも重大な出来事であることがわかる。

筆者は，2000年秋にイギリスを訪問した際に，クラークに初めてメールを出したが，その時はちょうどロンドン大学に移動する時期だったので，会うことができなかった。初めて面会できたのは，2001年にバンクーバーで開かれた世界行動療法認知療法会議においてであった。そこで，精神医学研究所への筆者の留学を依頼し，許可をうることができた。このバンクーバー大会で，クラークが「対人恐怖とPTSD：なぜ持続するのか，どう治療するか」という基調講演を行い，筆者はこれを聞く機会があったが，完璧な講演であり，強い感動を受けた。前半は，対人恐怖とPTSDの異常心理学の研究であり，実験研究が多かった。後半は治療法やその効果研究などを話した。異常心理学（メカニズム研究）だけでなく，治療研究もバランスよく行うところが，イギリスの臨床心理学者の特徴である。自分たちのオリジナルな研究を発表していた。臨床の事例を入れて，臨床家にもわかりやすく話し

ていた。プレゼンテーションの仕方も完璧であった。話し方がゆっくり，急がず，聞きやすい。それでいて時間は60分きっかりに終わった。スライドの字もすべて大きくて見やすい。スライドの内容についてすべて，ひとつも飛ばさずに，ゆっくりわかりやすく説明していた。時々ユーモアで笑わせる。終わって拍手が1分くらい鳴りやまず，誰もすぐに席を立たなかった。講演が終わった後，座長をしていたサルコフスキスが，ふざけてアメリカ国旗でクラークを包んだのが印象的であった。会場を満員にして，充実した内容の講演を完璧に行い，期待を裏切らないのは見事であった。このようなプレゼンテーションの仕方をぜひ見習いたいと思った。それ以後，筆者は学会で発表するとき，いつもこのクラークの講演を思い出し，目標にしている。

2002年に精神医学研究所に留学した時に，しばしばクラークと話す機会があった。サルコフスキスの自宅に呼ばれ，クラーク夫妻と歓談したこともあった。世界的に活躍するイメージとは違って，ふだんはおちついたシャイな人柄であり，話し方も朴訥としていて，相手に気を遣いながら話す。筆者はクラークの人柄に強い影響を受けた。ぜひ来日して認知行動療法を紹介してほしいと頼んでいるが，子どもがまだ小さく，世話を夫人のエーラーズといっしょにしているとのことで都合が合わず，なかなか実現できないでいる。

#### 6）サルコフスキス

ポール・サルコフスキスは，クラークと並んで，イギリスの認知行動療法を代表する臨床心理学者である。

サルコフスキスは，1956年にイングランド北部のペンリスで生まれ，ロンドン大学精神医学研究所でラックマンのもとでPh.D.をとり，臨床心理学の訓練を受けた。ヨークシャーで臨床実践を行い，オクスフォード大学研究員となり，そこでクラークとともに，パニック障害や空間恐怖症の心理学的治療の研究を行った。

2000年から，クラークらとともに，ロンドン大学に移り，精神医学研究所心理学科の教授となった。研究所では，18名のリサーチ・スタッフとともに，強迫性障害（4-6および5-6参照），パニック障害，心気症（健康不安），恐怖症など，不安障害について幅広い研究を行っている。これまで100編を越える論文を著している。業績の内容については，杉浦が詳しく解説している（杉浦，2002）。

サルコフスキスは，出版や学会の活動にも精力的に取り組んでいる。イギリス行動認知療法学会の学会誌である「認知行動的心理療法」の編集責任者をつとめている。また，1996年には，『認知行動療法：臨床と研究の発展』が出版された。この本は，最近の認知行動療法のトレンドについてコンパクトにまとめた好著であり，邦訳もある（坂野雄二・岩本隆茂監訳，金子書房，1998）。また，この年には，『認知療法のフロンティア』を編集した。ほかに邦訳としては，『認知行動療法の臨床

ワークショップ：サルコフスキスとバーチウッドの面接技法』（金子書房）がある。邦訳された論文としては，クラークとフェアバーン編『認知行動療法の科学と実践』（伊豫雅臣監訳，星和書店，2003）に「強迫性障害」と「心気症」がある。1996年に，アメリカの行動療法促進学会が「1974年からの20年でこの分野の最も生産的だったトップ50人の研究者」という特集を組んだが，サルコフスキスはその中に選ばれた。

毎年，世界中を飛び回って，国際学会のワークショップを開いている。1995年には，日本精神神経学会の招きで来日し，長崎でワークショップを行った。その時の記録は，『パニック障害の心理的治療：理論と実践』（ブレーン出版，1996）にまとめられている。また，2001年には，日本心理臨床学会の招きで来日し，学会講演と臨床ワークショップを行った。そのワークショップは，『認知行動療法の臨床ワークショップ：サルコフスキスとバーチウッドの面接技法』（金子書房）に収録されている。サルコフスキスのタフな仕事ぶりについては，この本のあとがきに述べられている。筆者は，2004年に，神戸で開かれた世界行動療法認知療法会議に彼を招待した。この大会でサルコフスキスは，講演やシンポジウムなどを精力的に行った。

筆者が初めて会うことができたのは，2001年のグラスゴーのイギリス行動認知療法学会においてであり，ここで来日の打ち合わせをすることができた。その後，学会で何回か会う機会があった。2001年のバンクーバーの世界行動療法認知療法会議では，サルコフスキスと話しているときに，ベックが通りかかったので，ベックを紹介してもらい，いっしょに写真をとってもらったりした。2002年に筆者が精神医学研究所に留学したときには，何回かサルコフスキスのオフィスで話した。また，筆者の研究室の不安研究グループの大学院生が数名ロンドンを訪れた際に，サルコフスキスに会って英語論文を添削してもらったりした（小堀，2003）。こうしたことを気軽に引き受けてくれる人柄である。仕事は非常に早いが多動的な人で，2001年のバンクーバー大会では，シンポジウム中に氷の入った容器をひっくり返して大騒ぎになったり，茶目っ気のある人である。

筆者にとって，留学中にサルコフスキスの自宅に招待されたことは大きな思い出である。そこでクラークとエーラーズの夫妻と親しくなることができたのである。サルコフスキスは，ロンドン郊外のスワンリーという自然に恵まれた村の広大な家に住んでいた。週末は家族とともに，日曜大工で家を建てたり，にわとり小屋を造ったり（野ギツネが出るので敷地の周りに柵を自分で作ったりしていた），庭いじりをして過ごしていた。イギリス人は，土日は完全に仕事を離れて，家族といっしょにすごすのがふつうであるが，このような世界的な研究者までがそうなのかと驚いたものである。

夫人のローナ・ホッグも臨床心理学者であり，統合失調症の臨床で有名である（Hogg & Hall, 1995）。

### 7）エーラーズ

アンケ・エーラーズは，ドイツ出身の臨床心理学者であり，オクスフォード大学のワーンフォード病院で不安障害の研究を行った。夫のクラークとともに，オクスフォード・トラウマ・認知療法グループを作り，レイプの被害による外傷後ストレス障害（PTSD）の治療にとり組んできた。彼らは，認知行動理論をPTSDに適用し（4-10参照），認知行動療法を開発し（5-8参照），大きな業績をあげた。2001年のアメリカの同時多発テロ事件以降，PTSDがクローズアップされるようになり，エーラーズらの研究は世界的に注目されるようになった。

2000年から，クラークらとともに，ロンドン大学に移り，精神医学研究所心理学科の教授となった。現在は，PTSDについて幅広く研究を行っている。毎年秋に，精神医学研究所ではワークショップを開いているが，2002年には，エーラーズとクラークはPTSDの認知行動療法についてのワークショップを開いた。その時の様子を小堀が報告している（小堀, 2003）。

### 8）デシルバ

パドマル・デシルバは，インド出身の臨床心理学者であり，ロンドン大学精神医学研究所でラックマンに学び，Ph.D.をとった。若い頃から精神医学研究所で仕事をしており，現在は上級講師となっている。第4章で述べた侵入思考の研究は有名である（4-5参照）。理論家として非常に優れている。デシルバは，前述の国際強迫認知ワーキンググループ（4-7参照）の中心メンバーとしても活躍している。強迫性障害の研究を中心として，PTSDや摂食障害，ジェラシーの研究，仏教心理学などをテーマとして研究している。邦訳された著書に『強迫性障害』（貝谷久宣訳，ライフサイエンス社）がある。

筆者が精神医学研究所に留学したときも，第一線で活躍していた。多くの人から，「デシルバはイギリスの臨床心理学者から尊敬されている」という言葉を聞いた。

### 9）ヘムズレイ

精神医学研究所心理学科の統合失調症グループの大御所は，デイビッド・ヘムズレイである。

ヘムズレイは1947年生まれで，ケンブリッジ大学を卒業し，1976年にロンドン大学精神医学研究所でアイゼンクのもとでPh.D.をとった。それ以来ずっと精神医学研究所において研究を行い，1992年から教授をつとめている。統合失調症について，実験心理学や認知心理学，神経心理学の手法を用いて解明をすすめ，150本以上の論文を発表している。

ヘムズレイは，1987年の知覚的統合障害仮説，1994年の抑制系障害説など理論

的なレビュー論文をいくつか書いており，その仮説は世界的に影響力がある。妄想の研究に，ベイズ理論を応用したのもヘムズレイである（Hemsley & Garety, 1986）。これは第 4 章で述べたとおりである（4-13 参照）。

また，最近では，神経心理学に力を入れ，fMRI を使った統合失調症の研究も力を入れている。統合失調症の神経心理学仮説で有名なクリス・フリス（ロンドン大学）とも共同で研究している。邦訳された論文としては，ディビッドとカッティング編『精神分裂病の神経心理学』（岩波明・福田正人・中込和幸・上島国利監訳，星和書店，1999）に「精神分裂病患者の基盤をなす知覚および認知異常について」がある。

このように，ヘムズレイは理論的な指導者であるが，同時に臨床家でもある。第 2 章で述べたように，毎週ベスレム王立病院でケース・カンファランスに参加し，モーズレイ病院でクライエントの治療に当たっている（2-1 参照）。こうした臨床活動の中から彼の理論が出てきているということであった。

ヘムズレイの研究方法は，イギリスの異常心理学の良き特徴であるメカニズム中心の考え方である。難解な哲学的異常心理学ではなく，心理学研究によって実証も反証もできる科学的理論である。こうしたメカニズム志向は，アメリカの治療効果中心の臨床心理学とは一線を画すところであり，筆者にとっては魅力的である。

ヘムズレイは，カイパース，ガレティ，ピーターズなどの指導教官をつとめ，多くの研究者を育ててきた。彼の研究グループの若手としては，スティールやクマリなどがいる。

筆者は，2000 年にイギリスを訪れたときにヘムズレイの研究室を訪れた。まだ新しいビルに移る前であり，わざわざ下まで降りてきて，部屋に案内してくれた。サイクリングが趣味とのことで，研究室に自転車がおいてあった。2002 年の在外研究ではヘムズレイに受け入れ責任者になってもらった。精神医学研究所に行くと，ヘムズレイは研究所を案内してくれて，研究室に机とパソコンが用意されていた。そして，統合失調症の研究グループとヘムズレイ研究室のリストをくれて，彼らの一人ひとりと会って話をするように手配してくれた。その後も，筆者の滞在中はいろいろと世話になり，ベスレム王立病院でのケース・カンファランスを見せてもらったり（2-1 参照），筆者の研究室の統合失調症研究グループの大学院生が数名ロンドンを訪れた際に，ヘムズレイに会って研究の話を聞いたりした。

## 10）ガレティ

イギリスの統合失調症研究の大御所がヘムズレイだとすれば，若手のリーダー的存在がガレティである。フィリッパ・ガレティは，ケンブリッジ大学で心理学を学び，1981 年にロンドン大学の精神医学研究所の講師となった。1990 年にヘムズレイの指導で Ph.D. をとった。1994 年から 96 年までは，オクスフォード大学の臨床

心理士の訓練コースを指導した。1997年には，40歳の若さでロンドン大学の教授となった。今までに60本以上の論文を発表している。

ガレティは，指導教官のヘムズレイとともに，妄想研究のスキーマを作った。すなわち，妄想を記述し，アセスメント法を開発し，発生メカニズムを考え，治療介入を行うというアプローチである。1994年に，それまでの仕事をまとめて，『妄想：妄想的推論の心理学的研究』という本を書いた（Garety & Hemsley, 1994）。この本はきわめて大きい影響力を持ち，この本に惹かれて多くの若手心理学者が妄想の研究をはじめたという。この本は，ミネルヴァ書房から翻訳・出版の予定である。第4章で述べた妄想の心理学理論のレビュー（Garety & Freeman, 1999）や，陽性症状の多要因理論（Garety, Kuipers, Fowler, Freeman & Bebbington, 2001）は大きな影響を与えた（4-13, 4-14, 4-15参照）。

統合失調症への認知行動療法を精力的に開発したのもガレティである（5-11参照）。

第6章で述べたように，ガレティは，多くの治療効果研究を動かしている。PRPトライアル，LEOサービス，OASISといったものである（6-7, 6-8, 6-9参照）。筆者は，在外研究の間に，ガレティから研究のマネジメントの仕方も学ぶことができた。ガレティのもとで多くのリサーチ・スタッフが働いている。ピーターズやフリーマンなどの若手研究者も育っている。

筆者は，2000年にイギリスを訪れたときにガレティの研究室を訪れた。筆者が考えている妄想研究に一番近いのがガレティの研究であり，一番議論したいと思ったからである。2002年の在外研究では，ガレティの仕事をよく見て，いろいろと吸収したいと思い，ガレティの研究室に頻繁に通った。

ガレティの研究室は，2002年当時は，ロンドンの国会議事堂（ビッグベン）の向かい側のセント・トーマス病院にあった。ガレティの研究室で行われた治療効果研究の会議にはよく出席した。そのたびにビッグベンをみたものだ。2002年12月から，精神医学研究所にオフィスを移したという。

2003年に，ガレティは，東京大学で開かれた日本心理学会に招待され，臨床ワークショップを行った。多くの事例をビデオで紹介し，臨床家に勇気を与えた。その記録は翻訳・出版された（『認知行動療法の臨床ワークショップ2』金子書房，2004）。人柄も話しぶりも非常に明確であったのが印象的である。

### 11）カイパース

精神医学研究所心理学科の認知行動療法の中心にいるのがエリザベス・カイパースである。

もともとは，家族介入法の研究で有名であり，『統合失調症のファミリー・ワーク』という治療マニュアルを作った（Kuipers, Leff & Lam, 1992；三野善央・井上新平訳『分裂病のファミリーワーク』星和書店，1995）。

カイパースは，統合失調症の認知行動療法の中心人物のひとりである。カイパースが中心となって，認知行動療法のマニュアルを作った（Fowler, Garety & Kuipers, 1995）。また，カイパースが中心となって，認知行動療法の大規模な効果研究が行われた（6-7 および 6-8 参照）。PRP トライアルもその延長にある。その中で，スーパービジョンを行う PICuP というプログラムがある。その会に出て，事例検討を見学させてもらったことは前述のとおりである（2-3-8 参照）。

また，精神医学研究所心理学科は，臨床心理士の認定校になっていて，30 名ほどの博士課程の学生がいるが，その教育の中心にいるのがカイパースである。

## 12）ワイクス

統合失調症の認知リハビリテーション療法で有名なのが，精神医学研究所心理学科の教授のワイクスである。ティル・ワイクスは，ノッティンガム大学で心理学を学び，サセックス大学の博士課程において，『メンタル・モデル』で有名なジョンソン・レアードの指導を受けて，実験心理学・認知心理学の研究で Ph.D. をとった。モーズレイ病院の臨床心理士としても働いており，精神医学研究所では，「重度精神病からの回復センター」と「医療サービス・ユーザー研究開発室」の主任もつとめている。統合失調症の幻聴に対するグループ認知行動療法の実践研究や，暴力をふるう入院患者に対するスタッフの心理的対応などの研究を行った。

ほかにも，ワイクスは，統合失調症の幻聴に対する認知行動療法をグループで行った研究でも有名である。日本では石垣琢麿氏が行っているが，その最初の試みはワイクスによるものである。

また，弟子のヘイワードといっしょに，統合失調症に対するスティグマ療法というのも行っている。これは，社会からの統合失調症に対するスティグマに対して，クライエント自身がそれを否定して，自尊心を高めようとする方法であり，認知行動療法のひとつのユニットとして使え，効果もあるということであった。

最近は，統合失調症に対する認知リハビリテーション療法（CRT）を開発し，世界的な注目を浴びている（5-12 参照）。

筆者は 2002 年の留学中に，認知リハビリテーション療法に強い興味を持ち，ぜひとも日本に紹介したいと考えていた。そう思っていたある日，ワイクスからメールをもらった。福島県立医科大学教授の丹羽真一氏が，公開シンポジウムのために，ワイクスを日本に招待されたという。僥倖とはこのことである。せっかく来日するのだから，「認知リハビリテーション療法の具体的な技法についてワークショップを開いてもらえないか」とワイクスにお願いしたところ，了承を得ることができた。こうして 2003 年に来日ワークショップが実現した。ワークショップで，ワイクスは，認知リハビリテーション療法の理論と実際について具体的に説明した。

筆者の留学中には，同じ統合失調症の研究者ということもあり，2 度ほど自宅に

招待されて，ワイクスの家族と知り合うことができた。2003年の夏には，ワイクスのご主人と娘さんが東京に観光に来て，筆者が東京を案内した。その時は，筆者の自宅に招いて，家族ぐるみのつきあいをした。現在，ワイクスは認知リハビリテーションについての本をまとめているということである。

### 13) ピーターズ

ピーターズは，現在，精神医学研究所の講師をしている。研究の面では，PDIを用いた健常者の妄想的観念の研究で，この数年で多くの論文を発表している（4-16参照）。

ピーターズは，臨床実践についてもアクティブである。これは第2章で述べたとおりである。

筆者の留学が非常に充実したものになったのは，ピーターズのおかげである。ロビン・マレイの病棟ケース・カンファランスに出席できたり，病棟での臨床心理士の活動が見学できたり，看護スタッフとのロング・ハンド・オーバーに出させてもらったり，PICuPのスーパービジョンに出させてもらったり，臨床心理士の活動をよく観察することができたのは，ピーターズがコーディネートしてくれたおかげである。

2004年に神戸で開かれた世界行動療法認知療法会議では，筆者はピーターズを招待し，「妄想への認知行動療法」というワークショップを開いてもらった。その記録は金子書房から邦訳・出版の予定である。

### 14) ラム

ドミニク・ラムは，香港出身の臨床心理学者であり，ロンドン大学精神医学研究所でPh.D.をとってからも，ずっと精神医学研究所で仕事をしており，現在は上級講師となっている。うつ病を中心に，いろいろな領域の臨床活動をしている。以前は，統合失調症の研究をしており，カイパースやレフとともに，家族教育プログラムのマニュアルを作った（『分裂病のファミリーワーク』三野善央・井上新平訳，星和書店）。最近は，両極性の躁うつ病の認知行動療法で業績をあげており，『両極性障害への認知療法：その概念，方法，実践の治療者のためのガイド』や，『両極性障害への対処』といった本を書いている。精神医学研究所では，カイパースとともに，認知行動療法家の養成を担当している。

筆者が精神医学研究所に留学したときには，何回か話をする機会があり，サルコフスキスの自宅に招待された時にも同席した。

### 15) その他

このほかに，精神医学研究所心理学科では，司法心理学のグッドジョンソン（13-5-4参照）や，外傷後ストレス障害の研究で有名なウィリアム・ユールが教授をつとめている。ユールは，子どもの外傷後ストレス障害（PTSD）の研究で有名

である。ユールの邦訳された論文としては，サルコフスキス編『認知行動療法：臨床と研究の発展』（坂野雄二・岩本隆茂監訳，金子書房，1998）に「子どもの心的外傷後ストレス障害」がある。1981年にはイギリス行動療法学会の会長をつとめた。

## 10-3. ロンドン大学ユニバーシティ・カレッジ
### 1）ユニバーシティ・カレッジ・ロンドンの心理学科

ユニバーシティ・カレッジ・ロンドンは，1826年創設で，ロンドン大学の中で最も古いカレッジである。心理学科は長い伝統がある。これについては後述する（14-13-1参照）。

ここには，臨床心理学の博士課程（臨床心理士の認定校）が設けられている。毎年32名の学生を受け入れており，認定校の中でも最も人数が多い（表9-1参照）。臨床心理学に関係した有名な教授としては，ブリューイン，フォナギー，フリスなどがいる。

心理学科教授のクリス・ブリューインは，抑うつや不安障害の認知モデルの研究で著名である。ロンドン大学精神医学研究所を経て，ユニバーシティ・カレッジの教授となった。著書に『臨床心理学の認知的基礎』，『外傷後ストレス障害：疾病か神話か？』や，編著『原因帰属と行動変容』がある。後者には邦訳もある（アンタキとブレーウィン編，ナカニシヤ出版）。また，サイコロジー・プレスから出ている「臨床心理学モジュラーコース」というシリーズの編者である。

また，心理学科には，「精神分析ユニット」というセクションがある。ここは歴史的に，アンナ・フロイト派の教育と研究の中心である（15-2参照）。このユニットを創立したジョセフ・サンドラーは，アンナ・フロイトの仕事を後押しした。その著書には邦訳もある（『患者と分析者：精神分析臨床の基礎』誠信書房）。現在は教授のピーター・フォナギーが指導している。フォナギーは愛着理論をいろいろな臨床問題に応用して，『愛着理論と精神分析』といった本を出している（Fonagy, 2001）。フォナギーは，精神分析療法の治療効果の研究にも力を入れている。フォナギーとロスは，イギリス政府の要請を受けて，さまざまな治療効果研究をレビューし，1996年に，『どの治療法が誰にきくか？』という報告書を出し，きわめて大きな影響を与えた（6-5参照）。2002年にはその続編も出た（Fonagy, Target, Cottrell, Phillips & Kurtz, 2002）。フォナギーのグループは，現在，「実証にもとづく心理療法」の中心となって活躍している（15-11-3参照）。

英国心理学会は，1995年に，ロンドン大学ユニバーシティ・カレッジの中に，治療効果研究センター（CORE）を作った。COREは，心理療法の治療効果をレビューし，ガイドラインを作る作業をしている。

ウタ・フリスは，ユニバーシティ・カレッジの心理学科と認知神経科学研究所の併任教授である。自閉症の「心の理論」の研究で世界的に有名である。著書『自閉

症の謎を解き明かす』と『自閉症とアスペルガー症候群』は邦訳がある（いずれも東京書籍）。

また，ユニバーシティ・カレッジの臨床科学部には，健康心理学で有名なアンドリュー・ステプトーとジェーン・ワードルの夫妻がいる（13-7-3参照）。

**2）ユニバーシティ・カレッジ・ロンドンの神経学研究所**

ユニバーシティ・カレッジには，神経学研究所が併設されており，クリス・フリスをはじめとして多くの心理学者が研究している（13-8-3参照）。

## 10-4. ロンドン大学ロイヤル・ホロウェイの心理学科

ロンドン郊外のウィンザー城の近くに，ロンドン大学のロイヤル・ホロウェイ・カレッジがある。このカレッジは，1849年に創設されたベドフォード・カレッジと，1886年に創設されたロイヤル・ホロウェイ・カレッジが，1985年に合併してできた。以前のベドフォード・カレッジでは，EE研究（感情表出研究）の創始者である社会学のブラウンが教授をつとめていた。ジョージ・ブラウンは，精神病理とライフイベントの定量的な実証研究を切り開き，臨床心理学や社会精神医学に大きな影響を与えた。ブラウンは，EE研究（4-12参照）の後，抑うつの研究に転じ，ティリル・ハリスとともに，若い女性を対象として，抑うつの発症とライフイベントの関係について調査し，『抑うつの社会的起源』という著書にまとめた（Brown & Harris, 1978）。この研究は，肉親の死や身体的な病気といったネガティブなライフイベントがストレスとなって，抑うつの引き金になることを実証したものであり，臨床社会心理学の古典となっている。ブラウンは，ロイヤル・ホロウェイ健康社会保健学部に，精神病理とライフイベントの関係を調査する研究機関である「ライフスパン研究グループ」を創設した。ブラウンが退職した今もこのグループは研究活動を続けている。

ロイヤル・ホロウェイは，人文科学・社会科学・自然科学の学部からなる総合大学であるが，その中に心理学科がある。心理学科長をつとめるのは，マイケル・アイゼンクである。彼は，ハンス・アイゼンク（10-2-1参照）の息子であり，バークベック・カレッジなどを経て，ロイヤル・ホロウェイの教授となった。父子で『マインド・ウォッチング』という著書も出している（邦訳は，田村浩訳，新潮選書，1986）。マイケル・アイゼンクは，認知心理学で多くの業績があり，邦訳されたものもいくつかある。例えば，『認知心理学事典』（野島久雄・半田智久・重野純訳，新曜社，1998），『認知心理学講座 第1巻 記憶』（認知科学研究会訳，海文堂出版，1989），『ハピネス』（石川弘義・山根三沙訳，新世社）などである。アイゼンクは，『不安と認知』（1997）や『個人差：その正常と異常』（1994）といった著作も著し，認知心理学を異常心理学に応用する仕事にもとり組んでいる。彼は，大学では，臨床心理学の研究グループにも属している。2001年には，父ハンス・アイゼンクの

仕事を記念して行われる英国心理学会の「アイゼンク講演」を行った。

心理学科には、臨床心理学の博士課程（臨床心理士の認定校）がある。毎年24名の学生を受け入れており、比較的競争率も高い（表9-1参照）。臨床心理学の教授はマイケル・バーガーであり、その下に7名のスタッフがいる。

## 10-5. オックスフォード大学の臨床心理学

### 1) オックスフォード大学心理学科

オックスフォード大学の実験心理学科は、イギリスで最も大きな心理学科である。その歴史については後述する（14-12参照）。臨床心理学に関係した教授としては、クラリッジがいる。また、異常心理学の教授をつとめるのはマーティンである。

ゴードン・クラリッジは、統合失調症とパーソナリティの関係についての研究で知られている。初期には、アイゼンクのパーソナリティ理論のP尺度（精神病性）の研究を行い、『パーソナリティと覚醒度』などの著作をあらわした。その後、統合失調症型人格（Schizotypy）の研究を行った。1984年には、DSM-Ⅲにもとづく質問紙法として、統合失調症型人格障害尺度（STQ）を開発した（Claridge & Broks, 1984）。このSTQを健常者を対象として実施し、因子分析を行ったところ、①アンヘドニア（無快感症）、②知覚異常、③認知的解体という3因子が得られた。こうした3因子はまさに統合失調症の症状と対応する。これまでは、統合失調症の症状は、健常者の体験とは異質であると考えられてきたが、このようなデータからすると、両者は連続的である。これがクラリッジの一貫した主張である。こうした主張は、1990年には、「統合失調症の疾患モデルは生き残るか？」という論文にまとめられている（Claridge, 1990）。また、1997年には『統合失調症型人格』という本を編集した（Claridge, 1997）。

筆者は、留学中にオックスフォード大学にクラリッジを訪ねて話を聞くことができた。クラリッジは、2002年にオックスフォード大学を定年退官し、名誉教授となっていたが、実験心理学科の研究室で仕事をしていた。「健常者と統合失調症の因子分析の結果が対応することは不思議だ」と尋ねると、即座にクラリッジは、「それは不思議でも何でもない。統合失調症という疾病と健常者のパーソナリティが別だというのは医学的な見方であって、心理学では両者は連続体の両極であるとみる。だから、健常者と統合失調症の因子分析結果が対応することは当然だ」と答えた。現在は、統合失調症型人格障害と利き手の関係について調査していて、日本にも調査に来ていた弟子を紹介してくれた。「角田忠信の『日本人の脳』は面白いデータだがその後はどうなっているか」などと聞かれた。クラリッジは、オックスフォード大学では心理学科とは別に、カレッジ（モードリアン・カレッジ）で学生を教えていたとのことであり、それについて詳しく話してくれた。

### 2) オックスフォード大学ワーンフォード病院

第1部 臨床心理学

　オクスフォード大学の臨床心理学は，ワーンフォード病院の精神科を拠点としている。ここには，多くの有名な精神医学者や臨床心理学者がいて，認知行動療法の研究を行っている。精神医学者については17章で紹介することにして，ここではおもに臨床心理学者について紹介する。

　ワーンフォード病院の精神科では，統合失調症研究グループ，摂食障害研究グループ，不安障害研究グループなどに分かれて研究が行われている。

　摂食障害グループには，シャフランがいる。ロズ・シャフランは，摂食障害や不安障害，完全主義パーソナリティなどの研究を行っている。サルコフスキスが指導していたということである。筆者の研究室の不安障害研究グループの大学院生が英国を訪れた際には，シャフランにワーンフォード病院を案内してもらい，研究についてコメントしてもらった。

　不安障害研究グループは，以前はクラークとサルコフスキスとエーラーズの3名が率いていたが，前述のように，2000年にロンドン大学精神医学研究所に移った。

　また，抑うつの認知行動療法の研究で有名なのはマーク・ウィリアムスである。ウィリアムスは，1952年生まれで，オクスフォード大学でPh.D.を取り，ケンブリッジ大学の応用心理学研究施設やウェールズ大学教授を経て，現在はオクスフォード大学精神科の教授をしている。『自殺と自殺未遂』，『臨床場面における認知療法』（共著），『認知心理学と情緒障害』（共著）など，多くの著書を出している。2002年には，シーガルやティーズデイルと共著で『うつ病へのマインドフルネス認知療法』という本を書いて話題になっている。邦訳された著書に『抑うつの認知行動療法』（中村昭之監訳，誠信書房）がある。邦訳された論文としては，サルコフスキス編『認知行動療法：臨床と研究の発展』（坂野雄二・岩本隆茂監訳，金子書房，1998）に「人格障害と意志：分裂病型人格障害への認知神経心理学的接近」がある。また，クラークとフェアバーン編『認知行動療法の科学と実践』（伊豫雅臣監訳，星和書店，2003）に「うつ病」がある。さらに，アンタキとブレーウィン編『原因帰属と行動変容』（細田和雅・古市裕一監訳，ナカニシヤ出版，1993）に「予期×価値：帰属が学業成績に及ぼす効果に関するモデル」がある。

### 3）オクスフォード大学臨床心理学博士課程

　オクスフォード大学には臨床心理学の博士課程（臨床心理士の認定校）が設けられている。これはワーンフォード病院の中のアイシス教育センターで行われている。毎年20名の学生を受け入れており，比較的競争率も高い（表9-1参照）。

　養成の責任者は，以前はジョン・マツィリアがつとめていた。マツィリアは，1978年にイギリス行動療法学会の会長をつとめるなど，認知行動療法の発展に尽くした。邦訳された編著書に『専門職としての臨床心理士』（下山晴彦訳，東京大学出版会）がある。この本は，前述のように，イギリスの臨床心理学を知るには最

適の本であり，数カ国語に翻訳されている名著である（1-1 参照）。

1994年から96年まで，前述のフィリッパ・ガレティが養成責任者をつとめ，1996年以降はスーザン・ルウェリンがつとめている。その下に数名のスタッフがいる。形式的にはオックスフォード大学のハリス・マンチェスター・カレッジに所属しており，ルウェリンをはじめとする教員と学生は，このカレッジに所属する。

筆者は，2000年10月に，ワーンフォード病院のアイシス教育センターを訪ねた。イギリスの臨床心理学と臨床心理士養成について聞くために，東京大学教育学研究科の下山晴彦氏といっしょにスーザン・ルウェリンやジョン・ホールを訪ねたのである。

ジョン・ホールは，マツィリアとともに前述の『専門職としての臨床心理士』という本を編集した。ホールは，リハビリテーションのための評価（REHAB）を作成したことでも有名である（3-6-1 参照）。ホールは，下山氏と筆者を自宅に呼んで，みずから料理してもてなしてくれた。暖かい家族的な雰囲気であった。

スーザン・ルウェリンは，2004年に，神戸で開かれた世界行動療法認知療法会議に参加して，タービンとともにシンポジウムを開いた。

## 10-6. ケンブリッジ大学の臨床心理学

ケンブリッジ大学には，臨床心理学の博士課程はないが，基礎的心理学からの臨床へのアプローチがさかんである。

### 1）ケンブリッジ大学の実験心理学科

イギリスの実験心理学の中心はケンブリッジ大学である。その歴史については後述する（14-11-1 参照）。実験心理学科には，バロン－コーエンがいる。

サイモン・バロン－コーエンは，自閉症の「心の理論」の研究を強力に押し進め，ケンブリッジ大学の中に「自閉症研究センター」を設立している。ロンドン大学のユニバーシティ・カレッジで Ph.D. をとり，ロンドン大学精神医学研究所で臨床心理士の資格をとった。精神医学研究所の講師をつとめた後，ケンブリッジ大学の教授となった。彼は，実験心理学と同時に医学部の精神科の教授も併任している。多くの論文・著書を発表しており，世界的な注目を浴びている。バロン－コーエンの著書の多くは邦訳されている。『自閉症入門：親のためのガイドブック』（中央法規出版），『心の理論：自閉症の視点から』（八千代出版），『自閉症とマインド・ブラインドネス』（青土社）などである。2005年に，筆者は留学中の若林明雄氏（千葉大学）を訪ねた際に，バロン－コーエンと会うことができた。

### 2）ケンブリッジ大学認知脳科学ユニット（以前の応用心理学研究施設）

認知脳科学ユニット（Cognition and Brain Sciences Unit）は，1944年に作られた応用心理学研究施設が改称されたものである。その歴史については後述する（14-11-2 参照）。ここには，ティーズデイル，マシューズ，ダルグライシといった

そうそうたる臨床心理学の理論家がいる。

### 3）ティーズデイル

ジョン・ティーズデイルは，イギリスで最も有名な臨床心理学者のひとりといってよいだろう。抑うつや感情について多方面の研究を進めており，論争を好む理論家としても知られている。ティーズデイルは，ロンドン大学の精神医学研究所心理学科をへて，オクスフォード大学ワーンフォード病院の精神科で講師となった。1987年にケンブリッジ大学の認知脳科学ユニットに移り，ずっとここで研究を続け，2004年に定年退官した。

1978年には，アメリカのエイブラムソンやセリグマンとともに，「改訂学習性無力感理論」を発表し，学習性無力感と社会心理学の原因帰属理論を結びつけて，うつ病を説明した。この理論は，その後の心理学に大きな影響をもたらした。第1に，抑うつの心理学理論として画期的であった。第2に，学習心理学と社会心理学と臨床心理学をうまく融合した総合理論であり，その後多くの学際研究を生んだ。この研究がきっかけとなって，臨床社会心理学という分野が生まれた。第3に，この理論がきっかけとなって，非臨床アナログ研究が盛んになったのである。

---

### セリグマンとティーズデイルの出会い

ティーズデイルとセリグマンの出会いと，改訂学習性無力感理論の成立について，『オプティミストはなぜ成功するか』（セリグマン著，講談社文庫）から紹介してみよう。

1975年に，セリグマン（アメリカのペンシルバニア大学）は，研究休暇でロンドン大学の精神医学研究所にいた。この時に，オクスフォード大学で学習性無力感理論について講演をした。聴衆には，1973年にノーベル賞を受賞した行動生物学者ニコラス・ティンバーゲン（14-12-5参照）や，発達認知心理学者のジェローム・ブルーナー（14-12-4参照），情報科学のドナルド・ブロードベント（14-11-2-1参照），オクスフォード大学の精神医学界の長老マイケル・ゲルダー，ロンドン大学精神医学研究所のジェフリー・グレイ（10-2-4参照）といった大物が顔をそろえていたという。こうした大物たちの前で，セリグマンは講演を始めた。大物たちは，セリグマンの結論にうなずいたり，ジョークに笑ってくれたりした。ところが，前列の中央にひとりだけ笑わない男が座っており，セリグマンの結論にはっきりと首を振ってノーの意志を示していたという。スピーチが終わり，議論の時間となったとき，この男が立ちあがって，指定討論をはじめた。「この魅力的な話にのせられてはいけません。講演者の理論はまったく適正を欠くものです」とこの男は話し始め，セリグマンの学習性無力感の研究の矛盾をいくつもあげた。セリグマンは自信を失ってしまい，「あなたならば，こうした矛盾を解決できるか」と尋ねた。すると，この男は「ええできると思います」と答えたという。この男

こそが，ジョン・ティーズデイルであった。
　この出会い以後，セリグマンは，ロンドンからオクスフォードにしばしば足を運び，芝生を歩きながら，ティーズデイルの反対意見について徹底的に話しあったという。学習性無力感理論の矛盾について，ティーズデイルは，うつ病患者との臨床の経験から，原因帰属の個人差で説明できると考えたそうである。ここに改訂学習性無力感理論の基本的な考え方がみられる。こうして，2名は共著で論文を書き始めた。
　セリグマンは，しばしばペンシルバニア大学に戻り，自分の研究グループの指導をした。その中にリン・エイブラムソンがいて，彼女はウィーナーの原因帰属理論の影響を受けており，こちらでも学習性無力感を改訂する論文を書いていた。
　その時，「異常心理学雑誌（Journal of Abnormal Psychology）」の編集者が，セリグマンに連絡をしてきた。学習性無力感理論についての多くの反論が寄せられており，ひとつの号をそうした反論の特集にしたいということであった。編集者は，セリグマンにも反批判の論文を書くように伝えてきたという。
　そこで，セリグマンは，急遽，ティーズデイルとの共著論文と，エイブラムソンとの共著論文をひとつにまとめたいと2人を説得し，3名で1本の論文を書き上げた。これが「人間における学習性無力感：批判と改訂」と題する論文であり，輝かしい改訂学習性無力感理論の始まりであった。エイブラムソンは，1982年にこの理論で学会賞を受賞する。これ以降，改訂学習性無力感の理論は大きく発展し，さらに絶望感抑うつ理論へと発展していくのである。理論の発展については，大芦・平井（1992）が詳しい。
　この論文を掲載した「異常心理学雑誌」は，1978年2月に出版された。この特集号をみてみると，たしかにほとんどの論文がセリグマンの学習性無力感理論への批判である。この中に，たった1本だけ孤立して，エイブラムソン，セリグマン，ティーズデイルの改訂学習性無力感理論の論文が載っている。しかし，今からみると，孤立していたエイブラムソンらの論文は古典として今でも読まれているのに対し，それ以外の論文はほとんど読まれることなく，歴史の中に埋もれてしまっている。皮肉なことである。

　ティーズデイルは，1984年に，オクスフォード大学のフェンネルとともに，うつ病への認知療法の効果を調べた。こうした研究によって，認知療法が薬物療法と同じくらいの効果があることが確かめられ，抑うつの認知療法がイギリスに広まるきっかけを作ったのである。ティーズデイルは，イギリスにおける認知療法のパイオニアなのである。
　その後，ティーズデイルは，「抑うつ的処理活性仮説」を提出し，大きな反響を呼んだ。この仮説は，ベックの抑うつの認知理論に対する批判として出されたものであり，両者の間には「抑うつスキーマ論争」がおこる。この経過については，筆

者の『エビデンス臨床心理学』のなかで解説した。ワーンフォード病院時代に，ティーズデイルは，D・M・クラークと共同で論文を書いている。クラークのパニック障害の理論は，ティーズデイルの循環的図式をベースにしているのである。

ケンブリッジ大学に移った当初は感情心理学の研究に没頭し，1993年に，同僚のバーナードとともに，『感情，認知，変化：抑うつ思考を再びモデル化する』という本を書き，認知と感情を9つのサブシステムに分け，それらの相互作用を考えた。こうした感情理論の中に抑うつを位置づけた。

最近は再び臨床の世界に戻ってきて，2002年には，シーガルやウィリアムスと共著で『うつ病へのマインドフルネス認知療法』という本を書いて話題になった。これは8セッションの治療法であり，瞑想法を取り入れるという特徴がある。ティーズデイルは最近，マインドフルネス認知療法の治療効果研究を行い，その普及のため精力的に飛び回っている。

筆者は，2000年秋にイギリスを訪問した際に，ティーズデイルに初めてメールを出したが，その時は日程が合わずケンブリッジに寄ることができなかった。2002年に留学したときに，クラークがティーズデイルを精神医学研究所に呼んで講演会を開いた。ここでティーズデイルの講演を聞く機会を得た。明るくアメリカ的なエネルギッシュな人で，話の内容も明晰で，英語もわかりやすかった。あとで聞いたらティーズデイルは仏教徒なのだという。瞑想法を取り入れるといった発想はかなり東洋的なものである。

**4）マシューズ**

アンドリュー・マシューズは，ロンドン大学セントジョージ医科大学の心理学科の教授を経て，現在はケンブリッジ大学の認知脳科学ユニットで研究している。不安の情報処理の理論や，感情が認知にどのようなバイアスをもたらすかという実験心理学の研究で有名である。ストループ課題やダイコティック・リスニング課題（両耳分離聴課題）などを用いた実験で多くの論文を発表している。共著で『認知心理学と情緒障害』（1988）がある。邦訳された論文としては，クラークとフェアバーン編『認知行動療法の科学と実践』（伊豫雅臣監訳，星和書店，2003）に「情動障害における情報処理の偏り」がある。1979年にはイギリス行動療法学会の会長をつとめた。

**5）ダルグライシ**

ティム・ダルグライシは，PTSDなどの不安障害の理論的研究を精力的に発表し，頭角をあらわしてきた若手の研究者である。ロンドン大学精神医学研究所をへて，ケンブリッジ大学の認知脳科学ユニットに来た。著書にパワーと共著の『認知と感情：秩序から障害へ』，『認知と感情ハンドブック』，デイヴィーズとの共著『回復された記憶』などがある。

## 10-7. マンチェスター大学の臨床心理学

マンチェスター大学の医学・薬学部の中に臨床心理学科があり，ここに臨床心理学の博士課程（臨床心理士の認定校）が設けられている。また，科学・工学部の中に，心理学科がある。

### 1) マンチェスター大学の臨床心理学科

マンチェスター大学は臨床心理学がさかんである。マンチェスター大学は，以前から統合失調症の精神病理学がさかんな地であり，「マンチェスター学派」という名称で知られている。こうした風土に対応して臨床心理学・異常心理学もさかんである。それを引き継いでいるのがタリアの研究グループである。

臨床心理学の博士課程は，医学・薬学部の精神医学行動科学部の臨床心理学科で行われている。このコースは，毎年20名の学生を受け入れている（表9-1参照）。養成責任者は上級講師のレイチェル・カラムである。臨床心理学のスタッフは，ウィシングトン病院やロイヤル・インファーマリーなど，いくつかの病院に分散してオフィスを持っている。

### 2) タリア

精神医学行動科学部の臨床心理学科教授のタリアは，統合失調症の認知行動療法や家族介入で世界的に著名である。ニコラス・タリアは，1951年生まれで，ノッティンガム大学を卒業し，マンチェスター大学で臨床心理士の資格を得た後，1977年にロンドン大学精神医学研究所でPh.D.をとった。オーストラリアのシドニー大学で講師をつとめたあと，1991年からマンチェスター大学の臨床心理学の教授をつとめている。初期には，統合失調症の家族の感情表出（EE）や家族介入を研究していた。その後，陽性症状への症状対処行動の研究にもとづいて（4-18参照），対処ストラテジー増強法（CSE）を開発した（5-14参照）。また，統合失調症への認知行動療法を開発し，「ソクラテス・プロジェクト・チーム」をたちあげたことでも有名である。ソクラテスとは，初期統合失調症の認知再編成療法（Study Of Cognitive ReAlignment Therapy in Early Schizophrenia）の略である。

また，タリアは，認知行動療法の効果について，無作為割付対照試験（RCT）を用いた効果研究を行っている。タリアの効果研究は，アメリカ精神医学会の治療ガイドラインの中にも引用されているほどである。ロンドン大学のガレティと並んで，イギリスのRCTのオーガナイザーとして知られている。タリアのグループが獲得した研究費のリストを見せてもらうと，日本円にして3億円や5億円といった額のものがいくつもあった。タリアのもとには多くの臨床心理学者が集まり，マンチェスターは，統合失調症研究の中心として世界的にも認められるようになった。

タリアは，これまで150本以上の論文や著書を発表している。1992年には，バーチウッドとともに『統合失調症の心理学的マネジメントの普及』を編集した。ほ

第1部 臨床心理学

かにも，共編著として，『統合失調症の心理学的マネジメント』（1994），『統合失調症患者の家族：認知行動的介入』（1997），『複雑な事例の治療法：認知行動療法的アプローチ』（1998），『統合失調症の心理学的治療の成果と普及』（1998）などがある。邦訳された論文としては，サルコフスキス編『認知行動療法：臨床と研究の発展』（坂野雄二・岩本隆茂監訳，金子書房，1998）に「幻覚と妄想に対する認知行動療法」がある。

筆者は，2000年にイギリスを訪問した際に，タリアの研究室を訪ねる機会があった。彼の部屋は，研究室というよりは，ビジネスマンの会議室という感じであった。整然として居心地がよかった。部屋に入っていくなり，日本語で「おはようございます」と挨拶してきた。世界中を旅行しており，日本にも何回か来たことがあるそうだ。若い頃は，仙台・青森・北海道とヒッチハイクでまわり，韓国にも長期間旅したとのこと。空手初段で，剣道もやったことがあるという。たまたま，その年に，慶應義塾大学で開かれた家族療法の会議のため来日したそうで，壁には日本の新幹線の写真やおみやげなどが飾られていた。新著をくれたり，臨床心理士に関する資料を山のように用意しておいてくれたり，秘書の車でマンチェスターの街まで送ってくれたり，親切にしてくれた。話の端々から「いつでも俺のところに来い」といった親分肌の性格が見えた。この人の周りに多くの有能な若手研究者が集まる理由がよく理解できた。本名はニコラスだが，イギリスの臨床心理学関係者は，親しみをこめてみんな彼をニックと呼んでいる。オーガナイザーとして卓抜な組織力と事務能力を持っている。臨床心理学者でこのような雰囲気を持っている人は少なく，貴重な存在である。タリアの生き方に筆者は強く影響を受けている。

筆者は，2004年7月に神戸で開かれた世界行動療法認知療法会議にタリアを招待して「精神病の陽性症状の認知行動療法」というワークショップを開いてもらった。その記録は金子書房より邦訳される予定である。

### 3）バロウクロウ

タリア夫人のクリスティン・バロウクロウも，マンチェスター大学の臨床心理学の教授である。タリアとともに，ロンドン大学の精神医学研究所で統合失調症の家族療法や認知行動療法の研究をしてきた。タリア夫妻には『統合失調症患者の家族：認知行動的介入』という著作がある。2003年にはイギリス行動認知療法学会の会長をつとめている。2004年の9月には，マンチェスターでヨーロッパ行動認知療法学会とイギリス行動認知療法学会の合同大会が開かれ，バロウクロウがその責任者をつとめた。7月の神戸の世界行動療法認知療法会議に夫婦で招待したが，大会の準備で忙しく，バロウクロウは来日できなかった。

### 4）ハドック，カラム

タリアのもとには多くの研究者が集まり，新しい「マンチェスター学派」が形成

され，若い研究者も育っている。ハドック，カラム，キンダーマン，後述のウェルズやモリソンなどが，タリアのもとで仕事をしている。

ジリアン・ハドックは，マンチェスター大学の上級講師である。共編著として『精神病に対する認知行動療法』（1996）や『複雑な事例の治療法：認知行動療法的アプローチ』（1998）がある。英国心理学会からメイ・デビッドソン賞を受け，1999 年にはイギリス行動認知療法学会の会長をつとめるなど，活躍している。

上級講師のレイチェル・カラムは，臨床心理学の博士課程で養成責任者をつとめている。筆者が 2000 年にタリアを訪問した際には，カラムが臨床心理学博士課程について，親切に説明してくれた。

### 5）ウェルズ

マンチェスター大学の心理学科の近くに，マンチェスター・ロイヤル・インファーマリイという病院があり，ここにマンチェスター大学臨床心理学科の教授ウェルズのオフィスがある。ウェルズはまだ若いが，不安障害の研究者として世界的に著名である。

エイドリアン・ウェルズは，アストン大学で心理学を専攻し，リーズ大学で Ph.D. と臨床心理士の資格をとった。その後，アメリカのベックのもとで認知療法を学び，帰国してオクスフォード大学のワーンフォード病院につとめた。ここでデイビッド・クラークのもとで不安障害の認知行動療法の研究をして，前述の対人恐怖の認知行動療法（4-8 および 5-7 参照）や，全般性不安障害への認知行動療法（4-9 参照）を完成させた。1996 年にマンチェスター大学の講師となり，それまでの治療研究をまとめて著書『不安障害の認知療法：実践マニュアルと理論ガイド』を書いた（Wells, 1997）。2003 年には弱冠 40 歳でマンチェスター大学教授のポストについた。

ウェルズは理論家でもあり，不安障害についての理論的著書を多く著している。1994 年には，G・マシューズと共著で『注意と感情：臨床的パースペクティブ』を書いて，英国心理学会の出版賞を受けた。この本は邦訳があり，筆者もかかわった（『心理臨床の認知心理学』箱田裕司・津田彰・丹野義彦監訳，培風館，2002）。また，2000 年には『情緒障害とメタ認知：革新的認知療法』を書き，これも大きな反響を呼んだ。

共編著として『複雑な事例の治療法：認知行動療法的アプローチ』（1998）がある。邦訳された論文としては，クラークとフェアバーン編『認知行動療法の科学と実践』（伊豫雅臣監訳，星和書店，2003）に「全般性不安障害」がある。

筆者は，2000 年の秋にイギリスを訪問した際に，ウェルズの研究室を訪ねることができた。その時は上級講師であった。日本の対人恐怖の研究についてかなり興味を示した。その後，日英大和基金に，共同で対人恐怖の研究を申請したりした。

また，2001年には，バンクーバーの世界行動療法認知療法会議でウェルズはワークショップを開いたが，筆者はこれに参加してワークショップの有効性に目覚めた（その時の様子は『認知行動療法ワークショップ』［金子書房］にまとめた）。また，2001年にはウェルズの著書の邦訳にたずさわることができた。邦訳が出版されたのは，ちょうど筆者がイギリスに留学中の2002年のことであり，日本から本が送られてきた。そこで，筆者は，邦訳本を届けるために，マンチェスターのウェルズを訪ね，再会を果たすことができた。

### 6）マンチェスター大学心理学科

マンチェスター大学の心理学科には，教授7名を含めて約30名の教員がいて，4つのグループで研究している。①応用社会心理学と認知，②実験心理学と神経科学，③言語とコミュニケーション，④精神病理学の4グループである。精神病理学の研究グループには，教授のベンタルや，モリソン，コーコランがいる。

リチャード・ベンタルは，1956年生まれで，北ウェールズ大学で実験心理学のPh.D.を取得した。リバプール大学で臨床心理士の資格をとり，リバプール大学の講師となった。1999年に，43歳の若さでマンチェスター大学の実験臨床心理学の教授となり，現在に至っている。

ベンタルは，統合失調症や幻覚・妄想の研究で有名であり，膨大な量の論文を書いている。1988年には，スレイドと共著で『知覚的欺瞞：幻覚の科学的分析』を発表し，1990年には『統合失調症の再構築』という本を編集して，統合失調症の症状中心アプローチ（4-11参照）を大胆に提言し，心理学に大きな影響を与えた。2004年には，『狂気を説明する：精神病と人間の本質』という本を出した。この本は650ページに及ぶ大著であるが，精神病について一般向けに解説した読み物となっている。邦訳された論文としては，ディビッドとカッティング編『精神分裂病の神経心理学』（岩波明・福田正人・中込和幸・上島国利監訳，星和書店，1999）に「認知のバイアスと異常な信念：被害妄想のモデルに向けて」がある。

筆者は，2000年の秋にイギリスを訪問した際に，ベンタルの研究室を訪ねることができた。筆者の研究領域と近いので，議論は盛り上がり，たいへん充実した時間であった。ちょうどリバプール大学から移ったばかりで，部屋の中は雑然としていたが，思考は明快で，単刀直入に物事の核心に入る人である。家族の写真が部屋の真ん中に大きく飾ってあったのが印象的であった。夫人のアイスリングも心理学者である。来日をすすめたら，双子の子どもがまだ小さく，あまり海外の学会に行けないとこぼしていた。2001年のグラスゴウのイギリス行動認知療法学会で再会することができた。

アントニー・モリソンは上級講師である。妄想の心理学的研究で有名である。侵入思考をモデルとして妄想を考えたり，トラウマと妄想の関係についてのレビュー

を書くなど，多くの妄想研究を発表している．2002年に『精神病への認知療法のケースブック』という本を編集した．筆者は，2003年にヨークで開かれたイギリス行動認知療法学会で，モリソンのワークショップ「PTSDと精神病」を聞くことができた．

また，リアノン・コーコランは，心理学科の講師で，統合失調症の「心の理論」の研究をしている．

## 10-8. バーミンガム大学の臨床心理学

バーミンガム大学は1900年にできた古い大学であり，25,000名の学生をかかえる大きな大学である．

### 1）バーミンガム大学心理学科

教員は教授10名を含めて約50名であり，4つのグループで研究している．①応用社会心理学，②行動神経科学，③認知と言語，④知覚システムの4グループである．

ここには臨床心理学の博士課程（臨床心理士の認定校）が設けられている．毎年25名の学生を受け入れている（表9-1参照）．養成責任者はクリス・オリバーである．臨床心理学関係のスタッフも多い．

健康心理学の研究を率いるのは教授のジム・オーフォードである．この人はアルコール依存や摂食障害の研究をしている．ロンドン精神医学研究所で臨床心理士となり，Ph.D.を取り，マンチェスターやエクセターなどでアルコール依存の臨床研究をした．『過剰な食欲：心理学からみた嗜癖』という本を書き，アルコール依存の問題や，ギャンブル，薬物依存，摂食障害，過剰性欲などを同じ心理的メカニズムで統一的に考えようとした．この本は，新しい嗜癖論的パラダイムを開発した古典としての評価を受けている．

### 2）バーチウッド

心理学科教授のバーチウッドは，統合失調症の研究で世界的に有名である．マックス・バーチウッドは，1954年生まれであり，河合隼雄氏と同じく，大学で数学を専攻したあと，臨床心理学に転じた．バーミンガム大学でPh.D.と臨床心理士の資格を得て，以後ずっとバーミンガムで臨床実践を続け，1992年にバーミンガム大学の心理学科の教授となり，現在に至る．

第4章と第5章で述べたように，幻聴のメカニズム研究と認知行動療法や，統合失調症の早期介入の技法の開発を行っている（4-17および5-15参照）．200編を越える論文や著書がある．業績の内容については，石垣の解説がある（石垣，2002）．

1989年に，バーチウッドは，ハレットらと共著で『統合失調症：研究と治療への統合的アプローチ』を書いた．この本は，統合失調症の生物学・心理学・社会学的研究を広い視野から総説し，その統合を試みた大著である．その3年後に，バー

チウッドは，この大著の要約ともいうべき珠玉の論文を書いており，それがドライデンとレントゥル編『認知臨床心理学入門』（丹野義彦監訳，東京大学出版会，1996）に収録されている。

1992年には，タリアとともに『統合失調症の心理学的マネジメントの普及』を編集した。1994年には，タリアと共編で『統合失調症の心理学的マネジメント』を出した。1996年には，チャドウィックとトラウアーと共著で『妄想・幻聴・パラノイアへの認知療法』を書き，2000年には，ファウラーとジャクソンとともに『精神病への早期介入』を編集した。

筆者は，2001年にグラスゴーで開かれたイギリス行動認知療法学会で初めてバーチウッドに会うことができた。2001年には日本心理臨床学会の招きで来日し，学会講演と臨床ワークショップを行った。ちょうどニューヨークで同時多発テロがおこった翌週のことであった。バーチウッドはふたりの息子をつれて来日した。その来日ワークショップは，『認知行動療法の臨床ワークショップ：サルコフスキスとバーチウッドの面接技法』（金子書房）に収録されている。バーチウッドの温厚な人柄については，この本のあとがきに書いた。

バーチウッドのワークショップの本が出版されたのは，ちょうど筆者が留学中の2002年のことであった。日本からできたての本が送られてきたので，筆者は，この本を届けるために，バーミンガムを訪ねた。ちょうど，石垣琢麿氏と，筆者の研究室の統合失調症研究グループの大学院生が英国を訪ねてきた時であった。そこで，バーチウッドと再会を果たすとともに，早期介入の施設を見学することができ，彼が臨床施設の中で研究を続けていることに感動した。こうしたことは，学会でバーチウッドと話していてもわからないことであり，ここに仕事場を訪問することの意義がある。

なお，2001年にバーチウッドが来日したときに，印刷されたばかりの『統合失調症』という本を送られた。この本を読んでみると，生物－心理－社会モデルからバランスよく解説した名著なので，翻訳することにした（東京大学出版会から刊行予定）。

### 3）トラウアー，ジャクソン

ほかに，バーミンガム大学の心理学科には，トラウアーやジャクソンがいる。ピーター・トラウアーは講師であり，妄想の心理学的研究で有名である。バーチウッドとチャドウィックとの共著で，『妄想・幻聴・パラノイアへの認知療法』という影響力のある本を書いた。

クリス・ジャクソンは，ロンドン大学精神医学研究所でPh.D.をとり，現在はバーミンガム大学で研究員をしており，バーチウッドとともに，早期介入サービスで臨床の仕事をしている。2000年には，バーチウッドとファウラーとともに『精神

病への早期介入』を編集した。また，2001年には，バーチウッドとともに『統合失調症』を書いた。

## 10-9. シェフィールド大学における臨床心理学

シェフィールド大学の心理学科は，教授17名をはじめ，教員約60名を抱える大きな学科である。臨床心理学の博士課程（臨床心理士の認定校）は，毎年20名の学生を受け入れている（表9-1参照）。臨床心理学関係のスタッフも多い。

### 1）タービン，ケント

現在，臨床心理学グループの中心となるのはタービンである。グラハム・タービンは，シェフィールド大学の心理学科の教授で，イギリスの臨床心理学の重鎮である。1952年生まれで，ロンドン大学で臨床心理学の資格を取り，サウザンプトン大学で博士号をとった。ロンドン大学精神医学研究所で講師を務めた後，シェフィールド大学に移った。統合失調症の臨床心理学の仕事をしており，バーチウッドとタリアが編集した『統合失調症の心理学的マネジメントの普及』（1992）には，統合失調症のアセスメントについての論文を書いている。前述のように，1995年から，イギリスの臨床心理士制度が確立したが，こうした制度をまとめ，大学院のカリキュラムを整備したのが，タービンを委員長とする英国心理学会の委員会であった（下山，2000）。1995年には，名古屋で開かれた心理臨床国際シンポジウムの英国代表として来日したこともあるという。タービンは，2003年にヨークで開かれたイギリス行動認知療法学会で，タリア，サルコフスキス，ガレティらとともにパネル・ディスカッションに参加し，研究法について熱心に議論していた。2004年には，神戸で開かれた世界行動療法認知療法会議に参加して，ワークショップやシンポジウムを行った。

また，臨床心理学グループには，ゲリー・ケントがいる。不安障害や健康心理学の研究をしている。邦訳された論文としては，ドライデンとレントゥル編『認知臨床心理学入門』（丹野義彦監訳，東京大学出版会，1996）に「不安障害」がある。

### 2）シャピロ，パリー

シェフィールド大学は以前から，心理療法の効果研究がさかんであった。その中心となったのは，デイビッド・シャピロである。シェフィールド大学の社会・応用心理学ユニットの教授をつとめた。1982年には，メタ分析の技法を取り入れて総説論文を発表した（15-11-1参照）。1980年代に，シャピロは，「シェフィールド心理療法プロジェクト」（SPP）を立ち上げた。これによって，シェフィールド大学は，心理療法の効果研究のひとつの中心地となり，パリーやタービンの活躍につながり，またイギリスの「実証にもとづく心理療法」の確立の基礎を築いた。

グレニス・パリーは，「英国の心理療法サービス：政策のための戦略的レビュー」という文書をまとめ，イギリスの「実証にもとづく心理療法」の先頭に立っている

(15-11-2参照)。彼女の要請により，ロスとフォナギーが『どの治療法が誰にきくか？』という報告書をまとめたのである。心理療法の効果や政策についての研究や，ライフイベント・ストレス，ソーシャル・サポートの研究を行っている。

## 10-10. その他の大学における臨床心理学

### 1) エディンバラ大学

エディンバラ大学の心理学科は，6名の教授をはじめとして，35名の教員と700名の学生を抱える大きな学科である。

臨床心理学の博士課程（認定校）は，王立エディンバラ病院の精神科に設置されている。教授のパワーをはじめとして，20名近くの教員がいて，毎年20名の学生を受け入れている（表9-1参照）。

教授のミック・パワーは，認知と感情の理論的モデルについて研究している理論家である。ロンドン大学精神医学研究所などをへて，エディンバラ大学教授となった。著書に，ダルグライシ（ケンブリッジ大学）と共著の『認知と感情：秩序から障害へ』と『認知と感情ハンドブック』で発展させたSPAARSモデルについて研究を進めている。ほかに，チャンピオンと共著の『成人の臨床的問題』がある(Champion & Power, 2000)。

### 2) グラスゴウ大学

臨床心理学の博士課程（認定校）は，心理学的医学部の中に設置されている。4名の教授をはじめとして，23名の教員がいて，毎年16名の学生を受け入れている（表9-1参照）。教授は神経心理学を専門とする人が多い。

### 3) リーズ大学

リーズ大学の臨床心理学・カウンセリング心理学の教授をつとめるのがマイケル・バークハムである。リーズ大学の心理学的治療研究センターの所長でもある。心理療法の過程や効果についての研究を多く発表している。また，バークハムらのグループは，COREと呼ばれる効果測定法を開発した。これは，日常の臨床場面での治療効果にもとづいて研究するシステムである。このように，効果研究の方法論や評価方法についての研究を多数発表している。こうした体験にもとづいて書かれた2002年の論文（Barkham, 2002）は，イギリスにおける心理療法の効果研究をレビューし，今後を展望した力作である（15-11-4参照）。

### 4) ダブリン大学

イギリスではないが，アイルランドのダブリン大学において，臨床心理学の博士課程のディレクターをつとめるのは，アラン・カーである。カーは，子どもや思春期の問題を専門にしており，『子どもと思春期の臨床心理学ハンドブック』や，『子どもと思春期にはどの治療法が効くか？』などを精力的に出版している。また，異常心理学の教科書も出している。

第 2 部

臨床心理学と
関連する領域

# 第11章　英国心理学会の活動

　イギリスの心理学をまとめているのは，英国心理学会である。基礎的心理学と職業的心理学の両方を統合して，活発な活動を展開しており，日本の学会のあり方のよきモデルとなるだろう。そこで，ここでは英国心理学会の活動について詳しく報告したい。

## 11-1. 英国心理学会の構成

　英国心理学会（British Psychological Society：BPS）は，37,000名の会員（2002年現在）をかかえるマンモス学会である。会員数は，日本心理学会（7,000名）の約5倍であり，日本の心理臨床学会（15,000名）の約2.5倍である。米国心理学会は会員数150,000名であるが，イギリスの人口はアメリカの4分の1なので，人口比からすると英国心理学会は米国心理学会に匹敵する。

　英国心理学会は，図11-1に示すように，部門（セクション），部会（ディビジョン），支部（ブランチ）という3つの下位組織からなる。

　部門（セクション）は，アカデミックな基礎的心理学の研究者の組織であり，現在，13の部門がある。図11-2は，2002年における人数比である。最も多いのは，発達心理学であり，次いで教育心理学，社会心理学，心理療法，認知心理学といった順になっている。

　部会（ディビジョン）は，心理学を用いて実践的な仕事をする職業的心理学（プロフェショナル・サイコロジー）の組織であり，現在9つの部会がある。図11-3は，2002年における人数比である。最も多いのは，臨床心理学部会であり，全体の3分の1を占めている。次いで，産業心理学，カウンセリング心理学，教育・児童心理学，健康心理学，司法心理学，神経心理学，心理学教員・研究者，スコットランド教育心理学の順である。

　支部（ブランチ）は，イギリスの地域ごとの組織であり，現在7つの支部がある。7つというのは，イングランドの4つの支部（北西部，中西部，南西部とウェセックス地方）と，ウェールズ，スコットランド，北アイルランドである。

　1人の会員は，どの部門・部会・支部にも属することができる。2002年の統計によると，部門には5,269名，部会には13,657名，支部には17,507名が属している。

## 11-2. 英国心理学会の歴史と現状

### 1）創設時

　英国心理学会は，1901年に創設された。当時は，おもな大学に実験心理学の研

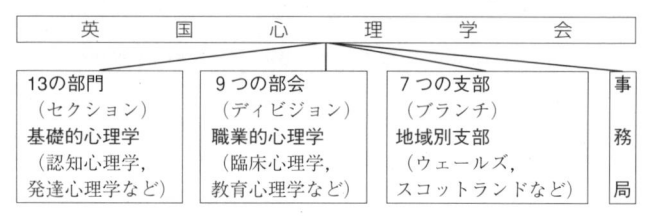

```
┌─────────────────────────────────────────────────┐
│              英 国 心 理 学 会                    │
└─────────────────────────────────────────────────┘
     │              │              │          │
┌─────────┐   ┌─────────┐   ┌─────────┐   ┌───┐
│13の部門  │   │9つの部会 │   │7つの支部 │   │事 │
│(セクション)│  │(ディビジョン)│ │(ブランチ) │   │務 │
│基礎的心理学│ │職業的心理学│  │地域別支部 │   │局 │
│(認知心理学,│ │(臨床心理学,│  │(ウェールズ,│  │   │
│発達心理学 │ │教育心理学 │  │スコットランド│  │   │
│など)    │  │など)    │   │など)     │  │   │
└─────────┘   └─────────┘   └─────────┘   └───┘
```

■図 11-1　英国心理学会の下部組織

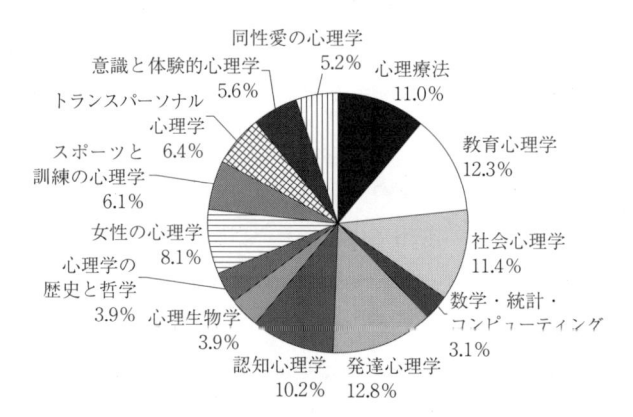

■図 11-2　英国心理学会の部門（セクション）5,269 名の人数比

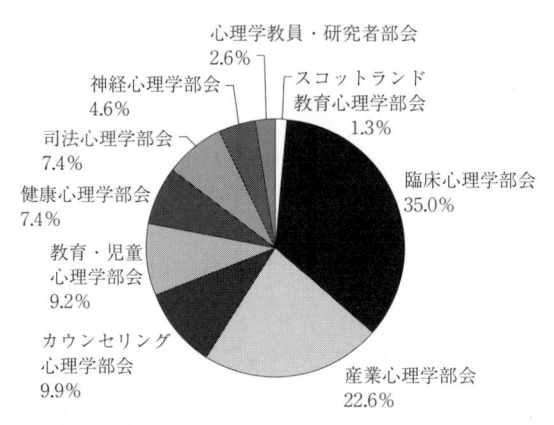

- 同性愛の心理学 5.2%
- 心理療法 11.0%
- 教育心理学 12.3%
- 社会心理学 11.4%
- 数学・統計・コンピューティング 3.1%
- 発達心理学 12.8%
- 認知心理学 10.2%
- 心理生物学 3.9%
- 心理学の歴史と哲学 3.9%
- 女性の心理学 8.1%
- スポーツと訓練の心理学 6.1%
- トランスパーソナル心理学 6.4%
- 意識と体験的心理学 5.6%

■図 11-3　英国心理学会の部会（ディビジョン）13,657 名の人数比

- 心理学教員・研究者部会 2.6%
- スコットランド教育心理学部会 1.3%
- 臨床心理学部会 35.0%
- 産業心理学部会 22.6%
- カウンセリング心理学部会 9.9%
- 教育・児童心理学部会 9.2%
- 健康心理学部会 7.4%
- 司法心理学部会 7.4%
- 神経心理学部会 4.6%

　究室が作られた時期である（14-10-5 参照）。学会の本部は，ロンドン大学ユニバーシティ・カレッジに置かれた。
　1904 年には，「英国心理学雑誌（British Journal of Psychology）」が創刊された。

これはもともとは英国心理学会とは独立の雑誌であったが，1914年には，英国心理学会から発行されることになった。

### 2）マイヤーズの時代

第一次世界大戦の頃には，臨床の領域がクローズアップされたので，1919年には，応用心理学の部門が作られた。これに尽力したのは，ケンブリッジ大学のチャールズ・マイヤーズであった（14-11-1-2参照）。マイヤーズは，英国心理学会の初代会長となり，実験心理学に加えて，医療・教育・産業といった職業的心理学の部門を作った。マイヤーズは，ケンブリッジ大学に実験室を開いた実験心理学者として有名であるが，一方で，英国の軍隊の顧問をつとめ，砲弾神経症の兵士を催眠法で治療するなど，臨床の仕事もした。また，1922年に国立産業心理学研究所を創設するなど，産業心理学を育成した。このようにマイヤーズは，イギリスの職業的心理学の育ての親である。これによって，多くの職業的心理学者が英国心理学会に入会し，会員数は飛躍的に増えたが，その反面，基礎的心理学と職業的心理学の緊張関係が学会に持ち込まれることになった。しかし，今から考えると，マイヤーズが職業的心理学者を英国心理学会から排除しなかったことが，今日の英国心理学会の繁栄をもたらしたといえる。後述のように，イギリスの心理学の資格が整っているのは，英国心理学会という傘の下で，基礎的心理学と職業的心理学が協調しているからである（12-3-6参照）。こうした傘団体（アンブレラ・オーガニゼーション）としての英国心理学会という枠組みを作ったのがマイヤーズである。両者が対立している日本と比べると，奇跡のように思われる。

### 3）職業的心理学と資格制度の整備

その後，2つの世界大戦をへて，臨床や教育の領域における職業的心理学者が急激に増えた。1958年には，これまでの実験心理学の部門に加えて，職業的心理学者の部会（教育と臨床）がはじめて作られた。

同時に，資格制度が整備されるようになり，1934年には，職業的地位委員会ができた。1965年には，イギリス議会で承認されて，心理学者のロイヤル・チャーター資格が実現した（12-1参照）。1987年には公認心理士の登録制度が始まった。

### 4）社会的発言力の時代

1950年代以降，英国心理学会は，社会的発言力を持つようになった。例えば，イギリスの1958年の知的障害法の内容について，英国心理学会が提出した報告書は大きな影響を与えた。また，同性愛について法律が作られたときには，1955年に英国心理学会が科学的な報告書を提出したために，この法律は当時としてはリベラルな内容になった。また，1966年の行刑制度委員会においても英国心理学会の報告書が大きく影響した。このように，イギリスの法律に対して，英国心理学会は発言をするようになった。イギリスには実証的な犯罪心理学の伝統があり，司法機

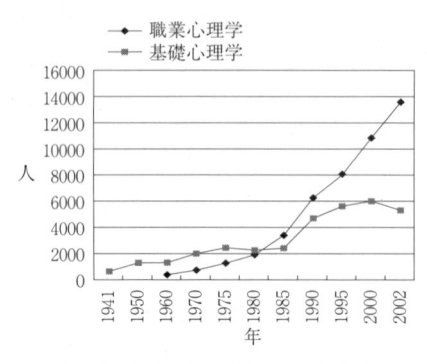

■図 11-4　部会（職業的心理学）と部門（基礎的心理学）の会員数

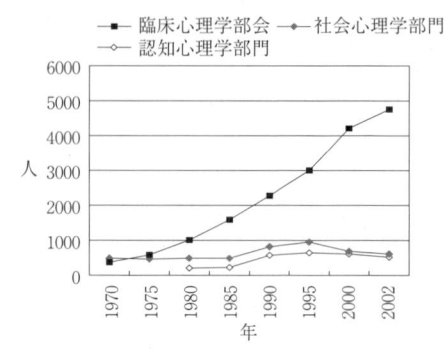

■図 11-5　代表的な部会と部門の会員数

関で働く司法心理学者も多い（13-5 参照）。彼らの活動が，英国心理学会が社会的発言力を持つことに大きく寄与している。1968 年には，教育サービスにおける心理学者の役割について，サマーフィールド報告書を出し，生徒 1 万人に対してひとりの心理学者を配置することを提言した。1978 年には，動物を使った研究について，英国心理学会のワーキンググループが報告書をまとめた。

### 5）職業的心理学の成長

1980 年頃からは，職業的心理学の各部会は急成長を遂げた。図 11-4 は，基礎的心理学の部門と職業的心理学の部会の会員数をあらわしたものである。この図に示されるように，1960 年頃までは，職業的心理学の部会はなかった。部会ができたのは 1958 年のことであり，しばらくは人数は伸びなかった。ところが，1980 年から，職業的心理学の部会の人数は急激に増えはじめ，1985 年には，基礎的心理学の部門を追い抜いた。それ以後，職業的心理学の部会はうなぎ登りとなり，現在でも増え続けているのである。これに対して，基礎的心理学の部門は，1985 年から 90 年にかけて増えるが，その後頭打ちとなり，2000 年からは，減少している。2002 年度は，基礎的心理学者（5,269 名）よりも，職業的心理学者（13,657 名）の方が圧倒的に多い。

また，図 11-5 は，臨床心理学部会と社会心理学部門や認知心理学部門を例にとって，会員数の推移をあらわしたものである。この図に示されるように，1970 年には，臨床心理学部会の人数は，社会心理学部門より少なかった。ところが，1975 年には逆転し，臨床心理学部会の方が多くなった。それ以降，臨床心理学部会の人数は右肩上がりでどんどん伸びている。増加傾向は今も変わらない。図にはしていないが，これはだいたいどの部会も当てはまり，とくに臨床心理学部会と産業心理学部会の急成長が目立つのである。それだけ職業的心理学の社会的な貢献が認めら

れてきたということであろう。

今や，英国心理学会は，職業的心理学者が中心の団体となりつつある。これはアメリカ心理学会も同じことである。

### 6）基礎的心理学の危機

図11-5に示されるように，社会心理学部門や認知心理学部門の人数は，それほど大きく伸びていない。それどころか，1995年あたりをピークとして減少する傾向にある。例えば，認知心理学部門は，1994年の719名をピークとして減り続け，2002年には535名となった。また，社会心理学部門は，1994年の949名をピークとして減り続け，2002年には601名となった。ピーク時の3分の2である。こうした減少はどの部門にも共通する。1990年代には部門数が4つ増えたので，1部門あたりの人数が減ったということもある。ただし，部門の会員が実験心理学会に流れたというわけではない。この学会は定員数が600名に固定されているからである（14-17参照）。

こうした現状に対して，基礎的心理学者は危機感を持っている。そのうえ，これまで研究費が出ていた医療審議会（MRC）から，心理学的研究は研究費をとりにくくなったといわれる。研究費については，基礎的心理学の研究者のほうから，研究費の豊富な臨床心理学へとインターフェースを求めるという現象がおこっている。こうした現象は，基礎的心理学と臨床心理学のインターフェースを考えれば喜ばしいことかもしれないが，日本ではおよそ考えられないことである。さらに，優秀な人材が臨床心理学に流れている。基礎的心理学で博士号や修士号を取ってから，臨床心理士になる学生も多い。

### 7）新世紀の戦略的プラン

新しい世紀を迎えた2001年に，英国心理学会は「戦略的プラン」という文書を出して，今後5年間の行動方針を公表した。ひとつの刺激はEU（ヨーロッパ連合）の統合である。EU統合によって，イギリス人は，EUという視点から，自分たちの活動を見直さなくてはならなくなった。例えば，資格や教育制度についても，EU各国との互換性を考えなくてはならなくなった。「戦略的プラン」を見ると，基礎的心理学と職業的心理学の協調や，科学と実証にもとづいた実践をめざすこと，国家資格化を求めること，インターネットを利用することなど，学会活動のあらゆる面について，細かく方針を立てている。別の文書では，2006年までには会員数を50,000人まで増やすということである。

2002年現在の会長は，サセックス大学のデイヴィ（14-16-1参照）である。

## 11-3. 英国心理学会の内部的な力動

以上のような歴史をみると，英国心理学会はつねに3つの点で，分化と統合の動きがあることがわかる。

### 1）基礎的心理学と職業的心理学

第1は，基礎的心理学と職業的心理学の間の分化と統合である。いわゆるアカデミックな心理学と実践的心理学の対立と協調の歴史である。

一時は大きな分裂の危機もあった。一部の実験心理学者は，1959年に，英国心理学会から独立して，実験心理学会を作った（14-17参照）。とはいえ，その後，英国心理学会は大きく分裂することもなく，現在では，基礎的心理学は「部門」となり，職業的心理学は「部会」という形となって共存している。

### 2）領域の細分化（部門内と部会内の細分化）

第2は，心理学の各専門領域における細分化と統合の歴史である。部門内および部会内でも，細分化が進んでいる。専門分野が異なると，専門用語も異なり，コミュニケーションがとりにくくなる。これは学問の必然である。はじめ4つから出発した部門は，今では13に細分化している。また，1958年には部会はひとつだったが，今では9つに細分化している。

1947年の段階ですでに，会長のバートレットは，各部門の分化がすすみ，自分の部門以外で何が起こっているか知らないというようなタコツボ状況にあることを指摘した。こうした状況を改善するために，1948年には，季刊の会報が発行されることになった。編集長には，ニュース・クロニクル紙の記者であったフレデリック・ローズが当たった。学会の会報の編集をジャーナリストに任せたわけである。英国心理学会は，現在，マスメディアへの対応も精力的に行っているが，早い時代からそうした傾向があったわけである。この季刊の会報は，現在は「サイコロジスト」と名前を変えて，月刊で発行されている（11-4-2参照）。

### 3）イギリス国内の地域間の分化と統合

第3は，イギリス国内の地域間の分化と統合である。イギリスは，イングランド，ウェールズ，スコットランド，北アイルランドという4つの地域からなる連合王国であり，地域によって社会・言語・文化・教育制度などが大きく異なる。そうした地域性が現在の「支部」にあらわれている。こうした事情を繁栄して，英国心理学会のオフィスは現在5カ所ある。イングランド地方のロンドンとレスター，スコットランド地方のグラスゴウ，ウェールズ地方のカーディフ，北アイルランドのベルファストである。

以上のような多くの対立点を含みながらも，英国心理学会は，それほど大きな分裂もなく，傘団体として統合されているのは興味深いことである。

## 11-4. 英国心理学会の活動——その1　心理学研究の支援

英国心理学会はいろいろな活動をしているが，ここでは，①心理学研究の支援，②資格認定制度，③実践支援活動，④社会的活動の4つに分けてみていくことにする。

第1の活動は，心理学研究の支援である。そもそも学会（学術研究団体）の使命とは何かと考えてみると，それは研究者が研究をしやすい環境を作ることであろう。イギリスの心理学研究はきわめて活発であるが，それを支えているのは英国心理学会の活動である。

### 1）学術集会
　英国心理学会の大会は，年1回，4月頃に開かれ，1,000名規模の参加者がある。2002年にはバーンマスで開かれた。年次大会では，次の3つの記念講演が開かれる。

①マイヤーズ講演：前述の初代会長のマイヤーズ（14-11-1-2参照）を記念して，応用心理学の研究者によって行われる講演である。

②アイゼンク講演：ハンス・アイゼンク（10-2-1参照）を記念して，異常心理学・臨床心理学・人格心理学の研究者によって行われる講演である。例えば，2000年にはグレイ（10-2-4参照）が講演し，2001年には息子のマイケル・アイゼンク（10-4参照）が，2002年にはグッドジョンソン（13-5-4参照）が講演した。

③ブロードベント講演：認知心理学者のブロードベント（14-12-3参照）を記念して，認知心理学の研究者によって行われる講演である。

　また，年次大会とは別に，ロンドン講義というイベントが毎年12月に開かれる。これは高校生や大学生のための講演会である。

　年次大会の他に，各部門・部会・支部ごとの年次大会も開かれる。また，ワークショップや講演会などが頻繁に開かれている。英国心理学会のホームページの日程表を見ると，毎日のようにどこかで学会・ワークショップ・講演会などが開かれている。英国心理学会の研究活動は非常に盛んである。

### 2）専門誌
　英国心理学会は多くの専門誌を出している。これを表11-1に示す。日本の大学の心理学研究室ではおなじみの雑誌である。会報である月刊誌「サイコロジスト」は会員全員に送られる。各雑誌の新しい号の抄録は，英国心理学会のホームページで見ることができる。

　表11-1に示した以外にも，各部会や部門が独自のニューズレター誌を出している。

　英国心理学会がこれまでに発行した雑誌は，ロンドン大学ユニバーシティ・カレッジのセナトハウスにある図書館で閲覧することができる。この図書館は，世界中の心理学関係の雑誌を集めている。世界の国々の雑誌と，英国心理学会発行の雑誌を交換することによって収集しており，世界で最も大きなコレクションのひとつとなった。

### 3）学会賞と資金援助

■表 11-1　英国心理学会が発行している専門誌

○基礎的心理学の専門誌
　英国心理学雑誌　British Journal of Psychology
　英国発達心理学雑誌　British Journal of Developmental Psychology
　英国社会心理学雑誌　British Journal of Social Psychology
　英国数学・統計心理学雑誌　British Journal of Mathematical and Statistical Psychology

○職業的心理学の専門誌
　英国臨床心理学雑誌　British Journal of Clinical Psychology
　心理学と心理療法　Psychology and Psychotherapy：Theory, Research and Practice
　　（以前は，英国医学的心理学雑誌　The British Journal of Medical Psychology）
　英国健康心理学雑誌　British Journal of Health Psychology
　英国教育心理学雑誌　British Journal of Educational Psychology
　産業・組織心理学雑誌　Journal of Occupational and Organizational Psychology
　法・犯罪心理学　Legal and Criminological Psychology
　実証にもとづくメンタルヘルス　Evidence-Based Mental Health
　　（英国医学会と王立精神医学会との共同で出版）

○学会の会報（月刊）
　サイコロジスト　The Psychologist

　英国心理学会はいくつかの学会賞を設置している。「学会長賞」は，心理学研究において卓越した寄与をした研究者に贈られる。「スピアマン・メダル」は，スピアマン（14-13-1-3 参照）の仕事を記念して，若手の研究者に贈られる賞である。「出版賞」は，その年に出版された最も優れた本に贈られる。ほかに，「博士論文賞」「心理学教育賞」「職業的心理学賞」などがある。学会賞の管理は，研究のモチベーションを高め，研究者を育てるインセンティブともなるので非常に大切である。

　また，学会はいろいろな形で研究者への資金援助をしている。「心理科学の振興」という文書によると，研究セミナー，ワークショップ，大学院生の大会発表費，大学院生の他施設での訪問研究費，外国からの訪問教授，外国からの訪問心理学者などを募集し，資金援助している。イギリスでは，博士課程の学費や研究費を自分で支払うよりは，何らかの奨学金（グラント）から支払うことが多いので，このような競争的資金が大切になってくる。

### 4）各部門や部会の研究活動

　各部門や部会や支部は，英国心理学会のミニチュアであり，同じような活動を個別に行っている。すなわち，①ニューズレターを出し，②年次大会を開き，③独自の本格的なホームページを持ち，④倫理綱領作成などの活動をしている。各部会の活動については，第 13 章で詳しく述べる。

## 11-5. 英国心理学会の活動──その 2　資格認定制度

　英国心理学会の第 2 の活動は，心理学の資格認定制度の管理である。第 12 章で

述べるように，イギリスの心理学の資格制度は非常に整っている。

英国心理学会は，第1に，公認心理士の登録の仕事をしており，その名簿を発行し，社会に公開している。名簿はホームページでも公開されている。市民が心理学者を必要とした時に，容易に連絡できるようになっている。第2に，イギリスの資格制度は，①大学教育，②大学院教育，③現場教育という教育制度に支えられているが，こうした教育制度を統括的に管理しているのも，英国心理学会である。

## 11-6. 英国心理学会の活動——その3　実践支援活動

英国心理学会の第3の活動は，心理学者の実践をサポートする業務である。以下のような活動をしている。

### 1）行動規範の作成と苦情への対応

英国心理学会は，1985年に，心理学者のための行動規範（Code of Conduct for Psychologists）を作った。これは，ロイヤル・チャーター制度を導入するに当たって，行動規範を作ることが要求されたためである。会員が公認心理士になる際には，この行動規範を守るという署名をすることになっている。行動規範は，これまで何回か改訂された。これをみると，次のような文書が含まれている。①心理学者のための行動規範，②人間を対象とした研究のための倫理綱領，③動物を扱う心理学者のためのガイドライン，④心理学者によるサービスを広告する際のガイドライン，⑤「公認心理士」という名称を法人名として使う際の規制，⑥機会均等というポリシー，⑦職務中のセクシュアル・ハラスメントと二重関係の倫理についての報告書，といった文書である。

このうち，①「心理学者のための行動規範」は，心理学者として守るべき最低限の規範をあげたものである。a）一般原則，b）能力向上，c）同意を得ること，d）秘密保持，e）個人的行為という5つからなり，抽象的である。この文書は，心理学者全般に当てはまる「総論」のようなものなので，それを補う「各論」として，学会の各部会や部門がさまざまな倫理ガイドラインを作っている。

また，③「動物を扱う心理学者のためのガイドライン」は，動物を研究に使ったり，動物を治療に使ったりするための倫理的ガイドラインである。筆者は，ケンブリッジ大学で動物を対象としている心理学者に実験を見学させてもらう機会があったが，動物の飼育方法や研究方法に厳しい規制があって驚いた。イギリスでは，1986年に，動物の科学的研究について法律が制定され，研究者は決められた手続きに従わなければならない。動物実験をするためには，講習会に出て，それなりの資格をとらなければならない。動物の飼育施設には英国内務省からきた視察官が常駐している。

行動規範などを作るのは倫理委員会であるが，他に，職業規範委員会と調査委員会があり，英国心理学会に寄せられる苦情への対応に当たっている。年報によると，

2002年には，76件の苦情が寄せられ，うち69件が解決したという。こうした仕事は非常に時間がかかるために，試験的にケースワーカー5名を雇ったということである。

### 2）心理テスト業務の支援（心理テストセンター）

英国心理学会は，心理学各領域のテスト業務を支援するために，2002年に，心理テストセンターを作った。ここでは，心理アセスメント・ツールの使い方や実施法などのガイドブックを作っている。また，心理アセスメントの実施能力を証明し，その能力の登録もしている。2つの領域に分けており，レベルAは能力テストであり，レベルBはパーソナリティ・テストである。まず，産業心理学のテストについて証明・登録制度を作った。また，臨床心理学と教育心理学についても同じような証明・登録制度を作成中である。

### 3）実証にもとづく臨床心理学の支援

英国心理学会は，実証にもとづく臨床心理学を支援するために，1995年に，治療効果研究センター（CORE）を作った。COREは，ロンドン大学ユニバーシティ・カレッジの中に設置されており，心理療法の治療効果をレビューし，ガイドラインを作る作業をしている。また，英国心理学会は，英国医学会と王立精神医学会との共同で，「実証にもとづくメンタルヘルス」という雑誌を出している（表11-1参照）。

### 4）その他

小さなことでは，例えば，職業的な賠償保険を用意したり，学会のクレジットカードまで作っている。また，会費や雑誌購読料を所得税の必要経費として認める登録もしている。

## 11-7. 英国心理学会の活動――その4　社会的活動

英国心理学会の第4の活動は，社会的活動である。

### 1）社会的な発信

前述のように，1950年代以降，英国心理学会は，法律の問題などに対して科学的な報告書を提出するなど，社会的発言に力を入れている。現在でも，政府に対して直接発言し，社会的な影響力を高めようとしている。また，社会のオピニオン・リーダーや政策決定者に対して，心理学をアピールすることを重視している。2002年には，常勤の国会担当官を設置した。これは，議会と心理学会の連絡を密にするためである。

日本の心理学者も，資格問題などを通して，学会としてのロビー活動が必要なことを痛感している。こうした社会的・政治的な発信にもっと力を入れるべきだろう。

### 2）メディアへの発信

メディア対応にも力を入れている。英国心理学会には，報道委員会があり，新聞・雑誌・テレビ・ラジオといったメディアに対する戦略を練っている。前述の2001年の「戦略的プラン」では，心理学を広く大衆に普及させる方法としてメディア戦略を重視し，メディアの注意を心理学に向けさせることを目標にあげている。ホームページには，プレス・リリースの項がある。月刊誌「サイコロジスト」も，メディアへの発信のために利用されている。

また，英国心理学会の事務局には，報道担当局（プレス・オフィス）があり，3名の常勤職員がいる。年に130本のニュース・リリースを作って各メディアに送っている。これによって，月平均57件の記事がメディアに出るという。とくに学会の年次大会は記事になりやすいとのことである。ジャーナリストからの問い合わせの電話は，1カ月に150本にのぼる。ほかに新聞の切り抜きなどをして情報収集に当たっている。

また，毎年，「メディア・トレーニングの日」を設けて，会員に対して，メディアとの接し方やメディアからのインタビューの受け方の学習の機会を設けている。イギリスは，BBCの科学番組で知られるように，科学ジャーナリズムが発展しており，心理学者がメディアで発信する機会も多い。英国心理学会の行動規範においても，公認心理士がメディアで発言する時の規範が設けられているほどである。したがって，「メディア・トレーニング」といった試みは効果が大きいだろう。こうしたメディア発信は，心理学者が財団や企業から研究資金を得る時にも役に立つ。

以上のようなメディア対策も，日本の学会がもっと取り入れていくべきであろう。

### 3）情報テクノロジーの利用

ホームページを作ったり，IT（情報テクノロジー）を利用することについて，英国心理学会はかなり力を入れている。前述の2001年の「戦略的プラン」でも，インターネットなど情報テクノロジーの利用をうたっている。学会のあらゆる面をホームページで公開しようとしているようである。文書のやりとりや申請書の発送，論文の投稿など，以前は郵便を利用していたが，現在ではウェブ上でできるようになった。この章を書くためにも，学会のホームページを大いに利用した。

## 11-8. 英国心理学会の活動を支える強力な事務局

英国心理学会の多様な仕事を支えているのは事務局である。

学会事務局は，創立当初は，ロンドン大学ユニバーシティ・カレッジに置かれていたが，1926年には，ロンドンのブルームズベリ地区に学会事務所を持つようになった。事務所は，1970年代にレスターに移ったが，2000年にロンドンに戻ってきた。ブルームズベリ地区のジョン通り33番地の伝統ある建物である。しかし，法律上，新築や改装ができず，身体に障害のある人には利用しにくいために，新し

い建物を探しているということである。

英国心理学会の事務局は，108名の職員を持つ（2002年現在）。日本の学会の事務局は，多くて数名（小さな学会では常勤はゼロ）であることを考えると，桁が2つ違う。学会の大会を開く際にも，英国心理学会は事務局の職員が中心になる。

英国心理学会の収入は，年報によると，年に約15億円（700万ポンド）である。そのうち5億円が会費，2億円強が雑誌の収入，2億円弱が大会・イベントの収入，1億円が登録料である。また，学会は，英国心理学会コミュニケーションズという株式会社を経営しており，「欠員情報（アポイントメント・メモランダム）」という月刊誌を出している。その紹介や広告の商業収入が年間3億円に達する。日本の大きな学会の年間収入は1億円〜2億円であり，そのほとんどが会費収入と大会参加費である。それに比べると，英国心理学会の予算規模は約10倍であり，収入源は多岐にわたる。収入が多いので，100名以上の事務職員を雇うことができるし，多様な活動を続けることができるのである。

## 11-9. 日本の学会の統合に向けて

日本は学会の数が多すぎるように思われる。会員が5,000名以上の大学会だけでも日本心理臨床学会，日本心理学会，日本教育心理学会などがある。また，欧米では，行動療法と認知療法の学会は統合されているが，日本では，日本行動療法学会と日本認知療法学会が分れている。ほかにも小さな学会が林立している。しかも毎年のように新しい細分化された学会が作られている。日本におけるこうした学会の細分化は，心理学だけでなく，医学など他の領域についてもあてはまるようである。よく，欧米社会は個人主義であり，日本社会は集団主義であるといわれるが，学術や研究の分野においては，欧米のほうが集団主義の志向が強い気がする。

学会が林立することには，学会内部の親密性を高めるといったポジティブな面もあるが，一方で，多くの弊害も生じるように思われる。第1に，各学会が個別に資格を作るので，無用な感情的対立がおこったり，資格の質が保てなくなったりする。これについては，第12章で詳しく述べる。第2に，各学会が事務局を作るので，資金が少なくなり，事務局のスタッフも少人数にならざるをえない。学会の雑用は，大学教員や研究者が片手間にこなすことになる。こうした雑用はかなりの負担であるし，物事がなかなか進まない。第3に，各学会が個別に大会を開くので，費用がかさむし，日程が重なって困ることがある（例えば，2003年には，東京大学での日本心理学会と京都大学での日本心理臨床学会の日程が重なって困ったことは記憶に新しい）。大会の開催校は，雑用に追われて研究どころではなくなり，研究を阻害してしまい，本末転倒である。開催校は毎年違うので，大会開催のノウハウが次の主催校に伝わらず，蓄積しない。新たな開催校は，毎年同じような苦労を味わうことになる。第4に，各学会が年会費を取るので，いろいろな学会に入っていると，

年会費は軽く年10万円を越えてしまう。第5に，各学会が名簿を作るので，名簿は何冊にもなってしまう。しかし，よくみると，同じメンバーが複数の学会に入っているだけということも多い。以上のように，労力的にも金銭的にも無駄が多いのである。

　日本でも，英国心理学会のように，大きな傘団体を作り，そのもとに各学会が部会として入る形になれないものだろうか。このように学会が統合されれば，統一資格を作りやすくなる。また，各事務局を統合できるので，大人数のスタッフを持つことができる。英国心理学会が108人の常勤スタッフに支えられているように，活動を本格化させるためには，大きな事務局を持つ必要がある。スタッフが多くなれば，それなりのスケール・メリットが出てくる。例えば，専門の事務局職員が大会を開催できる。外国の大きな学会には，大会開催専門のスタッフがいる。大会開催のノウハウは事務局に蓄積されることになる。開催校は無駄な雑用をする必要がなくなり，研究の活性化だけを考えればよくなる。また，スタッフが多ければ，いろいろな新しい事業にも取り組める（研究面の活性化，実践面のサポート，メディア対策，社会的発言など）。さらに，大会・年会費・名簿の重複もなくなるので，労力的にも金銭的にも無駄が省ける。

# 第12章 心理学の資格

 イギリスの心理学に接して驚いたことは,資格システムが整っていることである。日本の資格制度を考えるに当たって,イギリスのシステムはよいモデルとなる。イギリスの心理学の資格システムは古い歴史を持ち,長い時間をかけて統合がはかられてきた。日本の混乱ぶりから見ると,イギリスの資格の統合はほとんど奇跡のように思われる。ここでは,イギリスの資格制度について述べ,日本の資格制度に対していくつか提案してみたい。本章も,本書における中心的なメッセージをなしている。

## 12-1. 心理学の資格システム——3つのレベルの統合

 イギリスの心理学の資格は,図12-1に示すように,3層からなっている。すなわち,①基礎資格,②個別専門資格,③統一資格という3つのレベルである。

 第1のレベルは,基礎資格である。これは,大学の心理学科の卒業資格(Graduate Basis of Registration)のことである。英国心理学会が認定した心理学科を卒業しなければ,上位の資格をとることはできない。

 第2のレベルは,個別専門資格である。これには以下の8つがある。すなわち,①臨床心理士,②産業心理士,③カウンセリング心理士,④教育心理士,⑤健康心理士,⑥司法心理士,⑦神経心理士,⑧心理学教員・研究者である。これらの資格は英国心理学会の9つの部会(ディビジョン)とほぼ対応している(図11-3参照)。これらの個別専門資格については,第13章で詳しく述べる。

 個別専門資格をとるためには,①大学の心理学科を卒業したあと,②英国心理学会が認定した大学院の認定校か,ディプロマ・コースに入学する。そこを卒業し,英国心理学会の各部会の正式のメンバーに申請して,認められると,例えば,公認臨床心理士(チャータード・クリニカル・サイコロジスト)とか,公認教育心理士(チャータード・エデュケーショナル・サイコロジスト)といった個別専門資格をとることができる。

 第3のレベルは,統一資格である。個別専門資格をとれば,自動的に「公認心理士」(チャータード・サイコロジスト)という資格を得ることになる。公認心理士は,各個別専門資格を一般化した統一資格である。

 また,公認心理士の資格は,国家資格に準ずるものである。これはロイヤル・チャーター制度と呼ばれ,1941年頃から英国心理学会で論じられ,1965年に英国議会の枢密院で認められ成立した。ロイヤル・チャーターとは,公認の職能者団体

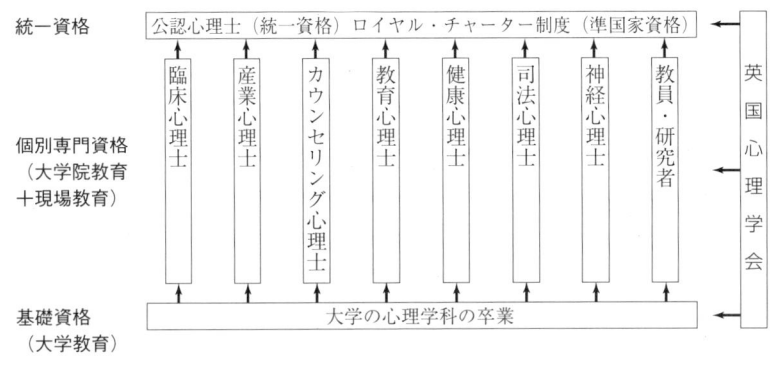

```
統一資格       ┌─────────────────────────────────────────────┐
              │ 公認心理士（統一資格）ロイヤル・チャーター制度（準国家資格）│
              └─────────────────────────────────────────────┘
              ┌──┬──┬──┬──┬──┬──┬──┬──┐
個別専門資格  │臨│産│カ│教│健│司│神│教│
（大学院教育  │床│業│ウ│育│康│法│経│員│
 ＋現場教育）  │心│心│ン│心│心│心│心│・│
              │理│理│セ│理│理│理│理│研│
              │士│士│リ│士│士│士│士│究│
              │  │  │ン│  │  │  │  │者│
              │  │  │グ│  │  │  │  │  │
              │  │  │心│  │  │  │  │  │
              │  │  │理│  │  │  │  │  │
              │  │  │士│  │  │  │  │  │
              └──┴──┴──┴──┴──┴──┴──┴──┘
基礎資格      ┌─────────────────────────────────────────────┐
（大学教育）   │          大学の心理学科の卒業                │
              └─────────────────────────────────────────────┘
```
（右側：英国心理学会）

**■図 12-1　イギリスの心理学の資格制度**

であることをイギリス政府から正式に認められることを示している。この資格を得ると，公認心理士を名のることができる。現在までに公認を受けた公認心理学者は，約 10,000 名である（2002 年現在）。毎年約 300 名が公認を受けている。

　ただし，医師や看護師などの資格が，医師法や看護師法などの法律にもとづいているのに対し，公認心理士の資格は，まだ法律にもとづくわけではなく，国家資格としての程度は低い。いわば準国家資格といったものであり，例えば，ソーシャルワーカーなどの資格と同じであるという。英国心理学会では，現在，公認心理士の資格が，医師や看護師のような法制化された資格となるように，政府に働きかけている。

　以上のように，イギリスの心理学の資格は 3 つのレベルからなるが，それらはうまく統一されている。その統一の中で，個別専門資格は自律性を持っている。

　こうした資格システムを総合的に管理しているのが，英国心理学会である。英国心理学会は，公認心理士の登録の仕事をしており，その名簿を発行している。それらの名簿は，社会に公開されており，市民が心理学者を必要とした時に，接触がとれるようにしている。

## 12-2. 資格システムを支える教育制度——英国心理学会による認定

　資格システムは，教育・養成のシステムに支えられていなければ意味がない。イギリスの資格制度は，①大学教育，②大学院教育，③現場教育という 3 つのレベルの教育制度に支えられている。こうした教育制度を統括的に管理しているのも，英国心理学会である。

　第 1 は大学教育である。大学卒業資格についていうと，イギリスの大学には，心理学関係の学科はたくさんあるが，そのうち，しっかりした教育を行っている学科を，英国心理学会が認定している。認定されるためには，知覚・思考・発達・社会・人格といった基礎的な心理学の領域をカバーしなければならない。英国心理学

■表12-1　イギリスの心理学の資格制度

1．統一資格制度が確立している
2．国家資格はほぼ確立している
3．個別専門資格が確立している
4．それぞれの個別専門資格の横の統一が確立している
5．基礎資格が確立している
6．3つのレベルの資格の縦の統一が確立している
7．3つのレベルの資格の責任母体が一本化している
8．3つのレベルで教育・養成のシステムが確立している

会のホームページで，学会認定の学科を調べると，380コースが載っている。

第2は，大学院教育である。臨床心理士などの資格をとるためには，英国心理学会が認定した大学院の課程を出なければならない。英国心理学会のホームページで，学会認定の大学院課程を調べると，117の大学院コースが載っている。それぞれの個別専門資格の認定校については，第13章で述べる（表13-1参照）。

第3は，現場教育である。例えば，健康心理士などの資格をとるためには，現場で実習を行う必要がある。こうした現場での実務経験を評価して認定するのは英国心理学会の仕事である。また，資格をとった後の卒後教育についても定められている。

このように，イギリスの資格制度が整っているのは，英国心理学会が教育制度をきちんと管轄しているからである。

イギリスの心理学の資格制度についてまとめると，表12-1のようになる。

## 12-3. 日本の資格制度への提言――イギリスとの比較から

イギリスのシステムは，日本の資格制度を考えるに当たって，ひとつの方向を示してくれる。

日本の心理学の資格制度を考えてみると，図12-2のようになるだろう。図12-1と図12-2を比較すると，イギリスの資格制度がいかに整っているかがわかってくる。また，イギリスと比べることにより，日本の資格制度の問題点と課題も見えてこよう。

ここでは，①基礎資格，②個別専門資格，③統一資格，④国家資格，⑤学会の統合性，⑥基礎的心理学との関係という6つの観点から，日英の資格制度を比較してみよう。そこから，日本の資格制度について提案したい。なお，日本の心理の資格については，「心理学ワールド」第6号〈特集：心理の資格〉(1999)などを参考にした。

### 1）基礎資格

イギリスでは，大学で心理学を専攻しなければ，上位の資格をとることはできない。イギリスの臨床心理士は，大学3年間と大学院3年間，計6年間は心理学をしっかり学ぶ。これが科学者―実践家モデルを支えている。

日本では，こうした大学レベルの基礎資格の制度は未完成である。

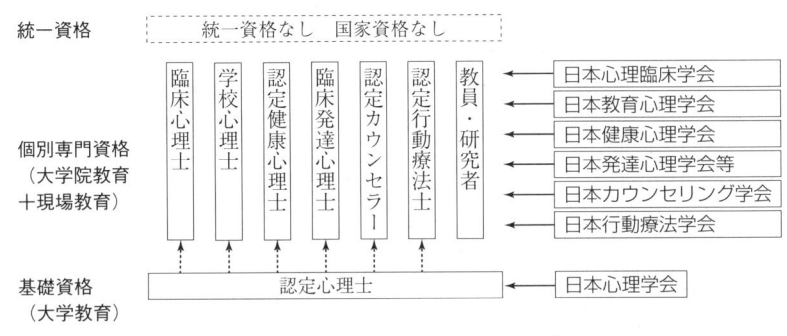

```
統一資格        ┌──────────────────┐
                │統一資格なし  国家資格なし│
                └──────────────────┘
個別専門資格    臨  学  認  臨  認  教      ← 日本心理臨床学会
(大学院教育     床  校  定  床  定  員      ← 日本教育心理学会
 ＋現場教育)    心  心  健  発  カ  ・      ← 日本健康心理学会
                理  理  康  達  ウ  研      ← 日本発達心理学会等
                士  士  心  心  ン  究      ← 日本カウンセリング学会
                        理  理  セ  者      ← 日本行動療法学会
                        士  士  ラ
                                ー
                                認
                                定
                                行
                                動
                                療
                                法
                                士

基礎資格         ┌──────認定心理士──────┐ ← 日本心理学会
(大学教育)
```

■図 12-2　日本の資格制度の現状（なお，これ以外にも多くの資格がある）

　第1に，日本での基礎資格にあたる「認定心理士」制度は未完成である。認定心理士制度は，1990年に日本心理学会が作ったものであるが，これは心理学の隣接領域を卒業した人の卒業認定となっている。イギリスのような心理学科の大学卒業資格というわけではない。日本の個別専門資格の中で，「認定心理士」の取得を要件としているものはほとんどない。

　第2には，日本の専門資格の多くは，心理学関係の大学（学部）を出ることを必ずしも要件としていない。認定健康心理士や臨床発達心理士などを例外として，大部分の資格は，心理学関係の大学学部を出ることすら要件としていない。図12-2で，基礎資格と個別専門資格の間を点線にしたのはこのためである。最近では，例えば，大学の心理学科を出ていない臨床心理士も多くなっており，「修士課程で2年間心理学を学んだだけ」という臨床心理士が増えている。資格を発足させる時には，間口を広げる必要があるので，このような状況は仕方がないともいえる。しかし，心理学の基礎を持たない臨床心理士が多くなることは，科学者－実践家モデルから離れていくことを示している。日本では，大学院卒という資格に力を入れるあまり，大学の学部レベルの心理学教育がおろそかになるきらいがある。この点に筆者は危機感を持っている。

### 2）個別専門資格

　イギリスでは8つの個別専門資格があり，英国心理学会の9つの部会と対応している。資格のための教育制度は英国心理学会の各部会が管理している。

　日本でも多くの個別専門資格が作られている。資格の数からいえば，イギリスよりも多い。しかし，日本の歴史はたかだか15年ほどのものである。臨床心理士の資格が発足したのは1988年であり，学校心理士は1997年，認定健康心理士は1997年，臨床発達心理士は2002年，認定カウンセラーは1986年，認定行動療法士は1995年である。このように歴史が浅いために，資格のための現場の教育シス

テムは未発達である。訓練において，現場での実習体験が十分に得られるわけではない。9章で述べたような，スーパービジョンを受けながら現場で多くの事例を担当するイギリスの養成システムを考えると，日本の養成システムは未発達である。日本の指定校の教官は，学生の研修先を探すのに苦労している。資格を取ったとしても，それに見合うだけの臨床的な実力が果たしてともなっているだろうか。

　さらに，イギリスとの一番大きな違いは，日本では，それぞれの学会がバラバラに資格制度を作ってしまったことであろう。例えば，図 12-2 に示すように，臨床心理士の資格はおもに日本心理臨床学会と関係し，学校心理士は日本教育心理学会，認定健康心理士は日本健康心理学会，臨床発達心理士は日本発達心理学会を中心とする数個の学会，認定カウンセラーは日本カウンセリング学会，認定行動療法士は日本行動療法学会が，それぞれ管理している。これ以外にも多くの学会が資格を作っている。これらの資格は横のつながりがほとんどないために，資格取得の要件はバラバラである。①心理学の大学卒業を要件としているか，②その学会に入会することを要件としているか，③実践を重視するか研究を重視するか，④外国での訓練や資格を認めるか，などの点でさまざまである。また，資格の有効期間についてもさまざまである。こうした不統一は，統一資格を作る際に大きな足かせとなっている。

### 3）統一資格

　イギリスでは，図 12-1 に示すように，個別専門資格を統一した「公認心理士」という資格がある。したがって，個別専門資格と統一資格が自然に両立しているのである。

　日本では，図 12-2 に示すように，統一資格はできていない。日本では，各学会がそれぞれ独立して資格制度を作ってしまったので，統一がとれない。個別専門資格と統一資格は，互いに相反する面がある。日本のように，個別専門資格がバラバラにできてしまうと，それらを統一した資格を作ることが難しくなる。統一資格を無理矢理に作ろうとすると，各専門資格の自律性を否定してしまいかねない。場合によっては，統一によって不利になる資格も出てくるからである。このように資格の統一性と専門性は，両立しにくいために，日本の心理学者は，これまで統一資格を作れなかったのである。それどころか，いろいろな資格が群雄割拠のような状況になってしまい，不幸なことに，学会どうしが資格をめぐって対立することすらある。

　イギリスの心理資格は，両立しにくい二面性をみごとに両立させている。日本の混乱ぶりから見ると，ほとんど奇跡のように思われる。英国心理学会の歴史で述べたように（11-2 参照），英国心理学会の中で職業的心理学が地位を占めるようになったのは 1919 年のことであり，90 年近い時間をかけて，統一的な資格システムを作ってきたのである。

## 4）国家資格

　イギリスでは，ロイヤル・チャーター制度があり，公認心理士は準国家資格である。国家資格があるために，イギリスの公認心理士の社会的地位はかなり高い。また，いかがわしい療法の横行から消費者を守るという点からも，国家資格は意義がある。

　しかし，日本ではまだ心理学の国家資格はない。臨床心理士は，日本臨床心理士資格認定協会という財団による法人認定の資格である。国家資格化は，日本の心理学者の悲願であるが，まだ実現していない。国家資格ができないと，心理学者の社会的な地位はなかなか向上しない。

　国家資格化の最先端にいるのは日本心理臨床学会であるが，医療・教育・司法・産業など，多くの分野を含んだ資格を構想している。これは上述の統一資格の理念とも合致するのでよいのだが，多くの分野を含んだ国家資格が，現在の日本の行政の中で作れるかどうかは微妙である。イギリスの臨床心理士の資格が整備されているのは，臨床心理学が医療分野に特化されており，国民健康サービス（日本の厚生労働省にあたる）が全面的にバックアップしているからである。日本の臨床心理士も，文部科学省がバックアップする教育分野と，厚生労働省がバックアップする医療分野などに分けて国家資格化し，その後に統一をはかるという道筋もあるのではなかろうか。

　もうひとつ，日本心理学諸学会連合が結成されて，統一資格に向けて検討を行っているのも希望が持てる。

　国家資格や統一資格を作る際に必要なことは，①イニシアチブ，②資格の管理システム，③教育・訓練システムという3つの要素であろう。イギリスでは，これらの3つの要素を英国心理学会が管理している。①英国心理学会の強いイニシアチブのもとで個別専門資格を統一しており，各部会が資格をめぐって深刻な対立に陥るということはない。②英国心理学会が3つのレベルの資格を統括的に管理している。③英国心理学会が教育・訓練のシステムを管理している。

　日本では，こうした3つの要素が整っていない。①イニシアチブについていうと，国家資格化を達成するためには，政治的な力も必要である。英国心理学会が大きな政治力を持っているのに対して，日本では，学会が林立しているため，意見がまとまらず，足を引っ張り合うので，政治力が分散してしまう。しかし，将来のいずれかの段階では，何らかの「外圧」が契機となって，資格の統一が迫られる局面が来るかもしれない。例えば，イギリスでは，ヨーロッパ連合（EU）の統一が，大きなきっかけとなって，ばらばらだった心理療法の団体が統一され，連合王国心理療法協議会（UKCP）が結成されたのである（15-10-1参照）。また，②資格の管理システムと③教育・訓練システムを整えることも重要であろう。

### 5）学会の統合性――資格問題は学会問題

　資格制度と学会のあり方は切っても切れない関係にある。図12-1と図12-2を比べて明らかなのは，学会のあり方である。これを見れば，統一資格が，イギリスで実現したのに，日本で実現しない理由ははっきりする。イギリスで実現したのは，英国心理学会という統一的な責任母体があるからである。これに対して，日本で実現しないのは，学会がバラバラだからである。これでは統一資格は実現するはずがない。日英の差は，学会の構造の差である。資格の統一のためには，その前に，そもそも学会の統合ということが必要なのである。前述のように，学会が林立することには弊害も多い。日本でも，英国心理学会のように大きな傘団体を作り，そのもとに各学会が部会として入ることが望まれる。学会が統合されれば，統一資格を作りやすくなるし，いろいろなメリットが生じるのである（11-9参照）。

### 6）職業的心理学と基礎的心理学の関係

　図12-1に示すように，英国心理学会には「教員・研究者」という部会があり，これも専門資格をなしている。このような資格があることは，英国心理学会における職業的心理学と基礎的心理学との関係をよくあらわしている。英国心理学会は，図11-1に示すように，基礎的心理学と職業的心理学が分裂せずに，統合を保っている。ひとつの理想的なあり方といえるが，これは一朝一夕に完成したわけではない。前述のように，職業的心理学は，第一次世界大戦の頃に，英国心理学会の一部門となり，これまでに90年近い歴史を持っている。職業的心理学は，基礎的心理学との間に長年の信頼と競合の関係を築いてきた。

　日本の職業的心理学は，イギリスほどの長い歴史を持たない。臨床心理学は以前からあったが，学会の中で一定の地位を占めるようになったのは1970年頃のことであり，急速に伸びたのは1990年代のことである。イギリスのように，基礎的心理学との協調と競合の関係を経ずに，急激な成長をとげたわけである。資格を必要とする職業的心理学者は新しい学会を作り，基礎的心理学とは別の道を歩むことになった。こうして，資格問題をめぐって，職業的心理学と基礎的心理学が対立するようになってしまった。一方，基礎的心理学の側も，資格問題に対する理解に乏しく，職業的心理学を吸収する努力が足りなかった。今後，基礎的心理学と職業的心理学は，双方とも歩み寄って協調するべきであろう。

### 7）まとめ――日本の資格制度への提言

　日本でこれから心理学の資格制度を整えるためには，以下のことが必要である。すなわち，①大学レベルの基礎資格を整えること，②個別専門資格のそれぞれを整備すること，③基礎資格と個別専門資格のタテの統一を実現すること，④国家資格を実現すること，⑤傘団体を作り，各学会の統合をはかること，⑥職業的心理学と基礎的心理学との調整をはかることである。

# 第13章 職業的心理学 (教育心理学, 司法心理学, 健康心理学など)

　職業的心理学は急成長を遂げ，今や英国心理学会の主流となりつつある。職業的心理学とは，研究を主体とするのではなく，実践を主体とする心理学のことをさす。応用心理学とか実践的心理学などと呼ばれることもある。

　英国心理学会には，職業的心理学の部会（ディビジョン）が9つある。各部会は，1,000名規模の会員数を持ち，量的にも質的にも，ひとつの学会というべきである。

　日本でも職業的心理学はこれから急成長するであろう。本章では，そのモデルとして，イギリスの職業的心理学の各領域を概観する。まず，各部会の活動や資格について述べる。次に，各領域の業務，歴史，資格の認定方法，認定校，教科書，代表的な研究者や研究所について触れる。順番は，歴史の古い順とした。つまり，①教育心理学，②臨床心理学，③産業心理学，④司法心理学，⑤カウンセリング心理学，⑥健康心理学，⑦神経心理学，⑧心理学教員・研究者の順にみていく。

　なお，職業的心理学とは，Professional Psychology の訳語である。これと似た用語として Occupational Psychology があるが，本書では，混同を避けるために，こちらを「産業心理学」と訳した (13-4-1 参照)。

## 13-1. 急成長をとげる職業的心理学

　第11章の図11-4に示されるように，イギリスでは，1980年から，職業的心理学の部会の人数は急激に増えはじめ，現在でも増え続けている。これに対して，基礎的心理学の部門は頭打ちとなっている。職業的心理学者（13,657名）の人数は，基礎的心理学者（5,269名）のほぼ2倍である。英国心理学会は，職業的心理学者中心の団体となりつつある。イギリスの心理学においては，「主役の交代」がおこっているというのが筆者の実感である。同じような現象は，アメリカ心理学会でもおこっている。

　こうした主役の交代という現象は，臨床心理学の急成長によって引きおこされている。図13-1は，英国心理学会のおもな部会（職業的心理学）の会員数を示したものである。この図に示されるように，どの部会の人数も1990年代から増えているが，その中でも，臨床心理学の伸びは他を圧倒している。臨床心理学部会の人数は，約10年で1,000人ずつ増えており，2002年は5,000人近くになっている。また，産業心理学部会の急成長も目立ち，2000年から急激に増えた。

　職業的心理学の急成長は，社会的な需要の高さのあらわれである。また，職業的心理学の社会的な意義が，広くイギリス社会から認められるようになったことのあ

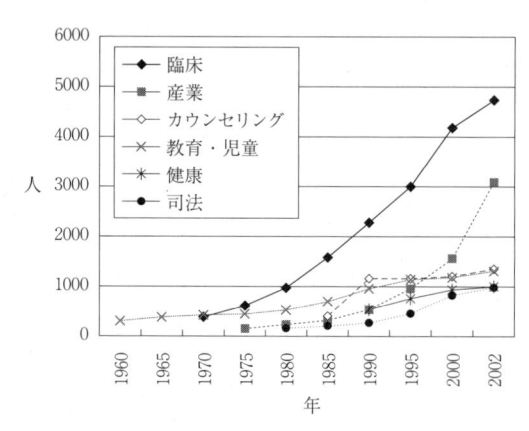

■図 13-1　英国心理学会のおもな部会（職業的心理学）の会員数

られでもあろう。

このような傾向は，これから日本でもおこるであろう。前章で述べたように，日本では多くの個別専門資格が作られ，しだいに定着しつつある。多くの問題をはらんではいるが，日本の社会が職業的心理学を必要としていることは確かであり，日本でも，職業的心理学はこれから大きく伸びていくであろう。こうした社会的な需要に応えて，職業的心理学をこれから育てていく必要があるだろう。

## 13-2. 教育心理学

### 1）教育・児童心理学部会

教育・児童心理学部会は，英国心理学会の9つの部会のうちでも最も古い。スコットランドは，イングランドとは別の認定方法なので，独立してスコットランド教育心理学部会を作っている。

教育心理学部会はいろいろな活動を行っている。第1は，資格管理であり，教育心理士の認定，大学院の教育心理学コースの認定を行っている。第2は研究活動の支援である。英国心理学会から，「英国教育心理学雑誌（British Journal of Educational Psychology）」を出している。第3は，実践活動の支援である。例えば，教育心理学部会独自の倫理ガイドラインを作っている。

### 2）教育心理学の歴史

歴史的にみて，イギリスの教育心理学で最も有名な研究は，数量的・統計的な研究である。バートによる学力や知能の因子分析，ヴァーノンの能力の分析など，数量的・統計的な手法を駆使した教育心理学の研究は有名である。テストなどの教育アセスメントの研究もさかんである。

1913年に，シリル・バート（14-13-1-4参照）は，ロンドン州議会から正式な心理学者として採用された。非常勤ではあったが，世界で最初の公式の心理学者のポストである。つまり，世界で最初の教育心理学者がバートであった。彼の任務は，子どもの定期的な心理学的調査や，学業遅滞児や優秀児，非行児の個別的な検査，教育的問題についての心理学的研究などであった。バートは1932年まで20年近くこの仕事を続け，彼の事務所はイギリス最初の公的な児童指導センターになった。

1958年には，英国心理学会の中に教育心理学部会ができた。9つの部会のうち

でも最も古い。

　1962 年には，教育心理士協会が結成された。教育心理士の組合であり，「教育心理学実践（Educational Psychology in Practice）」という季刊誌を出したり，いろいろな専門的活動を行っている。また，会員の給与や勤務条件について雇用主と交渉するなどの実務も行っている。

　2002 年現在の教育・児童心理学部会の会員数は 1,257 名であり，スコットランド教育心理学部会は 176 名である。

### 3）イギリスの教育制度——その 1　私立学校

　教育心理士の仕事を知るためには，教育制度を知る必要がある。イギリスの教育制度は日本と違うのでわかりにくい。ここでは，荘司（1969）や志水（1994）などを参考にして，簡単に制度史について述べる。イギリスの学校制度は，私立学校と公立学校に分かれる。

　私立校は，プレパラトリー・スクール（5 年制）を経て，パブリック・スクール（5 年制）に進むコースである。パブリック・スクールは，古い歴史をもつ学寮制の高校である。1394 年にウィッカムによって設立されたウィンチェスター校と，1440 年にヘンリー六世によって設立されたイートン校が有名である。もともとは，オクスフォード大学やケンブリッジ大学の予備校であり，神学を学ぶためのラテン語を教える学校であった。パブリックとは公立という意味ではない。16 世紀の上層社会では，家庭教師によって家で教育したほうがよいのか，ウィンチェスター校やイートン校をへてオクスフォード大学やケンブリッジ大学に進学した方がよいのか，という家庭・学校教育の優劣が論じられた。この議論の中で，家の外で「公開される学校」という意味でパブリック・スクールという用語が使われるようになったのである。現在でも，パブリック・スクールは，イギリスの中等学校の代名詞のような存在である。日本でも，池田潔『自由と規律』（岩波新書），森嶋通夫『イギリスと日本』（岩波新書），竹内洋『パブリック・スクール』（講談社新書）などの本によってよく知られている。

### 4）イギリスの教育制度——その 2　公立学校

　それに比べると，公立学校の歴史は短い。18 世紀後半から，産業革命によって，人口が都市に集中し，子どもたちが過酷な労働を強いられるようになった。このため，子どもたちに教育を与えようとしていろいろな学校が作られた。有名なものは，①オーウェンの「性格形成学院」と，②ベルとランカスターの「助教生学校」である。

　前者は世界最初の幼稚園と言われる。イギリスの近代的教育思想は，ジョン・ロック（1632-1704）の経験主義の教育論にはじまり，ベンサム（1748-1832）の功利主義の教育論に受け継がれたが，これらを統合して教育実践に結びつけたのがオー

ウェンである。ロバート・オーウェン（1771-1858）は，ウェールズ地方に生まれ，紡績工場を経営し，2,000人の従業員をかかえる最大の綿業王となった。彼の経営する工場は，非営利主義と厚生施設によって，「社会改良の聖地」として，ヨーロッパやアメリカで有名になった。こうした実践は，オーウェン独特の性格形成論にもとづくものである。つまり，彼は，ロックの白紙説を受け継ぎ，「人間は環境の産物である。環境の改善が性格の改良をもたらす」と考えたのである。オーウェンは1816年に自分の工場内に「性格形成学院」という学校を建てた。この中で，生産と密着した教育や直感教育などの進歩的方式を採用した。これが世界最初の幼稚園と言われるが，彼は，こうした教育方法を工場法に盛り込もうとして，社会主義的なプランを建てた。こうした試みは失敗したが，このプランはイギリスやアメリカで受け継がれた。彼は，アメリカに渡り，ニュー・ハーモニー平等村を作った。これがアメリカの社会主義の出発点になった。このような運動によりオーウェンは空想的社会主義者と呼ばれる。オーウェンは，その後イギリスに戻り，労働組合運動の指導者となった。イギリスの近代社会主義の創始者，共同組合の精神的父と称される。

　他方，「助教生学校」とは，牧師のベルとランカスターが考案した方法である。子どもの中から「助教」を選び，彼らに指導を手伝わせる方法である。一度に多数の生徒を教えることができるので，ひとりの教師が数百人の子どもを一度に監督できたという。3R（読み・書き・計算）の教育としては，簡便で迅速な方法として，イギリス全土に広まった。こうした方法による助教生学校は，教会の援助によって全国に作られた。これによって多くの子どもたちが教育を受けられるようになった。学校に通う子どもの割合は，1816年には6割，1835年には8割，1861年には9割にのぼった。こうして，ついに1870年には，初等教育機関への就学が義務づけられるようになった（志水，1994）。

　このような公立の学校の確立に大きく寄与したのはケイ・シャトルワース（1804-1877）であった。イギリスは「教育は家庭の私事である」という考え方が強く，国は教育について真剣に考えていなかった。シャトルワースは公教育の必要性を強く訴えた。そのため，1846年には，政府はやっとシャトルワースの公教育理論を導入した。これによって，国庫補助金制度，視学制度，教員養成制度という三本柱が確定した。1846年は「イギリス公教育ルネサンス」の年と呼ばれ，シャトルワースはイギリス公教育の父と称される。

　その後，何回もの教育法が出され，19世紀末までには初等教育が義務・無償となった。また，オーウェンの思想を継承したウェッブ夫妻が率いるフェビアン協会は，福祉政策としての教育を推進した。

　第二次世界大戦中に，チャーチル首相は，国民に窮乏生活を強いるかわりに，戦

争が終わったら，バラ色の福祉国家を作ることを約束した。戦後，労働党のアトリー内閣が実行に移した。重要産業を国営化し，「揺りかごから墓場まで」という福祉政策を実行したのである。前述のように，1948年には医療が無料化された（8-1-1参照）。教育についても，1944年のバトラー法によって，中等教育が義務・無償となり，学校制度が整った。ただし，医療においては，すべての病院が国営化されたのに対し，教育においては，伝統のある私立高校（パブリック・スクール）が国営化することは見送られた。

バトラー法によって，小学校（6年制）と中等学校（7年制）は一本に結びついた。5歳から小学校に入学し，11歳で中等学校に入学する。

中等学校は三分方式をとっていた。これは11歳で試験をして，その成績等により，学業の優秀な生徒は「グラマー・スクール」に進み，それに次ぐ生徒は「テクニカル・スクール」に，残りの多くの生徒は「モダン・スクール」に進むという制度である。このうち，大学に進学できるのは，グラマー・スクールだけである。こうした形態は「複線型教育制度」と呼ばれ，ヨーロッパの国々では今でもよく見られる。戦前の日本もこれに倣っていた。複線型教育制度は，アメリカや戦後日本の単線型教育制度（誰でも大学に進学するチャンスがある制度）と対比される。しかし，イギリスでも1970年頃から，三分方式を一本化する動きが強まり，現在では，「コンプリヘンシブ・スクール」にほぼ統合されている。

16歳で義務教育が終わり，進学希望者は2年間中等学校に残る（この段階はシックスフォームと呼ばれる）。18歳で「Aレベル試験」と呼ばれる大学進学資格試験を受ける。この成績によって，進学する大学が決まる。大学については前述のとおりである（9-3-1の囲み記事参照）。

### 5）教育心理士の仕事

教育心理士は，おもに学校において，19歳までの子どもの学習や発達にかかわる仕事をする。ほとんどは地方教育当局に雇用されて，学校，大学，保育所などの施設で仕事をする。

教育心理士の仕事は多岐に渡る。直接的な仕事としては，子どもに対するアセスメント（観察法，面接法，心理テストなど）を行い，カウンセリングをしたり，最も適切な機関などを紹介する。間接的な仕事としては，教師や親や他の専門家との関係調整やコンサルテーションなどをする。地方教育当局では，政策立案や組織についてのワーキンググループに入ったり，コンサルテーションを求められることも多い。また，地方教育当局でいろいろな研究を行う際に，心理学研究者としてその中心になったり，アドバイスを求められることも多い。教育心理士も，臨床心理士と同じく，科学としての心理学を基礎としている。

### 6）教育心理士の認定

教育心理士になるには，大学で心理学を勉強したあと，①教員資格をとって2年以上の教職経験を持ち，英国心理学会認定の修士課程（1年）を出て，1年間のスーパーバイズを受けながら実務経験を積むか，あるいは，②英国心理学会認定のディプロマ・コース（3年間）を出る。これによって，公認教育心理士（チャータード・エデュケーショナル・サイコロジスト）の資格を得ることができる。

大学院の認定校は表13-1に示す16校である。これらはイギリスを代表する大学といってよい。

### 7）代表的な研究施設

ロンドン大学の教育研究所（Institute of Education：IOE）は，イギリスの教育学や教育心理学の中心地になっている。キャンパスは大英博物館の近くのブルームズベリ地区にある。教育研究所は，学部を卒業した学生を対象とする教員養成機関として，1902年に作られた。現在でも毎年1,000人ほどの教員を養成している。その後，研究活動も行うようになり，教育学や関連した社会科学の研究で有名である。

前述のシリル・バート（13-2-2参照）も，1924年から1932年まで非常勤でつとめていた。また，ドイツの社会学者カール・マンハイム（1893-1947）は，ナチスに追われてロンドンに亡命し，1933年からロンドン大学経済学部の教授となり，1946年から教育研究所の教授となった。しかし，その翌年に53歳の若さで亡くなった。教育研究所には，現在でもマンハイムの名前をつけた講座がある。筆者が留学した年は，ちょうど創立100周年に当たり，いろいろなイベントがあり，100年史の本も出版された（Aldrich, 2002）。

現在の研究所は，12の学科に分かれている。①心理学・人間発達，②芸術・人文科学，③ベドフォード・グループ（ライフコース統計研究），④文化・言語・コミュニケーション，⑤カリキュラム・教授学・アセスメント，⑥幼児・初等教育，⑦教育基盤・政策研究，⑧生涯教育・国際開発，⑨ロンドン・リーダーシップ・センター，⑩数学・科学・工学，⑪社会科学研究ユニット，⑫トーマス・コラム研究ユニットである。教育学に関連した多くの領域をカバーしていることがわかる。スタッフは，約100の研究グループに別れている。

教育研究所には，約50名の教授をはじめとして，600名の教員がいる。日本の大学の教育学部に比べると，10倍ほどの規模ではなかろうか。研究所の建物も巨大であり，日本の10倍はある。

教育研究所は研究者も養成しており，教育学博士（EdD）や，教育心理学博士（DEdPsy），博士（Ph.D.）を授与している。また，教育に関係した修士のコースを多く開いており，教育心理学修士などの修士号を出している。

心理学・人間発達学科をみると，後述のように，教授2名を含めて，35名ほど

■表 13-1　英国心理学会が認定する心理学資格の大学院（2003 年現在）

| 専門 | 学位 | 認定された大学院 |
|---|---|---|
| 教育心理学 | 修士 | ロンドン大学教育研究所　エクセター大学<br>ロンドン大学ユニバーシティ・カレッジ<br>タビストック・クリニック　クイーンズ大学（ベルファスト）<br>シェフィールド大学　ストラスクライド大学<br>バーミンガム大学　ブリストル大学<br>ウェールズ大学カーディフ校　ダンディー大学<br>東ロンドン大学　マンチェスター大学<br>ニューカースル大学　ノッティンガム大学<br>サウザンプトン大学　　　　　　　　　　　計 16 校 |
| 臨床心理学 | 博士 | 計 26 校（表 9-1 参照） |
| 産業心理学 | 修士 | ロンドン大学バークベック・カレッジ　アストン大学<br>ロンドン大学ゴールドスミス・カレッジ　ハル大学<br>シティ・ユニバーシティ　クランフィールド大学<br>メトロポリタン大学　ヘリオット・ワット大学<br>リバプール・ジョン・ムーアズ大学　東ロンドン大学<br>クイーンズ大学（ベルファスト）　ハートフォードシャー大学<br>シェフィールド大学　ストラスクライド大学　レスター大学<br>ウェールズ大学カーディフ校　サリー大学　ノザンブリア大学<br>UMIST（マンチェスター科学技術大学）　　　計 19 校 |
| 司法心理学 | 修士 | グラスゴウ・カレドニアン大学　ポーツマス大学<br>マンチェスター・メトロポリタン大学　バーミンガム大学<br>ケント大学　レスター大学　リバプール大学<br>サリー大学　　　　　　　　　　　　　　　　計 8 校 |
| カウンセリング心理学 | 修士<br>博士<br>ディプロマ | 計 9 校（表 16-2 参照） |
| 健康心理学 | 修士 | ロンドン大学ユニバーシティ・カレッジ<br>セントラル・ランカシャー大学　コベントリ大学<br>シティ・ユニバーシティ　ミドルセックス大学<br>メトロポリタン大学　スタフォードシャー大学<br>クイーンマーガレット大学　バース大学<br>ケント大学　ルートン大学　サウザンプトン大学<br>サリー大学　サセックス大学　西イングランド大学<br>ウェストミンスター大学　　　　　　　　　計 16 校 |
| 神経心理学 | 修士 | ノッティンガム大学　　　　　　　　　　　　　計 1 校 |

の教員が研究をしている（14-13-6参照）。

この学科は，英国心理学会の教育心理士の認定校でもある。教員資格のある人が，ここの修士課程（1年）を出て，1年間のスーパーバイズを受けながら実務経験を積めば，公認教育心理士になることができる。教育研究所は1973年から30年以上，認定校として学生を受け入れてきた。現在，養成の責任者をつとめているのは講師のヴィヴィアン・ヒルである。

## 13-3. 臨床心理学

臨床心理学部会は，会員が4,777名（2002年現在）であり，9つの部会のうちでも最も人数が多い。図13-1に示すように，会員数は急激に増えている。

臨床心理学部会はいろいろな活動を行っている。第1は，資格管理であり，臨床心理士の認定，臨床心理学の博士課程の認定を行っている。

第2は研究活動の支援である。英国心理学会から，「英国臨床心理学雑誌」を出している。1962年に，英国社会臨床心理学雑誌として創刊され，途中から社会心理学と臨床心理学に分かれたのである。このほかに，「クリニカル・サイコロジスト」という月刊のニューズレター誌を出している。

第3は，実践活動の支援である。臨床心理学部会は，『職業的実践のガイドライン』を作っている。このガイドラインは1974年にできた。心理学の倫理ガイドラインとしては最も早い部類にはいる。これまで，1983年，1990年，1995年と数回にわたって改訂された。全体が44ページにわたり，この種のガイドラインとしては最も詳しい。構成は12章からなる。はじめの5章は英国心理学会の「心理学者のための行動規範」に則っているが，それよりはるかに詳しく具体的でわかりやすい。各章ごとに文献案内も載っていて勉強になる。日本で作る場合も参考になるだろう。

また，臨床心理学部会が出している『臨床心理学サービスのガイドライン』という文書は，臨床心理士の仕事のマニュアルである。これは細かく具体的に臨床心理士の仕事を規定しており注目に値する。日本の臨床心理士のテキストとしても使えるだろう。

また，臨床心理学部会は『精神病と精神病的体験の研究における最近の進歩』といった小冊子も出している（5-19-4参照）。

臨床心理士の認定については，第9章で詳しく述べた。

## 13-4. 産業心理学

### 1）産業心理学部会

産業心理学部会は，1971年に作られた。図13-1に示すように，2000年頃から急成長した。以前は，職業的心理学の部会（ディビジョン）としての「産業心理学部会」と，基礎的心理学の部門（セクション）としての「産業心理学部門」の2つに

分かれていた。前者は約1,000名が属し，後者は約2,000名が属していた。2001年に後者が前者に合体し，部会に吸収された。これによって3,000名を擁する大きな部会となったのである。現在，会員が3,092名（2002年）であり，部会の中で2番目に人数が多い。

　産業心理学部会はいろいろな活動を行っている。第1は，資格管理であり，産業心理士の認定，大学院の産業心理学コースの認定を行っている。第2は研究活動の支援である。年次大会を開き，英国心理学会から，「産業・組織心理学雑誌（Journal of Occupational and Organizational Psychology）」を出している。第3は，実践活動の支援である。例えば，心理テストセンター（11-6-2参照）を開設したり，部会独自の倫理綱領を作っている。

### 2）産業心理士の仕事

　産業心理士は，職場での個人や集団の能率をあげ，職業への満足感を高めるための仕事をする。その活動範囲はきわめて広い。例えば，組織のコンサルタントや，人事面でのアセスメントや訓練，適性のガイダンスやカウンセリング，人間工学，職場の精神衛生といった活動である。

　産業心理士が最も多く採用されているのは，行政機関である。つまり，内務省，刑務所，雇用省（職業安定所など），国防省，地方官庁などである。また，企業内に雇われて仕事をする産業心理士も多い。さらに，個人で開業してコンサルタント業務を行う産業心理士もいる。

　産業心理学は多くの分野を含んでいる。大きく分けると，「個人」に焦点をあてる職業心理学（Occupational psychology）と，「集団」に焦点をあてる組織心理学（Organizational psychology）がある。前者の職業心理学は，個人の観点から，職業適性，職業訓練，職業選択，職務の分析と評価，職業的発達にともなう人格形成，職業への適応，職業観などを扱う。人間工学や職業ストレス，産業カウンセリングの研究も含まれる。人間工学は，イギリスではエルゴノミックスと呼ばれる。1949年にはエルゴノミックス学会も作られ，さかんに研究されている。

　一方，後者の組織心理学は，集団の観点から，職場のコミュニケーションや人間関係，リーダーシップ，職場の集団志気（モラール），成員の動機づけ，人事管理，組織の効率的運営，生産性の維持などを扱う。

　産業心理士は，単に組織の生産性を上げることに貢献するだけでなく，社会的な弱者の雇用機会を増やすことも目的としている。例えば，女性や障害を持つ人，民族的マイノリティの人たちの雇用を増やすように働きかけたり，意識改革のためのプログラムを職場で実行するように働きかけたりする。

### 3）産業心理士の認定

　産業心理士になるには，大学で心理学を勉強したあと，①英国心理学会認定の修

士課程（1年間）を出て，2年間のスーパーバイズを受けながら実務経験を積むか，あるいは，②英国心理学会から産業心理士として認定を受けてから，3年間のスーパーバイズを受けながら実務経験を積む。これによって，公認産業心理士（チャータード・オキュペーショナル・サイコロジスト）という資格を得ることができる。大学院の認定校は表13-1に示すように，2003年現在，19校である。比較的新しい大学が多い。

### 4）代表的な研究施設

産業心理学を扱う研究所は多い。後述のように，英国心理学会初代会長のマイヤーズは，産業心理学の創設者でもあり，1922年に，ロンドンに「国立産業心理学研究所」を創設した（14-11-1-2参照）。この研究所は，心理学や生理学の知見を産業心理学へと応用することが目的で建てられ，1976年に閉鎖されるまで多くの研究者を育てた。

また，シェフィールド大学には，労働心理学研究所があり，シェフィールド大学の心理学科と経営管理学部が連携して運営している。トビー・ウォールをはじめとする3名の教授と16名の教員がいて，産業心理学の教育と研究を行っている。英国心理学会認定の修士課程（1年間）があり，産業心理士を育てている。

ほかに，人事・能力開発研究所（以前の人事マネジメント研究所）にも産業心理学者がつとめている。

## 13-5. 司法心理学

### 1）司法心理学部会

司法心理学部会は，1977年に犯罪・司法心理学部会として発足し，1999年に司法心理学部会と改名した。人数は急激に増えている。2002年の資料では会員数は1,008名である。

司法心理学部会はいろいろな活動を行っている。第1は，資格管理であり，司法心理士の認定，大学院の司法心理学コースの認定を行っている。第2は研究活動の支援である。年次大会を開き，英国心理学会から，「司法・犯罪学雑誌（Journal of Legal and Criminological Psychology）」を出している。第3は，実践活動の支援である。

### 2）司法心理士の仕事

司法心理士は，刑務所，触法患者施設，病院などに雇用されて，裁判に関する仕事や，犯罪者に対する心理的な処遇や介入を行う。例えば，怒りのコントロール法，対人スキル訓練，薬物やアルコール乱用への対応といった介入である。

イギリスの司法機関においては，司法心理士や臨床心理士が中心的な働きをしている。イギリスには，危険な暴力的・犯罪的行為をなす人々を治療する閉鎖病院がある。①高度警備病院と，②中度警備ユニットに分かれる。

高度警備病院（high secure hospital）は，殺人や性犯罪などの重大な犯罪を犯した患者を治療するために，最大限の警備体制を敷いている病院である。イギリスには4つある。ブロードムア病院，ランプトン病院，アシュワード病院（以前のモス・サイド病院），スコットランド国立病院である。これら全体で，2,000人ほどを収容している。内務省が実質的に管轄しているが，資金的な責任は，1959年からは保健省が持つようになり，1996年からは地方自治体が持つようになった。

　中度警備ユニット（medium secure unit）は，高度警備病院ほど強い警備を必要としない患者を治療する施設である。イギリスの各地区ごとに作られている。ひとつのユニットでは，30〜100人が入院し，イギリス全体では2,400名が入院している。入院患者はしだいに増えているということである。筆者がよく行ったベスレム王立病院の中には，デニス・ヒル・ユニットという中度警備ユニットがあった。外から見ると，厳重に警備されていることには気づかない普通の建物であった。

　これらの施設では，精神科のコンサルタント医や精神科医をはじめとして，多くの職員が働いている。とくに，心理士は，治療において中心的な役割を果たしており，患者6人に対して1人の心理士が配置されている。心理士の仕事は，再犯のリスクのアセスメントや心理学的介入などである。心理学的介入としては，精神病への認知行動療法，怒りのコントロール法，弁証法的行動療法などが行われている。

　こうした介入法は，日本の心理学者にはあまりなじみがないが，今後は必要になるだろう。日本では，2003年に「心神喪失者等医療観察法」が成立した。これによって，殺人など重大な犯罪行為をしながら心神喪失などで刑事責任を問えない人を受け入れる指定入院機関を作ることになった。2005年から，国立精神・神経センター武蔵病院と国立肥前療養所を手始めとして，将来は各都道府県に最低2カ所が作られる計画である。この機関には，必ず臨床心理士が配置されることになっており，再犯のリスクのアセスメントや，心理学的介入の仕事をするようになる。

　日本の指定機関のモデルとなるのは，イギリスの高度警備病院や中度警備ユニットである。筆者が留学していた時は，ちょうどこの法案が準備されていた時であり，厚生労働省が中心となって，武蔵病院や国立肥前療養所などの医療スタッフが司法精神医療を研修していた。

　司法関係の臨床心理学については，マツィリアとホールの『専門職としての臨床心理士』（下山晴彦監訳，東京大学出版会）の8章で，ブラックバーンとマクガイアがわかりやすく解説している。

### 3）司法心理士の認定

　司法心理士になるには，大学で心理学を勉強したあと，①英国心理学会認定の修士課程（1年）と，英国心理学会認定のディプロマ・コースのステージ2を出るか，あるいは，②英国心理学会認定のディプロマ・コースのステージ1と2を出る。こ

れによって公認司法心理士（チャータード・フォレンジック・サイコロジスト）という資格を得ることができる。大学院の認定校は表 13-1 に示す 9 校である。

司法心理学の教科書としては，グッドジョンソンの『司法心理学：実践ガイド』(Gudjonsson & Haward) などがある。

### 4）代表的な司法心理学者

司法心理学の代表的な研究者は，ロンドン大学精神医学研究所心理学科教授のグッドジョンソンである。精神医学研究所では，アイゼンクが犯罪心理学にも興味を持ち，被暗示性の研究などを行っていた。1980 年に精神医学研究所の講師となったグッドジョンソンは，被暗示性のアセスメント法を確立し，1983 年にグッドジョンソン被暗示性テスト（GSS）を開発した。これは，被験者に架空の強盗事件の物語を聞かせて，自由再生をしたあと，誘導的な質問をして，もう一度自由再生をするというテストである。誘導的な質問によって，自由再生の回答がどれだけ変化するかを調べて，その変化量を被暗示性得点とするものである。こうしてアセスメント技法を確立し，彼は犯罪の尋問における被暗示性について「グッドジョンソン・クラークの理論モデル」を提出した。このモデルは大きな反響を呼んだ。グッドジョンソンは，こうした基礎研究にもとづいて，実際の裁判記録や被疑者との面接データなども検討して，虚偽の自白について研究した。この成果は 1992 年の大著『取り調べ・自白・証言の心理学』に結実した（庭山英雄・渡部保夫・浜田寿美男・村岡啓一・高野隆訳，酒井書店）。また，アイゼンクと共著で犯罪についての著書をまとめたり，司法心理学の教科書である『司法心理学：実践ガイド』を書いている。グッドジョンソンは，司法心理学についての実証研究を精力的に発表しており，こうした科学的な司法心理学研究の成果を積み重ねて，司法心理学の資格化に大きな貢献をした。2002 年には，アイゼンクの仕事を記念して行われる英国心理学会の「アイゼンク講演」を行った。

筆者は留学中にグッドジョンソンに会って話を聞く機会があった。司法心理学は科学であるということを強調していた。司法心理学は日本ではあまり知られていない領域であり，興味深く話を聞いた。

### 13-6. カウンセリング心理学

#### 1）カウンセリング心理学部会

カウンセリング心理学部会は，会員が 1,353 名（2002 年現在）であり，部会の中では 3 番目に人数が多いが，部会となったのは比較的新しい。1989 年に英国心理学会の特別グループとして認められ，1994 年に正式の部会になった。第 16 章で詳しく述べるが，カウンセリングには多くの流派があり，心理学を基礎としていないものも多いため，英国心理学会での活動は臨床心理学部会ほどではない。

カウンセリング心理学部会はいろいろな活動を行っている。第 1 は，資格管理で

あり，カウンセリング心理士の認定，大学院のカウンセリング心理学コースの認定を行っている。

第2は研究活動の支援である。年次大会を開くなどの活動をしている。英国心理学会が出しているカウンセリング心理学の雑誌はまだないが，「カウンセリング心理学レビュー」というニューズレター誌を出している。

第3は，実践活動の支援である。1995年に『専門家としての実践のガイドライン』を作った。これについては後述する（16-8-3参照）。

### 2）カウンセリング心理士の認定

カウンセリング心理士になるには，大学で心理学を勉強したあと，①英国心理学会認定の博士か修士（3年間）を出るか，あるいは，②英国心理学会認定のディプロマ・コース（3年間）を出る。これによって，公認カウンセリング心理士（チャータード・カウンセリング・サイコロジスト）という資格を得ることができる。認定校は表16-2に示す9校である。比較的新しい大学が多く，多くはポリテクニクから昇格した大学である。9つの大学のうち6つはロンドン周辺にある。

### 3）カウンセリング心理学の出版物

カウンセリング心理学の代表的な教科書は，イーガンの『熟練したヘルパー』である（邦訳は，鳴澤実・飯田栄訳『熟練カウンセラーをめざすカウンセリング・テキスト』創元社，1988）。この本は，後述のように，行動療法と人間学的心理学の橋渡しをしたといわれ，イギリスのカウンセリングの分野で最も引用されることの多い本である（16-2-3参照）。

また，カウンセリングや心理療法についてはハンドブック類が出版されている。『英国カウンセリング・ハンドブック』（Dryden, Charles-Edwards & Woolfe），『個人療法ハンドブック』（Dryden），『心理療法ハンドブック』（Clarkson & Pokorny），『心理療法とカウンセリングにおける論争』（Feltham），『カウンセリング：BACカウンセリング読本』（Palmer, Dainow & Milner）などである。

また，シリーズ物も多く出版されている。「カウンセリング・イン・アクション」シリーズ（セージ社）や，「英国の心理療法」シリーズ（放送大学出版会），「カウンセラーのための専門スキル」シリーズ（セージ社），「カウンセリング・心理療法・イン・フォーカス」シリーズ（セージ社）などである。以上の本の多くは，ロンドン大学のドライデンが企画や編集に加わっている。

### 4）代表的なカウンセリング心理学者

カウンセリング心理学の代表的な研究者として，ドライデンをあげることができる。彼の仕事を抜きにして，イギリスのカウンセリングの現在は語れないだろう。彼は，カウンセリングや心理療法について，これまで130冊の本を編集している。

ウィンディ・ドライデン（1950-）は，ロンドン大学ゴールドスミス・カレッジ

の職業コミュニティ教育学部（PACE）の教授である。ほかにもロンドンのいろいろな病院や施設でセラピストとして活動している。

ドライデンは，アメリカのアルバート・エリスに論理情動療法を学び，それにもとづく実践を行っている。論理情動療法についての著書も多い。邦訳のあるものに限っても，エリスと共著の『理性感情行動療法への招待』（稲松信雄・重久剛・滝沢武久・野口京子・橋口英俊・本明寛訳，実務教育出版），デジサッピと共著の『実践論理療法入門』（菅沼憲治訳，岩崎学術出版社），トローワーやケーシーとの共著『実践認知行動カウンセリング』（内山喜久雄監訳，川島書店），ヤンクラとの共著『アルバート・エリス——人と業績』（國分康孝・國分久子監訳，川島書店）などがある。

また，ドライデンは，カウンセリングや心理療法について，多くの本を編集している。例えば，『英国カウンセリング・ハンドブック』（Dryden, Charles-Edwards & Woolfe, 1989）や『個人療法ハンドブック』（Dryden, 2002）など多数ある。ドライデンが編集した本は，いろいろな学派の人が，各章を担当し，学派の歴史や概念，事例，特徴といった項目を解説する。各章は同じ構成をとっており，これによって，各学派の特徴が比較しやすくなっている。カウンセリングの学派の異種性を保ちながらも，それを統一的に捉えるのがドライデンの編集方針である。

筆者が監訳したドライデン共編『認知臨床心理学入門』（東京大学出版会）もその中の1冊である。この本は，ドライデンと，ロンドン大学ゴールドスミス・カレッジ講師のロバート・レントゥルが1991年に編集した本である。イギリスの認知行動アプローチの全体像を体系的に解説している。筆者は，この本に接して，臨床心理学の新しい流れを強く感じるとともに，そのバランスの良さに感心して，すぐに翻訳に取りかかった。シェフィールド大学のケント（10-9-1 参照）が不安障害を担当し，ニューカースル大学のスコット（現ロンドン大学精神医学研究所，17-13-2-6 参照）とトワドルが抑うつを担当し，バーミンガム大学のバーチウッド（10-8-2 参照）らが統合失調症を担当した。彼らは，その後，指導的な研究者・臨床家となった。筆者個人にとっても，初めてイギリスの認知行動療法に触れた本として，思い出深い。後に，各章の担当者の一部と実際に会って話を聞くことができたのも幸いであった。

ドライデンは，このほかに，多くの叢書のシリーズ・エディターをつとめている。前述の「カウンセリング・イン・アクション」シリーズ（セージ社）や，「英国の心理療法」シリーズ（放送大学出版会），「カウンセラーのための専門スキル」シリーズ（セージ社），「カウンセリング・心理療法・イン・フォーカス」シリーズ（セージ社）など，多くのシリーズを編集している。イギリスの本屋の心理学やカウンセリングのコーナーに行くと，ドライデンの本がないということがない。

## 13-7. 健康心理学

### 1）健康心理学部会

　健康心理学部会は，会員が1,015名（2002年現在）であり，比較的大きな部会である。1992年に特別グループとして認められ，1998年に正式な部会となった。

　健康心理学部会はいろいろな活動を行っている。第1は，資格管理であり，健康心理士の認定，大学院の健康心理学コースの認定を行っている。第2は研究活動の支援である。年次大会を開き，英国心理学会から，「英国健康心理学雑誌（British Journal of Health Psychology）」を出している。これは1996年に「英国臨床心理学雑誌」から分かれたものである。第3は，実践活動の支援である。

### 2）健康心理士の仕事と認定

　健康心理学は，臨床実践と基礎的心理学のインターフェースの役割を果たしており，日本の心理学のよきモデルとなるだろう。

　健康心理士は，おもに国民健康サービスの病院や一般開業医（GP）とかかわりながら，心理学的な方法を用いて，健康増進や疾病予防についての仕事をする。具体的には，健康阻害行動を減らすこと，健康促進行動を増やすこと，健康に関連した認知を改善すること，健康ケアにかかわる過程を改善することなどである。健康心理士については，マツィリアとホールの『専門職としての臨床心理士』（下山晴彦監訳，東京大学出版会）の11章で，フィールディングとラッチフォードがわかりやすく解説している。

　健康心理士になるには，大学で心理学を勉強したあと，①英国心理学会認定の修士課程（1年）と，英国心理学会認定のステージ2を出るか，あるいは，②英国心理学会認定のステージ1と2を出る。これによって，公認健康心理士（チャータード・ヘルス・サイコロジスト）という資格を得ることができる。認定校は表13-1に示す17校である。

　イギリスの健康心理学の代表的な教科書としては，ロンドン大学精神医学研究所のロン・ロバートらによる『健康心理学の基礎』（パルグレイブ）や，ロンドン・シティ大学のデイビット・マークスによる『健康心理学読本』（セージ）をあげることができる。

### 3）代表的な健康心理学者

　健康心理学の代表的な研究者として，ロンドン大学ユニバーシティ・カレッジ臨床科学部教授のステプトーをあげることができる。アンドリュー・ステプトーは，ケンブリッジ大学を卒業して，オクスフォード大学でPh.D.をとり，その後ロンドン大学セント・ジョージ医学校の心理学科に移り，1977年に教授となった。2000年に，ロンドン大学ユニバーシティ・カレッジ臨床科学部の教授となった。健康心理学では多くの業績があり，その著書『ストレス，健康とパーソナル・コントロー

ル』は邦訳も出ている（津田彰訳，二瓶社）。久留米大学の津田彰氏の招きなどで，何回も来日したことがある。筆者も留学中に，津田氏の紹介で会うことができた。とてもていねいに接してくれて，日本人にわかりやすい発音で話してくれた。ユニバーシティ・カレッジの臨床心理学の博士課程のことや，イギリスの健康心理学のことなどを聞くことができた。

　ステプトー夫人のジェーン・ワードルも，ロンドン大学ユニバーシティ・カレッジ医学部の教授であり，摂食障害や肥満などについての臨床心理学の研究で有名である。ワードルは，ロンドン大学精神医学研究所でPh.D.と臨床心理士の資格を得て，ここで上級講師をつとめた。その後，健康行動ユニットに移り，1996年からユニバーシティ・カレッジ教授をつとめている。パースとの共編著『行動医学の臨床』は邦訳もある（山上敏子監訳，二瓶社）。ステプトーとワードルは，夫婦で「英国健康心理学雑誌」の編集をしていたこともある。また，ステプトー夫妻には『ヨーロッパ臨床健康心理学』という共著もある。

## 13-8. 神経心理学

### 1）神経心理学部会

　神経心理学が正式の部会になったのは1999年のことであり，9つの部会のうちでも最も新しい。会員数は628名（2002年現在）であるが，着実に伸びている。英国心理学会から出している雑誌はまだない。

### 2）神経心理士の仕事と認定

　神経心理士（クリニカル・ニューロサイコロジスト）は，脳損傷や神経学的疾病を持つ人に対して，心理的苦痛を和らげ，心理的適応を高めていく仕事をする。病院，リハビリテーション・センター，コミュニティ・ケアの施設で働く。こうした仕事のために，神経科学の基本的な知識はもちろんのこと，アセスメントの技能や，神経心理学的リハビリテーションの技能，他職種との連携やリーダーシップをとる技能など，いろいろなことを身につけなければならない。臨床神経心理学については，マツィリアとホールの『専門職としての臨床心理士』（下山晴彦監訳，東京大学出版会）の10章で，カーペンターとタイアーマンがわかりやすく解説している。

　この資格はまだ新しいため，その取得方法はまだ固まっていないようである。大学で心理学を勉強したあと，まずは臨床心理士の資格をとり，そこから神経心理士の資格をとるようである。英国心理学会が認定した修士課程は，表13-1に示すように，まだノッティンガム大学1校しかない。

　神経心理学の代表的な教科書として，マッカーシーとワリントンの『認知神経心理学』（アカデミック・プレス，1990）をあげることができる。

### 3）代表的な神経心理学者

　神経心理学の代表的な研究者として，ロンドン大学ユニバーシティ・カレッジ教

授のフリスをあげることができる。クリス・フリスは，ユニバーシティ・カレッジの神経学研究所のウェルカム・イメージング神経科学科の教授である。統合失調症の神経心理学で有名であり，著書『分裂病の認知神経心理学』は邦訳がある（丹羽真一・菅野正浩監訳，医学書院，1995）。また，邦訳された論文としては，ディビッドとカッティング編『精神分裂病の神経心理学』（岩波明・福田正人・中込和幸・上島国利監訳，星和書店，1999）に「精神分裂病における心の理論」がある。

筆者は留学中に，ヘムズレイとジョンズの紹介で，クリス・フリスと会うことができた。彼のオフィスを訪ねて，統合失調症の神経心理学について話を聞いた。物静かで人なつこい印象の人で，研究についてていねいに説明してくれた。ウェルカム・イメージング神経科学科の中を案内してくれて，fMRI（核磁気共鳴映像法）の実験室にも案内してくれた。研究室はとても落ち着いた感じで，デューラーの『メランコリア』の版画が飾ってあったのが印象的である。夫人のウタ・フリス（10-3-1 参照）とともに，日本にも学会で何回か来たことがある。日本語の名刺まで持っていた。

## 13-9. 心理学教員・研究者

心理学教員・研究者部会は，1998 年に設けられた新しい部会であり，会員数も少ない（351 名）。

そもそも大学で心理学を教える国家資格というものは存在しない。暗黙のうちに，博士号（Ph.D.）が大学で教える資格となっている。しかし，Ph.D. を持たない職業的心理学の教官や，継続教育の学校などで心理学を教える教官が，新しいポストに応募する時には，そうした教授資格がないと困る場合がある。そこで，英国心理学会は，1998 年に，心理学教員・研究者部会を設け，その資格を作ったのである。

心理学教員・研究者の資格をとるには，大学で心理学を勉強したあと，①心理学の Ph.D. をとるか，あるいは，②英国心理学会認定のディプロマ・コース（2 年間）をとる。これによって，公認心理士の資格を得ることができる。

ちなみに，英国心理学会の資料には，大学教授の年収が載っているが，それによると，講師は 18,500 ～ 31,000 ポンド，上級講師は 32,000 ～ 37,000 ポンド，教授は 37,500 ポンド以上となっている。主任になると，31,000 ～ 70,000 ポンドになるとのことである。1 ポンドはだいたい 180 ～ 200 円である。

## 13-10. 臨床心理士の突出

以上の 8 部会のほかに，将来，部会となることを望んでいる部門もある。心理療法とスポーツ心理学である。心理療法は，第 15 章で詳しく述べるが，精神分析学を基礎とする流派が多く，心理学を基礎としていないものも多いため，英国心理学会の中では，まだ正式な資格としては認められていない。また，スポーツ心理学も，まだ正式の大学院訓練コースがないため，部会としては認められていない。今後は

部会に昇格する可能性もある。

　ところで，以上の8つの資格を較べてみると，臨床心理士の資格がいかに整備されているかがわかる。第1に，臨床心理士だけが博士課程であるのに対し，他の資格は，修士課程あるいはディプロマ・コースである。第2に，臨床心理士の認定校は，イギリスの伝統的な主要大学に設置されている。その他の資格は，比較的新しい大学が多い。第3に，臨床心理士は，国民健康サービスから全面的なバックアップを受けている。前述のように，国民健康サービスは，学費だけでなく，給与まで払う。他の資格の学生は，学費は自費で払うし，給与はもらえない。

　些末なことであるが，正会員の年会費は，9つの部会によって異なる。他の部会はだいたい30ポンドであるのに対し，臨床心理学部会は，65ポンド（約13,000円）と，最も高い。ここでも臨床心理士は突出している。最も安いのは教員・研究者部会の15ポンドである。基礎的心理学の部門の年会費は4〜15ポンドである。こうした年会費の額というのは，その資格者の経済状況を反映するのであろうが，ある面では，その資格の社会的な価値というものをあらわしているだろう。年65ポンドを払っても，臨床心理学部会に所属することにはメリットがあるということだろう。

## 13-11. 日本の職業的心理学を確立するために

　日本でこれから職業的心理学を育てていくためには，多くの課題がある。

### 1）臨床教育環境マネジメント

　最も大きな課題は，教育や訓練の環境を整えることである。各団体が，カリキュラムを確立し，実習の研修先を確保し，ワークショップやスーパービジョンの体制を整えなければならない。また，「資格マネジメント」は，プロフェショナルにとって根幹をなす仕事である。資格の管理は，心理士の活動を社会にアピールし，有能な人材を引きつける。また，実践の倫理についてガイドラインを作って実施したり，他の職域団体（例えば，医師会や看護師会）との関係を調整することも大きな仕事になる。

### 2）研究環境マネジメント

　職業的心理学の研究のインフラストラクチャーを作る必要がある。筆者もすでにいくつか提案している。例えば，心理アセスメントを定着させるための体制づくり（丹野, 2001a），DSM-IVを心理士が使いやすい形に改訂したDSM-CP（臨床心理士のためのDSM）を作ること（丹野, 2001a），実証にもとづく臨床心理学というシステムづくり（丹野, 2001b）などである。このようなインフラストラクチャーづくりは，莫大な資金と労力を必要とするため，個人のレベルをはるかに越えて，政策論的なレベルになる。

### 3）国際環境マネジメント

海外の職業的心理学の団体との連携や，国際的団体への参加，日本の職業的心理学の資格を海外でも有効にできるようにすること（またその逆も）が必要である。英文の学会誌を発行したり，日本の論文や著書を海外に翻訳して紹介するのもよいだろう。このために，専門の校閲者・翻訳者・通訳者を積極的に育てるなど，英文作成のサポート体制がほしい。国際団体の会議やイベントを日本で積極的に引き受けるようにするのもよい。それによって，海外の臨床教育のカリキュラムなどの情報が入りやすくなり，臨床教育のレベルが上がる。筆者の経験からいっても，世界の第一線の研究に触れることによって，若手の目は世界に大きく開かれる。これまでの日本の職業的心理学は，海外の成果を輸入するだけの受信型であったが，これからは日本の成果を海外にアピールしていく発信型にならなければならない。

**4）メディア・マネジメント**

　職業的心理学がいかに社会に貢献できるかをアピールしたり，心理学に対する誤解があればそれを解いていくために，メディア対策を取り入れていくべきであろう。学会の事務局は，報道担当局（プレス・オフィス）を作り，プレス・リリースを出して，新聞・雑誌・テレビ・インターネットといったメディアに対する対応を考える必要がある。心理士がメディアで発言する時の規範やガイドラインを設ける必要もあるだろう。

# 第14章 基礎的心理学

　臨床心理学は，基礎的心理学から生まれた。基礎的な心理学は，17〜18世紀のイギリス経験論哲学や科学革命の影響を受けて，19世紀末期に成立した。基礎的心理学のもとになったのは，イギリスの連合心理学である。その意味では，イギリスは心理学発祥の地といってもよい。イギリスは哲学の国であり，また科学の国である。心理学はまさにイギリスで生まれるべくして生まれた学問であると言える。本章では，まず，基礎的心理学と哲学や自然科学の歴史的関係について述べる。こうした哲学や科学を理解することなしに，イギリスの臨床心理学の理解はありえない。次に，各大学の心理学科の動向について述べる。

## 14-1. イギリスの連合心理学

### 1) イギリス経験論と連合主義心理学

　イギリスは哲学の国であり，それがイギリスの心理学の基礎ともなっている。
　イギリスの哲学史は次のように区分される（岩波書店の哲学事典による）。
　第1期は，ベーコンやホッブスに代表される17世紀の哲学である。第2期は，ロックからヒュームに至る17〜18世紀のイギリス経験論の哲学。第3期は，J・S・ミルやスペンサーに始まる19世紀の哲学である。第4期は，ムーアやラッセル，ホワイトヘッド，ヴィトゲンシュタインを代表とする20世紀の哲学である。
　このうち，第1期〜第3期のイギリス経験論は，連合主義心理学の土台となった。イギリス経験論は，デカルトに代表されるヨーロッパ大陸の合理論と対比される。心理学的な言い方をすれば，大陸合理論は，人間の先天的・生得的な面を重視するのに対し，イギリス経験論は，人間の後天的・獲得的な面を重視する。こうした考え方はホッブスから明瞭な形をとるようになり，ジョン・ロックによって完成された。ロックは，1690年に『人間悟性論』を書いた。これによると，人間の知識は生得的なものではなく，経験の観察と分析から帰納的に獲得されたものである。人間はもともと白紙（タブラ・ラサ）であって，デカルトのいうように観念は生得的なものではない。こうした考え方は，当時行き詰まっていた宗教的なスコラ派の考え方から哲学を解放した。

### 2) 連合主義の心理学

　イギリスの経験論の哲学は，心理学の分野では連合主義（連想主義）の心理学としてあらわれた。これは，観念の成立を連合（association）だけによって説明する考え方であり，知覚・思考・学習を重視するものである。これは，ヨーロッパ大陸

の合理論の哲学が，生得性を重視する「能力心理学」としてあらわれたのと対照的である。

イギリスの連合主義の心理学について，ワレンは次の4つの段階に分けている（Warren, 1921）。

第1期は，準備期であり，ホッブス，ロック，バークリー，ヒュームといった哲学者が活躍した時代である。

第2期は，連合心理学の形成期であり，1749年のハートレイ『人間の観察』からジェームス・ミルの『人間精神現象の分析』までである。神経生理学的な知識がまだ不十分で，素朴な人間学がみられる。

第3期は，連合心理学の完成期である。神経生理学の知識が進み，個体発生と系統発生とが並行することがわかり，こうした知見をもとにして，ミル父子やベインが連合心理学を完成させた。

第4期は，連合心理学の拡大期である。1855年にスペンサーが『心理学原理』を出版し，ダーウィンの進化論を心理学に取り入れた。これによって連合主義心理学は拡大した。

以下では，この4つの時期に分けて述べる。Warren（1921），今田（1962），末永（1971），吉田（1971），相場（1971）などを参考にした。

## 14-2. 連合心理学の準備期（哲学の時代）

### 1）ホッブス

観念がどのように連合するかについて，アリストテレスは，類似による連想，対比による連想，接近による連想という3つの法則をあげた。2000年後にこうした連想をとりあげたのがトマス・ホッブス（1588-1679）である。彼はオクスフォード大学で哲学や神学を学び，フランシス・ベーコンの秘書をつとめた。1650年に『人性論』，1651年に『リバイアサン』を書いた。ホッブスは，すべての精神内容は感覚経験からくるという考え方を確立した。「感覚」とは，外界の物から送られる運動によって，感官の受けとる像が脳に伝えられるにすぎない。これが保存されて「記憶」となる。つまり，感覚と記憶の2つだけが知識の基礎となる。このようにすべての心理活動の基礎は感覚にあり，デカルトのいう生得的な観念はありえない。こうした考え方は，イギリスの経験論や「連合」説のもとになった。その意味で，ホッブスは連合心理学のアウトラインを描いたとされる。このアウトラインにしたがって，後の連合心理学者はその体系を完成した。

### 2）ロック

イギリスの連合心理学の始まりはジョン・ロック（1632-1704）によるといわれる。彼はオクスフォード大学で哲学と医学を学び，1690年に『人間悟性論』を書いた。ロックの心理学的な貢献は，①生得的観念の否定，②観念の起源に関する記

述，③観念の連合の提唱，ということにある（今田, 1962）。①生得的観念の否定とは，前述のように，人間の知識はもともと白紙（タブラ・ラサ）であって，経験（感覚）によって書き込みがなされていくと考えたことである。このように考えて，デカルト的な生得的観念論やスコラ哲学を否定した。②観念の起源について，ロックは，すべての観念は経験によって与えられるとした。子どもははじめから観念を持っているのではなく，感覚を通して帰納的に取り入れるのである。これに関して，ロックは，感覚について「一次性質」と「二次性質」を区別した。物の大きさや形や堅さなどは「一次性質」であり，物体の中にあるのに対し，音や色や味などは「二次性質」であり，心の中にある。後に，こうした考え方は，中途半端であるとして，バークリーに批判されることになる。また，③観念の連合について，ロックは，はじめて「観念の連合」という言葉を正式に用いた。ロックによると，観念は，もともとは「感覚」を通して得られるが，その後，「反省」の作用によって，観念と観念が「連合」し，より複雑な観念が生まれてくる。

こうしたロックの哲学は，バークリーとヒュームという優れた後継者によって，それぞれ違った方向に発展した。

### 3）バークリー

ロックの観念論を徹底させて，外界の実在を否定したのがジョージ・バークリー（1685-1753）である。バークリーは，アイルランドに生まれ，ダブリンのトリニティ・カレッジに学び，聖職についた。1709年に『視覚新論』を書き，1710年には主著『人知原理論』を書いた。布教活動の基礎として，大学を設置するために，バークリーは一時アメリカに渡った。現在のカリフォルニア大学バークリー校は，彼の名前にちなんでつけられたものである。その後オクスフォードに住んだ。日本でも，夏目漱石の『三四郎』にバークリーの名が登場するほどポピュラーであった。

主著『人知原理論』の中で，バークリーは，外界の存在を否定する。ロックは，一次性質は物の中にあり，二次性質は心の中にあるとしたが，バークリーによると，このような区別は無意味であって，いずれも心の中にある。「存在することは知覚することである」という彼の言葉は有名である。知覚されずに心の外に実在する物質世界はありえない。実在するのは自分の自我だけであって，外界や他者などいっさいのものは，自分の自我に映ったものにすぎない。バークリーは独我論の代表者とされ，のちの哲学に大きな影響を与えた。例えば，後述のように，バークリーへの批判から，スコットランド学派（常識学派）がおこった。ただし，聖職者であったバークリーは，独我論に行き着いたわけではなく，神の摂理を礼賛する方向に向かった。バークリーの独我論は思弁的なものであったが，コンピュータによるバーチャル・リアリティが進展した現代においては，こうした考え方も説得力を持ってくる（丹野, 1985）。

『視覚新論』は，300年前に書かれた哲学書とは思えないくらい，現代的な内容である。哲学書というよりは知覚心理学書といってもよい。人間の網膜像は2次元であるから，われわれは視覚だけによって3次元の空間を知覚することはできない。奥行きは，直接知覚されるのではなく，目の調節作用や輻輳作用，網膜像的手がかり（遠近法や陰影や重なり合い）などによって間接的に知覚される。これは，現代の知覚心理学の基本となる考え方である。バークリーによると，われわれが3次元の空間を知覚できるのは，視覚と触覚が経験的に「連合」するからだという。そこで認識の起源は触覚にあるとしている。その例としてバークリーがあげるのは「モリヌークスの疑問」といわれるものである。これは「幼少時から失明状態にあった人が，成長してから急に目が見えるようになった場合，立方体や球とを視覚だけでは区別できないだろう」という仮説である。視覚と触覚を連合させる体験を積まないと，立体を知覚することはできない。視覚と触覚はもともと全く別のものであり，それらが「連合」されて奥行きの知覚が生じるとバークリーは述べる。こうした立論をもとにして，上で述べた主著の独我論に進んでいくのである。なお，バークリーの『視覚新論』に触発されて日本の哲学者大森荘蔵が著したのが『新視覚新論』である。

　さて，バークリーがあげた「モリヌークスの疑問」は心理学と深いかかわりがある。バークリーの本では思弁上の仮説にすぎないが，眼科学や視覚障害リハビリテーションにおいては，現実の問題である。こうした領域では，先天盲の人が開眼手術を受けた事例が多く報告されている。そうした事例をみると，すぐには3次元空間を知覚することはできず，そうなるには長期間の訓練を必要とする（鳥居，1979；1990）。動物実験によってもこのことは検証されている。その点ではバークリーの指摘は正しい。現実のリハビリテーションにおいては，どんな訓練をすれば早く空間知覚ができるようになるのかということが大切になってくる。梅津八三をはじめとする日本の視覚心理学者は，こうした臨床的問題に地道に取り組んできたのである（梅津，1997；鳥居・望月，2000）。

### 4）ヒューム

　デイビッド・ヒューム（1711-1776）も，ロックの観念論をより徹底させたが，その方向は，バークリーとは正反対である。ヒュームはスコットランドに生まれ，1740年に『人性論』を書いた。

　バークリーは外界を否定し，自我（知覚の主体）を重視したが，これに対して，ヒュームは，主体としての自我というものを認めず，外界からの感覚印象を重視した。ヒュームによると，外界からの感覚印象によって「観念」は作られるが，それは心の作用によるのではなく，一定の法則にしたがって機械的に連合されるのである。こうした「観念の連合」について，ヒュームによると，観念の連合がおこるの

は，「類似性」「時間的・空間的な近接性」「原因と結果の因果関係」にもとづくという。これらは，人の心の働きによるのではなく，物理的な法則であって，人間の理解力を越えている。つまり，観念は，感覚からボトムアップ的に機械的に組み上がっていくのであり，自我が主体的にトップダウン的に観念を統合するのではない。このように，ヒュームの考え方は，主体を認めない徹底したものである。その一方で，外界の存在を認めるわけでもない。ヒュームはひたすら感覚や観念の分析に終始し，観念連合の法則が人間の理解力を越えていると考える。主体も外界も神も認めないという徹底した点が，不可知論や懐疑論と称されるゆえんである。ヒュームによって「観念の連合」が主題となり，のちの連合心理学の土台が作られた。ヒュームは，自然科学の方法を人間性の研究に適用して，人間の科学をうち立てようという志向があった。その点で，ヒュームは科学的心理学の祖といえる。

## 14-3. 連合心理学の形成期

### 1）ハートレイ

連合心理学はデイビッド・ハートレイ（1705-1757）によって集大成された。ハートレイはケンブリッジ大学を卒業した医師である。1749年に『人間の観察』を書いた。この中で明確に連合心理学を体系化し，連合心理学の創始者といわれる。つまり，脳神経の生理学にもとづいて，人間の感覚と観念の結びつきを体系的に整理した。これによって，哲学から心理学を分離させた。これにより，ハートレイは生理学的心理学の祖ともいわれている。

ハートレイによると，外界の事物が感覚器官に作用すると，神経から脊髄・大脳という一連の神経系統に振動をおこす。その振動が「感覚」である。また，余波として微少な振動がおこり，それが「観念」である。そうした観念が習慣化されると，観念が結びついて「連合」がおこる。2つの刺激が同時に大脳の振動をおこし，それが繰り返されると，いずれか一方の刺激によっても両方の観念がひきおこされるようになる。こうした連合によって，複雑多様な精神現象が生じるのである。連合の法則について，ヒュームは「類似性」「時間的・空間的な近接性」「原因と結果の因果関係」の3つをあげたが，ハートレイは「時間的接近」のみを認めた。ハートレイは，生理学的な説明と心理学的な説明のどちらに偏ることなく，心身並行論の立場をとっている。

ハートレイの議論は，それ以前の哲学者と異なり，思弁的な臭いがなく，現代のわれわれにとっても違和感がない。ハートレイの著書はその後忘れられてしまったが，1世紀後に，次に述べるミルによって再評価された。

### 2）ジェームス・ミル

連合心理学を完成させたのがジェームス・ミル（1773-1826）である。ミルは，スコットランドのエディンバラ大学で神学を学び，ハートレイの影響を受けて，

1829年に『人間精神現象の分析』を出版した。人間の基本的要素を「感覚」と「観念」とに分け，その「連合」によって複雑な心理現象を説明することは，ハートレイと同じである。ハートレイが生理学と心理学の心身並行論に立ったのに対し，ミルは生理学についてはほとんど論じず，心理学だけを論じている。ミルは，観念の連合の法則を体系的に述べる。感覚が一定の順序で与えられた結果，連合は機械的に自然におこる。連合は受動的なものであって，能動的な心の働きによるのではない。こうした考え方は，前述のヒュームの懐疑論と同じである。連合の法則について，ヒュームは「類似性」「時間的・空間的な近接性」「原因と結果の因果関係」の3つをあげたが，ミルは「接近」に一元化できるとした。ミルの連合論は，ただ個別の要素を結び合わせるだけの単純な考え方であり，機械的連合主義と呼ばれる。

## 14-4. 連合心理学の完成期
### 1）ジョン・スチュアート・ミル

ジョン・スチュアート・ミルとベインによって，連合主義は頂点に達した。

ジェームス・ミルの子のジョン・スチュアート・ミル（1806-1873）は，哲学だけでなく，論理学・経済学・政治論など広範な業績を残し，イギリスの生んだ最高級の天才のひとりといわれている。スチュアート・ミルは，大学には行かず，父親から早教育を受けた。1843年には『論理学大系』をあらわした。この著書は，ベーコンに始まる帰納法の論理を完成させたといわれ，論理学に大きな影響を与え，科学的方法論の理論的な根拠となっている。

連合心理学の業績についていうと，スチュアート・ミルは，父の著作『人間精神現象の分析』に注をつけて出版した。彼は，父の機械的連合主義の欠点を修正しようとした。そして，連合は各要素を結びつけるだけではなく，変形させてしまうことを示した。このことをスチュアート・ミルは心的化学と呼んだ。

### 2）ベイン

アレクサンダー・ベイン（1818-1903）は，アバディーン大学の教授をつとめ，1855年に『感覚と知力』，1859年に『情緒と意志』を書いた。この著書で，連合心理学を体系化した。ベインは，当時ドイツで発展しつつあった神経生理学の成果を十分に取り入れ，心身並行論の立場から体系化している。日本には，1882年という早い時期に「倍員氏心理学新説」として紹介された。ほかに，ベインは1876年に雑誌「マインド」を創刊した。これは最初の心理学の雑誌であり，多くの心理学論文がここに発表された。

## 14-5. 連合心理学の拡大期
### 1）スペンサー

スペンサーは，ダーウィンの進化論を取り入れることによって，連合心理学を拡

大した。

ハーバード・スペンサー（1820-1903）は，1855年に『心理学原理』をあらわして，進化論的な考え方を提示したが，当時はダーウィンの『種の起源』（1859）が出版される前であり，世間に受け入れられなかった。とはいえ，ダーウィン以前から進化論的な考え方を重視していた点は興味深い。のちに，スペンサーは，イギリス経験論の集大成ともいうべき『総合哲学体系』全10巻をあらわしたが，これは1860年に概要を公表してから1896年に完結するまで40年近くを要した大著である。第1巻『第1原理』，第2・3巻『生物学原理』，第4・5巻『心理学原理』，第6・7・8巻『社会学原理』，第9・10巻『倫理学原理』という膨大なもので，「体系愛好家」などと揶揄される。この著書で，スペンサーは，星雲の生成から人間社会の道徳的原理まで，すべてのことを「進化」の原理で説明しようとした。

第4・5巻『心理学原理』は1870年に発表された。連合の法則から心理現象を説明する論法は，先人の考え方を継承しているが，進化論的な視点からの考察はスペンサーのオリジナルなものである。その当時はダーウィンの『種の起源』が発表されて大きな反響があった時代であり，スペンサーのこの著はイギリス社会に大いに広まった。とくに心理学に与えた影響は大きく，動物心理学の発達（14-10-4参照）や，比較心理学，遺伝的心理学の発展にも力があった。さらに，ウィリアム・ジェームズやデューイなどアメリカの機能主義心理学にも大きな影響を与えた。

### 2）連合心理学の影響

以上のイギリス連合心理学は，内観にもとづく思弁的な心理学であったが，後の実験心理学の母胎となった。例えば，ドイツのヴントにも大きな影響を与えた。連合とは，もともと感覚や観念の連合という意味であるが，刺激と反応の連合へと拡大すれば，学習理論や行動主義の土台でもある。さらに，自由連想法や言語連想法など，フロイトやユングなどの精神分析学にも大きな影響を与えた。

また，のちのゲシュタルト心理学は，連合心理学の要素主義的・ボトムアップ的な考え方を批判することからはじまったこともよく知られている。つまり，連合心理学は，ボトムアップ的に，単純な感覚から複雑な観念を（要素から全体を）説明する。これに対し，ゲシュタルト心理学は，トップダウン的に，観念が感覚を（全体が要素を）規定していることを例証する。

なお，統合失調症（以前の精神分裂病）という名前がつけられたのは連合主義の影響である。ドイツのクレペリンは「早発性痴呆」と呼んだが，連合主義の影響を受けたスイスのブロイラーは，その本質を「連合の弛緩」と捉えた。つまり，この疾患においては，連合機能の弛緩が一次的であり，他の症状はそこから派生する二次的なものであるとした。個々の心理機能（思考，感情，体験など）は正常であるが，それらを統一する連合機能が弛緩する。このために，統一を失い，個々の心理

機能が「分裂」する。そこで，ブロイラーは「精神分裂病」と命名したのである。1911年のことである。ここでは，連合機能とは，人格機能（個々の心理機能をまとめている統合機能）のことを意味している。2003年に，日本では「精神分裂病」の訳語を「統合失調症」と改めたが，ここでの「統合」も連合機能のことをさしているのである。ただし，現在では，「連合弛緩」という場合，人格機能の弛緩という意味ではなく，思考滅裂（思考や言語にまとまりがないこと）という意味に限定されて用いられている。

### 3）連合心理学の現代的意義

連合心理学の考え方は現代心理学の根底になっている。今からみても，観念の「連合」を神経系の連絡と結合と考えれば十分通用する。カナダの生理心理学者ヘッブは，知覚の体制化や「細胞集成体」といった神経学モデルで心的現象を説明しているが，これは生理学からみた連合心理学そのものである。ヘッブの考え方は，代表的な心理学教科書である『行動学入門』などを通してアメリカではかなりポピュラーとなっている。筆者も学生時代はこの教科書で心理学を学んだ。

当時は哲学的な思弁でしか考えられなかった「連合」の概念であるが，現代ではいろいろな手段で科学的に調べることも可能になってきた。最近のニューラル・ネットワーク・モデルや，PDP（並列分散処理）アプローチなどは，まさにコネクショニスト・モデル（連合主義モデル）と呼ばれている。こうした点で，連合心理学は心理学の中ではまだ主流を占めているといってよい。

## 14-6. 連合心理学以後の哲学

### 1）スコットランド学派の哲学的心理学

18世紀末には，バークリーの主観的観念論やヒュームの懐疑論に対して，スコットランドの大学の哲学者は反対した。グラスゴウ大学のトマス・リード（1710-1796）や，エディンバラ大学のデューガルト・スチュワート（1753-1828），トーマス・ブラウン（1778-1820），ハミルトン（1788-1858）などが活躍し，スコットランド学派と呼ばれる。外界の存在や自我の存在，因果律をバークリーやヒュームは否定したが，これらは人間にとって自明の常識（コモンセンス）であるとしたので，常識学派（コモンセンス学派）とも呼ばれる。連合心理学が感覚を重視したのに対して，彼らは精神の全体性・一体性を重視した。また，連合心理学が，知覚・記憶・学習など，後天的・獲得的な面を重視したのに対し，スコットランド学派は，先天的・生得的な面を重視し，「能力心理学」という形をとった。

なお，アメリカのプリンストン大学やハーバード大学では，1776〜1827年に，スコットランド学派の学者が講義をしたので，この学派の影響力が大きかった。アメリカ心理学の基礎となったのはスコットランド学派の哲学であるといえる。プラグマティズムや記号論で知られるパースは，スコットランド学派の考え方を発展さ

せ，批判的常識主義を主張した。

### 2）新理想主義哲学

19世紀の後半には，オクスフォード大学を中心として，「新理想主義」の哲学があらわれた。カントからヘーゲルに至るドイツ観念論の影響が強く，「新カント主義」とか「新ヘーゲル主義」などと呼ばれる。スターリング（1820-1909）が，1865年にイギリスにヘーゲル哲学を紹介したことに始まる。彼は医師であったが，ヘーゲル哲学を知り，それに深く共鳴して，本業を捨て，大陸に渡ってヘーゲル哲学を学んだ。続いてグリーン（1836-1882）は，オクスフォード大学の道徳哲学の教授として，自然科学的な哲学に反対し，自己実現の理論をたてた。グリーンの哲学は，自由放任主義の行き詰まりに直面していた19世紀末のイギリスに対して，社会改良主義の哲学を提供した。ケアード（1835-1908）は，オクスフォード大学教授として，宗教哲学の立場から，新理想主義に参加した。ブラッドリー（1846-1924）も，オクスフォード大学教授として，カントやヘーゲルといったドイツ観念論に影響を受けて，批判的観念論を説いた。

### 3）科学主義的実在論

イギリス哲学の第4期は，20世紀から現代に至る流れである。新理想主義の哲学は，しだいに科学主義的新実在論に代わっていく。ムーア，ラッセル，ホワイトヘッドらが活躍した。こちらはケンブリッジ大学を中心とする動きである。

ジョージ・ムーア（1873-1958）は，ケンブリッジ大学の哲学教授である。1903年に雑誌「マインド」にヘーゲル的な新理想主義を批判する論文を書いた。彼は，バークリーの「存在することは知覚することである」という命題を批判し，知覚されなくても実在することを主張した。このためムーアの説は新実在論のはじめとされる。

バートランド・ラッセル（1872-1970）は，ケンブリッジ大学で学ぶが，反戦運動によって大学をやめ，その後は社会評論家として著述で生活した。1903年に『数学の原理』，1913年にはホワイトヘッドとともに『プリンシピア・マセマティカ』を書いて，記号論理学を数学から基礎づけた。認識論と科学哲学にも大きく貢献し，ウィーン学団の論理実証主義の哲学に大きく影響を与えた。さらに，平和主義の社会運動家としても知られ，晩年には，パグウォッシュ会議，「百人委員会」，「ラッセル平和財団」などを主催した。1950年には，ノーベル文学賞を受けている。

アルフレッド・ホワイトヘッド（1861-1947）は，ケンブリッジ大学で数学を学んだ。1913年にはラッセルとともに『プリンシピア・マセマティカ』を書いて，数学基礎論における論理主義を完成させた。1914年から1924年まで，ロンドン大学のインペリアル・カレッジの応用数学教授として活躍した。その頃から哲学に転

じた。1924年からアメリカのハーバード大学教授として活躍し，1929年には『過程と実在』を書いて，彼の哲学を体系化した。20世紀のデカルトと呼ばれるほど，哲学に大きな影響を与えた。

### 4）論理分析学派と日常言語派

以上の科学主義的新実在論を母胎として，論理分析学派があらわれた。イギリスでは，ヴィトゲンシュタインが代表者である。

ルードビッヒ・ヴィトゲンシュタイン（1889-1951）は，ウィーンに生まれたユダヤ人で，エンジニアを志して渡英し，マンチェスター大学工学部で航空工学を学んだ。その後，ケンブリッジ大学で，ムーアとラッセルについて論理学と数学基礎論を学んだ。第一次世界大戦が始まり，兵役につくかたわら書きつけたノートが『論理哲学論考』である。ここでは，概念実在論（言語の単位としての要素命題が，世界の構成要素に対して，一対一に対応するという考え方）と，論理的原子論の立場をとる。

その後，ヴィトゲンシュタインは，小学校の教師，修道院の庭師，建築家などの仕事を転々とした。1929年にケンブリッジ大学に復帰し，1939年には，ムーアの後任として教授となった。1936年から『哲学探究』を書いた。この本では，みずからの『論理哲学論考』の思想を徹底的に批判した。前期では，言語は論理的構造からただ一種だけ存在するものと考えたのに対して，後期では，言語は，使用される社会的脈絡の中で観察されるものとした。こうした後期の言語思想は，のちの「日常言語派」の運動のきっかけとなった。ヴィトゲンシュタインは，1947年に大学の職を辞し，以後は隠遁生活を送った。

こうしたヴィトゲンシュタインの影響をうけて，1930年代から，ケンブリッジ大学を中心に，「日常言語派」の哲学がおこった。ケンブリッジ大学教授のウィズダムらがその中心となった。第二次世界大戦後には，「日常言語派」はオクスフォード大学でもさかんになった。オクスフォード大学教授のライルやストローソン，オースティンなどが活躍した。ヴィトゲンシュタインや日常言語派の思想は，言語心理学にも影響を与えている。

## 14-7. 社会科学と文化人類学

清教徒革命や名誉革命にみられるように，イギリスは民主主義を生んだ国であり，政治や社会科学の国でもある。ホッブス，ロック，バークリー，ヒューム，ミルなどの経験論は，市民社会の政治的イデオロギーでもあった。例えば，ロックは，名誉革命のイデオローグとして多くの発言をしており，イギリスの自由主義イデオロギーを確立した政治哲学者としても有名である。

### 1）経済学

経済学については，アダム・スミス（1723-1790），リカード（1722-1823），マル

サス（1766-1834）は，イギリス古典学派の三大経済学者といわれている。

20世紀前半はケンブリッジ学派（新古典派）が活躍した。ケンブリッジ学派の創始者はマーシャル（1842-1924）である。ケンブリッジ大学教授として活躍し，また，イギリス経済界の指導者として，政策上でも貢献した。20世紀の第一四半期は「マーシャルの時代」と呼ばれる。その弟子にケインズ（1883-1946）がいる。彼は，ケンブリッジ大学でマーシャルに学んだ。主著『雇用・利子および貨幣の一般理論』を書き，修正資本主義的な経済政策を提唱した。彼の経済理論は経済学に画期的な転換をもたらし，「ケインズ革命」と呼ばれた。ケインズの経済政策は，イギリスの福祉国家建設の基礎となった。

### 2）社会学，社会運動

社会学をイギリスで最初に体系化したのは，前述のスペンサーである（14-5-1参照）。スペンサーは，イギリス経験論の集大成ともいうべき『総合哲学体系』全10巻（1860-1896）をあらわした。このうち，第6〜8巻が『社会学原理』である。このなかで，スペンサーは，生物のアナロジーから，社会有機体説を説いた。そして，軍事型社会から産業型社会への社会進化を論じた。こうした生物学のアナロジーとしての社会学は，フランス社会学の創始者コントとも共通する。

生物学的な説明はしだいに行き詰まり，心理学的社会学が生まれた。イギリスではホッブハウス（1864-1929）が代表である。彼はロンドン大学教授で，総合社会学の立場から人間の進歩を体系づけた。第一次世界大戦後は，ロシア革命によるマルクス主義の影響と，マックス・ウェーバーの社会学が世界的に広まった。さらに，マリノフスキーは，文化人類学から社会を考えた（14-7-3参照）。

社会運動家としては，イギリスの近代社会主義の創始者と称されるロバート・オーウェン（1771-1858）がいる。彼は，前述のように教育実践でも知られる（13-2-4参照）。また，フェビアン協会の創設者であるロンドン大学経済学部教授のシドニー・ウェッブ（1859-1947）や，ベアトリス・ウェッブ（1858-1943）がいる。なお，ドイツのカール・マルクス（1818-1883）は，1849年にイギリスに亡命し，以後はロンドンに住んだ。主著『資本論』を大英博物館で書いたことはよく知られている。

イギリスの教育学や教育思想については，教育心理学のところで述べたとおりである（13-2-4参照）。

### 3）文化人類学

文化人類学もイギリスで大きく発展した。これは大英博物館の展示を見たり，大英帝国の歴史を少しでも知ればうなずけるであろう。心理学の創設期には，民族心理学が大きな位置を占めており，文化人類学と心理学は互いに大きな影響を与えあった。

文化人類学の父と称されるのは，タイラー（1832-1917）である。彼は若い頃にキューバを旅行し，その体験から『原始文化』を書いた。タイラーはオクスフォード大学の初代人類学教授となった。タイラーの理論を受け継いだのは，フレイザー（1854-1941）である。フレイザーは，ケンブリッジ大学で民俗学と神話学を学び，リバプール大学教授，ケンブリッジ大学教授をつとめた。フレイザーはフィールド調査を行わず，文献をもとにして理論を組み立てたので，「肘掛け椅子の人類学者」と呼ばれることもある。彼は膨大な著作を残したが，代表的なものは『金枝篇』である。フロイトの人類学的考察が，フレイザーの著作によっていることは有名である。

　フレイザーの『金枝篇』を読んで人類学を志したのがマリノフスキー（1884-1942）である。彼は，ポーランドの出身で，ライプチヒのヴントのもとで民族心理学を学び，次いで，ロンドン大学の経済学部で人類学を学んだ。彼は，トロブリアンド諸島の調査で広範な資料を集め，『西太平洋の遠洋航海者』を書いた。ロンドン大学経済学部の人類学教授となり，そこで多くの弟子を育てた。ファース（1901-），エヴァンス・プリチャード（1902-1973），フォーテス（1906-），リーチ（1910-）といった文化人類学者である。これら世界をリードした文化人類学者の多くが，ロンドン大学経済学部の出身であることは驚くべきことである。しかし，こうした高弟たちは，後にマリノフスキーから離反して，彼の生涯のライバルであったラドクリフ＝ブラウンの学風を追随するようになった。この衝撃から，マリノフスキーはアメリカのエール大学に移ったという。

　なお，マリノフスキーの高弟たちは，各地の大学で文化人類学を確立した。ファースは，ロンドン大学の経済学部の教授となり，エヴァンス・プリチャードとフォーテスはオクスフォード大学，リーチはケンブリッジ大学で活躍した。

　マリノフスキーのライバルであったラドクリフ＝ブラウン（1881-1955）は，ケンブリッジ大学に入学し，リバースに師事した。リバースは，後述のように，ケンブリッジ大学に初めて心理学研究室を作った心理学者である（14-11-1-1参照）。リバースは，のちに人類学の研究へと転じた。そのきっかけとなったのは，1889年にケンブリッジ大学が行ったニューギニアのトーレス海峡地方への大規模な調査旅行であった。これに心理学者の参加が求められたため，リバースやマクドゥーガルやマイヤーズが参加したのである。リバースはこの旅行から人類学的心理学に興味を移し，1909年には実験室をマイヤーズに譲り，みずからは人類学の研究に没頭した。

　リバースの最初の弟子となったのが，ラドクリフ＝ブラウンである。彼は，アンダマン島で調査を行い，『アンダマン島民』を書いた。ロンドン大学経済学部やケンブリッジ大学，ケープタウン大学，シドニー大学，シカゴ大学など世界中で教鞭

をとり，1937年にはオクスフォード大学で社会人類学の教授となった。オクスフォード大学を定年退官しても，いろいろな大学で教育にあたった。渡り鳥のように世界各地の大学に行き，文化人類学を大学の教科として確立した。

## 14-8. 統計学

心理学の研究者にとって統計学は必修であるが，統計学の主要部分はイギリスで発展した。統計学の起源は次の3つとされる。すなわち，①17世紀ドイツの大学統計学（コーニングら），②フランスの古典確率論（パスカル，フェルマー，ベルヌーイ，ガウス，ラプラスら），③イギリスの政治算術論である。こうした流れをベルギーのケトレー（1796-1874）が総合して，統計学を確立した。それをもとに，イギリスで記述統計学と推測統計学がおこった。以下では，イギリスの政治算術論，記述統計学，推測統計学について，小杉（1969）を参考に述べる。

### 1）政治算術論

イギリスの「政治算術論」とは，社会現象を科学的・数学的に分析しようとする研究をさす。グラント，ペティ，ハリーを経て，マルサスで頂点を迎える。

グラント（1620-1674）は，ロンドン市の死亡表を調べて，1662年に『観察論』を出した。当時のロンドン市は，ペストが流行し，毎年死亡表が発表されていた。この死亡表や出生名簿を1601年から1661年まで調べて，人口の数理的研究を行ったのである。この研究は，ベーコンの新しい科学理論にもとづくものであり，当時としては画期的であった。

ペティ（1623-1687）は，グラントの著書に刺激を受けて，統計的方法を発展させ，社会科学としての方法にまで高めた。ペティは時に統計学から離れて大胆な推論を行っており，自分の研究を「政治算術」と呼んだ。死後にこの題名の書が出版された。彼は，人口問題や経済現象について分析し，経済測定学のはじめとなった。

ハリー（1656-1742）は，もっぱら人口について分析した。1693年に「人類の死亡率推算」という論文を発表した。ここで，ハリーは死亡統計から死亡率の表を計算した。こうした表をもとにして，保険会社が合理的な保険料を計算するようになったことは有名である。それまでにも生命保険会社はあったが，一種の賭博であった。ハリーの人口の動態表によって，合理的に保険料が算定できるようになり，1762年には，新しい生命保険会社が誕生したのである。

政治算術論は，マルサスの人口理論によって頂点に達した。マルサス（1766-1834）は，アダム・スミスやリカードとともに，イギリス古典学派の経済学者といわれている。マルサスは，ケンブリッジ大学で学び，1805年に東インド大学の経済学の教授となった。これは世界初の経済学教授のポストであった。『人口論』をあらわし，人口は等比級数的に増えるのに対し，食料生産は等差級数的にしか増え

ないというマルサスの法則を提示した。マルサスによって人口論が社会科学の体系の中ではっきりした位置を占めるようになった。マルサスの考え方はいろいろな社会的運動を生んだ。ダーウィンもマルサスの影響を受けたことを認めている。

#### 2）記述統計学

記述統計学は，ゴールトン，ピアソン，ウェルドンなどによって作られた。

フランシス・ゴールトン（1822-1911）は，従兄のダーウィンの進化論の影響を受けて，人類遺伝学の研究を行った。こうした研究において，1888年には，相関関係の考え方をはじめて使用した。相関の概念を用いることによって，心理学・社会学・経済学などにおいても，数量的な分析ができるようになった。メディアンやパーセンタイルといった考え方はゴールトンによる。ゴールトンは，後述のように，ロンドン大学に最初の本格的な心理学研究室を作ったり，心理学の創設にも大きく寄与した（14-10-3参照）。1911年に，遺言によって，ロンドン大学に遺産を寄付して，ゴールトン教授ポストを作った。このポストは，ピアソンやフィッシャーなど統計学の創始者たちがつくことになった。

カール・ピアソン（1857-1936）は，ケンブリッジ大学で数学を学び，1884年にロンドン大学ユニバーシティ・カレッジの応用数学と力学の教授となった。ゴールトンの要請により，統計学の数学的基礎を確立することに全力を傾けた。ピアソンが確立した統計的概念は多い。標準偏差，平均偏差，モード，相関係数などである。さらに，カイ二乗分布の考え方を述べたのもピアソンであり，これがのちに推測統計学へと発展する。ピアソンにいたって，統計学は，人口論や生物学などの実質科学から離れて，統計的研究法に関する学問となり，科学の一分野として独立した。1911年に，ピアソンはロンドン大学のゴールトン教授ポストの初代となった。

ロンドン大学の動物学教授のウェルドンは，進化論を数量的に実証したいという学問的計画をたてた。ピアソンはこれに感激して，ウェルドンと協力して生物測定学（バイオメトリクス）を始めた。1901年に，ウェルドンは，ゴールトンやピアソンとともに雑誌「バイオメトリカ」を発刊した。この雑誌は現代でも続いている。

#### 3）推測統計学

推測統計学は，実験の計画を主要な目的とする。仮説にもとづいた実験を行い，仮説を承認したり棄却したりする方法である。推測統計学は，ゴゼットやフィッシャーなどによって作られた。

ゴゼッド（1876-1936）は，オクスフォード大学で化学と数学を学び，ギネス・ビールの技師になった。彼は，t分布を発見し，スチューデントの筆名で論文を書いた。これがスチューデントのt分布と呼ばれるようになった。

フィッシャー（1890-1962）は，ケンブリッジ大学で数学を学んだ。のちに，ロ

ットハムステッド農事試験場の統計部長となった。1933年には，退職したピアソンにかわって，ロンドン大学のゴールトン教授ポストの第二代となった。フィッシャーは，ピアソンや進化論には批判的であったという。1921年に『理論統計学の数学的基礎』を出して，推測統計学を理論づけた。F分布や分散分析，要因配置計画法などの方法を確立した。心理学者でこれらの方法を知らない人はいないだろう。

## 14-9. 心理学の周辺の諸科学

哲学や社会科学だけでなく，自然科学も心理学に大きな影響を与えている。イギリスは，ニュートンの物理学やボイルの物質論，ドルトンの化学などを生んだ科学の国である。産業革命はイギリスでおこったし，ノーベル賞受賞者の数は，アメリカに次いで多い。こうした科学的土壌が，イギリスの心理学を支えている。ここでは，心理学の発展を支えた周辺の科学について簡単に触れたい。

### 1）科学革命，実験科学，ベーコン

イギリスに科学革命がおこったのは17世紀である。ギリシア時代とローマ時代に発展した科学は，中世には退歩した。しかし，17世紀になると，ヨーロッパでは，宇宙観・運動学（ガリレイ，デカルト），自然学（フック，ニュートン），生理学（ハーヴェイ）などの新発見や新説が相次いだ。イギリスにおいても自然科学のエネルギーが最盛期を迎えた。

この頃，科学の新しいシステムの設計図を描いたのがフランシス・ベーコン（1561-1626）である。ベーコンは，アリストテレスの「オルガノン」（論理学）に対して，「新オルガノン」を唱えた。その中で，科学的研究のためには，神学などの偏見を捨て去ること，主観的な要素を排除して，観察と「実験」をすすめること，「帰納法」によって法則を発見することなどを強調した。これはまさに，現代の実験科学の方法論そのものであり，のちの科学の基本的方法論となった。また，ベーコンは，科学的なデータを集めるためには強大な研究組織が必要だと考えた。多くの人を雇わなければならないし，建物や装置もいる。それを支える資金も必要である。そうした組織の中で，科学者は安心して実験や研究に専念できる。そのような新しい組織こそが「新機関（オルガノン）」なのである。これはまさに科学者の学会のことである（当時の大学は古典を勉強する場所であり，オクスフォードやケンブリッジが科学の学位を認めたのは1850年以降のことである）。ベーコンの設計図は，次に述べる王立理学会によって実現された。その意味でも，ベーコンが科学革命に与えた影響は大きかった。

### 2）学会の成立――「見えない大学」と王立理学会

科学者の学会ができたのも17世紀であった。1645年頃に，ロンドンで自然科学者の会合が持たれるようになった。参加したのは，化学の父と呼ばれるボイルや，

フックの法則の発見者フック，統計学の祖と呼ばれるペティなど，少壮気鋭の自然科学者であった。ベーコンの哲学の影響も大きかった。ボイルは，この会のことを「見えない大学」と呼んだ。「見えない」と呼んだのは，当時のイギリスは，清教徒革命がおこったばかりで，議会派と王党派が対立しており，王党派に属していた自然科学者たちは沈黙を余儀なくされたからである。

そして，「見えない大学」が母胎となって，1662年にはロンドンに，王立理学会（ロイヤル・ソサエティ）ができた。この会の正式名称は，「実験による自然的知識の改善のための王立協会」というものであり，実験による証明が重視された。新しい法則や事実を発見したものは，アカデミーの全員の前で，その実験と証明を繰り返し見せなければならなかったといわれる。17世紀の科学的発見のほとんどは，この学会の会員による。この学会がイギリスの科学革命に果たした力は大きい。こうした実験主義が実験心理学の基礎になっていることは言うまでもない。

1703年以降は，アイザック・ニュートン（1642-1727）が，この王立理学会の会長になり，死去するまでその職をつとめた。ニュートンの三大発見は，①万有引力，②微分積分学，③光学であるが，後述のように，光学は視覚心理学の基礎となった。ニュートンは，ケンブリッジ大学で長年研究を続けたが，彼はその間，錬金術と神学に熱中しており，数学と天文学は仕事の一部を占めるにすぎなかったという。その意味で，ニュートンは「最後の魔術師」である。こうした事実を突き止めたのは，経済学者のケインズであった。

### 3）生理学

生理学の祖といわれるのは，ハーヴェイ（1578-1657）である。彼はケンブリッジ大学で医学を学び，ロンドンのセント・バーソロミュー病院で臨床にたずさわり，科学的な血液循環論を完成させた。ハーヴェイは，①実験的な方法と理論構築をともに重視し，②定量的な方法を取り入れ，③人体の仕組みを機械として把握した，といった点で，近代科学としての生理学のパラダイムを作った（村上，1971）。ハーヴェイの論文「動物の心臓ならびに血液の運動に関する解剖学的研究」が書かれた1628年は，近代医学の始まりの年とされている。

その後，イギリスは生理学・医学の研究の中心地となった。エディンバラに生まれたベル（1774-1842）は，神経繊維が感覚性と運動性に区別されることを発見し，これは後にベルの法則と呼ばれるようになった。また，反射という現象はイギリスで発見された。1751年に，スコットランドのホウィットが，蛙の脊髄の反射運動を発見し，同じくスコットランド出身のマーシャル・ホール（1790-1857）が，脊髄の反射運動の概念を確立した。こうした研究は，ドイツのヨハネス・ミュラーやロシアのパヴロフへと受け継がれ，条件反射や条件づけの理論に発展するのである。

また，感覚生理学においても，イギリスの学者の活躍は大きい。視覚の研究の基礎となったのは，ニュートンが1704年に書いた『光学』である。この中には，光学的法則のほかに，色彩についての心理学的な観察が含まれている。また，トーマス・ヤング（1773-1829）は，1802年に色彩の三原色説を発表した。これは，現在でもヤング・ヘルムホルツの法則として知られている。

### 4）神経学

神経学の父と呼ばれたトーマス・ウィリス（1621-1675）や，神経症（ニューロシス）という言葉を作ったウィリアム・カレン（1710-1790），フレデリック・モットなどが活躍した。また，パーキンソン（1755-1824）は，1817年の著書において，パーキンソン病を記述した（豊倉ら，2004）。

なかでも最も影響力があったのは，ジョン・ジャクソン（1835-1911）である。彼は，ロンドンのセント・バーソロミュー病院とロンドン病院で臨床経験を積んだ。スペンサーの進化論哲学に大きな影響を受けて，神経系の進化と解体についての理論を立て，神経症状を陰性症状と陽性症状に分けた。こうした考えはのちにシェリントンなどによって実証されるに至った。ジャクソンの思想は，ジャクソニズムと呼ばれるようになり，のちにフランスのリボーやエイの精神医学に大きな影響を与えた。

ヘッド（1861-1940）は，ジャクソンの理論を高く評価し，失語症の研究を行った。彼は，ロンドン大学のユニバーシティ・カレッジ病院で臨床経験を積んだ。彼は，古典的な失語症図式に反対して，この障害の本質をシンボル過程の障害とみなした。この考え方は，ゴルトシュタインなどのゲシュタルト学派の失語症説の先駆をなした。また，「身体図式」の概念を確立したことでも有名であり，フランスのメルロ＝ポンティの思想に大きな影響を与えた。

また，シェリントン（1857-1952）も，ジャクソンの理論を高く評価し，理論を実証した。彼はオクスフォード大学教授であり，神経生理学の研究によって，エイドリアン（1889-1977）とともにノーベル賞を受けた。

こうした神経学の伝統のもとに，現在のイギリスでは脳研究や神経心理学が盛んであり，ロンドン大学のユニバーシティ・カレッジや神経学研究所，ケンブリッジ大学のオリバー・ザングウィル・センターは世界的中心のひとつとなっている。

### 5）進化論とダーウィン

チャールズ・ダーウィン（1809-1882）の進化論は，生物学だけでなく，心理学や哲学，社会思想にまで大きな影響を与えた。ダーウィンは，エディンバラ大学医学部に入学するが，博物学に興味を持ち中退し，ケンブリッジ大学神学部に入る。卒業後すぐに，ビーグル号に乗船し，5年間の航海に出た。この航海で自然淘汰の考え方を固めたダーウィンは，進化論についての体系的な著作に専念した。自然淘

汰説については，マルサスの『人口論』に影響を受けたという。
　しかし，1857年に，若い研究者ウォレスが，ダーウィンの影響を受けて同じような論文を書いてダーウィンに送ってきた。このため，ダーウィンは，ウォレスの論文とともに，学会に自説を発表した。ウォレスは事情を知って潔く身を引き，ダーウィンは，1859年に当初の計画を大幅に縮小して学説を1冊の本にまとめた。これが『種の起源』である。
　ダーウィンは，心理学に直接関係する仕事をしている。ひとつは，表情論であり，動物から人間に至る表情について考察したものである。これは，現代の感情心理学の出発点のひとつとなった。もうひとつは，幼児の発達についての研究である。前者は系統発生的な視点であり，後者は個体発生的な視点である。つまり，発達心理学の大きな柱をダーウィンが切り開いたことになり，興味深い。
　ダーウィンの進化論は，教会や学者からの強い反対が出たが，しだいに支持者も多くなった。心理学においては，前述のスペンサー（14-5-1参照）や後述のゴールトン（14-10-3参照）への影響が有名である。

## 14-10. 心理学の誕生
　以上のような諸学問を背景として，心理学が生まれてくる。
### 1）ヴントの実験心理学の影響
　ヴントが1879年にドイツのライプチヒに心理学の実験室を作り，これが世界中に広まった。1880年から1890年にかけて，ドイツやアメリカの大学には，次々と科学的な心理学の実験室が作られた。これに較べると，イギリスの実験心理学はやや遅れて始まり，心理学の実験室が最初にできたのは1897年のことであった。しかし，前述のようにイギリスは科学の国であり，科学的な心理学研究の素地はできていた。実験心理学や数量的方法，動物心理学など，個性あふれる心理学の研究が花開くことになる。
### 2）サリー，ワード，スタウト──心理学の基礎
　イギリスの心理学の基礎を作ったのは，サリーやワードやスタウトといった心理学者である。ジェームズ・サリー（1842-1923）は，ロンドン大学で学び，1884年に『心理学のアウトライン』という本を書いて，心理学をイギリスにはじめて紹介した。この本は英語で書かれた最初の現代心理学の本であるとされる。サリーは，ロンドン大学教授となり，ゴールトンの力を借りて，ロンドン大学ユニバーシティ・カレッジに，実験心理学の研究室を作った。
　ジェームス・ワード（1843-1925）は，イギリスの現代心理学の始祖とも呼ばれる人である。ケンブリッジ大学で哲学を学び，リバースとともに，ケンブリッジ大学に実験心理学の研究室を作ることに努力した。のちにケンブリッジ大学の教授をつとめ，多くの弟子を育てた。1918年に，『心理学の原理』という本を書いて，心

理学の体系化をはかった。

ジョージ・スタウト（1860-1944）は，ケンブリッジ大学でワードに学び，のちにセント・アンドリュース大学の教授として活躍した。1899年に『心理学マニュアル』という本を出して，心理学の体系化につとめた。この本は当時の心理学の標準的な教科書となった。

### 3）ゴールトン

心理学に大きな影響を与えた学者として，フランシス・ゴールトン（1822-1911）がいる。ゴールトンは，ケンブリッジ大学で数学・物理学・医学を学んだ。大学のポストにはつかず，多くのテーマについて独創的な科学的研究を行った。ゴールトンは，前述のように記述統計学の創始者とされている（14-8-2参照）。相関係数の考え方や，メディアンやパーセンタイルといった考え方はゴールトンによる。

ゴールトンは，心理学にも大きな影響を与えた。従兄のダーウィンの進化論の影響を受けて，人類遺伝学の研究に熱心に取り組んだ。ダーウィンの進化論を統計学的に裏づけようとしたのである。1869年には，『遺伝的天才』という本を書いて，天才が遺伝的な基礎によって生まれることを示し，また，1883年には『人間の能力とその発達の研究』という本を書いて，人間のいろいろな個人差を科学的に研究した（今田，1962）。個人差の研究をするために，テスト法や質問紙法を用いた。連想の実験や連想反応時間の測定も，彼によって始められた。心理学的なデータを統計的に処理する方法もゴールトンが考え出したものである。1884年には，人体測定と心理能力の測定のための研究室をロンドン大学に作った。これがイギリスにおける最初の本格的な心理学研究室とされる。

ゴールトンはこのようにイギリスの統計学的な心理学の基礎を築き，ここからピアソン，バート，スピアマンといった数量的な心理学者が多くあらわれた。

### 4）ロマーネスとモーガン——動物心理学

ダーウィンの進化論は心理学に大きな影響を与え，ロマーネスやモーガンたちは動物心理学を作った。ジョージ・ロマーネス（1848-1894）は，ダーウィンの友人であり，1882年に『動物の知能』を書いた。「比較心理学」という用語を作ったのは彼である。また，ロイド・モーガン（1852-1936）は，ブリストル大学教授であり，自然観察ではなく，実験的な態度をとり，統制された条件における観察法を確立した。動物心理学の分野で有名な「モーガンの公準」は，ロマーネスの擬人的解釈を批判するために提出されたものという。モーガンの公準とは，「心理学的尺度において，より低次の心的能力の働きの結果として解釈できるものを，より高次の心的能力の働きの結果として解釈してはならない」というものである。なお，英国に留学した夏目漱石は，モーガンの著書『比較心理学』を読んで，大きな影響を受けた。帰国後に書いた『文学論』は，この『比較心理学』を下敷きにしているとい

### 5）心理学研究室の創設

1900年直前には，ケンブリッジ大学やロンドン大学に相次いで実験心理学の研究室ができた。

ケンブリッジ大学には，前述のワードや，リバースの努力によって，1897年に心理学研究室が作られた。

ロンドン大学ユニバーシティ・カレッジには，1898年，ゴールトンの力を借りたサリーが心理学研究室を開いた。最初は，ケンブリッジ大学のリバースが兼務して管理していたが，1900年にマクドゥーガルが講師となり，1906年にスピアマンがあとを継いだ。

オクスフォード大学には，1898年に，電気技師のヘンリー・ワイルドが資金を提供し，心理学的哲学の講座を作った。ただし，オクスフォード大学に心理学の実験室ができたのは，40年後の1936年のことであり，実験心理学の講座ができたのはさらに10年後の1947年のことである。

エディンバラ大学には，1906年にスミスが実験心理学の講師となり，1907年に実験室が作られた。マンチェスター大学には，1919年に心理学実験室が作られた。

### 6）英国心理学会の誕生

ケンブリッジ大学やロンドン大学の学者は1901年に会議を開いた。リバース，サリー，マクドゥーガルなど10名の小さな会議であったが，これによって英国心理学会が誕生したのである。学会創設の目的は，科学的心理学の研究をすすめ，心理学者の協力を進めることであった。また，1904年には，英国心理学会とは独立に，ワード，リバース，マイヤーズによって，「英国心理学雑誌」が創刊された（のちにこの雑誌は英国心理学会に吸収される）。英国の基礎的心理学は，こうして確立した。

## 14-11. ケンブリッジ大学の心理学

以後の心理学の展開については，ケンブリッジ大学，オクスフォード大学，ロンドン大学など，大学ごとにみていくことにする。

イギリスの基礎的心理学の中心はケンブリッジ大学である。ケンブリッジ大学は，とくに自然科学系が強く，大学関係者のサイトをみると，ケンブリッジ大学のノーベル賞受賞者は80名にのぼるということであった。

ここでは，実験心理学科と認知脳科学ユニットについて述べる。

### 1）ケンブリッジ大学の実験心理学科

ケンブリッジ大学には，1880年にフランシス・ゴールトンの研究室ができ，1887-88年には，アメリカのマッキーン・キャッテルが，一時的に心理学研究室を開いたものの，それらは一時的なものであった。

①リバース

　ケンブリッジ大学に心理学実験室を開いたのは，リバースである。ウィリアム・リバース（1864-1922）は，はじめ医学を学び，ロンドン大学のユニバーシティ・カレッジに心理学実験室を作った。1897年にはケンブリッジ大学に移り，ワード（14-10-2参照）の力を借りて，心理学研究室を作った。これによって，リバースは，イギリスの実験心理学の基礎を固めた学者とみなされている。この実験室は生理学部の一室を借りたものであり，設備はきわめて貧弱なものであった。1901年には，リバースはサリーらとともに，英国心理学会を創設した。リバースは，のちに人類学の研究へと転じた。そのきっかけとなったのは，1889年にケンブリッジ大学が行ったニューギニアのトーレス海峡地方への大規模な調査旅行であった（14-7-3参照）。これに心理学者の参加が求められたため，リバースやマクドゥーガルやマイヤーズが参加したのである。リバースはこの旅行から人類学的心理学に興味を移し，1909年には実験室をマイヤーズに譲り，みずからは人類学の研究に没頭した。リバースの弟子となったのが，ラドクリフ＝ブラウンであり，彼は，前述のように，後に有名な文化人類学者となった。第一次世界大戦後のリバースは，精神分析学の支持者となった。

②マイヤーズ

　1913年に，マイヤーズが，生理学研究室の一部として，ケンブリッジ大学に心理学実験室を開設した。チャールズ・マイヤーズ（1873-1946）は，ケンブリッジ大学で人類学などを学んだ。1889年には，マイヤーズは，トーレス海峡地方への調査旅行に参加した。マイヤーズは，リバースの弟子であり，1903年にはロンドン大学キングス・カレッジに心理学の実験室を作った。マイヤーズは，リバースとともに，1904年の「英国心理学雑誌」の創刊などにも参加し，リバースの後を継いで，ケンブリッジ大学に実験室を完成させたのである。1914年には，「英国心理学雑誌」の編集長となり，この年からこの雑誌は英国心理学会によって発行されることになった。マイヤーズは，前述のように英国心理学会の初代会長となった。

　彼は，応用心理学の発展にもつとめ，職業的心理学者を英国心理学会に加入させた。この判断が，のちの英国心理学会の繁栄をもたらしたといえる（11-2-2参照）。彼は，英国遠征軍の顧問をつとめ，2,000名以上の砲弾神経症の兵士を面接したという。そのうちの何人かは催眠術が効果的であることを1915年に発表した。砲弾神経症をあらわす「シェル・ショック」という用語を作ったのはマイヤーズである。

　マイヤーズは，産業心理学の創設者でもある。1922年には，ロンドンに国立産業心理学研究所（13-4-4参照）を作り，その所長となった。1922年には，ケンブリッジ大学をやめて，1938年まで所長の仕事に専念した。

マイヤーズを称える言葉として,「マイヤーズは,実験室を作り,学会を作り,研究所を作った」というバートレットの有名な言葉がある。これは,ケンブリッジ大学の心理学実験室,英国心理学会,国立産業心理学研究所というイギリス心理学の仕組みを作ったのはマイヤーズであることを称えたものである。英国心理学会では,「マイヤーズ講演」と呼ばれる講演会が毎年開かれるが,これは彼の仕事を記念したものである。

③バートレット

マイヤーズが1922年にロンドンに移ると,後を継いだのはフレデリック・バートレット(1886-1969)である。1931年には,ついに実験心理学科の講座が開かれ,バートレットが初代の実験心理学教授となった。バートレットは,記憶の心理学研究としては古典的な業績を残している。つまり,現実的な材料を用いて記憶実験を行い,記憶がどのように変容するかを調べた研究である。その著作『想起の心理学:実験的社会的心理学における一研究』は邦訳がある(宇津木保・辻正三訳,誠信書房)。この時期に,日本の今田恵(関西学院大学)は,ケンブリッジ大学の実験室で実験を行い,バートレットのセミナーに参加したという。

④ザングウィル

1952年には,バートレットの後を継いで,オリバー・ザングウィルが教授となった。ザングウィルは,脳損傷の患者を対象とした神経心理学の研究で著名である。ケンブリッジ大学には,オリバー・ザングウィル・センターという神経心理学の臨床研究施設があるが,これは彼の名前をとったものである。ザングウィルは,後述のように,1959年の実験心理学会の結成の中心人物としても有名である。

### 2)ケンブリッジ大学応用心理学研究施設(現在は認知脳科学ユニット)

1944年に,バートレットは,ケンブリッジ大学の中に,応用心理学研究施設(Applied Psychology Unit)を作った。医療審議会(MRC)の資金によって作られたものである。

①クレイクとブロードベント

初代の所長はケネス・クレイクで,彼はサイバネティクスの初期の理論構成に大きな役割を果たした。明るさの知覚の研究で,「クレイク=オブライエン効果」が知られているが,これは彼の名前をとったものである。彼は31歳の若さで交通事故死した。彼はサイバネティクスの考え方を心理学に応用しようという構想を持っており,その影響力は強かった。後述のように,実験心理学グループの結成には,クレイクの遺志が強かったという(14-17参照)。その後,マックワースが所長となり,続いてブロードベントが所長となった。

ブロードベントは,ケンブリッジ大学のバートレットのもとで心理学を学び,応用心理学研究施設で1958年まで所長をつとめた。その後,オクスフォード大学の

実験心理学科に移った（14-12-3 参照）。

②バッドリー

その後は，バッドリーが所長をつとめた。アラン・バッドリー（1934-）は，ロンドン大学で心理学を専攻し，アメリカのプリンストン大学，ケンブリッジ大学の応用心理学研究施設，サセックス大学，スターリング大学で研究した。1974年に，応用心理学研究施設の所長となった。バッドリーは作業記憶の研究で有名であり，『記憶の心理学』，『作業記憶』，『記憶力』などの著作がある。『記憶力』には邦訳がある（川幡政道訳，誠信書房）。

③その後

以上のように，応用心理学研究施設は，クレイク，マックワース，ブロードベント，バッドリーといった認知心理学の世界最高峰の研究者が所長をつとめたわけである。

現在は，この施設は，認知脳科学ユニットと名称を変えて，世界的な水準の研究を行っている。注意，感情，記憶と知識，言語という4分野に分かれて研究が行われており，このうち，感情のグループには，ティーズデイル，マシューズ，ダルグライシといった臨床心理学の理論家がいる（10-6-2 参照）。

## 14-12. オクスフォード大学の心理学

大学のホームページによると，オクスフォード大学関係者のノーベル賞受賞者は45名にのぼる。

### 1）オクスフォード大学の初期の心理学

歴史的にみると，オクスフォード大学に心理学科ができたのは，ケンブリッジ大学やロンドン大学に比べるとかなり遅かった。前述のように，1898年に，電気技師のヘンリー・ワイルドが資金を提供し，心理学的哲学の講座を作った。この講座は，実験心理学を含まないものであり，幻覚や妄想についての講義とか，オクスフォード大学の人類学博物館に展示してあるような古代人の心理についての講義などをするためのものであったという。

オクスフォード大学に心理学の実験室ができたのは，40年後の1936年のことであり，実験心理学の講座ができたのはさらに10年後の1947年のことである。オクスフォード大学は，ティチナーとマクドゥーガルというふたりの偉大な心理学者を生みだしたが，彼らを受け入れるポストがなかったため，彼らはアメリカに渡り，そこでアメリカ心理学の創設者となったのである。

1898年にワイルドが開いた心理学の講座は，1898年には前述のサリーが講師となり，ついでスタウトが1899～1903年まで講師をつとめた。マクドゥーガルは，1903～1920年まで講師をつとめたが，アメリカのハーバード大学に移った。

その後は，ウィリアム・ブラウンが，1920～1936年まで講師をつとめ，1936年

に，ブラウンが実験心理学の研究室を作り，その主任となった。1947年には，ついに実験心理学科の講座が開かれ，ジョージ・ハンフリーが初代の実験心理学教授となった。その後，動物心理学者のワイスクランツなどが教授をつとめた。

2）マクドゥーガル

1903〜1920年までオクスフォード大学講師をつとめたのがマクドゥーガルである（小川・吉森，1974）。ウィリアム・マクドゥーガル（1871-1938）は，ケンブリッジ大学で医学を学び，ロンドンのセント・トーマス病院で臨床医学を修めた。1889年には，ケンブリッジ大学のリバースやマイヤーズとともに，トーレス海峡地方への調査旅行に参加した。1903年にオクスフォード大学講師となり，ここで1905年に『生理学的心理学』を書き，1908年には『社会心理学入門』を書いた。これは，社会心理学という題名としては世界で最も古い本とされる。1911年には，『身体と心』を書いた。しかし，これらの本に対してオクスフォード大学の同僚からの反響はなく，ショックを受けて自信を失ったという。第一次大戦中は，軍医となり，神経症や「シェル・ショック」の兵士の治療にあたった。これによって，精神分析に興味を持ち，チューリッヒのユングを尋ね，分析を受けたという。1920年に，49歳のマクドゥーガルは，アメリカのハーバード大学から呼ばれて移った。アメリカで，彼は，本能理論をはじめとして多様な論文を発表した。彼の書いた本能のリストは有名である。晩年はデューク大学で超心理学研究を行った。

3）ブロードベント

オクスフォード大学で活躍したブロードベントは，イギリスの認知心理学者の中で最も影響力が大きいといわれる。ドナルド・ブロードベント（1926-1993）は，ケンブリッジ大学のバートレットのもとで心理学を学び，クレイクのサイバネティクス理論の影響を受け，工学心理学を唱えた。前述のように，ケンブリッジ大学の応用心理学研究施設で1958年まで所長をつとめた。この年に，大著『知覚とコミュニケーション』をあらわした。この本は，人間を情報処理の体系として扱った最初のものである。人間の認知システムの中を情報が流れるという枠組みを考えることによって，それまではバラバラに研究されていた知覚・注意・短期記憶といった現象を統一的に理解できるようになった。オクスフォード大学に移ってから，ストレスと認知の関係などについて研究し，1971年に『決定とストレス』をあらわした。さらに，1980年代には，「認知的失敗」の研究を体系的に行い，「ブロードベント認知的失敗質問紙」を開発した。認知の研究でよく使われるダイコティック・リスニング課題（両耳分離聴課題）は，ブロードベントの考案という。英国心理学会では，「ブロードベント講演」という講演会が毎年開かれるが，これは彼の仕事を記念したものである。

4）ブルーナー

1972年から，アメリカのジェローム・ブルーナー（1915-）がオクスフォード大学教授となった。彼はハーバード大学を卒業して，知覚のニュールック心理学を確立した。また，1959年のヴッズホール会議の議長となり，アメリカのカリキュラム改革運動をおこし，その成果を『教育の過程』として出版した（鈴木祥蔵・佐藤三郎訳，岩波書店）。彼は「発見学習」を重視し，教育心理学に大きな影響を与えた。オクスフォードでのブルーナーは乳児の発達を研究した。彼は，ピアジェとヴィゴツキーの理論を統合することをめざし，表象様式を①動作的表象，②映像的表象，③シンボル的表象に分けて研究した。彼はオクスフォード大学で8年間仕事をして，アメリカに戻った。

### 5）現在の実験心理学科

オクスフォード大学は心理学科の開設は遅かったが，急速に発展した。1970年代には，ブルーナーや社会心理学のアーガイル（1925-）などが活躍した。アーガイルの『対人行動の心理』には邦訳がある（辻正三・中村陽吉訳，誠信書房）。

1970年代にオクスフォード大学の実験心理学研究室から発表された論文数と引用回数は，イギリスで最高だったという。イギリスの心理学者の論文の引用回数は，ロンドン大学とオクスフォード大学で，イギリス全体の50％を占めていた（岩脇，1980）。

現在の実験心理学科は，医学科学部の中にある。学部学生は300名で，イギリスで最も大きな心理学科である。13名の教授を含めて33名の教員がいる。臨床心理学関係の教授としては，クラリッジなどがいた（10-5-1参照）。

また，オクスフォード大学の臨床心理学は，ワーンフォード病院の精神科を拠点としている。ここには，多くの有名な臨床心理学者がいる（10-5-2参照）。精神医学者については後述する（17-14-2参照）。

なお，オクスフォード大学では，動物行動学のニコラス・ティンバーゲン（1907-1988）が活躍した。彼はオランダ生まれで，ドイツのローレンツとともに比較行動学の確立に貢献し，1973年にノーベル生理学医学賞を受けた。オクスフォード大学教授として活躍し，行動について研究するには，発達，因果関係，機能，進化の4つの問いかけをしなければならないとした。ティンバーゲンは，後に，動物研究での知見をもとに，自閉症児の行動研究に取り組んだことでも知られている。

## 14-13. ロンドン大学の心理学

ケンブリッジ学派，オクスフォード学派と並んで，イギリスの基礎的心理学の中心をなすのは，ロンドン学派である。

ロンドン大学は「連合大学」（10章の囲み記事を参照）であり，19のカレッジや研究所が集まった寄り合い所帯である（表10-1参照）。

「カレッジ」といっても,「単科大学」のことではない。各カレッジは,いろいろな学部を持つ総合大学であり,それぞれが心理学科を持っているので,ロンドン大学全体では7つの心理学科がある(表10-2参照)。

ロンドン大学の心理学はさかんである。岩脇(1980)によると,1970年代,イギリスの心理学者の論文の引用回数は,ロンドン大学(とくに精神医学研究所)がトップで,オクスフォード大学,アバディーン大学,サセックス大学の順であった。上位のロンドン大学とオクスフォード大学で,イギリス全体の50%を占めていたという。

以下,表10-2に沿って,各心理学科についてみていきたい。

### 1)ユニバーシティ・カレッジ・ロンドンの心理学科

ユニバーシティ・カレッジ・ロンドンは,1826年に創設された。ロンドン大学の中で最も古いカレッジである(10章の囲み記事参照)。ユニバーシティ・カレッジ・ロンドンの心理学科は長い伝統がある。ゴールトン,ピアソン,ブラウン,トムソン,バート,ヴァーノン,アイゼンク,オードリーといった数量的な理論家は,「ロンドン学派」と呼ばれる。

①ゴールトンとピアソン

ユニバーシティ・カレッジの心理学科の創立にはゴールトンの影響が強い。ゴールトンは,前述のように統計学の基礎を築き(14-8-2参照),また,心理測定学の基礎を作った(14-10-3参照)。

ピアソンは,ゴールトンの弟子で,前述のように,1884年にロンドン大学ユニバーシティ・カレッジで統計学の基礎を築いた(14-8-2参照)。

②サリーとマクドゥーガル

1898年,ゴールトンの力を借りたサリーが心理学研究室を開いた。最初は,ケンブリッジ大学のリバースが兼務して管理していたが,1900年にマクドゥーガルが助教授(リーダー)となった。1901年には,リバースやサリーやマクドゥーガルが中心となり,英国心理学会が創立された。その本部はこのユニバーシティ・カレッジに置かれた。

③スピアマン

1907年にはスピアマンがあとを継いで助教授(リーダー)となった。チャールズ・スピアマン(1863-1945)は,長い軍人生活の後,34歳から心理学を志し,ドイツのヴントのもとで学位を取った。1907年に,マクドゥーガルのあとを受けて,ユニバーシティ・カレッジに来た。1931年にはロンドン大学を退職して,何回もアメリカで遊説した。

スピアマンは,ある小学校の学業成績を調べていて,成績の間にかなり高い正の相関がみられることに気がついた。つまり,成績のよい子はどの科目でも成績がよ

く，成績の悪い子はどの科目でも成績が悪いということである。これは，どの科目にも必要とされる一つの共通した能力（いわゆる頭のよしあし）が存在するためにちがいない，とスピアマンは推測した。そこで，因子分析の手法を開発して調べたところ，第1因子はすべての科目と高い相関があった。第1因子は，「どの科目にも共通する能力の因子」と解釈でき，これをスピアマンは「知能の一般因子 g」と命名した。第2以下の因子は，音楽の因子や数学の因子など，個々の能力であり，スピアマンはこれらを「特殊因子」と呼んだ。このように，各個人はいろいろな才能（特殊因子）をもつが，知能の個人差は，あくまで一般的な頭のよしあし（一般因子 g）によって決まる，とスピアマンは考えた。これが知能の2因子説である。時期を同じくして，フランスのビネーが知能テストを考案し，スピアマンのいう一般因子 g を測定する方法ができたのである。知能の測定は，ビネーが方法を作り，スピアマンが理論的な根拠を与えたといわれる。スピアマンは，その後，知能の本質について，質的3法則と量的5法則をたてて，多くの著作を残した（倉智，1974）。また，スピアマンの順位相関係数やスピアマン－ブラウンの信頼性係数など，彼の名前を冠した公式は，心理学者にも親しみ深い。

　スピアマンは因子分析の考え方を確立した心理学者とされる。のちに，彼の2因子説を批判して，トムソンは群因子説を提出し，スピアマンとの間に論争がおこった。また，サーストンは知能が7つの独立した因子に分解されるという多因子論を提出した。こうして知能構造についての研究が進歩したのである。英国心理学会の「スピアマン・メダル」は，彼の仕事を記念して，若手の研究者に贈られる賞である。

　④バート

　その後，バートが後を継ぎ，20年間学科長をつとめた。シリル・バート（1883-1971）は，オクスフォード大学のマクドゥーガルのもとで心理学を学んだ。ピアソンの研究を発展させて，今日セントロイド法として使われている因子分析法を考案した。これを用いてスピアマンの知能の2因子説を検証した。1913年に，バートは，ロンドン州議会から正式な心理学者として採用され，世界で最初の公式の教育心理学者となった（13-2-2 参照）。1932年まで20年近くこの仕事を続けた。1926年には，ロンドン大学の教授となった。1931年には，ロンドン大学ユニバーシティ・カレッジの教授となった。教育心理学的な調査研究や，知的障害の研究や知能の遺伝的研究で知られる。1950年に退職するまで，バートが指導した研究者には，バーノン（のちのロンドン大学教育研究所の教授），アイゼンク（10-2-1 参照），コーエン（14-14 参照）がいる。のちに，バートは，双生児の知能テストの相関係数を，データにもとづかずにねつ造したのではないかという疑いがかけられ，スキャンダルとなった。

⑤その後

　バートの退職後，1950年にラッセルが教授となった。彼は生物学的な志向を強め，実験心理学を強化した。1959年に心理学科長となったジョージ・ドリューも生物学的な心理学を強化した。1979年心理学科長となったボブ・オードリーは，意思決定の問題に興味を持ち，数理心理学で有名である。1993年には，ヘンリー・プロトキンが心理学科長となった。現在はデイビッド・シャンクスが学科長をつとめている。シャンクスは，認知心理学や神経心理学が専門である。全体としては生物学的心理学や認知心理学，数理心理学の伝統が強い。他にも，認知心理学で有名なジョン・モートンやティム・シャリスなどが教授をつとめている。

　現在の心理学科は，生命科学部に属しており，教授17名をはじめとして，45名以上の教員を抱え，学部学生は毎年80名，大学院学生は毎年200名を受け入れている。イギリスで最も大きい心理学科のひとつである。臨床心理学の博士課程が設けられており，ブリューイン，ウタ・フリスをはじめ，臨床心理学に関係した有名な研究者も多い（10-3-1参照）。

　ユニバーシティ・カレッジには，神経学研究所が併設されており，クリス・フリスをはじめとして多くの心理学者が研究している（10-3-2参照）。

2）ロンドン大学キングス・カレッジ精神医学研究所の心理学科

　ロンドン大学のキングス・カレッジに属する精神医学研究所（IOP）の心理学科は，アイゼンクが開設したもので，臨床心理学の中心地である（10-2参照）。

3）ロンドン大学ロイヤル・ホロウェイ・カレッジの心理学科

　ロイヤル・ホロウェイ・カレッジの心理学科には，25名の教員がおり，知覚，認知心理学，発達心理学，社会心理学，臨床心理学，神経心理学，健康心理学，職業的心理学の8グループからなっている。前述のように，臨床心理学の博士課程がある。心理学科長をつとめるのは，マイケル・アイゼンクである（10-4参照）。

4）ロンドン大学ゴールドスミス・カレッジの心理学科

　ロンドン大学のゴールドスミス・カレッジは，1891年に創設された歴史のある大学であり，14の学部からなる文科系の総合大学である。心理学科には，8名の教授を含めて，24名の教員がいる。研究は，①認知・脳・行動，②発達・社会心理学，③職業心理学と心理測定学の3グループに分かれて行われている。

　また，心理学科とは別に，職業コミュニティ教育学部（PACE）がある。PACEのカウンセリング関係の科目を担当しているのが，教授のウィンディ・ドライデンである（13-6-4参照）。

5）ロンドン大学セント・ジョージ医学校の心理学科

　ロンドンの南にセント・ジョージ病院があり，この病院の敷地にロンドン大学のセント・ジョージ医学校がある。ここには心理学科があり，2名の教授と28名の

教員がいて，医学的心理学の研究がさかんである。以前は，アンドリュー・ステプトー（13-7-3 参照）が 20 年以上教授をつとめていた。現在の教授のロバート・ウェストは，ニコチンや喫煙行動の研究をしている。もうひとりの教授のパトリシア・ホウリンは，自閉症やアスペルガー症候群など発達障害の臨床心理学を専門にしている。

### 6）ロンドン大学教育研究所の心理学・人間発達学科

ロンドン大学の教育研究所（IOE）は，前に詳しく述べたとおり（13-2-7 参照），12 の学科があり，その中に心理学・人間発達学科がある。教授 2 名を含めて，35 名ほどの教員がいる。研究領域は，学校心理学や教育心理学である。教授のジュリー・ドックウェルは，発達障害の研究をしている。英国心理学会の教育心理士の認定校でもある。

### 7）バークベック・カレッジの心理学科

ロンドン大学のバークベック・カレッジの心理学科には，4 名の教授をはじめとして，26 名の教員がいる。精神分析のステファン・フロシュや，認知発達心理学のマーク・ジョンソンがいる。

## 14-14. マンチェスター大学の心理学

マンチェスターはイギリスの産業革命の発祥の地であり，科学技術や工学がさかんである。哲学者のヴィトゲンシュタイン（14-6-4 参照）は，この大学で航空工学を学んだ。ノーベル賞を受けた人は 21 名にのぼる。

マンチェスター大学に心理学の実験室が作られたのは 1919 年のことであり，イギリスでは 4 番目である。また，イギリスで最初に常勤の心理学教授となったのは，マンチェスター大学のピアであった。1919 年のことである。このように，マンチェスター大学の心理学科は伝統がある。

1952 年に，コーエンが教授となった。コーエン（1911-）は，ロンドン大学のバートのもとで，知能や気質について因子分析を用いた研究をした。マンチェスター大学の教授として，選択行動やリスクテイキング行動の研究などを行った。

現在，教員は教授 7 名を含めて約 30 名である。日本人の上出由紀氏も，ここの講師をしており，言語心理学の研究・教育を行っている。教員は，4 つのグループで研究している。①応用社会心理学と認知，②実験心理学と神経科学，③言語とコミュニケーション，④精神病理学の 4 グループである。精神病理学の研究グループには，教授のベンタルや，モリソン，コーコランがいる（10-7-6 参照）。

また，医学・薬学部の中に臨床心理学科があり，ここに臨床心理学の博士課程が設けられており，タリアやウェルズなどの著名な臨床心理学者がいる（10-7-1 参照）。

## 14-15. スコットランドの大学の心理学

　スコットランド地方の大学は非常に長い歴史を持ち，オクスフォード大学やケンブリッジ大学に匹敵する。スコットランドの大学は，18～20世紀にかけて，ヨーロッパ文化の中心のひとつであった。経済学者のアダム・スミス，哲学者のヒューム，小説家のウォルター・スコット，コナン・ドイルなどが活躍した。18世紀後半のスコットランドの常識学派の哲学も有名である（14-6-1 参照）。

### 1）エディンバラ大学

　エディンバラ大学に心理学の実験室が作られたのは 1907 年のことであり，イギリスでは 3 番目に古い。1906 年にスミスが実験心理学の講師となり，1907 年に実験室が作られた。1940 年頃までに，正式な心理学の講座があったのは，ケンブリッジ大学，ロンドン大学，エディンバラ大学，マンチェスター大学の 4 つだけであり，エディンバラ大学がいかに早かったかがわかる。その後，ジェームス・ドレーバーが長い間学科長をつとめた。精神分析学のフェアバーンなども非常勤講師で教えている。

　現在の心理学科は，6 名の教授をはじめとして 35 名の教員と 700 名の学生を抱える大きな学科である。スコットランドは，イングランドと違って，大学は 4 年制なので，学生数は多い。研究は，①認知研究，②社会心理・応用心理，③超心理学という 3 つのグループからなる。

　③の超心理学（パラサイコロジー）は，心理学科にある「ケストラー超心理学ユニット」で行われている。大学の心理学科としては珍しいことである。これは，『ホロン革命』や『機械の中の幽霊』などの作品で知られるアーサー・ケストラーの遺志により，1985 年に作られた施設である。現在は，教授のロバート・モリスを中心に，ESP（超感覚的知覚）やサイコキネシスなどについて研究を行っている。

　臨床心理学の博士課程は，王立エディンバラ病院の精神科に設置されている（10-10-1 参照）。

### 2）グラスゴウ大学

　グラスゴウ大学の心理学科はヘンリー・ワットが 1907 年に開設したものであり，長い歴史がある。ピックフォード，コーコラン，ファー，オートリーといった心理学者が学科長をつとめた。現在は，7 名の教授をはじめ多くの教員がいる。また，臨床心理学の博士課程が心理学的医学部の中に設置されている（10-10-2 参照）。

## 14-16. その他の大学の心理学

### 1）サセックス大学

　サセックス大学は，日本の筑波大学がモデルにしたことでも有名である。サセックス大学の心理学科には，日本でも知られている多くの心理学者がいる。

サザランド（1927-）は，サセックス大学の実験心理学の教授であり，動物の知覚学習の研究で有名である（古賀,1975）。彼は，自分のうつ病の体験を赤裸々に述べて，心理療法を批判する書を書いた（『ブレイクダウン：心理療法はこれでいいのか』北大路書房,1981）。

動物の学習行動の研究で知られるマッキントッシュ（1935-）もサセックス大学教授であった。彼は，レスコーラ・ワグナー・モデルに対抗して，認知的学習理論を提唱した。

ジョンソン・レアード（1936-）は，『メンタル・モデル』で知られる世界的な認知心理学者である。サセックス大学で仕事をしていたが，のちにアメリカに渡った。

また，心理学科の教授ジョージ・バターワースは，共同注視など乳幼児の認知発達の実験的研究で世界的な仕事をした。彼は何回か来日して，日本の知人も多く，日本心理学会の「心理学ワールド」で，京都大学の橋彌氏がインタビューをした。その記事が出る前に，バターワースは2000年に53歳の若さで急逝した。インタビュー記事は追悼記事として掲載された（バターワース・橋彌,2000）。邦訳著書に『発達心理学の基礎を学ぶ』（村井潤一監訳，ミネルヴァ書房）がある。

教授のグラハム・デイヴィは，学習理論や認知理論から，不安について研究している。おもに，不安と条件づけ理論の研究で知られている。デイヴィが編集した『恐怖症：その理論・研究・治療のハンドブック』（1998）は，恐怖症の研究者にとって必携の本である。デイヴィは，英国心理学会の会長をつとめた。

2）ブリストル大学

ブリストル大学には，イギリスの知覚心理学で最も有名なグレゴリーがいた。リチャード・グレゴリー（1923-）は，ケンブリッジ大学やエディンバラ大学を経て，1977年からブリストル大学教授となった。脳と知覚の研究で世界的に知られており，専門誌「Perception」を創刊し，現在も編集責任者である。啓蒙活動にも熱心で，イギリスで最初の体験型科学センター「エクスプロラトリ」をブリストルに開設した。1966年に出版した『目と脳：見ることの心理学』は，世界12カ国語に翻訳された。初版は，『見るしくみ』というタイトルで邦訳され（船原芳範訳，平凡社），その最新版は『脳と視覚：グレゴリーの視覚心理学』（近藤倫明・中溝幸夫・三浦佳世訳，ブレーン出版）というタイトルで邦訳がある。また，『インテリジェント・アイ』（金子隆芳訳，みすず書房）も世界の6カ国語に訳されている。邦訳されたものには『鏡という謎：その神話・芸術・科学』（鳥居修晃・鹿取廣人・望月登志子・鈴木光太郎訳，新曜社）がある。グレゴリーは，1988年に大学を定年退職したが，研究を続けている。来日経験も多く，2003年に東京大学で開かれた日本心理学会に招待され，「仮説検証としての知覚の働き」という講演を行った。

### 3）シェフィールド大学

シェフィールド大学の心理学科は，教授17名を含む教員約60名を抱える大きな学科である。認知神経科学，認知心理学，社会心理学，臨床心理学，職業心理学などの研究領域に分かれている。ここには臨床心理学の博士課程が設けられており，グラハム・タービンなどの臨床心理学者がいる（10-9-1 参照）。また，付属の認知神経科学センターや労働心理学研究所などの研究施設がある。

認知神経科学センターの教授にはジョン・フリスビーがいる。知覚心理学の研究で知られ，『シーイング：錯視―脳と心のメカニズム』（村山久美子訳，誠信書房），『認知心理学講座 第2巻 知覚と表象』（認知科学研究会訳，海文堂出版，1989）などの邦訳がある。

## 14-17. 実験心理学会

英国心理学会は職業的心理学者の割合が多くなったため，アカデミックな実験心理学者は，別の学会を作った。それが実験心理学会（Experimental Psychology Society）である。

1946年に，オリバー・ザングウィルが中心となって，ケンブリッジ大学のセント・ジェームズ・カレッジのバートレットの研究室で会合が開かれた。これによって，実験心理学グループ（Experimental Psychology Group）が結成された。目的は，純粋に実験的な心理学の育成と水準を高めることである。グループ結成には，若くして事故死したケネス・クレイクの遺志が働いていたという。グループの会長はピックフォード，書記はザングウィルで，その他のメンバーには，アイゼンク，マックワース，M・ヴァーノンなどがいた。6名がケンブリッジ大学，3名がオクスフォード大学，2名がロンドン大学，その他の大学が3名であった。グループの人数は，はじめから上限が24名と限られており，グループが認めた研究者以外はメンバーとはなれないという規則が設けられた。最初の学術集会は1946年にケンブリッジ大学で開かれマックワースらが発表し，第2回は1947年にロンドン大学経済学部で開かれ，アイゼンクらが発表した。以後毎年学術集会が開かれた。また，「季刊実験心理学雑誌（Quarterly Journal of Experimental Psychology）」を発行した。これは実験心理学における高い水準の論文を載せ，高く評価された。

1959年には，このグループを中心として，実験心理学会へと発展した。学会となってからは，人数の上限はなくなったが，それでも投票で会員の25％以上の賛成が得られないと入会できないことになっている。したがって，会員数は現在でも600名であり，少数精鋭のエリートの学会ということができる。日本では，小さな学会が林立しすぎて，会員の質を落としても会員数を増やしたいという学会が多いが，このような少数精鋭の運営方針は興味深い。

この学会の歴代の会長はケンブリッジ大学を中心とする英国のアカデミックな心

理学者の名前が並んでいる。

「季刊実験心理学雑誌」は，A部門（人間実験心理学）とB部門（比較・生理心理学）の2分冊になった。また，毎年学術集会が開かれ，そこでバートレット講演の候補者が選挙で選ばれる。バートレット講演は，実験心理学で大きな功績のあった世界の研究者を招待して行われる公開講演会であり，1966年から毎年開かれている。

## 14-18. イギリスの基礎的心理学の特徴

ハーンショウはイギリスの心理学の特徴を以下の4つにまとめている（相場，1971）。

### 1）理論に対する明瞭な反発

イギリスの心理学者は，ゲシュタルト心理学や精神分析学やアメリカ的な行動主義をそのまま受け入れようとはしなかった。理論をそのまま信用しようとせずに，矛盾する事実をそのまま認めようとする。アイゼンクが統計学的な手法でパーソナリティの次元を明らかにしようとした時には高く評価したイギリスの心理学者も，その後アイゼンクがパヴロフの理論を導入してパーソナリティの類型を因果的に説明しようとしたときには強く反発したといわれる。

### 2）心理測定学に対する信頼

イギリスは統計学や数理心理学の発祥の地である（14-8参照）。イギリスの心理学は，心理測定や統計学に対しては強い信頼を寄せる。

### 3）心理学を，社会科学としてではなく，生物科学として扱おうとする傾向

これはダーウィンやゴールトンの仕事が心理学に取り込まれていることからもうなずける。アメリカの心理学は，人間を環境との関係で捉えようとするが，イギリスの心理学は生物としての人間を考える。

### 4）応用への指向と重点化

現実と関係のないテーマよりも，現実生活と関連のあるテーマの研究がさかんということである。これは，臨床心理学がさかんであることからもうなずける。

# 第15章　心理療法と精神分析

　イギリスでは「心理療法」とは，精神分析の影響を受けた力動的な治療法をさす。イギリスの精神分析や心理療法はさまざまなグループに分かれて発展した。本章では，そうした学派の変遷について述べる。最後に，多くの機関やグループをまとめている傘団体と，「実証にもとづく心理療法」の動きについて述べる。

　イギリスの精神分析や心理療法の流れについて，モーガン－ジョーンズとエイブラムズ（Morgan-Jones & Abrams, 2001）は，図15-1のようにあらわしている。この図は，養成機関を中心に述べたものであるが，学派の変遷にもなっているので，以下，この図に沿って説明したい。この章はいろいろな文献（Morgan-Jones & Abrams, 2001；Pines, 1991；Pilgrim, 2002；Kohon, 1986）を参考にした。

## 15-1. イギリス精神分析学会

　精神分析の発祥の地はウィーンであるが，ロンドンは精神分析の世界的中心地となっている。歴史的に見ると，1920年代には，フロイトを中心とするウィーン学派や，ユングを中心とするチューリッヒ学派，フェレンツィを中心とするブダペスト学派，アブラハムを中心とするベルリン学派などがあった。しかし，1930年代になってナチスがユダヤ人を迫害しはじめたので，フロイトをはじめとする多くのウィーン学派の分析家がイギリスやアメリカに移住した。それによって，精神分析は，イギリスとアメリカで華々しい展開をとげた。

　イギリスの精神分析学は，1913年にはじまる。この年にアーネスト・ジョーンズはロンドン精神分析学会（London Psycho-Analytical Society）を作った。この学会は，1919年に，イギリス精神分析学会（British Psycho-Analytical Society：BP-AS）と改称された。1924年には，ロンドンに精神分析研究所（Institute of Psycho-Analysis：IPA）が作られ，本格的な教育が始まった。

　1938年には，フロイトがロンドンに亡命した。ロンドン北部のハムステッドに住み，著書『人間モーゼと一神教』『精神分析概説』などを執筆した。フロイトは翌年には亡くなるが，以来，ロンドンは精神分析の首都と呼ばれている。国際精神分析学会（International Psycho-Analytical Association）の本部はロンドンにおかれている。この学会の雑誌は「国際精神分析雑誌（International Journal of Psychoanalysis）」である。

　イギリス精神分析学会は，図15-2に示すように，①アンナ・フロイトのグループ，②メラニー・クラインのグループ，③独立グループに分かれる。これは，学会

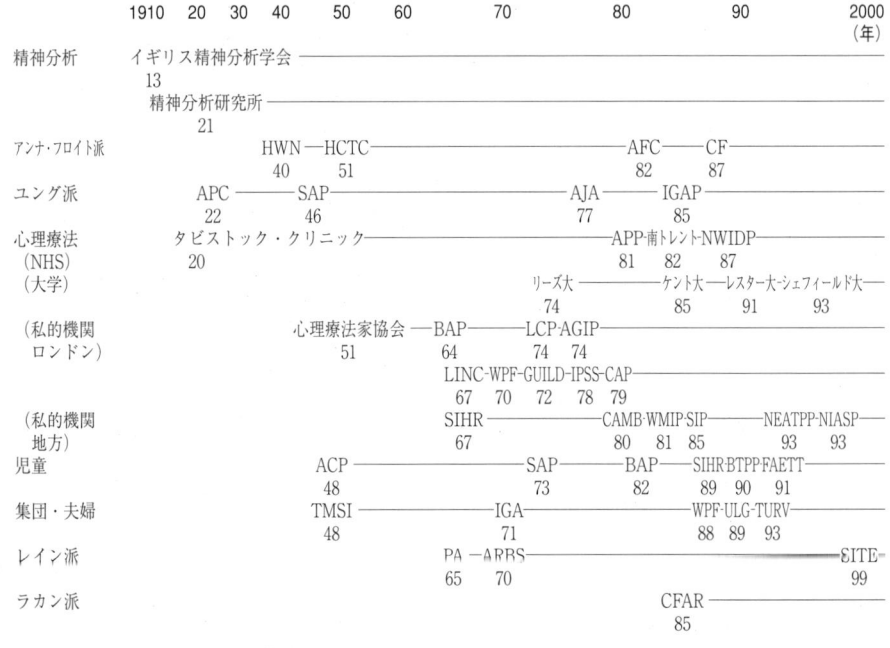

```
                 1910  20    30    40    50    60    70    80    90    2000
                                                                          (年)
精神分析          イギリス精神分析学会─────────────────────────────
                 13
                      精神分析研究所──────────────────────────
                      21
アンナ・フロイト派              HWN──HCTC─────────────────AFC──CF──
                              40    51                       82   87
ユング派          APC──────SAP─────────────AJA──IGAP──────
                 22         46                77   85
心理療法                タビストック・クリニック──────────APP・南トレント・NWIDP─
(NHS)                  20                                 81  82    87
(大学)                                        リーズ大──────ケント大──レスター大・シェフィールド大
                                              74             85     91      93
(私的機関                    心理療法家協会──BAP─────LCP・AGIP──────────
ロンドン)                    51              64      74 74
                                    LINC・WPF・GUILD・IPSS・CAP─────────
                                    67   70   72    78  79
(私的機関                        SIHR──────────CAMB・WMIP・SIP─────NEATPP・NIASP
地方)                            67              80  81  85            93    93
児童             ACP──────────SAP─────BAP────SIHR・BTPP・FAETT
                 48               73        82        89  90  91
集団・夫婦         TMSI──────────IGA────────WPF・ULG・TURV
                 48               71              88  89  93
レイン派                              PA─ARBS──────────────────────SITE─
                                     65  70                                 99
ラカン派                                              CFAR─────────────
                                                     85
```

■図15-1　イギリスの精神分析と心理療法の流れ（Morgan-Jones［2001］より引用）

略称
- ●アンナ・フロイト派
  - HWN ： Hampstead War Nurseries ：ハムステッド戦争孤児院
  - HCTC ： Hampstead Child Therapy Clinic ：ハムステッド子ども治療クリニック
  - AFC ： Anna Freud Centre ：アンナ・フロイト・センター
  - CF ： Contemporary Freudian ：同時代フロイト学派
- ●ユング派
  - APC ： Analytical Psychology Club ：分析心理学クラブ
  - SAP ： Society of Analytical Psychology ：分析心理学会
  - AJA ： Association of Jungian Analysts ：ユング派分析家協会
  - IGAP ： Independent Group of Analytical Psychologists ：分析心理学独立グループ
- ●心理療法（NHS）
  - APP ： Association for Psychoanalytic Psychotherapy in the NHS ： NHSにおける精神分析的心理療法協会
  - 南トレント： South Trent Training in Dynamic Psychotherapy ：南トレント力動的心理療法訓練所
  - NWIDP ： North West Institute for Dynamic Psychotherapy ：北西部力動的心理療法研究所
- ●心理療法（私的機関　ロンドン）
  - BAP ： British Association of Psychotherapists ：イギリス心理療法家協会
  - LCP ： London Centre for Psychotherapy ：ロンドン心理療法センター
  - AGIP ： Association for Group and Individual Psychotherapy ：集団個人心理療法協会
  - LINC ： Lincoln Clinic and Centre for Psychotherapy ：リンカーン心理療法クリニックセンター
  - WPF ： Westminster Pastoral Foundation ：ウェストミンスター教会財団

    GUILD ： Guild of Psychotherapists ：心理療法家ギルド
    IPSS ： Institute for Psychotherapy and Social Studies ：精神分析・社会科学研究所
    CAP ： Centre for Analytic Psychotherapy ：分析的心理療法センター
●心理療法（私的機関　地方）
    SIHR ： Scottish Institute for Human Relations ：スコットランド人間関係研究所
    CAMB ： Cambridge Society for Psychotherapy ：ケンブリッジ心理療法協会
    WMIP ： West Midlands Institute of Psychotherapy ：西ミッドランド心理療法研究所
    SIP ： Severnside Institute of Psychotherapy ：セバーンサイド心理療法研究所
    NEATPP ： North East Association for Training in Psychoanalytic Psychotherapy ：分析的心理療法訓練のための北東部協会
    NIASP ： North Ireland Association for the study of Psycho-Analysis ：北アイルランド精神分析研究協会
●児童
    ACP ： Association of Child Psychotharapists ：児童心理療法家協会
    SAP ： Society of Analytical Psychology ：分析心理学会
    BAP ： British Association of Psychotherapists ：イギリス心理療法家協会
    SIHR ： Scottish Institute for Human Relations ：スコットランド人間関係研究所
    BTPP ： Birmingham Trust for Psychoanalytic Psychotherapy ：バーミンガム精神分析的心理療法トラスト
    FAETT ： Forum for the Advancement of Educational Therapy and Therapeutic Teaching ：教育療法・治療教育促進フォーラム
●集団・夫婦
    TMSI ： Tavistock Marital Studies Institute ：タビストック結婚問題研究所
    IGA ： Institute for Group Analysis ：集団分析研究所
    WPF ： Westminster Pastoral Foundation ：ウェストミンスター教会財団
    ULG ： University of London Goldsmith ：ロンドン大学ゴールドスミス・カレッジ
    TURV ： Turvey Institute of Group-Analytic Psychotherapy ：ターベイ集団分析療法研究所
●レイン派
    PA ： Philadelphia Association ：フィラデルフィア協会
    ARBS ： Arbours Association ：アーボース協会
    SITE ： Site for Contemporary Psychoanalysis ：現代精神分析サイト
●ラカン派
    CFAR ： Centre for Freudian Analysis and Research ：フロイト分析研究センター

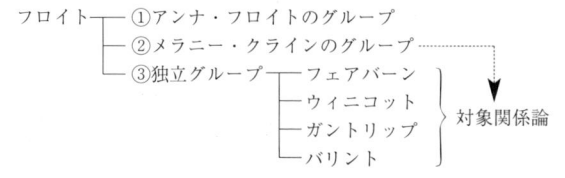

■図15-2　イギリスの精神分析学会の流れ

フロイト
　├─①アンナ・フロイトのグループ
　├─②メラニー・クラインのグループ
　└─③独立グループ
　　　　├─フェアバーン
　　　　├─ウィニコット　　　　　対象関係論
　　　　├─ガントリップ
　　　　└─バリント

のなかで，アンナ・フロイトのグループとクラインのグループが対立するようになり，その妥協として，1946年に，訓練コースをA（クラインのグループ）とB（アンナ・フロイトのグループ）と，どちらにも属さない独立グループに分けたのが始まりである（Kohon, 1986）。この独立グループの中から，有名な対象関係論が育ってくる。以下，この3つのグループについて述べる。

## 15-2. アンナ・フロイトのグループ

アンナ・フロイト（1895-1982）は，1938年に，父とともにイギリスに亡命し，その後，ロンドン北部のハムステッドで仕事をした。アンナ・フロイトは，亡命前から，父フロイトの防衛機制の考え方を体系づけ，『自我と防衛機制』（外林大作訳，誠信書房）を完成させた。この本は，精神分析理論を深層心理学から自我心理学へと展開させた古典的名著とされている。また，父フロイトがはじめた成人の精神分析療法を子どもに適用し，児童分析を体系化した。

亡命後は，ハムステッドで，子どもの臨床と研究を行った。図15-1に示すように，1940年に，ハムステッド戦争孤児院（HWN）を作った。それは，戦争後の1951年に，ハムステッド子ども治療クリニック（HCTC）へと発展した。そこで子どもの発達評価の方法論を作り，正常な自我発達のあり方を体系化した。こうした方法論と発達ラインの理論は，現代の児童精神分析の基本となっている。クリニックでの成果は，全35巻の『児童の精神分析学研究』にまとめられている。また，第二次世界大戦による戦争孤児の調査研究も行っており，これは，後述するように，ボウルビーの研究の基礎になっている。クリニックは，1982年のアンナの死後は，アンナ・フロイト・センター（AFC）と改称された。アンナ・フロイトの著作集（全10巻）は，岩崎学術出版社から邦訳が出ている。

アンナ・フロイト・グループの臨床や研究を受け継いだのは，ロンドン大学のユニバーシティ・カレッジにおける「精神分析ユニット」であった（10-3-1参照）。ここのフォナギーらは，「実証にもとづく心理療法」の流れを作った（15-11-3参照）。

アンナ・フロイト・グループの流れは，1987年に同時代フロイト学派（CF）というグループを作っている。

アンナ・フロイトはたびたびアメリカを訪れており，アメリカの精神分析にも大きな影響を与えた。彼女はアメリカの精神分析とイギリスの精神分析を統合する象徴的な存在として活躍したが，イギリスではアンナ・フロイト派はむしろ少数派にとどまり，次に述べるメラニー・クライン派が多数派を占めている。

## 15-3. メラニー・クラインのグループ

メラニー・クライン（1882-1960）は，はじめベルリンで小児臨床の仕事をしていたが，1924年にロンドンに亡命した。クラインは，子どもの精神分析療法を発

展させたが，これをめぐって，1926〜48年にアンナ・フロイトと論争をする。ふたりとも自由連想法のかわりに遊び分析（遊戯療法による分析）を用いる点では共通するが，アンナ・フロイトは，子どもは発達の途上にあるので，例えば，家族の積極的参加など，保護的で教育的な配慮が必要であると考えた。これに対して，クラインは，子どもの分析においても，大人と同じように，子どもの心的世界を重視した治療法が有効であり，家族の参加もそれほど重要ではないとした。

　クラインの理論は，外的な現実よりも心の中の現実を重視するものであり，その中心となるのは，「妄想－分裂ポジション」と「抑うつポジション」という理論である。これは，フロイトの「口唇期」の発達段階論を発展させたものである。クラインによると，生後3〜4カ月の乳児は，欲求を満たしてくれるときの「良い母親」と，欲求を満たしてくれないときの「悪い母親」を別の人物であると認知している。また，外界と自己の区別が未発達なので，「良い母親」と「良い自己」は一体となっており，「悪い母親」と「悪い自己」は一体となっている。そして，「悪い自己」に対する不満や怒りを母親のほうに置き換える。そして，母親から迫害される妄想的（パラノイド的）な不安を経験する。これが「妄想－分裂ポジション」という時期である。ここで，「発達段階」という用語を使わず，ポジション（態勢）という用語を使うのは，人生初期の体験が生涯にわたる心構えとなることを強調するからである。

　なお，ここでの良い・悪いという二元論について，クラインは，フロイトの生の本能（リビドー）と死の本能（攻撃性）をめぐる本能二元論をそのまま引き継いでおり，この点がのちにフェアバーンに批判されることになる。

　生後半年〜1年になると，母親という対象を，自分とは別の像として認知できるようになり，良い母親と悪い母親は統合される。しかし，この両側面の葛藤に悩むことになる。これが「抑うつポジション」の時期である。

　こうしたクラインの理論は，子どもの臨床だけでなく，大人の精神病や人格障害の臨床に影響を与えた。1941年頃には，メラニー・クライン・グループをつくるようになった。このグループには，ビオンやローゼンフェルトやスィーガルといった理論家が活躍した。現在でも，イギリスではアンナ・フロイトのグループをしのぐ勢力になっている。また次に述べる対象関係論はメラニー・クラインの理論を基礎にして生まれた。

　クラインの理論は，アメリカのカーンバーグの理論などにも影響を与えており，境界例の臨床において，近年，世界的に評価されるようになった（小此木・狩野，1995）。日本でもメラニー・クラインの紹介が積極的に行われており，メラニー・クライン著作集全7巻は，誠信書房から翻訳が出ている。また，ハンナ・スィーガルの『メラニー・クライン入門』（岩崎徹也訳，岩崎学術出版社）も出版されてい

る。

## 15-4. 独立グループと対象関係論

　独立グループは，アンナ・フロイト・グループにもメラニー・クライン・グループにも属さない分析家をさす。このグループから，フェアバーン，ウィニコット，ガントリップ，バリントといった対象関係論の流れがあらわれた。また，ほかにもいろいろな分析家が活躍した（Kohon, 1986）。対象関係論は，イギリス独自の理論なので，以下詳しく述べる。

### 1）フェアバーンの対象関係論

　フェアバーン（1889-1964）は，エディンバラ大学などで臨床を行った精神科医である。彼は，メラニー・クラインの考え方を引き継ぎながらそれを批判して，対象関係論の基礎を作った。フロイトはリビドーを本能的な快楽追求のエネルギーと考えたが，フェアバーンはリビドーを対象希求的なエネルギーであると考えた。つまり，リビドーは，人間の盲目的な本能なのではなく，対人関係の中で自己を表現するときのエネルギーである。攻撃性は，本能ではなく，現実の欲求不満に対する反応である。「自我は本能満足のために対象を求めるのではない。自我は，本来，対象希求的なのである」というフェアバーンの言葉は有名である。これによって，フロイト的な生物学的・実体的な本能理論を脱して，関係性の視点から精神分析学を再構成しようとしたのである。

　フェアバーンは，メラニー・クラインの影響を受けて，スキゾイド・パーソナリティ（分裂病質人格障害）の理論を展開した。クラインは，実際の客観的な母子関係ではなく，子どもの主観的な幻想における母子関係のイメージを重視した。実体ではなく関係性にたつクラインの考え方がフェアバーンに大きな影響を与えたのである。クラインは，「妄想－分裂ポジション」において，母親から迫害される妄想的な不安を指摘した。こうしたクラインの仕事のうえに立って，フェアバーンはスキゾイド・パーソナリティ論を考えた。

　前述のように，クラインは，フロイトの生の本能（リビドー）と死の本能（攻撃性）をめぐる本能二元論をそのまま引き継いだ。これに対し，フェアバーンは，こうした実体論を強く批判し，関係論を徹底させたのである。フェアバーンはメラニー・クラインを引き継ぎながらそれを批判して対象関係論を作った。ここから，ウィニコットやガントリップなどのイギリス対象関係論の流れが生まれてきた。

　フェアバーンは，パーソナリティの構造について，対象関係論から全面的に見直すことで，オリジナルなパーソナリティ・モデルを提出した。これはフロイトのイド・自我・超自我というモデルに代わる独創的なパーソナリティ・モデルとなった。こうした新しいパーソナリティ・モデルは，アメリカのカーンバーグやマスターソンの境界性パーソナリティ理論などに大きな影響を与えた。フェアバーンの

『人格の精神分析学』は邦訳がある（山口泰司訳，講談社学術文庫）。

### 2）ウィニコットの対象関係論

　ウィニコット（1896-1971）は，ロンドンのセント・バーソロミュー病院で医師としての研修を受けた後，40年間，小児科医として診療に当たった。その間，メラニー・クラインから精神分析のスーパービジョンを受け，クラインの乳児期の発達理論（妄想—分裂ポジションや抑うつポジション）に影響を受けた。しかし，メラニー・クラインが，子どもの内的世界を重視するあまり，母親の役割を軽視していることに対して批判的になった。乳児と母親はひとつの単位として考える必要があり，個体として独立した乳児などはありえず，乳児は母親に依存していると考えるようになった。こうした小児科医としての豊富な治療経験をもとに，独自の発達理論をつくりあげた。

　フロイトのエディプス・コンプレックスは，父・母・子の三者関係の世界であり，メラニー・クラインの抑うつポジションは，母親と子どもの二者関係の世界である。ウィニコットは，まず一者関係について考え，次に一者関係から二者関係への移行について考えた。つまり，ウィニコットは，「依存」という概念を重視し，生後6カ月までの乳児は絶対的な依存（本人の認識を越えた受け身的依存）にあるが，1歳頃になると相対的依存（自分の欲求を知っている依存）へと変わるとする。6カ月〜1歳の間は移行期であり，一者関係から二者関係へと移行していくわけである。ウィニコットは，この橋渡しとして，「移行対象」という考え方を提出した。これは，生後6カ月〜1歳の子どもが，手近の品物（シーツや毛布や玩具など）に関心を持ち，それを掴んだりしゃぶったりして弄ぶことに夢中になることである。その品物が移行対象である。移行対象は，主観的な内的世界と客観的な現実生活の両者にかかわる中間領域のものであり，それらを橋渡しするものである。

　ウィニコットは，乳児にとっての母親の機能としてホールディング（抱えること）を重視し，この失敗が精神病理をもたらすと考えた。フロイトは，個人の内面を重視したのに対して，対象関係論は，対人関係（とくに早期の母子関係）を重視した。メラニー・クラインは，母子関係に着目した点で，対象関係論に近づいたものの，実際の治療は，フロイトと同じく，子どもの内面の精神病理を扱うにとどまった。アンナ・フロイトとの論争では，クラインは，むしろ家族の積極的参加を批判するという逆転もおこった。これに対して，ウィニコットは，治療面において，フロイトやクラインを批判し，対象関係論にもとづいて，母親と子どもの関係に注目した治療を行った。「フェアバーンは理論においてフロイトを越え，ウィニコットは治療においてフロイトを越えた」といったガントリップの言葉にあらわされているように，ウィニコットは臨床家として多くの発言をしている。

　ウィニコットは，医師や看護師やソーシャルワーカーに対する教育や，放送によ

る一般市民への啓蒙にも熱心であり，多くの本を出版した。日本においても，ウィニコット著作集（全8巻）が岩崎学術出版社から出ている。これ以外にも，多くの著作が翻訳されており，解説書も多い。

最近では，北山修氏がウィニコットについての多くの論考をあらわしており，それにもとづいて独自の臨床理論を発展させている。北山氏は，1974年にロンドン大学精神医学研究所とモーズレイ病院で研修し，そこでウィニコットの著作に親しんだという。

### 3）ガントリップの対象関係論

ハリー・ガントリップ（1901-1975）は，もともとの職業は牧師であり，精神分析医としての資格は持たなかった。フェアバーンとウィニコットの両方から教育分析を受け，ふたりの対象関係論から大きな影響を受けた。「フェアバーンは理論においてフロイトを越え，ウィニコットは治療においてフロイトを越えた」といった言葉に示されるように，ガントリップはイギリスの対象関係論の展開を理論的にあとづけ，それをわかりやすく解説した。その代表的な著書は『対象関係論の展開』（小此木啓吾・柏瀬宏隆訳，誠信書房）である。ガントリップは，フロイトの生物学的・機械論的な自我の考え方を批判し，家族内の内的な対象関係を重視した。また，メラニー・クラインの本能論を批判して，人格の発達における現実的・家族的な要因を重視した。臨床家としては，スキゾイド（分裂気質）についてのメカニズムを明らかにした。この業績は，アメリカのカーンバーグの境界例の理論に大きな影響を与えた。

### 4）バリントの対象関係論

マイケル・バリント（1896-1970）は，ハンガリーのブダペストに生まれ，イギリスに亡命した。マンチェスター大学で医学と心理学を学び，のちに1948～61年まで，ロンドンのタビストック・クリニックに勤めた。

バリントの対象関係論は，著書『治療論からみた退行：基底欠損の精神分析』（中井久夫訳，金剛出版）によくあらわれている。フロイトは，生まれたばかりの乳児には対人関係はなく，あるのはナルシシズムだけだと考えたが，バリントによると，乳児にあるのは対象関係であり，ナルシシズムはそこから派生する二次的なものにすぎない。バリントは，発達の過程を「基底欠損」の水準と「エディプス」的な水準に分ける。エディプス的な水準においては，母と父と子の三者の対象関係であり，客観的な成人言語も通用するが，基底欠損の水準においては，母と子の原始的な二者の対象関係であり，成人言語も通じない。こうした基底欠損に障害をもつ患者では，原始的な二者関係があらわれ，そこでは成人言語が通じないので，精神分析の解釈も通用せず，治療はむずかしい。そこで，こうした患者の治療にあたっては，治療者は，みずからを対象として差し出す。治療において力を持つのは，

解釈よりも関係である。そうした治療関係の中で，良性の「退行」がおこり，新たな心の組みかえがおこり，治癒にいたるとする。これが『治療論からみた退行』の意味であるが，こうした考え方は日本の土居健郎の「甘え」の理論と近い。事実，バリントはこの著書のなかで，土居の論文を引用している。

1950年代に，バリントは，一般開業医（GP）のメンタルヘルス・ケアの能力を高めようとする運動を行った。バリントは，妻のユーニッドとともに，タビストック・クリニックにおいて，一般開業医に対して，心理療法のセミナーを行って，一般開業医の心理的ケアの能力を高めようとした。このようなセミナーは「バリント・グループ」と呼ばれるようになり，大きな影響を与えた（8-3-1参照）。こうした体験が，のちに短期心理療法の提案につながった。ほかに『スリルと退行』の邦訳がある（中井久夫・滝野功・森茂起訳，岩崎学術出版社）。

## 15-5. フロイトと対象関係論の比較

対象関係論の特徴は，フロイトの理論と比べることによって明らかになる（小此木，1980）。

第1に，フロイトが個人の内面やナルシシズムを重視したのに対して，対象関係論は，母親との関係（対象関係）を重視した。

第2に，フロイトが主として3～4歳のエディプス期以降の親子関係（父・母・子の三者関係）を考えたのに対して，対象関係論は，生後3～4カ月の最早期の母子関係を考えた。フロイトよりもはるかに早期の段階までさかのぼって考えるのである。

第3に，フロイトが生物学的モデルで外的現実への適応を重視するのに対して，対象関係論は，内的現実への主観的な母子関係のイメージを重視する。母子関係が客観的にどうなっているかということよりも，子どもの幻想において母親がどのように認知されているかを問題にするのである。

第4に，フロイトが神経症やうつ病の理論を組み立てたのに対し，対象関係論は，統合失調症や分裂的パーソナリティ（スキゾイド）の理論を組み立てた。精神分析学の対象を，外に広げたといえる。

前述のように，認知行動療法においてもイギリス人は統合失調症に対する治療法を完成させ，これはアメリカにはみられない動きであった（4-11および5-9参照）。対象関係論にしても，認知行動療法にしても，統合失調症についてオリジナルな理論を提出したことは，イギリスの特徴である。

抑うつやスキゾイドという病理を説明する原理として，早期の母子関係の幻想を考えるという視点は，心理療法に大きな進歩をもたらし，アメリカのカーンバーグの境界性パーソナリティの治療理論にも大きな影響を与えた。この点で高く評価されるが，その反面，医学的・生物学的な側面を切り捨てたので，イギリスの精神分

析学は医学から決別することになった。

## 15-6. ユング・グループ

以上，精神分析について述べてきたが，図15-1に示すように，イギリスにはユング派の流れもある。ユングははじめフロイトの弟子であったが，1914年頃から独自の理論を考えるようになり，それを「分析心理学」と呼ぶようになった。ユング派の国際学会は，国際分析心理学者協会（International Association of Analytical Psychologists）である。

ユングは何回もイギリスを訪れてセミナーを行った。ユングの影響を受けた人たちがロンドンに分析心理学クラブ（APC）を作ったのは1922年のことで，それは1946年に分析心理学会（SAP）に発展する。

SAPで教育を受けた分析家はこれまで150名以上いる。ユング派からは，マイケル・フォーダムやサミュエルズ，カルシェドといった人たちが出て活躍した。フォーダムの著書は邦訳がある（『ユング派の心理療法：分析心理学研究』誠信書房；『ユング派の分析技法：転移と逆転移をめぐって』氏原寛訳，培風館）。また，サミュエルズ（エセックス大学）の著書も邦訳がある（『ユング心理学辞典』創元社）。

その後，1977年にユング派分析家協会（AJA）と，1985年に分析心理学独立グループ（IGAP）という組織ができて，ユング派の臨床教育活動を行っている。このほかに，後述のイギリス心理療法家協会（BAP）には，ユング部門があり，ここでも教育などの活動を行っている（15-9-2参照）。ここのクリストファーらの本が邦訳された（クリストファーとソロモン『ユングの世界』氏原寛・織田尚生監訳，培風館）。ユング派の雑誌は，「分析心理学雑誌（Journal of Analytical Psychology）」である。

さらに，ユング派の精神科医として，アンソニー・ストーがいる。彼は，ケンブリッジ大学で医学を学び，ロンドン大学で精神科医として診療にあたり，オクスフォード大学精神科講師をつとめた。『孤独』（森省二・吉野要訳，創元社），『ユング』（河合隼雄訳，岩波書店）など数冊の邦訳がある。

## 15-7. イギリスの精神分析の特徴

イギリスの精神分析の特徴について，コーホンは次の3つをあげている（Kohon, 1986）。

第1に，イギリスでは医師でない精神分析家が多いことである。アンナ・フロイトやメラニー・クラインは医師ではなく，ガントリップのように牧師の出身とか，ケースメントのようにソーシャルワーカー出身の分析家もいる。フロイトの精神分析は，当初からイギリス医学会から疑問視され，医師の中にそれほど浸透しなかった。イギリスの精神分析は，精神医学の主流とは隔たっている。これは，アメリカにおいて，精神分析が精神科医に浸透したのとは対照的である。アメリカの精神分

析は，精神医学の中心的な地位を占めるようになり，原則として医師でなければ精神分析家になれないという。精神分析というと，アメリカでは開業した精神科医を思い浮かべるが，イギリスでは，精神科医の間には，精神分析はそれほど大きな力はない (Pilgrim, 2002)。

第2の特徴は，アンナ・フロイトやメラニー・クラインに代表されるように，子どもを対象とする治療が大きく発展したことである。これによって，発達の理論が洗練された。

第3に，心理療法にとどまらず，文化一般に対して大きな影響を与えたこともイギリスの精神分析の特徴である。アメリカの精神分析は，自我心理学を中心としており，外的現実への適応を重視し，医学モデルとよく合う。これに対して，イギリスの精神分析は，メラニー・クラインや対象関係論の影響によって，生物学的・医学的側面が切り捨てられ，精神内界の心的現実性と幻想を扱う。

その結果，イギリスでは，文化人が精神分析に対して強い興味を持つようになった (Kohon, 1986)。例えば，「ブルームズベリ・グループ」と呼ばれた知識人の集団は，イギリスの精神分析学の定着に大きな役割を果たした（橋口稔『ブルームズベリ・グループ』中公新書）。1902年に，ロンドンのスティーヴン家に知識人のサロンができた。スティーヴン家には，ヴァネッサ，ヴァージニアの姉妹と，エイドリアンという精神分析学者がいた。そのまわりに，評論家レナード・ウルフや，評論家リットン・ストレイチー，その弟で精神分析学者のジェイムス・ストレイチー，同じく精神分析学者のエイドリアン・スティーブン，経済学者のケインズといったケンブリッジ大学出身の知識人が集まり，これが「ブルームズベリ・グループ」と呼ばれるようになった。レナード・ウルフは，ホガース社という出版社を作り，フロイトの著作を翻訳して出版した。イギリスに精神分析が普及するきっかけとして，この出版は大きな原動力になった。レナード・ウルフは，ヴァージニアと結婚した。のちにヴァージニア・ウルフは有名な作家になる。ヴァージニア・ウルフの精神医学的研究で知られるのが神谷美恵子である（『ヴァージニア・ウルフ研究』みすず書房）。

## 15-8. タビストック・クリニックと心理療法

以上述べたのは精神分析の流れであるが，第二次世界大戦後になると，精神分析の中から心理療法が生まれた。これについてはタビストック・クリニックの活躍が大きい。

タビストック・クリニックは，ロンドンにおける精神分析や心理療法の中心地である。タビストック・クリニックと呼ばれるのは，もともとロンドンのブルームズベリ地区のタビストック・スクエアに創設されたためである。1920年のことである。その後何回か移転して，1967年に現在のロンドン北部ハムステッド地区に移

った。この場所は，フロイトが亡命して住んでいた家や，アンナ・フロイト・センターやユング派の事務所なども近く，場所的にも，ロンドンの精神分析の中心を占めている。

タビストック・クリニックは，イギリスの心理療法において，①実践の中心であり，②訓練の中心でもあり，③研究の中心である。

### 1）臨床実践の機関としてのタビストック・クリニック

第1に，実践の中心と呼ばれるのは，タビストック・クリニックが国民健康サービス（NHS）に所属する医療機関として，北部ロンドン地区の精神科診療を担当しているからである。1948年に，国民健康サービス（NHS）ができると，タビストック・クリニックはそれに吸収されて，北部ロンドン地区の中心的医療機関となった。ロンドンの臨床家の間では，「北のタビストック・クリニック，南のモーズレイ病院」として並び称される。現在，タビストック・クリニックでは，①子どもと家族の心理療法，②思春期の心理療法，③成人の心理療法という3つの科に分かれて，診療を行っている。

歴史的にみると，タビストックでは，1950～70年代にかけて，バリントやマランといった心理療法家が活躍した。前述のように，1950年代に，バリントは，一般開業医（GP）のメンタルヘルス・ケアの能力を高めようとして，「バリント・グループ」と呼ばれるセミナーを開いた（15-4-4参照）。また，マランは，焦点心理療法という新しい短期心理療法の技法を提案した。マランの著書『心理療法の臨床と科学』（鈴木龍訳，誠信書房）には，タビストック・クリニックでの心理療法の実際についてその一端が示されている。この時期には，アメリカでもシフニオスが短期心理療法を提案する。その後，イギリスではセント・トーマス病院のライルが認知分析療法（15-9-8参照）を提案し，アメリカではマンが時間制限療法を提案するなど，英米で同時に短期心理療法が花開いた（Ashurst, 1991；上地, 1984）。こうした動きが引き金となって，精神分析とは独立して，心理療法の流れが生まれることになった。また，60年代のタビストックでは，システミック家族療法が大きく展開し，世界の家族療法をリードした。

また，夫婦療法については，図15-1に示すように，1948年に，タビストック結婚問題研究所（TMSI）が併設されている。ここでは，夫婦療法（カップル療法）の臨床と教育を行っている。

心理療法が精神分析から独立するにあたって，タビストック・クリニックの果たした役割は大きい。

### 2）訓練機関としてのタビストック・クリニック

訓練についていうと，タビストック・クリニックはイギリスで最大の心理療法の訓練機関となっている。タビストックには，55のコースがあり，1,500名が学んで

おり，イギリスで最大の規模を誇る。入門コース，子どもの心理療法，大人の心理療法，システミック心理療法（家族療法）など，いろいろな訓練コースがある。その他に，教育心理学，精神医学，ソーシャルワーク，看護学などの専門家のための卒業後の訓練コースもある。ほとんどは1年単位のコースである。日本からも多くの人が留学している。タビストック・クリニックで心理療法の訓練を受けている日本人は，つねに10名以上いるということである。

### 3) 研究機関としてのタビストック・クリニック

第3に，タビストックが研究の中心といわれるのは，世界的に有名な臨床家・研究者を輩出してきたからである。タビストック・クリニックは，1920年にミラーによって，シェル・ショック（戦争神経症）の研究のために作られたので，もともと心的外傷の研究や治療が盛んであった。1940年代にはビオンが活躍し，50年代には前述のバリントやボールビィが活躍した。60年代には前述のマランや後述のレインが活躍した。60年代には，幼児観察法やシステミック家族療法が大きく展開し，世界の発達心理学と心理療法をリードした。90年代にはいると，グラウンデッド・セオリー，会話分析，解釈学的・現象学的分析などの新しい質的方法を用いた研究が行われるようになる。このように，これまでは，事例を記述する質的な研究が主であった。

これと並んで，量的な指標を使った研究も行われてきた。例えば，後述するボールビィの愛着の研究（15-9-4参照）や，マランの治療効果の比較研究などである。1990年代に入ると，イギリスの心理療法は，実証にもとづく（エビデンス・ベースの）考え方を取り入れるようになった（15-11参照）。これによって，タビストック・クリニックにおいても，うつ病や児童・思春期の患者を対象として，無作為割付対照試験（RCT）を用いた心理療法の効果研究が行われるようになったという。クリニックの年報をみると，全クリニックをあげて，治療効果のモニタリング，臨床的効率と効果の研究を行っていると宣言し，具体的な研究プログラムが掲載されている。

タビストック・クリニックの研究や臨床は，いろいろな大学との連携で行われており，とくにエセックス大学，ミドルセックス大学，東ロンドン大学，ロンドン大学バークベック・カレッジ，ロンドン大学ユニバーシティ・カレッジの5大学との連携が強い。タビストック・クリニックの教授はこれらの大学の教授との兼任になっている。

## 15-9. 心理療法の展開

### 1) 心理療法と精神分析

精神分析（サイコアナリシス）と心理療法（サイコセラピー）は，厳密にいうと異なる。精神分析は，週4〜5回の面接を数年間続けることが多く，治療コストは

■表 15-1　心理療法の分類（Holmes, 1991）

| 観　点 | 心　理　療　法　の　種　類 |
|---|---|
| 理　論 | ①精神分析的，②システム論的，③人間学的，④行動療法的，⑤認知療法的 |
| 技　法 | ①解釈的，②指示的，③表現的，④支持的，⑤逆説的，⑥折衷的 |
| 対　象 | ①個人，②集団，③夫婦（カップル），④家族 |
| 場　面 | ①医療場面：初期医療（一般開業医），外来，デイホスピタル，入院<br>②非医療場面：開業，学校など |
| 期　間 | ①ごく短期間，②短期間，③期間限定的，④限定なし |
| 頻　度 | ①毎週1回未満，②毎週1回，③毎週2回以上 |
| レベル | ①自助的<br>②レベル1（カウンセリングのこと）<br>③レベル2（非専門家による心理療法）<br>④レベル3（専門家による心理療法） |

高い。これに対して、心理療法は、週1～3回の面接であり、期間もそれほど長くはなく、コストは低い。精神分析家は、開業して面接を行っていることが多いのに対し、心理療法家は、開業とともに、国民健康サービス（NHS）の精神科病院などに雇われている人も多い。精神分析の患者は、料金を私費で自己負担することが多いのに対し、心理療法の患者は、ふつうの医療と同じく、無料である（国が負担する）。治療の内容については、精神分析は、心理療法にくらべて、より徹底的で系統的な解釈を行い、患者の発達初期の内的な問題に焦点をあてやすい。精神分析では治療者は中立的な態度を維持するが、心理療法では患者の転移感情を治療に利用することも多いという。理論的には、心理療法は精神分析のアンナ・フロイト・グループ、クライン・グループ、独立グループなどの影響を受けている。例えば、タビストック・クリニックはクライン・グループの影響が強い（Morgan-Jones & Abrams, 2001）。

　心理療法はいろいろなものがあり、表 15-1 に示すように、いろいろな観点から分類できる。ふつうは、理論と対象によって分類される。すなわち、理論によって、精神分析的心理療法、システム論的心理療法、人間学的心理療法、行動療法的心理療法、認知療法的心理療法に分けられ、また、対象によって、個人療法、集団療法、夫婦療法（カップル療法）、家族療法などに分けられる。

　面接回数についていうと、精神分析療法は、フロイト以来の週3回以上の面接を行っているが、その他の心理療法はだいたい週1回程度である。また、表 15-1 に示すように、カウンセリングのレベル、非専門家による心理療法のレベル、専門家による心理療法のレベルに分ける考え方もある（Holmes, 1991）。ここでは、心理

療法はカウンセリングよりも専門性の高いものと位置づけられる。

## 2）心理療法の訓練機関

　心理療法の訓練機関は，公的なものと私的なものに分かれる。公的な機関とは，タビストック・クリニックに代表される国民健康サービス（NHS）の医療機関と大学院である。タビストック以外には，図15-1に示すように，「国民健康サービスにおける精神分析的心理療法協会」（APP）がある。これは，国民健康サービスに勤めている心理療法家の団体である。ほかにも，ノッティンガムにある南トレント力動的心理療法訓練所や，マンチェスターにある北西部力動的心理療法研究所（NWIDP）などがある。

　大学院の心理療法家の養成コースは，図15-1に示すように，リーズ大学，ケント大学，レスター大学，シェフィールド大学にある。リーズ大学にはバークハムがおり（10-10-3参照），シェフィールド大学にはシャピロやパリーがいた（10-9-2参照）。イギリスの大学院では，臨床心理学やカウンセリング心理学が中心であり，心理療法のコースは少ない。英国心理学会が認定するのは，臨床心理学とカウンセリング心理学のコースだけであり，心理療法のコース認定はしていない。ただし，正式の養成コースではなくても，精神分析や心理療法の科目やコースが設置されていたり，心理療法の臨床や研究を行っている大学院はいくつかある。

　一方，私的な養成機関は多い。図15-1に示すように，1951年には，ロンドンに，心理療法家協会（Association of Psychotherapists）が作られた。心理療法家協会は，1964年には，イギリス心理療法家協会（BAP）と改名した。BAPはいくつかの訓練コースに分かれている。すなわち，①成人への精神分析的心理療法，②成人へのユング派心理療法，③子どもと思春期への精神分析的心理療法，などである。

　BAPからいくつかの養成機関が作られた。図15-1に示すように，1974年には，ロンドン心理療法センター（LCP）と，集団個人心理療法協会（AGIP）が独立した。

　その後，心理療法の養成機関がいくつか生まれた。図15-1に示すように，リンカーン心理療法クリニックセンター（LINC），ウェストミンスター教会心理療法財団（WPF），心理療法家ギルド（GUILD），精神分析・社会科学研究所（IPSS），分析的心理療法センター（CAP）がそれである。最後のCAPは，現在は，精神分析的心理療法センター（CPP）となっている。以上の機関が中心となって，「英国心理療法雑誌（British Journal of Psychotherapy）」が発行されている。

　以上は，ロンドンのグループであるが，ロンドン以外の地区にも心理療法の養成機関がある。図15-1に示すように，エディンバラには，スコットランド人間関係研究所（SIHR）が1967年にできた。ここは，マック・タビ（スコットランドのタビストック）の愛称で知られる。ほかにも，ケンブリッジには，ケンブリッジ心理

療法協会（CAMB）があり，バーミンガムには，西ミッドランド心理療法研究所（WMIP）がある。ブリストルには，セバーンサイド心理療法研究所（SIP）があり，ニューカースルには，分析的心理療法訓練のための北東部協会（NEATPP）があり，北アイルランドには，北アイルランド精神分析研究協会（NIASP）がある。

### 3）子どもの心理療法

イギリスでは，アンナ・フロイトとメラニー・クラインの影響によって，子どもへの精神分析や心理療法が盛んである。

前述のように，アンナ・フロイトは，ハムステッドに戦争孤児院や子ども治療クリニックを作って研究と訓練を行った。現在は，アンナ・フロイト・センターと呼ばれ，ここで児童分析の訓練が行われている。

1948年には児童心理療法家協会（ACP）が作られた。ACPの主要メンバーは，図15-1に示すように，以下の6つの機関である。第1は，前述のアンナ・フロイト・センター（AFC）である。第2は，前述のユング派の分析心理学会（SAP）の児童部門である。第3は，前述のタビストック・クリニックの児童部門である。第4は，前述のイギリス心理療法家協会（BAP）の児童部門である。第5は，前述のスコットランド人間関係研究所（SIHR）の児童部門である。第6は，バーミンガム精神分析的心理療法トラスト（BTPP）である。

ほかにも，ACPに属していない児童心理療法の機関として，前述の精神分析研究所と，教育療法・治療教育促進フォーラム（FAETT）がある。FAETTは，カスピラリが提唱した教育療法（教育場面で情緒的な問題をかかえる生徒に対する心理療法の一種）を行うところである。

これら8つが，イギリスにおけるおもな児童心理療法家の養成機関である。

こうした養成機関の多くでは，母子の観察が必須科目となっている。例えば，タビストック・クリニックの児童部門のセミナーでは，学生は，毎週1回1時間，母子を訪問して，母子関係を観察し，ノートを取る。これをもとに小グループで議論をする。こうしたセミナーが義務づけられている。こうした観察が児童心理療法の基礎となるのである。

こうした母子関係の研究に大きな影響を与えたのが，次に述べるボールビィの愛着理論である。

### 4）ボールビィの愛着理論

ジョン・ボールビィ（1907-1990）は，ロンドンのモーズレイ病院で児童精神医学を専攻した後，メラニー・クラインから精神分析を学んだ。その後，クラインの理論に疑問を持つようになり，アンナ・フロイトに師事した。1946年以後は，タビストック・クリニックで活躍した。当時は第二次大戦による戦争孤児が増加しており，施設に収容された子どもたちが「ホスピタリズム（施設病）」という症状を

示した。イギリスでは，第二次世界大戦で75万人が死亡し，25万人が寡婦となり，38万人の子どもが父親を失った。WHO（世界保健機関）は，ボールビィに，施設の孤児のホスピタリズムについての心理学的研究を要請した。それに応えて，ボールビィは，アンナ・フロイトたちがハムステッド戦争孤児院で観察した孤児たちの行動観察や，各地の視察体験にもとづいて，1951年に，『乳幼児の精神衛生』を発表した（黒田実郎訳，岩崎学術出版社）。この中で，ボールビィは，ホスピタリズムの症状として，①情性欠如と呼ばれる対人面での性格的偏り，②非行などの反社会的行動，③知能の発達の遅れなどをあげ，その原因を，母性的養育の剥奪（マターナル・デプリベーション）によるものと結論した。そして，こうした母性的養育の剥奪の影響を最小限にするために，養子縁組・養育ホーム・集団保護といった具体的な提案を行ったのである。この本は世界の子どものメンタルヘルス政策に大きな影響を与え，彼の提案により，当時の施設では多くの点が改善された。

その後，ボールビィの関心は，母性的な養育の中心である愛着（アタッチメント）とは何かという問題に向かった。1950年代初期には，タビストック・クリニックで，エインスワスと母子関係についての共同研究を行った。エインスワスは，愛着理論を実証的に調べるために，ストレンジ・シチュエーション法を考え出した。彼らの愛着理論はボールビィ－エインスワス理論と呼ばれている。エインスワスはのちにアメリカに移った。

ボールビィは，母子関係についての研究を重ね，3巻からなる『愛着と喪失』という大著を出した。第1巻は1969年の『愛着』，第2巻は1973年の『分離』，第3巻は1980年の『喪失』である（邦訳は誠信書房から出版されている）。この3巻本も世界的な反響を呼び，児童精神医学や児童心理学に大きな影響を与えた。現在でもイギリスの書店に並べられているロングセラーである。この大著において，ボールビィは，母親からひき離された子どもの短期的な反応について，抗議の段階，絶望の段階，離脱の段階に分けた。そして，精神分析の枠組みは崩さずに，当時さかんになった動物の本能についての動物行動学の理論と，これも当時さかんに研究されていたシステム・コントロール理論を取り入れて，愛着と分離不安の理論を体系化した。ボールビィの研究は，実証や科学的な態度を重視するものである。

ボールビィの理論は社会的に非常に大きな影響力を持ち，彼の提案が受け入れられて施設が改善された。その反面，母性的養育を強調するボールビィの結論は，子どもは生みの母親が養育すべきだという母親至上主義の風潮を生んだ。このため「不良家庭は良き施設にまさる」とか，「ホスピタリズムはとりかえしがつかない」といった誤解を生んだ。1972年，児童精神医学者のラターは，ボールビィの結論の見直しをはかり，多くの研究を分析し，ホスピタリズムが母性的養育の剥奪そのものによって生じるわけではないことを明らかにした（17-13-3参照）。

### 5）集団精神療法・夫婦療法

集団精神療法については，アバリンとドライデンが『イギリスにおける集団療法』という本を出している（Aveline & Dryden, 1988）。これによると，イギリスの集団療法の流れとしては，①ビオンによる分析的集団療法，②タビストック・クリニックのアーズィールやサザーランドによるタビストック・モデル，③フークスによって発展した集団分析，④ホワイティカーらによる集団焦点葛藤モデルなどがあげられる。

このうち，イギリスの集団療法の父と呼ばれるのは，フークスである。ジークムント・フークス（1898-1976）は，ドイツ生まれで，フランクフルトで精神科医となった。ドイツで，当時盛んであったゲシュタルト心理学や，レビンの社会心理学，ゴールドシュタインの神経学を学んだ。彼らの思想は，いずれも有機体論的な思考であり，これらは要素論的考え方と対立するものである。こうしたシステム論的な考え方がフークスの集団分析に影響しているという。なお，レビンはのちにアメリカに亡命し，グループ・ダイナミクスやTグループの創始者となった。フークスは，1933年にイギリスに渡り，ロンドンのセント・バーソロミュー病院やモーズレイ病院で臨床の仕事をした。また，タビストック・クリニックのビオンが行った「ノースフィールド実験」にも加わった。こうした体験から集団分析の技法を考えだし，1952年には，集団分析学会を設立し，1971年には集団分析研究所（IGA）を作った。その後，IGAでは，パインズらがフークスの仕事を発展させた（ロバーツとパインズ『分析的グループセラピー』浅田護・衣笠隆幸監訳，金剛出版）。

その他，図15-1に示すように，前述のウェストミンスター教会財団（WPF）に集団療法部門ができ，ロンドン大学ゴールドスミス・カレッジ（ULG）とターベイ集団分析療法研究所（TURV）にも養成機関ができた。

また，夫婦療法（カップル療法）については，前述のように，タビストック結婚問題研究所が臨床と教育を行っている。

### 6）レイン派とラカン派

レインの思想の影響も残っている。レイン（1927-1989）は，グラスゴウ大学で精神医学を学び，1956年から62年まで，ロンドンのタビストック・クリニックに勤めた。タビストックにおいてレインは，統合失調症や分裂病質における自己と対人関係について，イギリスでは珍しいヨーロッパの実存分析の立場から考えた。その成果は，『引き裂かれた自己』（阪本健二・志貴春彦・笠原嘉訳，みすず書房）や，『自己と他者』（志貴春彦・笠原嘉訳，みすず書房），『狂気と家族』（笠原嘉・辻和子訳，みすず書房）などの著作にあらわれている。タビストックをやめてから，レインは1965年に，フィラデルフィア協会（PA）の援助をえて，ロンドンにキングスレイ・ホールという宿泊施設を開いた（このホールは，かつてガンジーがロンド

ン滞在中に宿泊していたことで知られている）。キングスレイ・ホールは，医師と患者の境界を排した治療共同体である。こうした反精神医学的なレインの治療実践は，1960～70年代に世界的な影響を与えた。

フィラデルフィア協会では今でもレインの流れをくむ臨床家が活動を続けている。また，図15-1に示すように，1970年に発足したアーボース協会（ARBS），99年に発足した現代精神分析サイト（SITE）などもレインの流れを受け継いでいる。

また，フランスの精神分析学者ラカンの影響もみられる。1985年には，ラカンの影響をうけた分析家たちが，フロイト分析研究センター（CFAR）をロンドンに作った。CFARは，はじめ「フロイト研究のための文化センター」という名称であり，研究的な色彩が強かったが，しだいに臨床を行うようになり，独自の養成訓練も行うようになった。

### 7）催眠療法

催眠現象については，18世紀末に，ウィーンの医師メスメルが医療に用いた。メスメルは，催眠現象を神秘的な力によるものと考えた。こうした考え方はメスメリズムと呼ばれ，大きな論争を巻き起こした。その論争はイギリスに飛び火した。ロンドン大学ユニバーシティ・カレッジの教授であったエリオットソン（1791-1868）が，神経症の治療に用いた。この方法は，大学側がその使用を禁止したので，彼は職を辞さなくてはならなくなった。

その後，マンチェスターの医師ブレイド（1795-1860）が，催眠現象を科学的に取りあげた。すなわち，催眠は，施術者の中にある不思議な力によるものではなく，被術者の生理的要因によるものであると考えた。そして，それまでのメスメリズムの考え方と決別し，催眠法（ヒプノロジー）という用語を作った。これによって，ブレイドは催眠法の発見者といわれるようになった。

その後，催眠法は，1870～80年代に，フランスのリエボーやシャルコーといった精神医学者が用いるようになった。シャルコーのもとでは，ジャネーやビネーといった心理学者が学び，フランスの心理学が作られていった。また，シャルコーのもとで学んだフロイトが，催眠法を用いてヒステリーの治療を行い，それによって精神分析療法を形づくっていったこともよく知られている。

イギリスでは，ケンブリッジ大学の心理学者マイヤーズが，1915年に，砲弾神経症の兵士の一部に対して催眠術が効果的であることを発表した（14-11-1-2参照）。

後述のUKCP（15-10-1参照）には，催眠心理療法のセクションがあり，ここには現在，以下の5つの機関が所属している。すなわち，英国自律訓練法学会，催眠療法と心理療法国際訓練センター，催眠と心理療法全国カレッジ，催眠療法家と心理療法家のための全国登録機関，催眠と心理療法のナショナル・スクールである。

これらは，生理学を重視する理論から，心理学を重視する理論まで，幅広い。

### 8）認知分析療法

認知行動療法の効果が認められるにしたがって，これを心理療法に取り入れる試みがさかんになった。アメリカでは，モールツビーの論理行動療法（Maultsby & Gore, 1986），ウェスラーの認知評価療法（Wessler & Hankin-Wessler, 1986），ケリーのパーソナル・コンストラクト療法（Fransella & Dalton, 2002）などがある。また，イーガンの「熟練したヘルパー・モデル」は，行動療法と人間学的心理学の橋渡しをしたカウンセリング理論といわれている（16-2-3 参照）。また，アメリカのエリスが開発した論理情動療法は，ロンドン大学のドライデンが中心となってイギリスに広まった。

イギリスで開発された技法として有名なのは，ライルの認知分析療法（Cognitive Analytic Therapy）である。この技法は，認知療法と，精神分析の対象関係論を折衷した技法といわれる（Ryle, 1991a, 1995；Ryle and Kerr, 2002）。アンソニー・ライルは，もともと一般開業医（GP）であったが，精神分析に興味を持ち，ロンドンのセント・トーマス病院の精神科で心理療法家となった。ライルの認知分析療法は，治療期間を定めた短期心理療法の側面も持っている。この技法を支持する人が増えたので，ライルは認知分析療法協会を作り，事務局をセント・トーマス病院においた。この協会は，UKCP の人間学的・統合的心理療法の部門に入っている（表16-1 参照）。

## 15-10. イギリスの心理療法の傘団体

以上のように，精神分析や心理療法には多くの機関やグループがあるが，こうした機関をまとめる傘団体が3つある。

バラバラに活動している各機関を統合しようという動きは昔からあった。また，心理療法の機関が林立するようになると，中には問題のある機関も出てきた。そこで，一般社会に向けて，自分たちの心理療法の質を保証するために，認定の必要が出てきたのである。そうした認定がないと，プロフェショナルとしての心理療法家にとっても不幸であるし，消費者としての患者にとっても不幸である。そこで，そうした統合や認定を行う傘団体が必要とされるようになった。

### 1）連合王国心理療法協議会（UKCP）

最も大きいものは，連合王国心理療法協議会（United Kingdom Council for Psychotherapy：UKCP）である。UKCP は，80 の機関と 5,000 名近くのメンバー数をかかえるイギリス最大の心理療法家の団体である。

歴史的にみると，1980 年代後半に，EU の統一をきっかけにして，ヨーロッパ心理療法協会（European Psychotherapy Association: EPA）を作る動きがあり，イギリスの心理療法家が，全体として対応することをせまられた。こうして，1989

年に連合王国心理療法常設会議（United Kingdom Standing Conference for Psychotherapy：UKSCP）が開かれた。この会議が1993年に名前を変えたのが現在のUKCPである。

UKCPは8つのセクションからなる。それらは，①精神分析的および心理力動的療法（27機関），②ユング派の分析心理学（2機関），③子どもを対象とする精神分析的な治療（2機関），④人間学的・統合的心理療法（24機関），⑤体験的・構成的療法（4機関），⑥家族・夫婦・性・システミック療法（5機関），⑦行動療法・認知療法的心理療法（2機関），⑧催眠心理療法（5機関）である。括弧内は2003年現在所属する機関数である。ここにみられるように，純粋な精神分析・心理療法系は，①〜③であり，所属する機関数も多い。とくに，①はPPセクション（Psychoanalytic and Psychodynamic Section）と呼ばれて，最大のセクションになっている。④のようにカウンセリング系のセクションの機関数も多く，また，⑦のように認知行動療法系の機関も含まれているなど，UKCPは超党派のゆるやかな連合体である。UKCPのホームページに，各傘下組織の情報が載っている。

### 2）イギリス心理療法家同盟（BCP）

第2の傘団体は，イギリス心理療法家同盟（British Confederation of Psychotherapists：BCP）である。BCPは，1993年に，UKCPの中から12の機関が分離してできた傘団体である。12機関とは，図15-1におけるイギリス精神分析学会（BP-AS），ユング派の分析心理学会（SAP），タビストック・クリニック，国民健康サービスにおける精神分析的心理療法協会（APP），イギリス心理療法家協会（BAP），ロンドン心理療法センター（LCP），リンカーン心理療法クリニックセンター（LINC），分析的心理療法センター（CAP），スコットランド人間関係研究所（SIHR），分析的心理療法訓練のための北東部協会（NEATPP），北アイルランド精神分析研究協会（NIASP）のほかに，スコットランド精神分析的心理療法協会（SAPP）である。これらは精神分析と心理療法の老舗の機関であり，心理療法家を育てるために集中的な訓練と厳しい基準を設けている。その基準がUKCPの緩やかな基準と合わなかったために，UKCPから独立したのである。メンバー数は1,400名近くである。BCPのホームページには，各傘下組織の情報が載っている。

### 3）児童心理療法家協会（ACP）

第3の傘団体は，児童心理療法家協会（Association of Child Psychotharapists：ACP）である。ACPは，1948年に作られた最も古い傘団体であり，前述したように（15-9-3参照），子どものための心理療法に特化している。ACPに加盟する心理療法家は450名近くである。ACPの6つのメンバーについても前述した。ACPは全体として，UKCPのメンバーになっているが，ACPの6メンバーのうち4つはBCPにも加盟しているという複雑な構造になっている。

### 4）傘団体の仕事

傘団体は，①各機関の訓練プログラムを認定したり，②心理療法家の登録をしたり，③心理療法のための倫理綱領を作ったり，④PR活動を行うといった仕事をしている。各機関は，この団体から正式の認定を受けて，傘下機関となる。団体は登録された心理療法家のリストを作っており，これに登録された団体や心理療法家は，一般社会に対して心理療法家としての質が保証されることになる。

具体的な仕事については，第16章で詳しく述べることにする。

### 5）心理療法家の資格の問題

精神分析家や心理療法家の資格の問題については，イギリスでもいろいろと議論があるようである。精神分析や心理療法の資格は国の資格ではない。UKCPやBCPは民間団体にすぎない。大学院の教育は，前述のように，臨床心理学やカウンセリング心理学が中心であり，心理療法のコースは少ない。心理療法の訓練は，おもに民間の養成機関で行われている。また，英国心理学会（BPS）が認定するのは，臨床心理学とカウンセリング心理学であり，心理療法は認定していない（13-10参照）。心理療法は，精神分析を起源としており，心理学を基礎としているわけではないからである。また，心理療法の団体の中でも，UKCPとBCPは考え方の違いもあり，なかなか一本化できない。さらには，心理療法家の中にも登録制度や資格化に対する反対論があり，国家資格は実現していない（Morgan-Jones & Abrams, 2001；Dryden, 2002）。その例外はACPである。国民健康サービスの児童施設で働くためには，ACPの認定する訓練コースを出て，登録されなければならない。この点でACPは国の資格に近いものがある。したがって，訓練機関の認定の基準はかなり厳しくなっている。

## 15-11. 実証にもとづく心理療法

1990年代に，イギリス政府（国民健康サービス）は，実証にもとづく健康ケアという政策を採用したことは第6章で述べた。そうした動きは心理療法でも例外ではない。最近では「実証にもとづく心理療法」といった動きもさかんになっている。心理療法（精神分析）の領域では，これまでは治療効果研究に対する批判が強かったが，効果を示さないと生き残れない状況となり，効果研究も行われるようになった。

### 1）シャピロの先駆的な仕事

イギリスの「実証にもとづく心理療法」の先駆者は，シェフィールド大学教授のデイビッド・シャピロである。シャピロは1970年代は，共感や純粋さ，暖かさといったカウンセリングの要素についての効果研究を行った。1982年には，メタ分析の技法をいち早く取り入れて総説論文を発表した（Shapiro & Shapiro, 1982）。スミスとグラスが開発したメタ分析に対する批判を取り入れ，質の高い研究を厳選

したうえで，メタ分析を行ったのである。その結果，心理療法の効果量は0.93となった。つまり，スミスとグラスの結果を確認し，心理療法は効果があることが確定した（6-3参照）。

1980年代には，シャピロは実際に心理療法の効果研究を行った。「シェフィールド心理療法プロジェクト」（SPP）と呼ばれ，抑うつや不安を持つクライエントに対して，探求的療法（おもに心理力動的対人関係療法）と指示的療法（おもに認知行動療法）を8セッションずつ行い，効果を比較するものである。これはイギリスで行われた心理療法の効果研究の最初といえる画期的なものであった。その結果，指示的療法がやや上回る効果を持っていた。1990年代には，シャピロは，規模を大きくして，「第2次シェフィールド心理療法プロジェクト」（SPP 2）を行い，前回と同様の結果を得た。この研究は，のちに国民健康サービスとの共同で，追試が行われ，この研究に加わったのが，バークハム（リーズ大学：10-10-3参照）である。

### 2）パリーの仕事

1990年代に，実証にもとづく心理療法の考え方を取り入れたのは，同じシェフィールド大学のパリーである（10-9-2参照）。彼女は，認知分析療法の心理療法家であり，イギリスの保健省や国民健康サービスの幹部をつとめた。1996年には，国民健康サービスが「英国の心理療法サービス：政策のための戦略的レビュー」という文書を出したが，これをまとめたのがパリーとアン・リチャードソンである（Parry & Richardson, 1996）。これは，イギリスやアメリカの著名な心理療法家や臨床心理士など約50名の意見を取り入れて作った文書である。パリーとリチャードソンは，これからの心理療法は，次の6つの基準を満たしていかなくてはならないと宣言している。すなわち，①包括性（ユーザーのニーズに沿ったサービス），②協調性（多職種間の協調性），③平等性（ユーザーの利用しやすさ），④安全性（害が少ないことの保証），⑤効果（効果が実証されていること），⑥費用効率の高さ（効果がコストに見合っていること），の6つである。⑤と⑥は，実証にもとづくアプローチを心理療法にも取り入れるという宣言であり，「実証にもとづく実践」ということを強調している。

### 3）フォナギーの仕事

「実証にもとづく心理療法」の中心になって活躍しているのは，ロンドン大学ユニバーシティ・カレッジのピーター・フォナギーのグループである。フォナギーは，アンナ・フロイト派の精神分析家で，ユニバーシティ・カレッジの「精神分析ユニット」を率いている（10-3-1参照）。

パリーの要請を受けて，フォナギーらは，国民健康サービスのために，さまざまな心理療法の効果研究を総説した。1995年には，英国心理学会が，ロンドン大学

ユニバーシティ・カレッジの中に，治療効果研究センター（CORE）を作った。

1996年に，フォナギーらは，報告をまとめて，『どの治療法が誰にきくか？』を出版した（Roth & Fonagy, 1996）。ここでは，うつ病，不安障害（パニック障害，全般性不安障害，単一恐怖症，対人恐怖，強迫性障害，PTSD），摂食障害，人格障害，統合失調症に分けて，心理学的治療の効果研究を総説した。その結果は，6章の表6-1に示したとおりである。これによると，多くの対象に対して，認知行動療法は効果があるのに対し，力動的心理療法や一般的なカウンセリングの効果を示すエビデンスは少なかった。ロスとフォナギーは，力動的心理療法やカウンセリングについても，これから治療効果研究が必要だとしている。

また，2002年には，その続編を出した。前著『どの治療法が誰にきくか？』が成人の心理的問題を扱ったのに対し，『どの治療法が誰にきくか？：子どもと思春期の治療の批判的レビュー』（Fonagy, Target, Cottrell, Phillips & Kurtz, 2002）では，子どもと思春期の心理的問題について，治療効果研究を総説した。

1999年に，フォナギーは『精神分析の効果研究のオープンドア総説』という本を編集した。この本は，国際精神分析学会の研究委員会が主催して，イギリス，アメリカ，フランス，ドイツの精神分析家が集まり，各国のこれまでの精神分析の治療効果研究を網羅的に総説したものである。2002年には改訂版が出た（Fonagy, 2002）。ここには，事例記録の総説4本，治療前後比較・準実験研究16本，フォローアップ研究13本，実験研究8本，過程研究18本，過程－効果研究12本が紹介されている。それぞれの研究について，治療効果研究の視点から，客観的に評価している。無作為割付対照試験（RCT）は少ないものの，精神分析の治療効果を本格的にレビューしている。この本は，オープンドアと名づけられたように，これまであまり触れられなかったことを公開し，この領域に新風を吹き込んだ。

### 4）バークハムの仕事

シャピロの仕事を現代に引き継いでいるのは，リーズ大学教授であるマイケル・バークハムである（15-11-1参照）。バークハムは，「2プラス1方式」（最初の2回のセッションを1週間以内に行い，第3回目のセッションを3カ月後に行う方式）という短期療法を開発して，そのRCTを行った。

そうした経験を踏まえて，バークハムは，イギリスにおける心理療法の効果研究について総説論文を書いた（Barkham, 2002）。この論文は示唆的なので紹介したい。

バークハムによると，心理療法の効果研究は，1950年以降，次の4つの世代を経ているという。第1世代は，1950年代から1970年代にかけてであり，アイゼンクの批判にはじまり，スミスとグラスのメタ分析に至る世代である。ここでは「心理療法は本当に効果があるのか？」という問いをテーマとしていた。

第2世代は，1960年代から1980年代にかけてであり，多くのRCTやメタ分析が行われた。ここでは，「どの心理療法が効果があるのか？」という問いをテーマとした。

　第3世代は，1970年代から2000年にかけてであり，心理療法の効率や費用効率が問題となった。「いかにすれば，コストに対する効率を高められるか？」がテーマとなり，国民健康サービスの政策によって，『どの治療法が誰にきくか？』(Roth & Fonagy, 1996) が発表され，「実証にもとづく実践」が発展した。この中で治療の共通要素が取りあげられた。

　第4世代は，1984年から現在までであり，心理療法の効率や臨床的意義が問題となっている。ここでは，「現場での治療の臨床的な質をいかに高められるか？」が焦点となっている。1984年に，ジェイコブソンがこうした臨床的な質の問題を提起し，また欧米の消費者レポートが，クライエントは心理療法に対して非常に高い満足度を持っていることを報告した。質的な研究方法も注目されている。こうした背景から，トップダウン式の「実証にもとづく実践」と同時に，ボトムアップ式の「実践にもとづく実証」も重視されるようになったという。

### 5）その他の仕事

　アラン・カー（アイルランドのダブリン大学）が編集した『子どもと思春期にはどの治療法が効くか？』は，ADHD，思春期の行為障害，不安障害などに分けて，心理学的治療の効果研究を総説したものである (Carr, 2000)。また，2001年には，『心理学的治療における実証：実践家のための批判的ガイド』が出た。メイス（ワーリック大学）とムーリー（ロンドン大学の精神医学研究所）とロバーツが編集したものであり (Mace, Moorey & Roberts, 2001)，「実証にもとづく実践」という方向性は重視している。しかし，治療効果の「実証」を量的にあらわしたり，RCTを重視したりすることに対しては批判的な立場を取っている。

　前述のように，タビストック・クリニックにおいても，これまでは質的な研究が多かったが，1990年代に入ると，うつ病や児童・思春期の患者を対象として，RCTを用いた心理療法の効果研究が行われるようになったという。

# 第16章　カウンセリング

　カウンセリングは，障害の軽い人に対する心理的な援助をさしている。理論的には，人間学的，精神分析的，認知行動論的という3つの立場がある。また，教育領域，医療領域，職場領域などの領域に分かれる。カウンセリングの傘団体も大きく3つに分かれる。イギリスはカウンセリングがさかんであるが，このような異種性のために，なかなかひとつにまとまることができないでいる。英国心理学会のカウンセリング心理学部会については，すでに第13章で述べたとおりであるが，本章では，イギリスのカウンセリング全体の動きについて述べる。

## 16-1. カウンセリングと心理療法はどう違うか

　前章で述べた心理療法とカウンセリングはどのように違うのであろうか。カウンセリングと心理療法の違いについて，ウールフらは，次の7点をあげている（Woolfe, Dryden & Charles-Edwards, 1989）。

①心理療法の理論は，おもに精神分析理論にもとづいているのに対して，カウンセリングの理論は，人間学的理論にもとづいている。

②心理療法家の職場は，医療現場であることが多いのに対して，カウンセラーの職場は，非医療現場であることが多い。したがって，心理療法では患者と呼ばれることが多いのに対して，カウンセリングではクライエントと呼ばれることが多い。

③心理療法に要する時間は，カウンセリングよりも長いことが多い。

④心理療法の目的は，パーソナリティの変化ということであるのに対して，カウンセリングの目的は，外的な問題を解決できるように援助することである。

⑤心理療法の対象は，「神経症的な人」ないし心理学的に障害をもつ人であることが多いのに対して，カウンセリングは，広く心理学的に健康な人も対象とする。前章の表15-1に示すように，心理療法は一定の技法を持った専門家による治療であるのに対し，カウンセリングは一般的な心理的援助であるという考えも強い。

⑥心理療法の技法は，セラピストとクライエントの間の転移感情を中心とするのに対して，カウンセリングの技法は，転移感情を扱うことは少なく，クライエントが問題や対処法を明確化するのを援助するスキルを用いる。

⑦心理療法では，クライエントの内的世界を扱うのに対して，カウンセリングでは，クライエントの外的世界での問題を扱う。心理療法では，クライエントの無意識を扱うことも多いのに対して，カウンセリングでは，おもにクライエントの意識上の問題を扱う。

## 16-2. カウンセリングの理論

イギリスのカウンセリングの背景には，おもに3つの流れがある（Woolfe, Dryden & Charles-Edwards, 1989）。

### 1）人間学的なカウンセリング理論

第1は，アメリカの人間学的な理論の流れである。ロジャースのクライエント中心療法やロロ・メイやマスローの人間学的心理学，パールズのゲシュタルト療法などの影響が大きい。中でもロジャースの影響は大きい。ロジャースは，不適応状態にある人は，自己概念が硬直化してしまい，自分自身の体験をうまく捉えきれないと考えた。したがって，本当には体験していないのに，そうだと思い込んだり，そうあるべきだと決めつけてしまったり（歪曲），本当は体験していることなのに，それが自己概念と合わないので，無視したり，ありのままには受け入れなくなったりする（否認）。こうした自己概念と体験の不一致の状態が，心理的な不適応をもたらす。したがって，心理的な適応をめざすためには，自己概念の柔軟性をとりもどし，自分の体験を，歪曲も否認もなく，ありのままに認知するようにすればよい。セラピストの仕事は，クライエントの自己受容を援助することである。セラピストは，クライエントとの人間関係の質を重視する。とくに必要とされることは次の3つの条件である。第1は，治療者自身が自己受容を遂げており，自分に正直であること。第2は，クライエントに対して，無条件の肯定的な配慮を体験すること。第3は，クライエントに対して，共感的理解を体験することである。こうしたクライエント中心療法の考え方は，イギリスのカウンセリングにも大きな影響を与えた。人間学的なカウンセリング理論は，ほとんどが第二次世界大戦後のアメリカで生まれたものであり，これらが本格的にイギリスに入ってきたのは，1970年以降のことであった。

### 2）精神分析的なカウンセリング理論

前述のフロイトやメラニー・クライン，ウィニコットらの精神分析療法は，カウンセリングに大きな影響を与えている。精神分析の影響を受けたカウンセリングは，「心理力動的カウンセリング」とか「精神分析的カウンセリング」と呼ばれている。

### 3）認知行動論的なカウンセリング理論

第3の流れは行動療法や認知療法である。もともとイギリスには行動療法が定着していた。1980年代には，アメリカで，エリスの論理情動療法やベックの認知療法，マイケンバウムのストレス免疫訓練などが広まり，それがイギリスにも波及した。認知行動療法の考え方は，カウンセリングにも大きな影響を与えている。代表的な理論家は，論理情動療法のカウンセリングを行っているドライデンである（13-6-4参照）。カウンセラーの中には，臨床心理士の資格を持っていない認知行動療法家なども多く含まれている。筆者が知り合ったある大学の専任講師は，正式の

臨床心理士やカウンセリング心理士の資格は持っていないが,自宅で開業していた。彼は,週に5名くらいを受け持ち,自宅をオフィスとして,認知行動療法を行っており,それなりの収入になるということであった。

認知行動療法の考え方を基本とするカウンセリングの技法は,非常に多くなっている。例えば,前述したライルの認知分析療法（15-9-8参照）,モールツビーの論理行動療法,ウェスラーの認知評価療法,ケリーのパーソナル・コンストラクト療法などがある。

また,イーガンの「熟練したヘルパー・モデル」は,行動療法と人間学的心理学の橋渡しをしたといわれている。イーガンはアメリカのシカゴ・ロヨラ大学の教授で,1975年に,『熟練したヘルパー』という本を出版し,カウンセリングに世界的な影響を与えた。これはカウンセリングの過程を,3つの段階に分け,それぞれの段階でのゴールを明確にしていくもので,行動療法の影響をうけている。この本は現在は第7版を数え,イギリスのカウンセリングの分野で最も引用されることの多い本である（Woolfe, Dryden & Charles-Edwards, 1989）。世界各国で翻訳され,わが国でも第3版の翻訳がある（鳴澤実・飯田栄訳『熟練カウンセラーをめざすカウンセリング・テキスト』創元社,1988）。また,この方法について,多くの事例をあげた自習書も作られ,版をかさねている（邦訳は,福井康之・飯田栄訳『熟練カウンセラーをめざすカウンセリング・ワークブック』創元社）。

### 4）その他の立場

以上のカテゴリーに分類できない理論も多い。ドライデンが編集した「カウンセリング・イン・アクション」というシリーズで取りあげられたカウンセリングの技法には,上の3つのほかに,フェミニスト・カウンセリング,通文化カウンセリング,交流分析カウンセリング,サイコシンセシス・カウンセリングなどがある。

## 16-3. カウンセリングの実践領域

カウンセリングは,多くの実践領域で行われている。例えば,後述の英国カウンセリング心理療法協会（BACP）では,以下の7つの領域に分けている。

第1は,大学カウンセリングである。大学において大学生を対象とするカウンセリングを行っている人々である。この人たちは,常勤カウンセラーの率が最も高い。

第2は,教会カウンセリングや宗教的カウンセリングである。これは教会が行っているカウンセリング・サービスであり,多くのメンバーは聖職者である。

第3は,教育カウンセリングである。小学校・中学校・高校などの生徒を対象とするカウンセリングを行っている人々である。

第4は,医療カウンセリングである。病院,精神科医療,プライマリ・ケアなどで,カウンセリングを行っている人々である。この中には看護師も含まれている。

プライマリ・ケアにおけるカウンセリングは，前述のように，現在急速に成長を遂げている（8-4-4参照）。このため多くの本が出版されている。

第5は，職場カウンセリングである。企業や役所におけるカウンセリングを行っている人々である。

第6は，性カウンセリングや結婚カウンセリング，家族カウンセリングである。人数としては，この領域のカウンセラーが最も多い。

第7は，人種的・文化的な問題についてのカウンセリングである。

以上のような領域によって，カウンセリングの活動や考え方は大きく異なる。これらの領域と英国カウンセリング心理療法協会の部会については後述する（16-6参照）。

## 16-4. カウンセリングにおける専門性

カウンセラーの専門性はさまざまである。常勤で働いているカウンセラーも多いが，非常勤で働いているカウンセラーや，ボランティア（無給）で働いているカウンセラーもいる。英国カウンセリング心理療法協会では，カウンセラーの専門性について，5つのカテゴリーに分けている（Woolfe, Dryden & Charles-Edwards, 1989）。

第1は，カウンセリングの専門的訓練を受けて，常勤のカウンセラーとして雇われている人である。例えば，大学での学生カウンセリングをしている人などはこのカテゴリーに入るが，カウンセラー全体の中では，このカテゴリーに属する人は少ない。

第2のカテゴリーは，カウンセリングの専門的訓練を受けていないが，常勤のカウンセラーとして雇われている人である。これは，もともと看護師，ソーシャルワーカー，保護観察官，人事マネジャーなどの職種だった人で，カウンセラーとして雇われている人である。カウンセリングは，もともと教育相談・職業相談・結婚相談・精神衛生相談といった各領域での相談活動がベースとなっている。したがって，とくにカウンセリングの専門的な訓練を受けずに，カウンセラーとして雇われている人はたくさんいる。

第3のカテゴリーは，カウンセリングの専門的訓練を受けておらず，常勤のカウンセラーとして雇われているわけでもないが，仕事の中でカウンセリング技術を生かしている人である。これは，大学の講義などでカウンセリングのスキルを勉強し，その後，看護師や教師や人事マネジャーなどの仕事をしながら，そうしたスキルを生かしている人である。

第4は，カウンセリングの専門的訓練を受けて，非常勤のカウンセラーか，ボランティアのカウンセラーをしている人である。人数としては最も多い。イギリスでは，ボランティアとしてのカウンセラーも非常に多く，カウンセリング団体もいく

つかある。例えば，リレイトと呼ばれている結婚相談協議会は，結婚上のことについて助言を与えるボランティア団体である。また，クルーズ（CRUSE）と呼ばれる「寡婦とその子どものための国立機関」は，全国的な活動を展開している。さらに，「サマリタンズ」と呼ばれるカウンセリングのグループもある。ロンドンに住む日本人のコミュニティにおいても，サマリタンズがカウンセリング・サービスをしていた。こうした大きな団体の他にも，いろいろな相談機関（例えば，レイプ救援センター，職業安定所，アルコールやドラッグ依存の人のための施設）において，ボランティア・カウンセラーが活躍している。以上のようなボランティアのカウンセリングは，おもに家庭の主婦が行っているという。

　第5は，職業的であれボランティアであれ，カウンセリングに従事している人である。上の4つのカテゴリーには当てはまらないが，他者を援助する仕事をしていて，自分がカウンセリングをしていると考えている人である。

　以上の5つのうち，第1のカテゴリーが最も専門家性の高いものである。後述のように，英国カウンセリング心理療法協会は，カウンセラーとしての認定を行っているが，認定を受けているのはおもに第1のカテゴリーである。しかし，この協会に属している約4,000名のうちで，カウンセラーの認定を受けているのは10％程度にすぎないという。カウンセラーとしての認定の条件は，①カウンセリングの訓練を受けていること，②自分がクライエントとしての体験を持つこと，③スーパービジョンを受けていることの3つである。

### 16-5. カウンセリングの異種性

　以上のように，カウンセリングの活動は「異種性」が強い。上にあげたように，①理論的な異種性，②実践領域における異種性，③専門性における異種性といった，さまざまなレベルの異種性がある。

　このようにいろいろな立場の人がいるので，意見の違いも大きく，カウンセリング界全体の意見はなかなかまとまらない。中でも以下のような人々の間の意見の調整が難しいという（Woolfe, Dryden & Charles-Edwards, 1989）。

①カウンセラーとして雇われている人と，カウンセラーとして雇われているわけではない人の差。
②常勤なり非常勤なりで給与をもらってカウンセリングをしている人と，ボランティア（無給）でカウンセリングをしている人の差。
③ひとつの理論や学派への同一化が強い人（他の理論や学派は不適当だと考える人）と，そうでない人（折衷的な考え方をしている人）の差。
④深層的・体験的なカウンセリングをしようとする人と，そうでない人の差。
⑤社会的でラディカルなカウンセリングをしようとする人と，個人の枠内での援助を中心とする人の差。

とくに議論の中心となりやすいのは，カウンセラーの資格の認定をめぐってである。専門性の高い人はカウンセラーの資格認定を望んでいるが，そうでない人は資格には積極的ではない。異種性の低い臨床心理学においては資格制度が早く実現したが，異種性の高いカウンセリング心理学においては，資格の実現は遅れた。

## 16-6. イギリスのカウンセリングの傘団体

カウンセリングには多くの流派があるが，これらを統合する大きな傘団体が3つある。その変遷を図16-1に示す。

### 1）英国カウンセリング心理療法協会（BACP）

第1は，英国カウンセリング心理療法協会である。これは，図16-1に示すように，1970年に作られた「カウンセリング普及のための常設会議」（SCAC）が母体となっている。これがもとになって，1977年に英国カウンセリング協会（BAC）が作られ，2000年には，英国カウンセリング心理療法協会（BACP）と改称された。

英国カウンセリング心理療法協会は，イギリスで最大のカウンセラーの団体であり，団体メンバーは250を数え，個人メンバーは4,000名に達する。本部はラグビーにある。

英国カウンセリング心理療法協会は，実践領域の点から，以下の7つの部会に分かれている。

① 大学カウンセリング協会（AUCC）。この部会は，1970年頃から活動しており，1977年に英国カウンセリング協会に統合されて，大学生カウンセリング協会（ASC）となり，2000年からAUCCと改称された。7部会の中では，常勤カウンセラーの率が最も高く，最も均質な集団である。

② 教会的・宗教的ケア・カウンセリング協会（APSCC）。この部会もずっと以前から活動しており，1977年に英国カウンセリング協会に統合されて，教会的ケア・カウンセリング協会（APCC）となり，2000年からAPSCCと改称された。多くのメンバーは聖職者であり，カウンセラーの資格認定への関心は低い。

③ 教育カウンセリング部会（CIE）は，小学校や中学校などの教育領域で働くカウンセラーの部会であり，比較的均質な部会である。

④ 健康領域のカウンセラーと心理療法家の部会（FHCP）は，1977年には医療領域カウンセリング部会（CMS）と呼ばれていたが，2000年からFHCPと改称された。看護師や医師も所属しており，異種性が高い。病院・精神科医療・一次医療（プライマリ・ケア）などの領域で活動している。

⑤ 職場カウンセリング協会（ACW）は，1977年にはCAWと呼ばれていたが，2000年からACWと改称された。

⑥ 個人・関係・グループ部会（PRG）は，1977年には個人／性／結婚／家族カウン

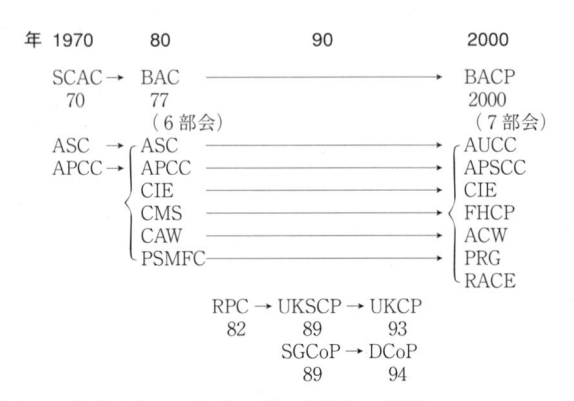

```
年  1970      80           90          2000
    SCAC → BAC ─────────────────→ BACP
    70     77                       2000
           (6部会)                  (7部会)
    ASC  →┌ ASC ─────────────────→┌ AUCC
    APCC→│ APCC ────────────────→│ APSCC
          │ CIE ─────────────────→│ CIE
          │ CMS ─────────────────→│ FHCP
          │ CAW ─────────────────→│ ACW
          └ PSMFC                  │ PRG
                                   └ RACE

              RPC → UKSCP → UKCP
              82    89      93
                    SGCoP → DCoP
                    89      94
```

■図 16-1 イギリスにおけるカウンセリングの傘団体の変遷

略称
- SCAC ： Standing Conference for the Advancement of Counselling ：カウンセリング普及のための常設会議
- ASC ： Association for Student Counselling ：大学生カウンセリング協会
- APCC ： Association for Pastoral Care and Counselling ：教会的ケア・カウンセリング協会
- BAC ： British Association for Counselling ：英国カウンセリング協会
- CIE ： Counselling in Education ：教育カウンセリング部会
- CMS ： Counselling in Medical Settings ：医療領域カウンセリング部会
- CAW ： Counselling at Work ：職場カウンセリング部会
- PSMFC ： Personal/Sexual/Marital/Family Counselling ：個人／性／結婚／家族カウンセリング部会
- BACP ： British Association for Counselling and Psychotherapy ：英国カウンセリング心理療法協会
- AUCC ： Association for University and College Counselling ：大学カウンセリング協会
- APSCC ： Association for Pastoral and Spiritual Care and Counselling ：教会的・宗教的ケア・カウンセリング協会
- FHCP ： Faculty of Healthcare Counsellors and Psychotherapists ：健康領域のカウンセラーと心理療法家の部会
- ACW ： Association for Counselling at Work ：職場カウンセリング協会
- PRG ： Personal Relationship & Groupwork ：個人・関係・グループ部会
- RACE ： Race & Cultural Education in Counselling ：人種と文化教育カウンセリング部会
- RPC ： Rugby Psychotherapy Conference ：ラグビー心理療法会議
- UKSCP ： United Kingdom Standing Conference for Psychotherapy ：連合王国心理療法常設会議
- UKCP ： United Kingdom Council for Psychotherapy ：連合王国心理療法協議会
- SGCoP ： Special Group in Counselling Psychology ：英国心理学会カウンセリング心理学特別グループ
- DCoP ： Division of Counselling Psychology ：英国心理学会カウンセリング心理学部会

セリング部会（PSMFC）と呼ばれていたが，2000年からPRGと改称された。7部会の中では，最大の部会であるが，異種性も高い。

⑦人種と文化教育カウンセリング部会（RACE）は，2000年から新たに設けられた新しい部会である。人種や文化などに関連したカウンセリングを扱う部会であり，人種差別や文化的差別に対する問題を討議するために設けられた。

なお，英国カウンセリング心理療法協会は，イングランド地方とウェールズ地方のものである。スコットランドにはスコットランド・カウンセリング協会（SAC）がある。この協会は，理論的にコミュニティ志向が強く，独自の路線を進んでいる。

### 2）連合王国心理療法協議会（UKCP）

第2の傘団体は，連合王国心理療法協議会（UKCP）であり，これについては心理療法の傘団体として前述した（15-10-1参照）。図16-1に示すように，1982年に作られたラグビー心理療法会議（RPC）が母体となっている。このRPCの結成には，上述の英国カウンセリング協会（BAC）が音頭をとったといわれている。それだけ，カウンセリング協会は早い時期から活動したのである。RPCがもとになって，1989年に，連合王国心理療法常設会議（UKSCP）が作られ，1993年に連合王国心理療法協議会（UKCP）と改称された。

連合王国心理療法協議会は，前述のように，8つのセクションからなる（15-10-1参照）。その中に，人間学的・統合的心理療法（24機関）と，体験的・構成的療法（4機関）があり，ここに多くのカウンセリングの機関が入っている。これらを表16-1に示す。UKCPのホームページには，各機関のホームページへのリンクが張ってある。

### 3）英国心理学会のカウンセリング心理学部会

第3の傘団体は，英国心理学会のカウンセリング心理学部会（DCoP）である（13-6-1参照）。図16-1に示すように，1989年に英国心理学会の特別グループとして認められ，1994年に正式の部会になった。

## 16-7. カウンセリングの傘団体の仕事

上で述べた傘団体はいろいろな活動を行っている。①カウンセラーの認定と養成コースの認定，②研究の支援，③メディアを通した広報，④倫理綱領の作成といった仕事である。

### 1）カウンセラーの認定とコース認定

傘団体の第1の仕事は，カウンセラーの認定と養成コースの認定である。

英国カウンセリング心理療法協会は，カウンセラーの認定を行っており，その名簿を作っている。各カウンセラーは，この協会から正式の認定を受ける。協会は登録されたカウンセラーのリストを作っており，これに登録されたカウンセラーは，

■表16-1　連合王国心理療法協議会（UKCP）に加入しているカウンセリング機関

**人間学的・統合的心理療法（24機関）**
　ACAT：認知分析療法協会
　AHPP：人間学的心理学実践家協会
　BCPC：バース心理療法・カウンセリングセンター
　BPA：英国サイコドラマ協会
　CCPE：カウンセリング心理療法教育センター
　CTP：トランスパーソナル心理学センター
　CCBP：身体心理療法のためのケイロン・センター
　GCL：ゲシュタルト・センター・ロンドン
　GPTI：ゲシュタルト心理療法訓練研究所
　GAPS：分析心理学と精神性のギルド
　IPS：サイコシンセシス研究所
　ITA：交流分析研究所
　IATE：治療と教育における芸術研究所
　KI：カルナ研究所
　LAPP：ロンドン原初的心理療法協会
　LSBP：バイオダイナミック心理療法ロンドン学校
　MET：メタノイア研究所
　MC：大聖堂センター
　NGP：北部心理療法ギルド
　PET：サイコシンセシスと教育のトラスト
　RCSPC：リージェンツ・カレッジ心理療法カウンセリング学校
　REV：リビジョン
　SPTI：シャーウッド心理療法訓練研究所
　SPEC：スペクトラム

**体験的・構成的療法（4機関）**
　ANLP：神経言語プログラミング心理療法・カウンセリング協会
　CPCP：パーソナル・コンストラクト心理学センター
　PCP：PCP教育訓練
　SEA：実存分析協会

一般社会に対してカウンセラーとしての質が保証されることになる。また，カウンセリングのスーパーバイザーやトレーナーの認定も行っている。

　英国カウンセリング心理療法協会は，訓練機関の認定と登録も行っている。「カウンセリングと心理療法の訓練名簿」という名簿を発行し，2002年版では，1,200のコースが登録されている。350の大学やカレッジで行われているコースや，大学以外のいろいろな機関で行われているコースなども含まれている。

　また，英国心理学会のカウンセリング心理学部会は，「公認カウンセリング心理士」の資格のための大学院コースを認定している。カウンセリング心理学の大学院は9つが認定されている。これを表16-2に示す。

■表16-2　カウンセリング心理学の認定大学院（英国心理学会による認定校）

| 大学院・機関 | 学位の種類 |
|---|---|
| サリー大学 | 心理学博士，修士，ディプロマ |
| ウルバーハンプトン大学 | 心理学博士，修士 |
| シティ・ユニバーシティ・ロンドン | 修士，ディプロマ |
| ロンドン・メトロポリタン大学 | 修士，ディプロマ |
| メタノイア研究所 | 修士 |
| リージェンツ・カレッジ | 修士，ディプロマ |
| サリー大学ローハンプトン校 | 修士，ディプロマ |
| 東ロンドン大学 | 修士，ディプロマ |
| ティーズサイド大学 | 修士 |

　これらの認定校を出ると，修士号か，ディプロマと呼ばれる資格が与えられる。また，表からわかるように，サリー大学とウルバーハンプトン大学の2校は，心理学の博士課程も用意されている。表16-2にあげられた大学をみると，比較的新しい大学が多く，9校のうち6校はロンドン周辺にある。

### 2）研究の支援

　英国カウンセリング心理療法協会は，2000年頃から研究のネットワークやシステムの整備に力を入れている。年次大会として，カウンセリング心理療法研究学会を開いており，2003年には，「カウンセリング心理療法の研究と異種性」をテーマとして第9回大会を開いた。

　また，英国カウンセリング心理療法協会は，「カウンセリング・心理療法雑誌」や「カウンセリング・心理療法研究雑誌」という雑誌を出している。これらの雑誌に発表された論文のうち代表的なものを集めた論文集『カウンセリング：BACカウンセリング読本』（Palmer, Dainow & Milner, 1996）も出版されている。

　カウンセリングの研究についてのわかりやすい教科書としては，マクラウド（アバティー・ダンディー大学）の『カウンセリングにおける実践家の研究』（McLeod, 1999）や『カウンセリングと心理療法における質的研究』（McLeod, 2001）がある。前者は，臨床現場の中で実践家がどのようにカウンセリングの研究をしていくかについて，実例をあげながら，具体的にわかりやすく解説している。後者は，質的研究のおもな理論（解釈学，現象学，エスノグラフィー，グラウンデッド・セオリー，ナラティヴ理論）ごとに，カウンセリング研究との関係について述べたものである。

### 3）メディアを通した広報

　ほかにも，英国カウンセリング心理療法協会は，メディア・チームという組織を作って，協会の活動をメディアに伝えている。積極的にプレス・リリースを行った

り，ホームページでメディア用のページを作ったりしている。

## 16-8. カウンセリングの倫理綱領

　傘団体の第4の仕事は，倫理綱領の作成である。カウンセラーが増え，カウンセリング・コースが乱立すると，中には問題のあるカウンセラーや技法も出てくる。そこで，カウンセリングの質を保証するために，傘団体は倫理綱領を作るようになった。以下，代表的な3団体の倫理綱領について述べる。なお，いずれの綱領も，傘団体のホームページからダウンロードできる。

### 1）BACPの倫理枠組み

　英国カウンセリング心理療法協会（BACP）は，1984年に「カウンセリングの実践と訓練のための倫理綱領」を作った。その後，「カウンセラーのための倫理と実践の綱領」や，「スーパーバイザーのための倫理と実践の綱領」，「トレーナーのためのための倫理と実践の綱領」などが作られた。2002年には，それらが統一され，「カウンセリングと心理療法の良き実践のための倫理枠組み」が発表された。これは，以下の4つの文書からなる。

　①カウンセリングと心理療法の倫理

　　カウンセリングの価値，倫理の6原則（忠実性，自律性，有益性，無害性，公平性，自己尊重），カウンセラーの個人的モラル（共感，誠実さ，統合性，弾力性，他者尊重，謙虚さ，適性，公平さ，英知，勇敢さ）について書かれている。

　②良き実践のためのガイダンス

　　良き実践を実現するための細目が載っている。

　③苦情に対応するための手続き

　　クライエントからの苦情に対応する手続きを細かく決めている。BACPは，苦情の申し立てから3年以内には決着をつけなければならないと明文化してある。

　④苦情の分類

　　不適切な行為，職務上の過失，不名誉な行為の3種類に分けるとしている。

### 2）UKCPの倫理要求

　連合王国心理療法協議会（UKCP）は，1993年に，「メンバー組織のための倫理要求」という文書を作り，1998年に改正した。UKCPは，加盟する組織がそれぞれ個別の倫理綱領を作ることを求めているが，この文書はその作成の際の手引きである。以下の4つの文書からなっている。

　①倫理綱領

　　それぞれの組織の倫理綱領に盛りこまれるべき内容を10点あげている。すなわち，資格，訓練の期間・条件・方法，秘密保持，他の職種との関係，クラ

イエントとの関係，研究，出版，実践能力，損害賠償保険，不適切な行為である。

②広告の制限

　心理療法の宣伝は，記述的なものにとどめるべきであるとしている。

③実践規範

　それぞれの組織は実践規範を作るべきであるとしている。

④苦情申し立ての手続き

　クライエントが心理療法家へ申し立てるための手続きや，UKCPがそれをどう扱うかを明文化している。

### 3）DCoPの実践ガイドライン

英国心理学会は「心理学者のための行動規範」を作っている（11-6-1参照）。それを補うために，カウンセリング心理学部会は，1995年に『専門家としての実践のガイドライン』を作った。3年ごとに改訂されている。これは以下の3つの部分からなる。

①自己とクライエントに対する義務と責任

　クライエントの自律性，秘密保持などについて書かれている。

②自己と同業者に対する義務と責任

　定期的にスーパービジョンかコンサルテーションを受けるべきこと（できれば月に1.5時間），境界設定，研究の倫理などについて述べられている。

③自己と学会に対する義務と責任

　一般社会の偏見防止に努めるべきことなどが述べられている。

### 4）倫理綱領の比較

カウンセリングの倫理の教科書として，ティム・ボンド（ブリストル大学）は，1993年に『生きたカウンセリングの標準と倫理』という本を書いた。わかりやすく具体的に倫理の問題を説明し，2000年には改訂版が出た（Bond, 2000）。この中で，ボンドは，以上の3つの倫理綱領を比べた（表16-3参照）。この表に示すように，最も詳しいのはBACPの倫理枠組みである。重視する原理はそれぞれ異なり，BACPは自律性を重視し，UKCPは有益性を，DCoPは忠実性をそれぞれ強調している。

## 16-9. 実証にもとづくカウンセリング

「実証にもとづく臨床心理学」（第6章参照）や「実証にもとづく心理療法」（15-11参照）については，前述のとおりであるが，こうした動きはカウンセリングにも及んでいる。

2000年には，英国カウンセリング心理療法協会（BACP）の「研究と評価委員会」が『実証にもとづくカウンセリングと心理学的治療』を出版した（Rowland &

■表16-3　倫理綱領の比較（Bond, 2000）

| 作成者 | BACP | UKCP | DCoP |
|---|---|---|---|
| 形　式 | 倫理枠組み | 倫理要求 | 実践ガイドライン |
| メンバーへの要求度 | 要求 | 要求 | 推奨 |
| 語　数 | 3,000 語 | 1,000 語 | 2,000 語 |
| 章の数 | 93 | 27 | 37 |
| 重視する原理 | 自律性 | 有益性 | 忠実性 |

BACP：英国カウンセリング心理療法協会
UKCP：連合王国心理療法協議会
DCoP：英国心理学会のカウンセリング心理学部会

Goss, 2000）。この委員会のローランド（ヨーク大学）とゴス（ストラスクライド大学）が編集した。この本は，一般のカウンセラーを対象として，国民健康サービス（NHS）が打ち出した「実証にもとづく保健医療」の政策をわかりやすく解説し，カウンセリングの実践にどのように取り入れるかを述べている。カウンセリングの効果研究についても具体的に解説し，実証にもとづくカウンセリングの方向を示している。前述の心理療法家パリーやバークハムなども執筆しており，実証にもとづくカウンセリングのわかりやすい教科書となっている。

英国カウンセリング心理療法協会のホームページでは，実証にもとづくカウンセリングが強調されており，無作為割付対照試験（RCT）を用いたカウンセリングの効果研究なども報告されている。大規模な効果研究としては，ロンドン－マンチェスター研究がある。これは，一般のうつ病のクライエント 464 名に対して，①非指示的カウンセリング，②認知行動療法，③通常の一般開業医での治療を比べたものである。方法は無作為割付対照試験（RCT）を用いた。2000 年に結果が発表されたが，それによると，4 カ月後では，①と②は，③よりも有意に改善していた。つまり，非指示的カウンセリングと認知行動療法は両方とも効果があり，両者の差は見られなかったのである。

治療効果研究を批判する動きがある一方で，積極的に効果を証明していこうという動きも出ている。実証にもとづく実践というテーマは，イギリスのカウンセラーにとっては死活問題であり，避けて通れない課題となっているようである。

# 第17章　精神医学と医療

イギリスの臨床心理学は，精神医学や精神医療のあり方と密接な関係がある。したがって，イギリスの臨床心理学を理解するためには，精神医学や精神医療を理解しなければならない。この章では，イギリスの精神医学の歴史や精神科医の養成について述べた後，各大学の精神医学研究についてまとめる。

## 17-1. 精神医療の始まり

歴史的にみると，最初の精神病院は，バグダッドやカイロなど，イスラム教の世界で作られた。ヨーロッパではキリスト教会による慈善事業が大きな役割を果たした。イギリスでは，1247年に，ベスレムの聖マリー修道院に，心を病む人たちの収容室がつくられた。これがイギリスで最も古い精神病院であり，のちにベスレム王立病院となった。

1700年代になると，ヨーロッパ各地に精神病院が作られるようになった。イギリスでも，1728年にロンドンのガイ病院に精神科病棟ができ，さらに聖ロカ精神病院ができ，また，エディンバラやマンチェスター，リバプールなどに精神病院が建てられた。『ガリバー旅行記』で有名なスウィフトは，私財をなげうって精神病院を建設した。それがアイルランド最初の精神病院の聖パトリック病院である。

これらの精神病院は単なる収容施設に近いものであり，そこから脱して近代的治療病院となったのは，1800年代になってからである。

近代の精神医療の始まりとされるのは，フランス革命の時代，1793年に，フランスのピネルが，ビセートル病院とサルペトリエール病院で，ひどい扱いを受けていた患者を鎖から解放した時とされる。さらに，ピネルの弟子のエスキロールやモレルなどが活躍し，臨床精神医学はフランスに始まった。

イギリスでも，ウィリアム・テューク（1732-1822）が，精神障害者のための理想的な施設を作ろうと志し，1796年に，ヨーク避難所（レトリート）を作った。ヨーク避難所は，以後四代にわたってテューク家に引き継がれ，英米の精神病院のモデルになったという。曾孫にあたるダニエル・テューク（1827-1895）は，精神科医となり，イギリス精神医学のリーダーとして活躍した。彼は多くの著作を残したが，その仕事はヨーク避難所での活動にもとづいていた。

また，ジョン・コノリー（1794-1866）は，1839年にハンウェル病院において強制具を撤廃して，無拘束の治療を行った。イギリスのコノリーの改革は，フランスのピネルの活躍と並び称される。

## 17-2. 精神医学の成立

1800年代になると、ヨーロッパ各地で精神医学の教育が行われるようになった。フランスでは、ピネルが1814年以降パリで講義をし、ドイツではホルンが1806年以降ベルリンで講義をした。こうした教育は、大学の中ではなく、病院の病棟で行われた。大学内に、精神医学の講座ができるようになるのは後のことである。

イギリスにおいて最初の精神医学の教授になったのは、前述のコノリーである。彼は、1827年にロンドン大学医学部の教授になった。しかし、この職は無給だったという。コノリーは、1842年にハンウェル病院において、精神医学の臨床教育を始めた。また、スコットランドのエディンバラでも、モニソンが精神医学の講義を続け、1864年にはレイコックが教授となった。これ以降、エディンバラは、イギリスの精神医学教育の中心地になった。

また、1841年には、精神病院医師会が結成された。この年をもって、イギリス精神医学の始まりとされることが多い。この会はのちに王立精神医学会に発展した。

1900年前後になると、ヨーロッパで精神医学が確立された（内村、1972）。最も進んでいたのはドイツである。グリージンガーやカールバウムやウェルニッケなどを先駆者として、クレペリン、ヤスパース、クレッチマーといった巨人たちが活躍し、ドイツ精神医学は世界に広がった。一方、フランスでも、エスキロールやシャルコーを先駆者として、リボー、ジャネ、ミンコフスキー、エイといった巨人たちが活躍した。また、スイスからはブロイラーやマイヤーが出た。マイヤーはアメリカに渡り、アメリカの精神医学を確立した。さらに、オーストリアのフロイトが精神分析学を確立したのもこの頃である。

この時代にイギリスで活躍した精神医学者はモーズレイである。ヘンリー・モーズレイ（1835-1918）は、マンチェスターなどで臨床経験を積み、ドイツやフランスの精神医学の影響を受けて、多くの著作を残した。彼は、前述のコノリーの女婿に当たり、ロンドン大学の法医学の教授となり、司法精神医学の確立にも関わった。モーズレイは、晩年、私財をなげうって3万ポンドを寄付し、ロンドンに新しい病院を建てた。これがモーズレイ病院（1923年開業）である。このモーズレイ病院は、のちに精神医学研究の世界的中心地となり、さらに、アイゼンクの活躍により、臨床心理学の世界的な中心地ともなったわけである。モーズレイは、『精神の生理学・病理学』（1867）をはじめとする多くの著作を残した。モーズレイの教科書は、1876（明治9）年に神戸文哉が邦訳し『精神病約説』として出版された。これは日本で出版された最初の精神医学の教科書である（1973年に創造出版から復刻された）。

余談になるが、落語家の三遊亭円朝が明治20（1888）年頃に作った怪談に『真

景累ケ淵』がある。この「真景」とは、「神経」の病という意味であり、幽霊が見えるのは神経病のためであり、幽霊は実在しないことをあらわしているという（延広, 1992）。当時はこうした文明開化の思想が一般に広がった時期であり、その原動力のひとつに、モーズレイの本やクレペリンの精神医学教科書の影響がある。

また、前述の精神病院医師会は、1861年に医学心理学会となった（現在は王立精神医学会）。この会は、「精神科学雑誌（Journal of Mental Science）」を創刊して、イギリスの精神医学研究の中心となった（現在の「英国精神医学雑誌」）。

フロイトの精神分析学がイギリスに入ってきたのは1910年頃からであるが（15-1参照）、医学心理学会は、精神分析学を非科学的であるとして否定した。これによって、精神分析学は、大学の講座や精神病院にポストを得ることができなくなり、独自の組織を作ってイギリスに広まっていくことになった。

## 17-3. 神経学の伝統

1900年前後のイギリスの精神医学は、ドイツ人やフランス人の華々しい活躍に比べると、やや見劣りがする。この時期のイギリスでは、精神医学よりもむしろ神経学において独創的な研究者が多かった。

ウィリアム・ハーヴェイ（1578-1657）の血液循環論に代表されるように、イギリスは生理学・医学の伝統がある。神経学についていうと、神経学の父と呼ばれたトーマス・ウィリス（1621-1675）や、神経症（neurosis）という言葉を作ったウィリアム・カレン（1710-1790）、パーキンソン（1755-1824）、ジャクソン（1835-1911）、ヘッド（1861-1940）、シェリントン（1857-1952）、エイドリアン（1889-1977）などが活躍した。これらについては、すでに述べたとおりである（14-9-3参照）。こうした神経学の伝統のもとに、イギリスでは脳研究や神経心理学が盛んである。

## 17-4. 国営医療と精神医学

第8章で述べたように、1948年には、国営医療が始まり、国民健康サービス（NHS）が作られた。国民健康サービスは、イギリス国内のすべての病院を国営化した。

精神科のスタッフは国民健康サービスの職員となった。精神科医は60％増員された。精神疾患は身体疾患と対等の扱いを受けるようになり、精神医学は身体医学と平等となった。イギリスの精神医学は世界の最先端に押し出したのである。

精神科医療の設備も充実した。図17-1は、精神科のベッド数の推移をあらわしたものである（Szmukler & Holloway, 2001）。19世紀からベッド数は年々増え続け、国営化された1950年頃にはピークを迎えた。

## 17-5. 精神医学の生物学化

1950年頃から始まった薬物療法は、精神科医療を大きく変えた。イギリスで、

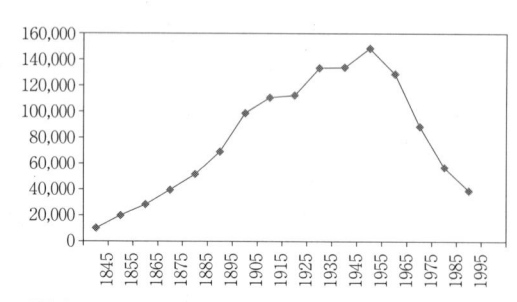

■図17-1　イギリスの精神科ベッド数の年次的推移（Szmukler & Holloway [2001] より引用）

抗精神病薬のクロルプロマジンが使われるようになったのは1954年であった。こうした薬物療法の発展により，精神医学は生物学的志向をますます強めるようになった。

これによって，精神科医の興味の中心は，薬物療法に向かうようになった。精神医学の生物学化によって，生物-心理-社会モデルの分業が加速され，それによって臨床心理士が職種の専門性を早く確立できたといえる。これについては，第2章で述べたとおりである。

生物学的精神医学の研究は，生化学研究や遺伝研究などと結びついて，お金のかかるビッグ・サイエンスとなっていった。1980年頃から，精神医学は脳研究と結びつくようになり，ますますビッグ・サイエンス化した。

## 17-6. 地域医療（コミュニティ・ケア）と社会精神医学

1970年代以降，イギリスでは，コミュニティ・ケアを重視するようになった（8-2参照）。

精神科におけるコミュニティ・ケアの始まりは，ジョーンズの治療共同体の実践であるといわれる。マクスウェル・ジョーンズ（1907-1990）は，エディンバラ大学出身の精神科医であり，ロンドンのミル・ヒル病院（モーズレイ病院が戦時中に疎開していたもの）や，ベルモント病院（のちのヘンダーソン病院）で臨床にたずさわった。そこで，患者同士の話し合いや支え合いが大きな力となることを見いだし，治療共同体による治療を確立した。そこでは，①患者と職員による毎日のコミュニティ・ミーティング，②その後の職員だけで行われるレビュー・ミーティング，③臨時の小ミーティングを三本柱としている。邦訳されたジョーンズの著書としては，『治療共同体を越えて』（鈴木純一訳，岩崎学術出版社）がある。

治療共同体の考え方を理論化したのはメインである。トム・メイン（1911-1990）は，ダーラム大学出身の精神科医であり，第二次世界大戦中に，バーミンガム郊外のノースフィールド病院において，ビオンやフークス（15-9-5参照）といった精神分析家とともに，集団精神療法的治療を行った。この試みは「ノースフィールド実験」と呼ばれている。メインはこの試みに大きな影響を受けて，ロンドンのキャッセル病院において，30年にわたる実践を続けながら，治療共同体の理論と臨床的方法論を提示した。

また，デイビッド・H・クラーク（1920-）は，ケンブリッジ大学とエディンバラ

大学出身の精神科医であり，モーズレイ病院でオーブリー・ルイスやフークスの指導も受けた。その後，ケンブリッジにあるフルボーン病院で30年間院長をつとめ，ケンブリッジ精神科リハビリテーション・サービス（CPRS）と呼ばれる地域ケアシステムを作り上げた。邦訳されたクラークの著書としては，『精神医学と社会療法』（秋本波留夫・北垣日出子訳，医学書院），『ある精神科医師の回想』（蟻塚亮二監訳，創造出版），『21世紀の精神医療への挑戦：フルボーンは眠らない』（蟻塚亮二監訳，創造出版）がある。

一方，アメリカでも，1960年代にコミュニティ・ケアが始まった。この時の様子は，山本和郎氏の『コミュニティ心理学』（東京大学出版会，1986）から窺うことができる。山本氏は，1965年にハーバード大学医学部とマサチューセッツ総合病院に留学し，当時さかんとなったコミュニティ・サービスを目の当たりにした。当時，ハーバード大学医学部では，キャプランがコミュニティ精神医学研究室を作り，臨床訓練のコースを作っていた。マサチューセッツ総合病院でも，緊急精神科サービスが作られ，コミュニティ・サービスを基本とした専門家の訓練が行われていた。山本氏は，この病院で地域精神衛生の基本理念に触れ，世界観を根本的に変えさせられたのだという。ここでの体験が，後の山本氏のコミュニティ心理学の基本となっている。

1960年代から，コミュニティ・ケアはイギリスに定着しはじめた。そして，1990年のコミュニティ・ケア法と，1996年のコミュニティにおける精神衛生法によって，コミュニティ・ケアは制度化された。精神科医療におけるコミュニティ・ケアとしては，前述のように，①コミュニティ・メンタルヘルス・チーム，②早期介入，③主張的訪問医療，④在宅医療の4つが脚光を浴びている（8-3参照）。1970年代から90年代にかけて，イギリスのコミュニティ・ケアを主導したのはロンドン大学の精神医学研究所の社会精神医学部門であった（17-13-7参照）。

脱病院化にともなって，国民健康サービス（NHS）は，それまで病院で働いていたスタッフを，一次医療に積極的にかかわらせようとした（8-4参照）。病院医療からコミュニティ・ケアに変換されるにともなって，精神科のベッド数は激減した。これは欧米の多くの国にみられる現象である。ベッド数が増えているのは日本だけである（8章の図8-3参照）。

図17-1にみられるように，イギリスの精神科ベッド数は，19世紀から増え続け，国営化された1950年頃にはピークを迎えたが，1960年代から激減し，今でも減り続けている。1990年頃には，ピーク時の4分の1ほどになっている。脱病院化とコミュニティ・ケア化によって，それまでの精神科医を中心とした体制から，多職種（マルチ・ディシプリナリー）のチーム医療の体制に変わった。精神科医が医療の中心にいることには変わりがないものの，精神科医の地位は相対的に低下しつつ

ある。図17-1は，ある意味で精神医学の盛衰をあらわすともみることができる。

### 17-7. 記述精神医学と診断基準

1970年代には，精神科の診断基準が確立した。イギリスの精神医学は「診断」を重視する。イギリスのように，専門的な病院治療をうけるまでに何週間もかかったり（8-1-5参照），診断と治療が別の医師によってなされる状況においては，とりわけ診断が大切になる。

第3章でも述べたが，ロンドン大学精神医学研究所のウィングらは，診断の信頼性を高めるために，1974年に，現在症診察表（PSE）という面接基準を開発した（3-5-2参照）。診断基準や面接基準の研究は，1980年代の精神医学において最も進歩した領域のひとつである。こうした記述精神医学の基礎を築いたのは，イギリスの精神医学研究所の研究者である。

### 17-8. 実証にもとづく精神医療

1990年頃から，イギリス政府は，実証にもとづく健康政策論（エビデンス・ベースの健康政策）を採用するようになった。

このもとになったのは，実証にもとづく医療（エビデンス・ベースの医療）である。各疾患ごとに治療効果を組織的に調べ，メタ分析で治療効果を判定したデータベースが作られている。最も有名なものはイギリスのコクラン共同計画である。これはイギリスの疫学者コクランの主張に始まり，各疾患についての系統的なレビューを組織的に行う試みである。作られたレビューは，コクラン・ライブラリという名称で，インターネットやCD-ROMによって公表されている。その本拠はイギリスのオクスフォード大学に置かれている。この計画は，ヒトゲノム計画にも匹敵する大規模なプロジェクトである。1995年には，イギリスで雑誌「実証にもとづく医学」が創刊された。

実証にもとづく医療は，主として身体医学の動きであるが，精神医学においてもさかんである（古川, 2000）。前述のコクラン・ライブラリの精神医学の分野では，統合失調症グループ，うつ病・不安・神経症グループ，痴呆・認知障害グループ，ドラッグ・アルコールグループの4つに分かれてレビューが行われている。最近は，イギリスの先端臨床医学研究所（NICE）が医療のガイドラインを作っている（6-5参照）。

イギリス政府の国民健康サービス（NHS）は，実証にもとづく保健医療という考え方を採用し，あらゆる領域の医療に治療効果の実証を示すことを求めるようになった。「実証にもとづく看護学」や「実証にもとづくリハビリテーション」といった領域も出てきた。実証にもとづく臨床心理学（第6章参照）や，実証にもとづく心理療法（15-11参照），実証にもとづくカウンセリング（16-9参照）といった動きについては前述のとおりである。

## 17-9. 司法精神医学

イギリス全体では脱精神病院が進んでいるが、その一方で、危険な暴力的・犯罪的行為をなす人々を治療する閉鎖病院もある。前述のように、①高度警備病院と、②中度警備ユニットに分かれ、前者は、ブロードムア病院、ランプトン病院、アシュワード病院（以前のモス・サイド病院）、スコットランド国立病院である（13-5-2参照）。後者は、各地区ごとに作られている。これらの施設では、精神科のコンサルタント医や精神科医をはじめとして、多くの職員が働いている。

ロンドン大学精神医学研究所には、司法精神医学科があり（17-13-6参照）、イギリス司法精神医学の中心をなしている。ここで学んだ日本人も多い。

## 17-10. 王立精神医学会

精神科医の傘団体は王立精神医学会である。約1万人の精神科医が所属している。

その起源は、前述した1841年の精神病院医師会である。この会は、1861年に、医学心理学会と名前を変えた。1926年には、ロイヤル・チャーター（免許状）の地位を得た。ロイヤル・チャーターとは、公認の職能者団体であることをイギリス政府から正式に認められることである。これによって、王立医学心理学会（Royal Medico-Psychological Association）と名を変え、さらに、1971年には、王立精神医学会（Royal College of Psychiatrists）と変え、現在に至っている。本部は、ロンドンのバッキンガム宮殿の近くのベルグレイブ・スクエアにある。

王立精神医学会の構成は、地域別の「部会」、専門別の「部」、関心テーマ別の「特別関心グループ」などからなっている。地域別には、スコットランド部会など12部会に分かれている。専門別には、司法精神医学部、児童思春期精神医学部など、7つの部からなる。関心テーマ別には、精神薬理学グループ、精神医学マネジメントグループなど、12の特別関心グループからなっている。

王立精神医学会は、研究支援、資格管理、実践支援など、多くの活動をしている。

### 1）研究支援

王立精神医学会は、学会研究ユニットを作り、精神医学の研究を助けている。また、年次大会など、多くの学術集会を開いている。各部会や各部や各グループがそれぞれ独自に年次大会を開くので、全体としてはかなり頻繁に学会が開かれている。また、「英国精神医学雑誌」をはじめとして、3つの専門誌を発行している。さらに、学会は、ガスケル社から多くの出版物を出している。

### 2）資格管理

王立精神医学会は、精神医学の専門家としての試験を行い、MRCPsychという資格を与えている。この専門試験は年2回イギリス各地で行われる。この試験はか

■表 17-1　イギリスの大学の医学部
　　　　　（アルファベット順）

アバディーン大学
バース大学
バーミンガム大学
ブリストル大学
ケンブリッジ大学
ダンディー大学
エディンバラ大学
グラスゴウ大学
リーズ大学
レスター大学
リバプール大学
ロンドン大学
　ユニバーシティ・カレッジ・ロンドン
　クイーン・メリー
　キングス・カレッジ
　インペリアル・カレッジ
　セント・ジョージ病院医学校
マンチェスター大学
ニューカースル大学
ノッティンガム大学
オクスフォード大学
クイーンズ大学ベルファスト
シェフィールド大学
サウザンプトン大学
セント・アンドリュース大学
ウェールズ大学

なり難しいものであり，この試験対策の本や予備校のようなものが作られているほどである。精神科医が MRCPsych の試験に合格すると，王立精神医学会の会員になることができる。

### 3）実践支援

王立精神医学会の倫理委員会は，いくつかの倫理ガイドラインを出している。『良い精神科実践』は，2000 年に作られた最新版であり，一般医学協議会（GMC）が作った医学一般の倫理規定に対応させて，精神科医の倫理をまとめたものである。また，『良い精神科実践：秘密保持』は，具体的な場面での倫理ガイドラインである。また，メディア向けにプレス・リリースを頻繁に出している。

以上のように，王立精神医学会は，160 年以上の歴史を持ち，活発な活動を続けている。英国心理学会の資格制度や学会のあり方などは，もともと王立精神医学会をモデルにしていると思われる。王立精神医学会ができたのは 1841 年であり，1902 年創立の英国心理学会よりも 60 年も早い。また，臨床心理士の養成は，精神医学をモデルとしている。臨床心理学で強調される科学者－実践家モデルとは，もともと医師養成のものである。つまり，科学的な基礎医学をきちんと学んでから，臨床医学を学び，臨床実践に入っていくというポリシーである。

## 17-11. 精神医学教育と医師養成

### 1）大学の医学部

イギリスでは医学教育は大学で行われる。この点は日本と似ており，大学院で医学教育が行われるアメリカと違っている。イギリスには現在，大学医学部が 25 校ある。それを表 17-1 に示した。

この表にみられるように，ロンドン大学は 5 つの医学部を持っており，イギリスで医学教育が最もさかんである。実は，1990 年代前半まで，ロンドン大学には 12 校もの医学校があったのである。それを表 17-2 に示す。これらはすべて大きな病院の中か近くにできたものである。それが 1995 年頃から統合されるようになり，

■表17-2 ロンドン大学の医学部と教育病院（藤森［1972］より一部引用）

|  | 教育病院の設立年 | 医学校の設立年 |
|---|---|---|
| 北東地区 |  |  |
| 　ユニバーシティ・カレッジ・ロンドン |  |  |
| 　　ユニバーシティ・カレッジ病院医学校 | 1834 | 1828 |
| 　　王立自由病院医学校 | 1828 | 1874 |
| 　　ミドルセックス病院医学校 | 1745 | 1835 |
| 　クイーン・メリー |  |  |
| 　　セント・バーソロミュー病院医学校 | 1123 | 1726 ? |
| 　　ロンドン病院医学校 | 1740 | 1785 |
| 南東地区 |  |  |
| 　キングス・カレッジ |  |  |
| 　　ガイ病院医学校 | 1726 | 1769 |
| 　　キングス・カレッジ病院医学校 | 1839 | 1831 |
| 　　セント・トーマス病院医学校 | 1173 | 1723 ? |
| 北西地区 |  |  |
| 　インペリアル・カレッジ |  |  |
| 　　チャリング・クロス病院医学校 | 1818 | 1834 |
| 　　セント・メリー病院医学校 | 1851 | 1854 |
| 　　ウェストミンスター医学校 | 1716 | 1834 |
| 南西地区 |  |  |
| 　セント・ジョージ病院医学校 | 1733 | 1831 |

4つの地域を中心にして，5つの学部に統合された。これは，大学病院がその地域の医学的な需要に応えるべきだという考え方によるのである。

　歴史的にみると，イギリスの医学教育は病院を基礎にして，自然発生的にできあがってきた。医学校は，大学というよりは，病院の中に作られた。表17-2の医学校の設立年をみても，ほとんどは病院の設立年の方が古いことがわかる。表17-2でとくに古いのはセント・バーソロミュー病院（1123年）とセント・トーマス病院（1173年）である。他の病院も18世紀に設立されたものが5つで，19世紀に設立されたものが5つある。このように，病院がもとになって医学校は作られた。

　名門のケンブリッジ大学やオクスフォード大学も，医学教育ではロンドン大学に遅れをとっている。以前は，両大学の臨床課程が未整備だったため，学生をロンドン大学に送り込んで教育させていたこともあったという（藤森, 1972）。

　現在，イギリス全体では，毎年4,000名ほどが医学部に入学する。医学部では5〜6年の教育を受ける。医学部のカリキュラムは，基礎科学課程2〜3年と，臨床課程2〜3年からなっている。授業料は原則として無料である。

　医師の養成は，①大学医学部，②国民健康サービス，③一般医学協議会（GMC）

の三者の連携のもとに行われている。これは，臨床心理士の養成が，①大学院，②国民健康サービス，③英国心理学会の連携によって維持されているのと同じである（9-2参照）。

一般医学協議会は，大学医学部のカリキュラムを認定したり，医師の登録を行っている。

国民健康サービスは，国内の病院をすべて管理しており，医師教育の場と教育スタッフを提供する。教育された医学生は，将来国民健康サービスの医師として働くことになる。

### 2）医師の養成：卒後研修

医師の卒後研修のコースは制度化されている。

医学部を卒業した学生は，1年間，病棟医（ハウス・オフィサー）として病院での実地研修（インターン）を受ける。ここで一般医学協議会に登録して，はじめて独り立ちの医師となる。この登録と，大学や病院の教育をうけたという証明が「医師免許」に相当する。日本の医師の国家試験のような制度はない。

この後，コースは大きく2つに分かれる。一般開業医（GP）になるコースと，病院の専門医になるコースである。後者は，上級病棟医（シニア・ハウス・オフィサー，1～2年），登録医（レジストラー，2～3年），上級登録医（シニア・レジストラー，4～5年）を経て，アソシエイト・スペシャリストへ進み，最後は顧問医（コンサルタント）となる。これが一人前の専門医である。ここまでくるのにふつう10年以上かかる。競争も厳しい。

### 3）医学系研究所

医師の卒後研修のために，多くの医学の研究所（インスティテュート）が作られている。とくにロンドン大学に多い。この場合のインスティテュートとは，研究所というよりは，大学院という意味に近いのである。1945年に英国卒後教育医学連盟（BPMF）がロンドン大学内にでき，ここが中心になって，医師の卒後教育を行う研究所を多く作った。これらの研究所は，大きな専門病院の近くに作られ，専門医や一般開業医を教育するための組織であった。これらの研究所は非常に活発に研究をしており，世界的に有名なものも多い。心理学者が多く働いているのは精神医学研究所（10-2参照）や神経学研究所（10-3-2参照）である。

## 17-12. 看護学

イギリスは，ナイチンゲールを生んだ国であり，近代看護学の発祥の地でもある。イギリスの看護スタッフは約50万人であり，国民健康サービスの従業員の半数を占め，大きな発言力を持っている。

### 1）ナイチンゲールの活躍

近代看護学の確立者といわれるのはフロレンス・ナイチンゲール（1820-1910）

である。以前は，ナイチンゲールの肖像が紙幣に印刷されていたほど，イギリスでは著名人である。彼女は多方面に才能を発揮した天才的な人物であった。

1854年にクリミア戦争がおこると，ナイチンゲールは，看護婦のチームを指導して，野戦病院の衛生環境を改善し，死亡率を数パーセントに下げてみせた。彼女は，看護部組織を独立させて運営する方式を確立し，看護師長というポストを作るなど，現在の看護システムの基礎を築いた。また，それを実現するために，病棟の設計にも力を注ぎ，ロンドンのセント・トーマス病院の設立にも寄与した。ナイチンゲールが近代看護学・衛生理論の確立者といわれるゆえんである（ドラン，1978）。

彼女は，看護システムを軍の首脳部に納得させるために，独自の統計グラフを考案した。この手法の考案者として，ナイチンゲールは，後に英国統計学会の会員になり，米国統計学会の名誉会員にもなっているほどである。

1860年には，看護師を養成するために，ロンドンにナイチンゲール看護学校を作った。臨床実習の場としてはセント・トーマス病院が選ばれた。なお，現在は，看護学校はロンドン大学のキングス・カレッジに吸収され，ナイチンゲール看護助産学校となっている。また，セント・トーマス病院の中には，フロレンス・ナイチンゲール博物館がある。

クリミア戦争後，ナイチンゲールは精力的な文筆活動を続け，150冊の本を書いたという。1887年には王立看護協会の設立に助力した。彼女の誕生日5月12日は，「看護の日」（ナイチンゲール記念日）と呼ばれている。ナイチンゲールの活動は，世界の赤十字運動のきっかけにもなった。

### 2）近代看護学と資格制度の発展

1887年に，王立看護協会が作られた。これは，ベッドフォード・フェンウィックによって作られたもので，世界で最初の看護師の職業団体である。この設立には，ナイチンゲールも助力した。

1916年には，看護学会（College of Nursing）が作られた。これは，後に王立看護学会（Royal College of Nursing：RCN）と改名し，現在でも活発な活動を続けている。

また，看護師の資格制度や登録制度は早くから確立した。1919年には，看護師法が成立し，国の資格となった。また，1928年には，ロイヤル・チャーター（免許状）の地位を得た。看護学の正式な教育を受け，一般看護協議会（General Nursing Council：GNC）の試験に合格すると，正看護師となる。

### 3）看護教育と資格

イギリスの正看護師は，高校を卒業した後，看護学校で3年間学び，上で述べた一般看護協議会の試験に合格すると，免許が与えられる（厚生省，1990）。その後，

希望により，一般看護，精神保健看護，小児看護などの専門コースを選択して学ぶことができる。また，公立病院では，看護師の階級別報酬制度があり，最上級の熟練看護師は「ナース・コンサルタント」と呼ばれ，医師に代わって初期医療も担当している。

精神科では，通常の精神科看護資格と，知的障害者看護資格がある（下里，2003）。

また，コミュニティ・ケア（地域医療）の分野では，訪問保健師や地区看護師という資格が作られている。これらは，コミュニティ・ケアを専門に行う看護師である。この資格を得るには，正看護師の免許を取得してから，一定の養成課程を経て，試験に合格しなければならない。また，精神科のコミュニティ・ケアにおいては，コミュニティ精神科看護師（CPN）の資格がある。

イギリスの看護師は全体で約50万人であり，うち精神科看護師は約6万人，コミュニティ精神科看護師は約1万人という。

### 4）看護師の薬の処方権

イギリスの一部の看護師には，医師に代わって処方権が認められている。コミュニティ・ケアが広がるにつれて，訪問保健師や地区看護師が薬を処方できると都合がよいことがわかった。簡単な薬ならば，患者は，一般開業医で処方してもらうよりも，訪問保健師や地区看護師に処方してもらった方が早い。

そこで，看護師は処方権を求めて，社会や議会に対して精力的に働きかけた。そうしたロビー活動の中心になったのは，王立看護学会であった。医師側の大きな抵抗があったが，それを乗りこえて，1992年に看護師の処方権を認める法律ができた。処方についての教育を受けた訪問保健師や地区看護師は，限られた薬剤を処方できるようになったのである。最近では，ひとりの処方看護師は年に1,760人の患者をこなしているという（Jones, 2002）。また，他の看護師や薬剤師にも処方権を広げる動きもある。ちなみに，アメリカの一部の州では，薬剤の処方権を持つ臨床心理士も生まれている。その分多くの知識と経験が必要となるわけである。日本ではとても考えられないことである。

## 17-13. 精神医学の現在——その1　ロンドン大学精神医学研究所

以下では，おもな大学の精神医学についてみていきたい。イギリスには，現在25の医学部がある（表17-1参照）が，そのほとんどが精神医学の講座を持っている。

イギリスで医学が最もさかんなのはロンドン大学である。有名なのは，キングス・カレッジとユニバーシティ・カレッジである。

キングス・カレッジの医学部は，イギリス最大の医学部であり，表17-2に示すように，ガイ病院，キングス・カレッジ病院，セント・トーマス病院を教育病院として持っている（3病院の頭文字をとってGKT医学校と呼ばれる）。また，精神

医学については，大学院としての精神医学研究所を持っている。

### 1) 精神医学研究所の概要と歴史

　精神医学研究所（IOP）は，モーズレイ病院の敷地内にある。1923年にモーズレイ病院が建てられるとすぐに，この中に「モーズレイ病院医学校」が作られ，ロンドン大学の一部局として，精神医学の教育が始まった。その後，前述のように，医師の卒後教育を行う大学院としての研究所が多く作られるようになり（17-11-3参照），1948年に，モーズレイ病院医学校が精神医学研究所として組織されたのである。初代の所長は，オーブリー・ルイス（1900-1975）である。1997年に，精神医学研究所は，ロンドン大学のキングス・カレッジに統合された。

　1970年代の研究所の様子が石川（1979）によって紹介されているが，その当時から，イギリスの精神医学の中心であった。「英国精神医学雑誌」の論文の半分は，この研究所から生まれるといわれる。とくに統合失調症の研究では世界的に有名であり，世界の精神医学の中心というべきであろう。筆者が留学していた頃，研究所の中には，施設ごとの年間論文発表数が張り出されていたが，それによると，統合失調症については，精神医学研究所は，アメリカの国立精神衛生研究所（NIMH）を抜いて世界一になったとのことである。

　精神医学研究所では，どんどん新しいビルが建てられている。心理学科のあるヘンリー・ウェルカム・ビルやデイビッド・ゴールドバーグ・センターのビルや，社会遺伝発達精神医学ビル，ニューロイメージングのビルなどが最近次々と建てられている。莫大な研究費を取得していることがわかる。ホームページによると，精神医学研究所の収入の7割は研究費である。収入の2割は，モーズレイ病院やベスレム王立病院における臨床活動から得られ，残りの1割は大学院や訓練コースなどの教育プログラムから得られる。

　精神医学研究所では，いろいろな出版物を出している。モーズレイ・モノグラフ，モーズレイ・ディスカッション・ペーパー，モーズレイ実践精神医学ハンドブック，モーズレイ・神経精神医学モジュール，モーズレイ処方ガイドライン，モーズレイ・ビデオなどである。中でも，モーズレイ・モノグラフは，アイゼンクやマークス，ラターなど，主だった教授たちが書いているシリーズである（オクスフォード大学出版会刊）。1994年には，心理学科教授のガレティとヘムズレイが，このシリーズから『妄想：妄想的推論の心理学的研究』を出した。この本は邦訳される予定である（ミネルヴァ書房刊）。また，モーズレイ処方ガイドラインは，モーズレイ病院の薬剤師と精神科医が，処方の実際を述べたものであり，1994年に刊行された。実証にもとづく医学の考え方により何回も改訂された。その第6版は邦訳された（『精神科治療薬の処方ガイドライン：モーズレイ2001年版』鈴木映二・八木剛平訳，星和書店）。

■表17-3　ロンドン大学
　　　　精神医学研究所の学科

心理学科
心理学的医学科
児童思春期精神医学科
社会遺伝発達精神医学研究科
神経学科
神経科学科
神経病理学科
司法精神医学科
生物統計学科
健康サービス研究科

精神医学研究所は，表17-3に示すような10の学科からなっている。ただし，学科の構成は，時代の要請に応じて頻繁に変わる。以下，この表に沿って，精神医学者を紹介する。

心理学科については，前に詳しく述べた（10-2参照）。

### 2）心理学的医学科

心理学的医学科は，さらに多くの部門に分かれている。この学科で活躍した有名な精神医学者は多い。

①マークス

心理学的医学科の実験精神病理学部門の教授として長く活躍したのはアイザック・マークスである。マークスは，1960年代から活躍している行動療法界の長老であり，精神医学研究所を行動療法の世界的中心にした。1974〜76年にはイギリス行動療法学会の会長をつとめた。

マークスは，1935年に南アフリカのケープタウンに生まれ，1956年にケープタウン大学で医学博士の学位を受けた。その後，イギリスに渡り，1960年からロンドンのモーズレイ病院で精神医学の訓練を受け，ずっとそこで臨床にたずさわった。1978年に精神医学研究所の実験精神病理学部門の教授となった。2000年に精神医学研究所を定年で退官してからは，精神医学研究所の名誉教授となり，ロンドン大学のインペリアル・カレッジの訪問教授となった。

ウォルピの提唱した系統的脱感作療法にかわって，マークスはエクスポージャー法を提唱した。系統的脱感作療法はイメージ上で不安状況に接するのに対し，エクスポージャー法は直接不安状況に接する方法である。とくに恐怖症のエクスポージャー法では有名である。

1970年代以降は，マークスは，看護師への行動療法の普及をはじめた。不安障害の有病率はとても高く，とうてい精神科医や臨床心理士による治療だけでは足りないからである。マークスの研究によると，3年間の行動療法の訓練を受けた看護師が，不安障害の患者の行動療法を行ったところ，大きな効果をあげた。こうした成功によって，モーズレイ病院では，看護師を対象として行動療法の訓練コースが作られた。マークスは，『行動療法における看護』や『一次医療におけるナースセラピスト』という本を書いた。こうした活動によって，行動療法は，広く看護師の間に普及した。

また，1970年代から，「コミュニティ精神科看護師（CPN）」を強力に指導したのもマークスである。CPNの間に行動療法は定着している。

また，その後，行動療法を補う手段として，コンピュータを利用した心理療法

（コンピュータ・エイディド・セルフヘルプ）の研究をしている。退官後に勤めているインペリアル・カレッジは，工学で有名な大学であり，コンピュータを利用した研究を進めるには適している。

看護師への普及や，コンピュータを利用した心理療法といったマークスの発想には，共通点がある。つまり，行動療法は，精神科医や臨床心理士のような専門家だけが行えるのではないということである。試算によると，パニック障害に悩む人はイギリスでは30万人である。ところが，臨床心理士が年間に行うパニック障害への治療はたかだか年間5万人しかない。臨床心理士による治療だけでは及びもつかないのである。それを補うためには，看護師による行動療法を広めたり，パソコンを利用した治療なども使わなければならない。現実を越えるためのシステムを作るという大きな発想をするところが，マークスのユニークなところである。

著書12冊，論文430本に及ぶが，邦訳された著書としては，『恐れと共に生きる：恐怖・強迫性障害のセルフヘルプ』（大谷義夫・小口徹訳，青山社），『行動精神療法』（竹内龍雄ほか訳，中央洋書出版部）などがある。前者は11カ国語に訳されている。

日本とのつながりも強く，マークスのもとに留学した日本人も多い。例えば，ラックマンの『恐怖の意味』（誠信書房，1979）のあとがきには，群馬大学教育学部の木村駿氏や九州大学の北山修氏がマークスのもとに留学した時の様子が描かれている。

筆者は2000年に精神医学研究所を訪れた際に会うことができた。定年後1カ月ほどの頃で，マークスは研究所の別の部屋をもらって仕事をしていた。会ってみると，マークスは，人なつこい臨床家の目をして，ニコニコとして物腰が柔らかい好々爺であった。「これがあの世界的に有名なマークス教授なのか？」と驚くほどである。

マークスは何回か来日している。2001年9月には，日本の不安・抑うつ臨床研究会がマークスを招待し，「パニック障害セミナー」を開いた。この時に，パニック障害に対して，パソコンを利用した治療プログラムが非常に効果を上げることを発表していた。また，2004年に神戸で開かれた世界行動療法認知療法会議に招待され，「メンタルヘルス・ケアにおけるコンピューター利用：現在の課題」という招待講演を行った。菜食主義なので，会議のディナーでは，マークス用に特別のディナーが用意された。

②クマール

周産期精神医学部門の教授として活躍したのはクマール（1938-2000）である。クマールは，1980年代に，「周産期精神医学」という領域を確立した。クマールは，ケンブリッジ大学で医学を学び，ケンブリッジ大学の実験心理学の修士号を取り，

ロンドン大学医学部で Ph.D. を取った。その後モーズレイ病院と精神医学研究所で臨床の仕事を続け，1993年に教授となった。ベスレム王立病院の中には，彼の名前にちなんだ「クマール・ハウス」という病棟が建てられている。クマールらは，妊娠中の女性を長期間追跡調査し，妊娠初期と産後3カ月以内にうつ病の発生率が高いことを見いだした。こうした研究がもとになって，妊娠・出産をめぐる女性の精神医学が注目され，周産期精神医学が確立したのである（北村，1996）。1963年からは，クマールを中心として，産後うつ病国際比較研究がWHOの後援で始まった。この研究は，産後うつ病の発症を素因ストレス・モデルで説明し，それを検証するものであるという。その成果の道半ばでクマールは逝去した。

クマールが編集した『母性と精神疾患』は邦訳がある（ブロッキングトンとクマール編，保崎秀夫監訳，北村俊則・島悟・菅原ますみ・青木まり・佐藤達哉訳，学芸社）。

クマールと共同研究したり指導を受けた日本人も多い。「精神科診断学」第47号（2001）は，クマールの追悼論文集となっている。クマールとゆかりの深い吉田敬子，山下春江，斧澤克乃，北村俊則，岡野禎治らの各氏が寄稿している。九州大学の吉田敬子氏は，精神医学研究所に留学中の1988年に，クマールの精神科母子ユニットを見学して，周産期精神医学に出会ったという。その後クマールのもとで7年間研究し，帰国後は，九州大学医学部付属病院の周産期母子センターで臨床を続けている。そうした経緯は，『母子と家族への援助：妊娠と出産の精神医学』（吉田敬子著，金剛出版）に書かれている。

③シェパード

疫学的精神医学の教授として活躍したのはマイケル・シェパードである。シェパードは，イギリスにおける精神医学的疫学の創始者であり，同時に社会精神医学者として社会的発言力も大きかった。シェパードは，精神医学研究所においてゴールドバーグやウィングなどの多くの社会精神医学者を育てた。また，1970年に雑誌「心理学的医学（Psychological Medicine）」を創刊した。これは，精神医学と周辺科学の研究のための専門誌である。現在この雑誌は，ケンブリッジ大学から発刊されている。編集はケンブリッジ大学のペイケルに引き継がれた。シェパードは多くの本を出版している。「心理学的医学」に掲載された論文を編集した『精神医学研究のスペクトラム』や，ケンブリッジ大学のオリバー・ザングウィルと共同で編集した『精神医学ハンドブック』全5巻のシリーズも広く読まれている。

④ゴールドバーグ

精神医学部門の教授をつとめたのはデイビッド・ゴールドバーグである。ゴールドバーグは，シェパードを指導教官として疫学的方法を学んだ。彼の開発したGHQ（精神健康調査票）は，心理学者の間でも有名である。ゴールドバーグは，

マンチェスター大学の医学部教授となり，精神医学的疫学研究を行った。その後，ロンドン大学精神医学研究所の教授となった。精神医学研究所には，彼の名前にちなんで「デイビッド・ゴールドバーグ・センター」という建物が建てられている。彼は，社会的精神医学について著書も多く出している。『コミュニティにおける精神疾患』（ハクスレイと共著）や，『未来の都市におけるメンタルヘルス』（ソーニクロフトとの共編），モーズレイ・ディスカッション・ペーパーの一冊である『コミュニティ・ケアは失敗したのか？』（ソーニクロフトとの共著）などである。最近は，『一般診療科における不安と抑うつ：コモン・メンタル・ディスオーダーの生物・社会的モデル』という本を出し，これには邦訳もある（ハクスレイと共著，中根允文訳，創造出版）。「コモン・メンタル・ディスオーダー」とは，うつ病や不安障害などの「ふつうにみられるありふれた障害」のことである。こうした症状を持つ人は多いが，精神科に来る人は10人に1人にすぎない。こうした受診を妨げるフィルターがある。これを分析した本である。

　ゴールドバーグは何回か来日している。2004年に神戸で開かれた世界社会精神医学会に招待され，講演を行った。

　⑤マレイ

　現在の一般精神医学部門の教授はロビン・マレイである。彼はキングス・カレッジの医学部の精神医学教育の責任者もつとめている。マレイは，若い頃からモーズレイ病院と精神医学研究所において統合失調症の研究を行っており，1989年から精神医学研究所の教授をつとめている。これまで650本以上の論文を発表した。マレイの研究室は年間30〜40本の論文を発表しており，前述のように，統合失調症の研究論文について，精神医学研究所がアメリカの国立精神衛生研究所（NIMH）を抜いて世界一になったのは，マレイの研究室によるところが大きい。マレイは，ベスレム王立病院において国立精神病治療ユニットを管理している。研究の合間を縫って毎週きちんと臨床の仕事もしている。この病院でのマレイのケース・カンファランスに筆者が参加したことについては前述した（2-1参照）。その後，マレイの研究室を訪ねたときに，マレイは「統合失調症は脳の障害だと思うか」と尋ねてきた。筆者が「たぶんそうだろう」と答えると，マレイは「私も若い頃は脳の障害だと思っていたが，最近はよくわからなくなってきた」と言っていた。統合失調症の生物学的研究のトップの言葉としては意外なものではなかろうか。

　マレイの邦訳された論文としては，ディビッドとカッティング編『精神分裂病の神経心理学』（岩波明・福田正人・中込和幸・上島国利監訳，星和書店）に「早期発症の精神分裂病に先行する知能低下と低い学業成績」がある。

　⑥スコット

　現在の精神療法の担当の教授をしているのはジャン・スコットである。うつ病の

認知行動療法で有名である。スコットは、ニューカースル大学で精神科医となり、アメリカのベックのもとで認知療法を学んだ。グラスゴウ大学の精神科の主任教授をつとめていたが、2002年から精神医学研究所の教授となった。2000年にはイギリス行動認知療法学会の会長をつとめた。著書には、『気分不安定を乗り越える：自分でできる認知行動療法』や、ベックやウィリアムと共編の『臨床場面における認知療法』がある。邦訳された論文としては、ドライデンとレントゥル編『認知臨床心理学入門』（丹野義彦監訳、東京大学出版会、1996）に「抑うつ」がある。2001年の世界行動療法認知療法会議で、筆者ははじめてスコットと面識を得た。そして、筆者が2002年に精神医学研究所に留学したときに、当時転任したばかりのスコットに会って、ドライデンとレントゥル編の訳文を届けることができた。

### 3）児童思春期精神医学科とラター

児童思春期精神医学科の初代教授はマイケル・ラターである。ラターは、1933年生まれで、バーミンガム大学医学部を卒業した後、モーズレイ病院と精神医学研究所で臨床の仕事を続け、1973年に児童思春期精神医学科の教授となった。モーズレイ病院の中には、彼の名前にちなんで「マイケル・ラター児童思春期センター」という施設も作られている。自閉症をはじめとする児童精神医学の研究で有名であり、世界的な影響力を持っている。

ラターの大きな仕事は、ボールビィの母性的養育の剥奪説を再定式化したことである。1951年に発表したボールビィのホスピタリズムの研究については、精神分析の章で述べたとおりである（15-9-4参照）。ボールビィは、第二次世界大戦で増えた孤児のホスピタリズムについて研究した。それによると、ホスピタリズムの症状として、①情性欠如と呼ばれる対人面での性格的偏り、②非行などの反社会的行動、③知能の発達の遅れなどがある。ボールビィは、ホスピタリズムの原因を、母性的養育の剥奪によるものと結論した。そして、彼の提案により、当時の施設では多くの点が改善された。その一方で、母性的養育を強調するボールビィの結論は、極端な母親至上主義の風潮を生んだ。

そこで、ラターは、ボールビィの結論の見直しをはかった。そして、1972年の著書『母親剥奪理論の功罪：マターナル・ディプリベーションの再検討』（北見芳雄・佐藤紀子・辻祥子訳、誠信書房）において、多くの研究を分析し、ホスピタリズムが母性的養育の剥奪そのものによって生じるのではないことを明らかにした。①まず、性格的偏りは、養育者との心理的な絆が形成されないことが原因であるという。ふつうの子どもは、養育者（たいていは母親）に愛着を示し、養育者との人間的交流のなかから心理的な絆がつくられ、これによって他者との安定した対人関係が育つ。しかし、施設の子どもは十分な愛着を発達させる相手がなく、他者との心理的絆ができにくい。このため安定した対人関係が育たず、性格的な偏

りを生む。つまり，性格的偏りの直接の原因は，母性的養育の剥奪ではなく，養育者との絆形成の失敗である。だから，たとえ母親がいなくても，父親・里親・施設職員など，代理養育者との心理的絆が作られれば，性格的な偏りは避けられる。

② 非行など反社会的行動を生む直接の原因は，母性的養育の剥奪ではなく，母子分離以前の家庭不和であることがわかってきた。子どもに非行傾向が生じるのは，両親の夫婦げんかに巻き込まれるなど，家庭不和のストレスにさらされるためである。だから，たとえ母子がいっしょに住んでいても，不和のある家庭には，子どもに非行傾向が生じやすいという。こうした点から，家庭不和の慢性的なストレスにさらされるよりは，むしろ離婚のほうが，子どもにとってはよいという考え方もでている。母子分離が非行の原因であると誤解されてきた原因は，家庭不和があると，離婚や家庭崩壊がおこりやすく，結果的に母子分離もおこりやすいためである。

③ 知能の遅れは，物理的・社会的刺激の減少によるという。ふつうの家庭では，母親は子どもにいつも大量の刺激を与えている。しかし，施設の子どもは，こうした刺激が極端に少ないため，知能や言葉の発達が遅れるのである。だから，逆にいえば，おもちゃを十分に与えるなど，施設の物理的環境を豊かにしたり，あるいは代理養育者から十分な社会的刺激を受ければ，知能の遅れは防げるはずである。事実，多くの研究結果はこのことを裏づけている。

以上のように，ホスピタリズムは，母性的養育の剥奪そのものではなく，それにともなう絆形成失敗・家庭不和・刺激減少が原因となって生じる。だから，個々の原因が除かれれば，ホスピタリズムは避けられる，というのがラターの見解である。

ラターの邦訳された著書は多く，以下のようなものがある。『最新児童精神医学』（ハーソブと共編，高木隆郎監訳，ルガール社），『子どもの精神医学』（久保紘章・門真一郎監訳，ルガール社），『続・母親剥奪理論の功罪』（北見芳雄・佐藤紀子・辻祥子訳，誠信書房），『自閉症：その概念と治療に関する再検討』（ショプラーと共編，黎明書房），『自閉症の治療』（ハウリンと共著，石坂好樹・門真一郎監訳，ルガール社），『年刊：自閉症と発達障害研究の進歩 Vol.1～3』（高木隆郎，ショプラーと共編，日本文化科学社），『年刊：自閉症と発達障害研究の進歩 Vol.4～6』（高木隆郎，ショプラーと共編，星和書店）．

### 4）社会遺伝発達精神医学研究科

社会遺伝発達精神医学研究科は，スレイターが開設した精神医学的遺伝学部門と，ラターが開設した発達部門が合体してできたものである。

スレイターは，イギリスにおける精神医学的遺伝学の確立者と称される（7-5-9

参照)。1959年に,スレイターは,精神医学研究所において精神医学的遺伝学部門の主任になり,多くの研究者を育てた。

現在の社会遺伝発達精神医学研究科は,前述のように,マクガフィンとプロミンが教授をつとめている(7-5-9参照)。

### 5) 神経学科や神経科学科

精神医学研究所では,脳のイメージングの研究がさかんである。筆者が留学していた2002年には,毎週金曜日の朝に,ニューロイメージングの研究グループが研究会を開いて,活発に議論していた。そのメンバーの多くは心理学者であった。

精神医学研究所で研究していた精神医学者エドワード・ブルモアは,BAMM(脳活性形態マッピング)という脳画像解析ソフトを開発した。ブルモアは,1999年からケンブリッジ大学の精神科の教授として活躍している(17-14-3参照)。このソフトは,ロンドン大学神経学研究所のフリストンの開発したSPM (17-14-1参照)と並んで有名である。両者の違いは,SPMがパラメトリックな解析法であるのに対して,BAMMがノンパラメトリックな解析法であるいう点である。そのシェアは,今のところ圧倒的にSPMのほうが高い。BAMMは,インターネットを利用して,ケンブリッジ大学のサイトから無償でダウンロードすることができ,ウィンドウズのパソコンで走らせることができる。このような解析ソフトの発展によって,臨床家が画像研究に参加できるようになり,統合失調症などの脳画像解析研究が爆発的に展開した。

また,統合失調症の脳科学で有名なのは,心理学的医学科の教授デイビッドである。アンソニー・デイビッドは,1980年にグラスゴー大学医学部を卒業し,神経心理学の修士号をとった。1990年からモーズレイ病院で臨床の仕事を始め,1996年から精神医学研究所の教授となった。おもに統合失調症の脳研究をしている。実験心理学会に所属するなど,心理学についての理解も深い。これまで300本以上の論文と4冊の著書がある。著書は,『脳と心の障害』,『神経科学と精神医学における自己』,『洞察と精神病』,『精神分裂病の神経心理学』である。最後のものは邦訳がある(カッティングと共編,岩波明・福田正人・中込和幸・上島国利監訳,星和書店)。

### 6) 司法精神医学科

司法精神医学科の初代教授はギベンス(1913-1983)である。彼は1950年から精神医学研究所で研究を続け,1967年に教授となり,1978年に退官した。

続いて教授となったのはジョン・ガンである。その後,教授としてパメラ・テイラーが加わった。ガンとテイラーは夫婦であり,司法精神医学を確立するために精力的に働き,『司法精神医学:臨床的・法的・倫理的問題』という教科書を書き,彼らが中心となって「司法精神医学雑誌」と「犯罪行動とメンタルヘルス」という

2つの雑誌を出した。ガンとテイラー（現在はウェールズ大学カーディフ校教授）は，2004年に神戸で開かれた世界社会精神医学会で来日した。

ガンが定年で退職した後は，シェイラ・ホジンスが教授を継いでいる。

**7）社会精神医学科**

1960年代以降，イギリスのコミュニティ・ケアを主導したのは，精神医学研究所の社会精神医学科である。この学科は，オーブリー・ルイスによる1948年の研究所創立時に作られた。この学科では，ウィング，レフなどが活躍した。この学科は2002年のレフの定年退官とともに，健康サービス研究科と名前を変えており，主任をつとめるのは教授のソーニクロフトである。

①ウィング

イギリスの社会精神医学の第一人者はジョン・ウィングであろう。ウィングは，1923年生まれで，ロンドン大学ユニバーシティ・カレッジ医学部を卒業し，モーズレイ病院と精神医学研究所で精神医学の訓練を受けた。以後そこで臨床にたずさわり，1970年に社会精神医学科の教授となり，1989年に定年退官するまで精力的な研究を続けた。

精神医学の科学的研究を進めるためには，どうしても信頼性の高い診断ツールが必要となる。ウィングは，精神医学的な症状を数量的にとらえて，客観的な診断基準を作ろうとした。ウィングらは，1960年代から症状評価尺度を作り，診断の信頼性を高めようと試みていた。そして1974年には，その集大成として，現在症診察表（PSE）という面接基準を開発した。また，CATEGOという診断プログラムを開発した（3-5-1参照）。ウィングらの研究がもとになって，構造化面接法とか操作的診断基準という用語が生まれ，さらにはアメリカ精神医学会のDSM-Ⅲを生む遠因となった（北村，1992）。この点で，ウィングの研究は，精神医学を大きく変えたといえる。

なお，自閉症の研究で有名なローナ・ウィングは，ジョン・ウィングの夫人である（ローナ・ウィング著『自閉症スペクトル：親と専門家のためのガイドブック』久保紘章ほか監訳，東京書籍）。

②レフ

ジュリアン・レフは，統合失調症の家族の感情表出（EE）の研究で有名である。レフは，1988年に，ウィングの後を継いで社会精神医学科の教授となった。

EE研究は，イギリスにおけるコミュニティ・ケアと脱病院化の動きに根ざしている。つまり，地域や家族の元に戻った患者の再発防止を目的としている。EEの研究を最初に行ったのは，ロンドン大学ベドフォード・カレッジのジョージ・ブラウン（10-4参照）とバーリーであった。彼らの研究を受け継いだ精神医学研究所のレフとヴォーンは，より洗練された方法を用いて，多くのデータを集めた（4-12

参照）。こうした EE 研究の成果は，レフとヴォーンの『分裂病と家族の感情表出』（三野善央・牛島定信訳，金剛出版）にまとめられている。レフらは，こうした知見にもとづいて家族教育のプログラムを作り，大きな成果をあげた（5-10 参照）。プログラムのマニュアルは邦訳もある（カイパース，レフ，ラム『分裂病のファミリーワーク』三野善央・井上新平訳，星和書店）。

　こうした家族研究のほかにも，レフはいろいろな研究を行っている。例えば，イソップ研究（Aetiology and Ethnicity in Schizophrenia and Other Psychosis：AESOP）は，統合失調症などの病因をさぐるために，ロンドンとブリストル，ノッティンガムでの多施設で行われている大規模研究である。レフの邦訳された著書には，ほかに『地球をめぐる精神医学』（星和書店）がある。

　2002 年にレフは精神医学研究所を定年退官した。筆者は 2002 年，退職の直前にレフを訪ねることができた。夫人は精神分析家で，娘は画家とのことで，研究室には娘の描いた絵が飾ってあった。研究室には，日本での写真や日本の大学のブロンズ像やメダルなども置いてあり，日本語の名刺まで持っていた。

　日本には 4 回も来たことがあるとのことで，その年に横浜で開かれた世界精神医学会にも参加した。日本の精神医療についてもかなり詳しく知っており，日本人の知り合いも多い。大阪府立大学の三野善央氏はレフの元に留学して，家族介入の研究を行い，日本で家族介入の実践を精力的にすすめている。

　レフは，家族介入法やアセスメント法（CFI）の訓練コースを作っており，それを担当しているのは，共同研究者の心理学者クリスティーン・ヴォーンである。彼女は，精神医学研究所の研究員である。筆者は留学中にヴォーンと連絡が取れたが，約束の日にトラブルがあって会うことができなかったのは残念であった。

　③ソーニクロフト

　社会精神医学科は，現在は，健康サービス研究科と名前を変えているが，ウィングやレフの伝統を引き継いでいるのが教授のソーニクロフトである。グラハム・ソーニクロフトは，現在のイギリスの社会精神医学の先頭を走っている。彼は精神医学研究所のコミュニティ精神医学をまとめたプリズム研究（PRiSM）を率いており，コミュニティ精神医学についてきわめて多くの著書を出している。『メンタルヘルスのニーズを測る』，『コミュニティ精神医学テキストブック』，『未来の都市におけるメンタルヘルス』（ゴールドバーグとの共編），モーズレイ・ディスカッション・ペーパーの一冊である『コミュニティ・ケアは失敗したのか？』（ゴールドバーグとの共著），『メンタルヘルス・マトリクス』などである。最後の『メンタルヘルス・マトリクス』は，精神医療を改善するための手がかりを組織的に考えたものであり，何カ国語にも訳されている。ただし邦訳はまだない。

　筆者は 2002 年にソーニクロフトの研究室を訪れ，イギリスのコミュニティ・ケ

アについて話を聞くことができた。本書でコミュニティ・ケアについて述べたことは，ソーニクロフトから聞いた情報や文献によるところが大きい。ソーニクロフトは，2004年に神戸で開かれた世界社会精神医学会で来日した。この時に東京大学でサテライト講演会を行った。

## 17-14. イギリスの精神医学の現状――その2　その他の大学の精神医学
### 1）ロンドン大学のユニバーシティ・カレッジと神経学研究所

ユニバーシティ・カレッジの医学部は，表17-2に示すように，教育病院としてユニバーシティ・カレッジ病院，王立自由病院，ミドルセックス病院を持っている。さらに，大学院として，神経学研究所を持っている。

ユニバーシティ・カレッジの精神科・行動科学部は，12の研究部門からなる。ユニバーシティ・カレッジ病院やホイッティントン病院などで教育・研究を行っている。7名の教授がいるが，そのひとりがポール・ベビントンである。彼は社会精神医学やコミュニティ精神医学の専門家であり，以前は精神医学研究所の社会精神医学部門でウィングやレフたちと研究をしていた。現在は，うつ病や統合失調症の疫学的な研究をしており，ガレティたちとともに統合失調症の認知行動療法のRCTを行っている。

また，神経学研究所（Institute of Neurology : ION）も有名である。この研究所は，すぐとなりに，国立神経学神経外科病院があり，病院と連動した神経学研究が行われている。

神経学研究所はニューロイメージング研究のメッカである。fMRIを用いて，脳のどの部位がどのような働きをしているかを調べる研究である。この研究所にウェルカム・イメージング神経科学科がある。ここには多くの脳研究者がいる。

教授のカール・フリストンは，精神医学者で，SPM（Statistical Parametric Mapping）という脳機能解析ソフトを開発した。fMRIやSPECTなどの脳画像を，標準となる脳の形状に合わせるソフトウェアであり，これによって統計的な処理がしやすくなった。脳の大きさや形は個人差が大きいので，そのままでは比較できない。そこで，SPMでは標準脳を設定して，個人の脳をそれに合わせる。これによって，個人の脳が同じ大きさ同じ形になるので，個人間の比較もできるようになるのである。臨床家が使いやすいように作られており，そのソフトの訓練コースなども作られている。インターネットを利用して，ユニバーシティ・カレッジ・ロンドンのサイトから無償で入手することができ，ウィンドウズのパソコンで走らせることができる。

神経学研究所のウェルカム・イメージング神経科学科は，教授のクリス・フリスをはじめとして心理学者も多い（13-8-3参照）。

### 2）オクスフォード大学の精神科

オクスフォード大学の精神科はワーンフォード病院を拠点としている。第10章では，ここの臨床心理学者を紹介したので，ここでは精神医学者について紹介する。

オクスフォード大学の精神科は，ガイ・グッドウィンが主任をつとめ，他に12名の教授がいる。統合失調症研究グループ，摂食障害研究グループ，不安障害研究グループ，自殺研究グループ，実証にもとづくメンタルヘルス研究グループなどに分かれて研究が行われている。

　①フェアバーン

摂食障害研究グループを率いるのは，教授のクリストファー・フェアバーンである。彼は，摂食障害や肥満の治療研究で有名である（5-17参照）。摂食障害の認知行動療法を開発し，『摂食障害と肥満』，『むちゃ食い』などの専門書を編集した。また，D・M・クラークとともに『認知行動療法の科学と実践』を編集し，これには邦訳もある（伊豫雅臣監訳，星和書店）。さらに，摂食障害の認知行動療法の自助マニュアル『過食を乗りこえる』（Fairburn, 1995）を出版した。フェアバーンは，世界中の学会でワークショップを開いている。筆者は，マーストリヒトで開かれたヨーロッパ行動認知療法学会でフェアバーンの「摂食障害の認知行動療法」のワークショップに参加することができた。ていねいでわかりやすい説明であり，その人柄が出ていた。邦訳された論文としては，ガーナーとガーフィンケル編『摂食障害治療ハンドブック』（小牧元監訳，金剛出版，2004）に「神経性過食症の認知行動療法」「神経性過食症に対する対人関係療法」「むちゃ食いに対するセルフヘルプと指導されたセルフヘルプ」がある。

　②クロウ

統合失調症研究グループを率いる教授のティモシー・クロウは，統合失調症の2症候群仮説の提唱者として有名である。つまり，統合失調症はタイプⅠ（陽性症状）とタイプⅡ（陰性症状）のふたつの症候群からなり，前者がドーパミン系の受容体の増加により，後者が脳細胞の脱落によるとする考え方である。この理論は，精神病理学と生物学的精神医学を統合した画期的なものであり，教科書に出てくるほど有名になった。クロウは，ノースウィック・パーク病院において，ジョンストン（のちにエディンバラ大学教授）やフリス（のちにロンドン大学神経学研究所教授）らとともに画像診断や精神薬理などの生物学的研究をすすめ，その成果を総合して2症候群仮説を出したのである。

　③その他

不安障害研究グループは，行動療法で有名なゲルダーがいた。その後，クラークとサルコフスキスとエーラーズの3名が率いていたが，この3名はロンドン大学精神医学研究所に移った。

自殺研究グループのキース・ホートンは，性的障害の心理療法で知られている。1989年に，クラークやサルコフスキスとともに『精神科的問題に対する認知行動療法』を編集した。この本は名著として版を重ねている。

また，ワーンフォード病院には，認知行動療法のディプロマ・コースもあり，これを担当しているのは，認知行動療法で有名な精神科医のメラニー・フェンネルである。フェンネルは，1984年に，当時オクスフォード大学にいたティーズデイルとともに，うつ病への認知療法の効果を調べた。こうした研究によって，認知療法がイギリスに広まるきっかけを作ったのである。

### 3）ケンブリッジ大学の精神科

ケンブリッジ大学の大学病院は，アデンブルック病院であり，この中に精神科がある。

ケンブリッジ大学に正式の医学部ができたのが1975年のことであるから，その歴史は意外に短い。精神科の初代教授はマーティン・ロスであり，1977年から1985年まで教授をつとめた。

第2代主任教授は，ユージーン・ペイケルであり，1985年から2001年まで教授をつとめた。ペイケルは，ロンドン大学精神医学研究所で学び，精神薬理学，ライフイベント研究，産後うつ病，自殺など，うつ病についてさまざまの方法を用いて世界的な業績を残している。第3代主任教授は，ピーター・ジョーンズであり，2000年から2001年まで教授をつとめた。

現在の精神科には，合わせて6名の教授がいる。主任教授は，トニー・ホランドとバロン－コーエン（10-6-1参照）である。

ケンブリッジ大学の精神科で特筆すべきことは，ふたりの心理学者が教授として活躍していることである。バロン－コーエンは，前述のとおり，自閉症や「心の理論」の研究で有名である。また，臨床神経心理学者のバーバラ・サハキアンが教授をつとめている。

教授のエドワード・ブルモアは，統合失調症の研究者であるが，脳画像の研究で世界的に知られている。ブルモアは，ロンドン大学精神医学研究所で精神医学を学び，そこでX-BAMという解析ソフトを開発した。1999年にケンブリッジ大学の精神科教授となった。このような解析ソフトの発展によって，臨床が画像研究に参加できるようになった。こうして，統合失調症などの脳画像解析研究が爆発的に展開した。ブルモアが教授に就任した1999年に，精神科の中に「脳マッピング研究ユニット」が作られた。ブルモアをはじめ，フレッチャーやサックリングなど，20名の教員が研究しており，ロンドン大学精神医学研究所や神経学研究所などとも連携している。ほかに，児童・思春期精神医学のグッドヤーが教授をつとめている。

助教授（リーダー）のベリオスは，精神医学史・精神病理学史の研究で有名であ

る。セージ社から出ている専門誌『精神医学史』の編集をするなど，多くの論文を書いている。

### 4）マンチェスター大学の精神科

マンチェスター大学やバーミンガム大学，リーズ大学などのイングランド中部の大学では，伝統的に統合失調症についての精神病理学がさかんであり，マンチェスター学派と呼ばれる。北村（1995）は以下のように述べている。

「マンチェスター学派はドイツのハイデルベルグ学派の影響を色濃く受けており，これはハイデルベルグのマイアー・グロスがバーミンガムで教育を行い，彼の教育を受けた Anderson がマンチェスターの教授となり，さらに Anderson の教育を受けた Trethowan がバーミンガム大学の教授に，そして Trethowan の教育を受けた Sims がリーズ大学の教授に就任していることからも充分理解できる」

かつては，ゴールドバーグが教授をつとめていた。ゴールドバーグは，GHQ（精神健康調査票）を開発したことで心理学の中でも有名である。マンチェスター大学で，ゴールドバーグは，ホブソンやマーギソンらとともに，心理療法の訓練について，対話モデルという方式を提案したことでも知られている。その後，ゴールドバーグは，ロンドン大学精神医学研究所の教授となった（17-13-2-4 参照）。

マンチェスター大学の精神科はいろいろな病院にまたがっている。医学部の中でも最大級の学科である。教授は 10 人おり，主任教授はアリステア・バーンズである。いろいろな研究グループに分かれている。精神科医の訓練だけでなく，臨床心理士やソーシャルワーカーなどの訓練もしており，学生数だけで 230 名以上という大所帯になっている。

臨床心理学においても，前述のように，統合失調症の研究者が多いことで知られる（4-11 参照）。

うつ病のハミルトン評価尺度を作ったことで知られているハミルトンは，リーズ大学の教授となった。ハミルトンは，ロンドン大学精神医学研究所でルイスのもとで精神医学を学んだ。

### 5）エディンバラ大学の精神科

スコットランドのエディンバラ大学では，モニソンが精神医学の講義を続け，1864 年にはレイコックが教授となった。これ以降，エディンバラはイギリスの精神医学の教育における中心地になった。ロバート・ケンデルが 1974 年から精神科教授をつとめた。彼は，ロンドン大学精神医学研究所で学び，統合失調症の診断基準を用いた研究をしている。

イブ・ジョンストンは，1989 年から，エディンバラ大学精神科の教授をつとめている。彼女は，ノースウィック・パーク病院において，クロウ（のちにオクスフォード大学教授）やフリス（のちにロンドン大学神経学研究所教授）らとともに，

統合失調症の画像診断や精神薬理などの生物学的研究をすすめた。その成果がクロウの2症候群仮説として結実した。

王立エディンバラ病院の精神科には，うつ病の認知療法で有名なブラックバーンがいる。ブラックバーンは，トワドルと共著で『認知療法イン・アクション』や，デイビッドソンと共著で『抑うつと不安への認知療法：実践家のためのガイド』を書いている。

### 6）ニューカースル大学の精神科

ロンドン大学やマンチェスター大学と並んで，統合失調症の認知行動療法研究の中心のひとつがニューカースル大学である（4-11参照）。精神科の上級講師をつとめるのは，ターキングトンである。彼は，グラスゴウ大学医学部卒後，一般開業医（GP）としての訓練を積んだあと，1984年に精神科医となった。1991～98年，ニューカースルの聖ニコラス病院で統合失調症の治療と研究にあたった。現在，週の半分は大学病院で身体科患者のリエゾン精神医療に携わり，残りの半分は統合失調症の研究に費やしている。サウザンプトン大学精神科教授のキングドンとともに書いた治療マニュアル『統合失調症の認知行動療法』（原田誠一訳，日本評論社）は，この分野のバイブルとなっている。

## 17-15. まとめ——精神医学と臨床心理学

イギリスの臨床心理学を理解するためには，精神医学や精神医療を理解しなければならない。

第1に，イギリスの臨床心理学は，はじめから精神科医療の中で育ってきた。臨床心理士と精神科医はライバル関係にあったが，精神医学の生物学化が進むことによって，臨床心理学が確立した（2-1参照）。生物－心理－社会の分業の中で，臨床心理士はその専門性を確立してきた。

第2に，多くの精神科医が認知行動療法の確立に貢献した。行動療法におけるウォルピ，マークス，ゲルダー，認知療法においては，フェアバーン，スコット，フェンネルなどである。

第3に，英国心理学会の資格制度や学会のあり方などは，もともと王立精神医学会をモデルにしている。王立精神医学会ができたのは1841年であり，1902年の英国心理学会よりも60年も早い。英国心理学会は王立精神医学会をモデルとして制度を整えてきた。

第4に，臨床心理士の養成は，精神医学をモデルとしている。臨床心理学で強調される科学者－実践家モデルとは，もともと医師養成のものである。つまり，科学的な基礎医学をきちんと学んでから，臨床医学を学び，臨床実践に入っていくというポリシーである。イギリスの臨床心理学が成功したのは，こうしたポリシーが精神医学の二番煎じにならず，心理学独自の科学者－実践家モデルを確立できたこと

にあるといえるだろう（9-9参照）。
　第5に，イギリスの精神科医療は，脱病院化とコミュニティ・ケア化を進め，こうした傾向の中で，医師の役割が相対的に低下し，臨床心理士や看護師の役割が上昇した。

## あとがき

　本書の5-2で述べたように，1980年代半ばからイギリスでおこった認知行動理論の領域拡大は，心理学の歴史に残るようなパラダイム・シフトである。心理学の歴史をひもといても，こうした時期はそう多くはない。不安障害に対する認知行動療法は，クラークをはじめとしてサルコフスキス，エーラーズ，ウェルズらのオリジナルな仕事である。また，統合失調症に対する認知行動療法は，ヘムズレイ，ガレティ，ワイクス，ピーターズ，バーチウッド，タリアらのオリジナルな仕事である。このようなオリジナルな仕事が一時期に一定の場所でまとまって出現したことは歴史の不思議ともいえる。筆者は，そうした心理学史の現場に立ち会うことができて，心理学者としてこれ以上の幸福はない。

　クラーク，サルコフスキス，エーラーズたちの不安障害研究グループは，2000年にロンドン大学精神医学研究所に移り，統合失調症研究グループ（ヘムズレイ，ガレティ，ワイクス，ピーターズ）と合流した。これによって，ロンドン大学精神医学研究所の心理学科は，世界の認知行動療法をリードする研究センターとなった。筆者が留学したのは，この直後の2002年のことである。世界を代表する臨床家が集まった精神医学研究所において，その仕事ぶりを直に見ることができたのはまことに幸運であった。もう数年早かったら，クラークのグループやガレティは，まだオクスフォードにいたわけであり，ロンドンに来てはいなかったからである。

　精神医学研究所は活気にあふれた場所で，毎日いろいろな研究会が開かれており，毎週のようにイギリス各地やアメリカなどから一流の研究者が来て講演をしていた。研究者としてこれほど恵まれた環境にいられることは少ないだろう。精神医学研究所で学んだ臨床心理学を日本に還元することは，筆者のミッションのようにも感じられた。

　筆者は，いたずらに「イギリスのものは何でも良い」とする外国崇拝の輩ではない。社会システムや社会の情報化など多くの側面では，日本はすでにイギリスを追い越している（これについては，いつか機会があればまとめてみたいと思っている）。しかし，こと臨床心理学については，イギリスは世界のトップであって，日本はそこから数十年遅れていると実感したのである。

　2003年1月に帰国してから，資料を整理したり，日本語の文献を調べるうちに，思わぬ長い時間がかかり，出版までに3年以上かかってしまった。3年もの間，辛

抱強く原稿を待っていただいた金剛出版の山内俊介さんと大田和江里子さんに深く感謝したい。

　この間に，日本の臨床心理学にも変化が見られるようになった。最大のターニング・ポイントは，2004年に神戸で開かれた世界行動療法認知療法会議（WCBCT）である。この国際学会では，世界29カ国から約1,400名の参加者があった。これは，日本で開かれた心理学関係の国際学会において，1972年の国際心理学会議（参加者約2,500名）と1990年の国際応用心理学会議（参加者約2,500名）についで3番目に大規模な国際学会だった。日本でも，認知行動療法や実証にもとづく臨床心理学への関心が確実に高まっていることを示している。神戸の前と後では，状況は確実に変わった。また，ここ数年の間に，本書で紹介した臨床心理学者（サルコフスキス，バーチウッド，ガレティ，ワイクス，タリア，ピーターズ）を日本に呼んだり，その著書を翻訳したりすることができたのも幸いである。

　奇しくも，夏目漱石がロンドンに留学したのは1900-1902年のことであり，筆者の留学からちょうど100年前のことであった。偶然ながら，筆者の留学は，漱石の留学と多くの共通点がある。①大学の教官が，②文部科学省からお金をもらって，③ロンドン大学に留学し，④家族と別れて単身で，⑤ロンドンで長期間の研究生活を送ったという点である。漱石は，イギリスで文学の本質を究めたいという使命感を持っていた。この点も，臨床心理学に対する筆者の使命感と共通する。ロンドンでの漱石は，さんざんな生活を送るが，イギリス文学との悪戦苦闘の中から，文学の本質について考え，帰国後，独創的な『文学論』をまとめ，さらには『我が輩は猫である』に始まる近代的作品群を生みだしていったわけである。本書が漱石の『文学論』に匹敵するものになっているかどうかは読者の判断に任せるほかはないが，いずれにせよ，ロンドンでの体験を日本でどのように生かしていけるか，筆者のこれからが問われていると感じる。

2005年10月6日<br>
丹野　義彦

# 文献

相場覚 (1971) 各国における研究の状況：イギリス. In：末永俊郎編：講座心理学 第1巻 歴史と動向. 東京大学出版会, pp.205-216.
Aldrich, R. (2002) The Institute of Education 1902-2002 A Centenary History. The Institute of Education.
Ashurst, P. (1991) Brief psychotherapy. In：Holmes, J. (ed.)：Textbook of Psychotherapy in Psychiatric Practice. Churchill Livingstone, pp.187-212.
Aveline, M. & Dryden, W. (1988) Group Therapy in Britain. Open University Press.
Baker, P. (1995) The Voice Inside：A practical guide to coping with hearing voices.
Barkham, M. (2002) Methods, outcomes and processes in the psychological therapies across four successive research generations. In：W. Dryden (ed.)：Handbook of Individual Therapy. Sage.
Beck, A., Rush, A.J., Shaw, B.F. & Emery, G. (1979) Cognitive therapy of depression. (坂野雄二監訳 (1992) うつ病の認知療法. 岩崎学術出版社.)
Bentall, R. (1990) Reconstructing Schizophrenia. Routledge, London.
Bentall, R.P. (1994) Cognitive bias and abnormal belief：towards a model of persecutory delusions. In：David & Cutting (eds.)：The Neuropsychology of Schizophrenia. LEA, Hove.
Bentall, R. (2004) Madness Explained：Psychosis and human nature. Penguin.
Birchwood, M. & Tarrier, N. (1992) The Innovations in the Psychological Management of Schizophrenia. Wiley.
Birchwood, M., Fowler, D. & Jackson, C. (2000) Early Intervention in Psychosis. Wiley.
Bond, T. (2000) Standards and Ethics for Counselling in Action, 2nd Edition. Sage.
British Psychological Society (2000) Recent Advances in Understanding Mental Illness and Psychotic Experiences.
Brown, G., Birley, J. & Wing, J. (1972) Influence of family life on the course of schizophrenic disorders：a replication. British Journal of Psychiatry, 121；241-258.
Brown, G. & Harris, T. (1978) Social Origins of Depression. Tavistock.
Burton, M. (1998) Psychotherapy, Counselling and Primary Mental Health Care：Assessment for brief or longer-term treatment. Wiley.
バターワース, G., 橋彌和秀 (2000) ジョージ・バターワースが日本で考えていたこと. 心理学ワールド, 10；26-27.
Carr, A. (ed.)(2000) What Works with Children and Adolescents? Brunner-Routledge.
Carr, A. (2001) Abnormal Psychology. Psychology Press.
Chadwick, J. & Birchwood, M. (1994) The omnipotence of voices：a cognitive approach to auditory hallucinations. British Journal of Psychiatry, 165；190-201.
Champion, L. & Power, M. (2000) Adult Psychological Problems, 2nd Ed. Psychology Press.
Claridge, G. & Broks, P. (1984) Schizotypy and hemisphere function-I：theoretical considerations and the measurement of schizotypy. Personality and Individual Difference, 5；633-648.
Claridge, G. (1990) Can a disease model of schizophrenia survive? In：Bentall (ed.)：Reconstructing Schizophrenia. Routledge, London.
Claridge, G. (1997) Schizotypy：Implications for illness and health. Oxford University Press.
Clark, D.M., Salkovskis, P.M. and Chalkley, A.J. (1985) Respiratory control as a treatment for panic attacks. Journal of Behavior Therapy and Experimental Psychiatry, 16；23-30.
Clark, D.M. (1986) A cognitive approach to panic. Behaviour Research and Therapy, 24；461-470.

Clark, D.M. & Wells, A. (1995) A cognitive model of social phobia. In : R. Heimberg, M.Liebowitz, D.A. Hope & F.R. Schneier (eds.): Social Phobia : Diagnosis, assessment and treatment. Guilford Press.

Clark, D. & Fairburn, C. (1997) Science and Practice of Cognitive Behaviour Thearpy. Oxford University Press.

Clarkson, P. & Pokorny, M. (1994) The Handbook of Psychotherapy. Routledge,

Clearing House for Postgraduate Course in Clinical Psychology (2002) Handbook 200 Entry.

Coleman, R. & Smith, M. (1997) Working with Voices : Victim to Victor. Handsell Publications.

ドラン, J.A.（小野泰博，内尾貞子訳, 1978）看護・医療の歴史．誠信書房．

Dryden, W., Charles-Edwards, D. & Woolfe, R. (eds.)(1989) Handbook of Counselling in Britain. Routledge.

Dryden, W. & Rentoul, R. (eds.)(1991) Adult Clinical Problems : A cognitive-behavioural approach. Routledge, London.（丹野義彦監訳（1996）認知臨床心理学入門．東京大学出版会．）

Dryden, W. (ed.)(2002) Handbook of Individual Therapy, Fourth Edition. Sage.

Ehlers, A. & Clark, D.M. (2000) A cognitive model of posttraumatic stress disorder. Behaviour Research and Therapy, 38 ; 319-345.

Eysenck, H. (1960) Handbook of Abnormal Psychology. Pitman Medical Publication.

Fairburn, C. (1995) Overcoming Binge Eating. Guilford Press.

Feltham, C. (ed.)(1999) Controversies in Psychotherapy and Counselling. Sage.

Fonagy, P (2001) Attachment Theory and Psychoanalysis. Other Press.

Fonagy, P. (ed.)(2002) An Open Door Review of Outcome Studies in Psychoanalysis. International Psychoanalytical Association.

Fonagy, P., Target, M., Cottrell, D., Phillins, J, & Kurtz, Z. (2002) What Works for Whom? : A critical review of treatments for children and adolescents. Guilford.

Fowler, D., Garety, P., Kuipers, E. (1995) Cognitive Behaviour Therapy for Psychosis : Theory and practice. Wiley.

Fransella, F. & Dalton, P. (2002) Personal Construct Therapy. In : Dryden, W. (ed.): Handbook of Individual Therapy, Fourth Edition. Sage, pp.158-178.

Frith, C. (1992) Cognitive Neuropsychology of Schizophrenia. Erlbaum.（丹羽真一，菅野正浩訳（1995）分裂病の認知神経心理学．医学書院．）

藤森闊一（1972）欧米諸国の医学教育改革．医歯薬出版．

古川壽亮（2000）エビデンス精神医療：EBPの基礎から臨床まで．医学書院．

Gerety, P. & Hemsley, D. (1994) Delusions : Investigations into the psychology of delusional reasoning. Oxford University Press.（丹野義彦監訳（2006 近刊）心理学からみた妄想（仮題）．ミネルヴァ書房．）

Garety, P., Fowler, D., Kuipers, E., Freeman, D., Dunn, G., Bebbington, P., Hadley, C., Jones, S. (1997) London-East Anglia randomised controlled trial of cognitive-behavioural therapy for psychosis. II : predictors of outcome. British Journal of Psychiatry, 171 ; 420-426.

Garety, P. & Freeman, D. (1999) Cognitive approaches to delusions : a critical review of theories and evidence. British Journal of Clinical Psychology, 38 ; 113-154.

Garety, P., Kuipers, E., Fowler, D., Freeman, D. & Bebbington, P. (2001) A cognitive model of the positive symptoms of psychosis. Psychological Medicine, 31 ; 189-195.

ガレティ, P.（2004）妄想への認知行動療法：ガレティのワークショップ．In：丹野義彦ほか編：認知行動療法の臨床ワークショップ2：ネズ夫妻とガレティのワークショップ．金子書房．

Gottesman, I. & McGuffin, P. (1996) Eliot Slater and the birth of psychiatric genetics in Great Britain. In : Freeman, H. & Berrios, G. (Eds.): 150 Years of British Psychiatry, Vol. II. Athlone Press.

Gournay, K. & Brooking, J. (1994) Community psychiatric nurses in primary health care. British Journal of Psychiatry, 165 ; 231-238.

Gudjonsson, G. (1992) The Psychology of Interrogations, Confessions and Testimony. Wiley.（庭山英雄，渡部保夫，浜田寿美男，村岡啓一，高野隆訳（1994）取り調べ・自白・証言の心理学．酒井書店．）

Hawton, K., Salkovskis, P.M., Kirk, J. & Clark, D.M. (1989) Cognitive Behaviour Therapy for Psychiatric Problems. Oxford University Press.
Hemsley, D. & Garety, P. (1986) The formation of maintenance of delusions: a Bayesian analysis. British Journal of Psychiatry, 149; 51-56.
Hogg, L. & Hall, J. (1995) Management of long-term impairments and challenging behaviour. In: Biechwood & Tarrier (eds.): Innovations in the Psychological Management of Schozophrenia. Wiley.
Holmes, J. (1991) Introduction: analytic psychotherapy. In: Holmes, J. (ed.): Textbook of Psychotherapy in Psychiatric Practice. Churchill Livingstone, pp.3-30.
Huq, S., Garety, P. & Hemsley, D. (1988) Probabilistic judgements in deluded and non-deluded subjects. Quarterly Journal of Experimental Psychology, 40A; 801-812.
今田寛 (1988) Hans Jurgen Eysenck：人とその業績．行動療法研究, H.J.アイゼンク特集号, 23-36.
今田恵 (1962) 心理学史．岩波書店．
井上和臣 (2002) うつ病：認知的側面. In：下山晴彦, 丹野義彦編：講座 臨床心理学 4　異常心理学Ⅱ．東京大学出版会, pp.107-126.
石垣琢麿, 丹野義彦 (1999) 妄想と幻覚の認知的アセスメント．精神科診断学, 9；513-524.
石垣琢麿 (2002) バーチウッドはどのような臨床研究をしているか．In：丹野義彦編：認知行動療法の臨床ワークショップ：サルコフスキスとバーチウッドの面接技法．金子書房, pp.75-94.
石川義博 (1979) イギリス．In：現代精神医学体系 第 1 巻 A 精神医学総論Ⅰ．中山書店．
岩脇三良 (1980) イギリス．In：肥田野直編：現代心理学の動向．川島書店．
Jones, M. (2002) イギリスにおける看護師の処方権 (Nurse prescribing in the UK)．インターナショナル・ナーシング・レビュー, 25-5；53-56.
木村駿 (1990) アイゼンク．In：臨床心理学体系 第 16 巻　臨床心理学の先駆者たち．金子書房．
Kingdon, D.G. & Turkington, D. (1994) Cognitive-Behavioural Therapy for Schizophrenia. Lawrence Erlbaum. (原田誠一訳 (2002) 統合失調症の認知行動療法．日本評論社.)
北村俊則 (1992) 現代の古典 (8) John K. Wing 1974. 精神科診断学, 2；479-481.
北村俊則 (1995) 精神症状測定の理論と実際　第 2 版．海鳴社．
北村俊則 (1996) 現代の古典 (26) Kumar, R. and Robson, K.M. 1984. 精神科診断学, 7；557-560.
小堀修 (2003) 認知療法 News 24 号—そうだ，ロンドンに行こう．こころの臨床 a・la・carte, 22, 81-84.
古賀行義編 (1975) 現代心理学の群像．協同出版．
Kohon, G. (ed.)(1986) The British School of Psychoanalysis: The independent tradition. Free Association Books. (西園昌久監訳 (1992) 英国独立学派の精神分析：対象関係論の展開．岩崎学術出版社.)
小杉肇 (1969) 統計学史通論．恒星社厚生閣．
厚生省 (1990) 欧米諸国の医療保障 (第 2 版)．社会保険法規研究会．
Kuipers, E. (2001) The present and the future of clinical psychology in the UK. Epidemiologia e Psichiatria sociale, 10；135-138.
Kuipers, E., Leff, J. & Lam, D. (1992) Family Work for Schizophrenia: A practical guide. Gaskel. (三野善央，井上新平訳 (1995) 分裂病のファミリーワーク．星和書店.)
Kuipers, E., Garety, P., Fowler, D., Dunn, G., Bebbington, P., Freeman, D., Hadley, C. (1997) London-East Anglia randomised controlled trial of cognitive-behavioural therapy for psychosis. Ⅰ：Effects of the treatment phase. British Journal of Psychiatry, 171；319-327.
Kuipers, E., Fowler, D., Garety, P., Chisholm, D., Freeman, D., Dunn, G., Bebbington, P., Hadley, C. (1998) London-East Anglia randomised controlled trial of cognitive-behavioural therapy for psychosis. Ⅲ：Follow-up and economic evaluation at 18 months. British Journal of Psychiatry, 173；61-68.
倉智佐一 (1974) C.E.スピアマン．In：古賀行義編：現代心理学の群像．協同出版．
Leff, J., Kuipers, E., Berkowitz, R., Eberlein-Vries, R., Sturgeon, D. (1982) A controlled trial of social intervention in the families of schizophrenic patients. British Journal of Psychiatry, 141；121-134.
Leff, J. & Vaughn, C. (1985) Expressed Emotion in Families. Guilford Press. (三野善央，牛島定信訳

(1991) 分裂病と家族の感情表出. 金剛出版.)
Lindsay, S. & Powell, G. (1994) Handbook of Clinical Adult Psychology, 2nd Ed. Routledge.
Mace, C., Moorey, S. & Roberts, B. (eds.)(2001) Evidence in Psychological Therapies：A critical guide for practitioners. Brunner-Routledge.
Marks, I. (1985a) Controlled trial of psychiatric nurse therapists in primary care. British Medical Journal, 290 ; 1181-1184.
Marks, I. (1985b) Nurse Therapists in Primary Care. RCN Publications.
Marzillier, J. & Hall, J. (Eds.) (1999) What is Clinical Psychology? Third Edition. Oxford University Press. (下山晴彦編訳 (2003) 専門職としての臨床心理士. 東京大学出版会.)
松本雅彦 (1991) 精神医学的診断基準. In：河合隼雄監修：臨床心理学2 アセスメント. 創元社.
モーズレイ (神戸文哉訳, 1872) 精神病約説. 創造出版.
Maultsby, M. & Gore, T. (1986) Rational Behaviour Therapy (RBT). In：Dryden, W. & Golden, W. (eds.)：Cognitive-Behavioural Approach to Psychotherapy. Harper & Row, pp.169-195.
McCarthy, R. & Warrington, K. (1990) Cognitive Neuropsychology：A clinical introduction. Academic Press.
McLeod, J. (1999) Practitioner Research in Counselling. Sage.
McLeod, J. (2001) Qualitative Reseach in Counselling and Psychotherapy. Sage.
Moher, D., Schulz, K., Altman, D. & CONSORT Group (2001) The CONSORT statement：revised recommendations for improving the quality of report of parallel-group rondomised trials. Lancet, 357 ; 1191-1194.
Morgan-Jones, R. & Abrams, J. (2001) Psycho/Analytic Psychotherapy Trainings：A guide. Free Association Books.
村上陽一郎 (1971) 西欧近代科学—その自然観の歴史と構造. 新曜社.
延広真治 (1992) 三遊亭円朝『真景累ケ淵』. 国文学, 1992年8月号；110-112.
大芦治, 平井久 (1992) 学習性無力感に関する帰属理論についての研究. 心理学評論, 35, 175-200.
Obsessive Compulsive Cognitions Working Group (1997) Cognitive assessment of obsessive compulsive disorder. Behavior Research and Therapy, 35 ; 667-681.
小川一夫, 吉森護 (1974) W.マクデューガル. In：古賀行義編：現代心理学の群像. 協同出版.
岡部祥平 (1988) 諸外国の現況：イギリス. In：日本臨床心理士資格認定協会監修：臨床心理士になるために. 誠信書房.
小此木啓吾 (1980) 精神分析理論. In：現代精神医学体系 第1巻B1b 精神医学総論Ⅱa2. 中山書店. (『現代の精神分析』として2002年に講談社学術文庫から刊行.)
小此木啓吾, 狩野力八郎 (1995) パーソナリティ障害の精神分析的研究. 金剛出版.
Olfson, M., Leon, A., Broadhead, E., Weissman, M., Barrett, J., Blacklow, R., Gilbert, T. & Higgins, E. (1995) The SDDS-PC：a diagnostic aid for multiple mental disorders in primary care. Psychopharmacology Bulletin, 31 ; 415-420.
Oshima, I., Mino, Y. & Inomata, Y. (2003) Institutionalisation and schizophrenia in Japan：social environments and negative symptoms：nationwide survey of in-patients. British Journal of Psychiatry, 183 ; 50-56.
大島巌 (2004) ACT・ケアマネジメント・ホームヘルプサービス：精神障害者地域生活支援の新デザイン. 精神看護出版.
Padesky, C.A. (1996) Developing cognitive therapist competency：teaching and supervision models. In：Salkovskis, P. (ed.)：Frontiers of Cognitive Therapy. Guilford Press.
Palmer, S., Dainow, S. & Milner, P. (1996) Counselling：The BAC counselling reader. Sage.
Parry, G. & Richardson, A. (1996) NHS Psychotherapy Services in England：Review of strategic policy. Department of Health.
Pathfinder Hearing Voices Group (1999) Hearing Voices.
Payne, W. (2000) The biginings of the clinical psychology programme at the Maudsley Hospital, 1947 to

1959. Clinical Psychology Forum, 145 ; 17-21.
Persons, J. & Davidson, J. (2001) Cognitive-Behavioral case formulation. In : Dobson, K. (ed.): Handbook of Cognitive-Behavioral Therapies, Second Edition. Guilford Press.
Peters E.R., Joseph, S.A. & Garety, P.A. (1999) Measurement of delusional ideation in the normal population : introducing the PDI (Peters et al. Delusions Inventory). Schizophrenia Bulletin, 25 ; 553-576.
Pilgrim, D. (2002) The Cultural Context of British Psychotherapy. In : W. Dryden (ed.): Handbook of Individual Therapy. Sage, pp.1-15.
Pines, M. (1991) A history of psychodynamic psychiatry in Britain. In : Holmes, J. (ed.): Textbook of Psychotherapy in Psychiatric Practice. Churchill Livingstone, pp.31-55.
Rachman, S.J. & de Silva, P. (1978) Abnormal and normal obsessions. Behaviour Research and Therapy, 16 ; 233-248.
Rachman, S. (1997) The development of cognitive behavioural therapies. In : Clark, D. & Fairburn, C. (Eds.): Science and Practice of Cognitive Behaviour Thearpy. Oxford University Press.
Raffel, M. (ed.)(1984) Comparative Health System. Pennsylvania State University Press. (二宮陸雄監訳 (1990) 先進14カ国の医療システム：制度・教育・保険・財政・施設のすべて．毎日新聞社．)
李敏子（1992）臨床心理学の諸外国の事情：イギリス．In：氏原寛，東山紘久，山中康裕，成田善弘，亀口憲治編：心理臨床大事典．培風館．
Roth, A. & Fonagy, P (eds.)(1996) What Works for Whom? Routledge.
Rowland, N. & Goss, S. (eds.)(2000) Evidence-based Counselling and Psychotherapies : Research and applications. Routledge.
Rush, A.J., Beck, A.T., Kovacs, M. & Hollon, S. (1977) Comparative efficacy of cognitive therapy and pharmacotherapy in the treatment of depressed outpatients. Cognitive Therapy and Research, 1 ; 17-37.
Rutter, M. (1972) Maternal Deprivation Reassessed. （北見芳雄，佐藤紀子，辻祥子訳（1979）母親剥奪理論の功罪：マターナル・ディプリベーションの再検討．誠信書房．)
Ryle, A. (1991a) Cognitive-Analytic Therapy : Active participation in change. Wiley.
Ryle, A. (1991b) Depression. In : Holmes, J. (ed.): Textbook of Psychotherapy in Psychiatric Practice. Churchill Livingstone, pp.265-286.
Ryle, A. (ed.)(1995) Cognitive Analytic Therapy : Developments in Theory and Practice. Wiley.
Ryle, A. & Kerr, I. (eds.)(2002) Introducing Cognitive Analytic Therapy : Principles and practice. Wiley.
Salkovskis, P. (1985) Obsessional-compulsive problems : a cognitive-behavioural analysis. Behavior Research and Therapy, 23 ; 571-583.
Salkovskis, P. (1989) Obsessions and compulsions. In : Scott, J., Williams, J.M.G. & Beck, A.T. (eds.): Cognitive Therapy in Clinical Practice. Routledge.
Salkovskis, P. (2002) Empirically grounded clinical interventions : cognitive-behavioural therapy progresses through a multi-dimensional approach to clinical science. Behavioural and Cognitive Psychotherapy, 30 ; 3-9.
サルコフスキス（2002）不安障害の認知行動療法—サルコフスキスのワークショップ．In：丹野義彦編：認知行動療法の臨床ワークショップ：サルコフスキスとバーチウッドの面接技法．金子書房．
Segal, Z., Williams, J. & Teasdale, J. (2002) Mindfulness Based Cognitive Therapy : A new approach to the prevention of depression. Guilford Press.
Shapiro, D.A. & Shapiro, D. (1982) Meta-analysis of comparative therapy outcome studies : a replication and refinement. Psychological Bulletin, 92 ; 581-604.
Shapiro, M.B. & Ravenette, A.T. (1959) A preliminary experiment on paranoid delusions. Journal of Mental Science, 105 ; 295-312.
志水宏吉（1994）変わりゆくイギリスの学校．東洋館出版社．
下里誠二（2003）英国触法精神看護の研修から．精神科看護，30；14-17.
下山晴彦（2000a）心理臨床の発想と実践．岩波書店．
下山晴彦（2000b）臨床心理学の教育・訓練システムをめぐって：英国および米国の状況を参考として．

臨床心理士報, 12 ; 19-32.
荘司雅子（1969）現代西洋教育史．亜紀書房．
Slade, P.D. & Bentall, R.P. (1988) Sensory Deception : A Scientific Analysis of Hallucination. Croom Helm.
Smith, M. & Glass, G. (1977) Meta-analysis of psychotherapy outcome studies. American Psychologist, 32 ; 752-760.
Spitzer, R., Williams, J., Kroenke, K., Linzer, M., deGruy, F., Hahn, S., Brody, D. & Johnson, J. (1994) Utility of a new procedure for diagnosing mental disorders in primary care : the PRIME-MD 1000 study. JAMA, 272 ; 1749-1756.
末永俊郎（1971）講座心理学 第1巻 歴史と動向．東京大学出版会．
Szmukler, G. & Holloway, F. (2001) In-patients treatment. In : Thornicroft, G. & Szmukler, G. (eds.): Textbook of Community Psychiatry. Oxford University Press.
丹野義彦（1985）サイバネティクス・テーマあるいは存在のシミュレータ．SFの本, 7号．
丹野義彦（2001a）エビデンス臨床心理学．日本評論社．
丹野義彦（2001b）実証にもとづく臨床心理学．In：下山晴彦，丹野義彦編：講座 臨床心理学 1 臨床心理学とは何か．東京大学出版会．
丹野義彦（2001c）臨床心理アセスメント学の成立に向けて．In：下山晴彦，丹野義彦編：講座 臨床心理学 2 臨床心理学研究．東京大学出版会, pp.127-142．
丹野義彦（2001d）臨床心理学における実証的方法．In：下山晴彦，丹野義彦編：講座 臨床心理学 2 臨床心理学研究．東京大学出版会．
丹野義彦，坂本真士（2001）自分のこころからよむ臨床心理学入門．東京大学出版会．
丹野義彦（2003）性格の心理；ビッグファイブと臨床からみたパーソナリティ．サイエンス社．
丹野義彦（2004）ワイクスによる認知リハビリテーション療法のワークショップ．日本認知療法学会ニューズレター．
丹野義彦ほか編（2004）認知行動療法の臨床ワークショップ 2：ネズ夫妻とガレティのワークショップ．金子書房．
Tarrier, N. (1992) Management and modification of residual positive psychotic symptoms. In : Birchwood & Tarrier (eds.): Innovations in the Psychological Management of Schizophrenia. John Wiley.
Teasdale, J. & Bernard, P.J. (1993) Affect, Cognition, and Change : Remodelling depressive thought. Hove.
Thornicroft, G. & Goldberg, D. (1998) Has community care failed? Maudsley Discussion Paper, No.5.
Thornicroft, G. & Szmukler, G. (2001) Textbook of Community Psychiatry. Oxford University Press.
鳥居修晃（1979）視覚の世界．光生館．
鳥居修晃（1990）先天盲における開眼手術の視覚とバークリ：バークリ視覚新論．勁草書房．
鳥居修晃，望月登志子（2000）先天盲開眼者の視覚世界．東京大学出版会．
豊倉康夫，萬年徹，高須俊明，岩田誠，橋本しをり（2004）ジェイムズ・パーキンソンの人と業績— 1755–1817–21世紀に向けて．診断と治療社．
Twaddle, V. & Scott, J. (1991) Depression. In : Dryden, W. & Rentoul, R. (eds): Adult Clinical Preblems : A cognitive-behavioural approach. Routledge, London.（坂本真士訳（1996）認知臨床心理学入門．東京大学出版会．）
内村祐之（1972）精神医学の基本問題．医学書院．
上地安昭（1984）時間制限心理療法の理論と実際．金剛出版．
梅津八三（1997）重複障害児との相互輔生—行動体制と信号系活動．東京大学出版会．
Warren, H. (1921) A History of the Association Psychology.（矢田部達郎訳（1951）心理学史．創元社．）
Weishaar, M. (1993) Aaron T. Beck : Key figures in counselling and psychotherapy. Sage.
Wells, A. & Matthews, G. (1994) Attention and Emotion : A clinical perspective. Lawrence Erlbaum.（箱田裕司，津田彰，丹野義彦監訳（2002）心理臨床の認知心理学．培風館．）
Wells, A. (1997) Cognitive Therapy of Anxiety Disorders : A practice manual and conceptual guide. Wiley.
Wells, A. & Clark, D.M. (1997) Social Phobia : a cognitive approach. In : G.C.L. Davey (ed.): Phobias : A handbook of theory, research and treatment. Wiley.

Wells, A. (1998) Cognitive therapy of social phobia. In : N. Tarrier, A. Wells & G. Haddock (eds.): Treating Complex Cases : The cognitive behavioural therapy approach. Wiley.
Wessler, R. & Hankin-Wessler, S. (1986) Cognitive Appraisal Therapy (CAT). In : Dryden, W. & Golden, W. (eds.): Cognitive-Behavioural Approach to Psychotherapy. Harper & Row, pp.196-223.
Wilson, G. & Clark, D. (1999) Introduction. Behaviour Research and Therapy, 37 ; S1-S4.
Woolfe, R., Dryden, W. & Charles-Edwards, D. (1989) The nature and range of counselling practice. In : Dryden, W., Charles-Edwards, D. & Woolfe, R. (eds.): Handbook of Couselling in Britain. Routledge.
山本和郎 (1986) コミュニティ心理学. 東京大学出版会.
吉田正昭 (1971) 連合主義. In : 末永俊郎編：講座心理学 第1巻 歴史と動向. 東京大学出版会.

# 索引

## ●人名索引

### ア行

アーガイル　234
アイゼンク（ハンス）　16, 33-35, 41, 62, 83, 102, 137, 139, 142, 144, 177, 202, 236, 241, 242
アイゼンク（マイケル）　154, 237
相場覚　138
アブラハム　243
イーガン　203, 262, 270
ヴィトゲンシュタイン　219, 238
ウィニコット　245, 249, 250, 269
ウィリアムス　156, 160
ウィリス　226
ウィング　36, 286, 301
ウェクスラー　35
ウェルズ　47, 48, 58, 59, 64, 68, 101, 163
ヴォーン　37, 52
ウォルピ　17, 62
ウルフ　253
ヴント　227
エイブラムソン　102, 158
エインスワース　102, 259
エーラーズ　49, 58, 63, 64, 69, 138, 145, 147, 148, 156
エリオットソン　261
エリス　41, 42, 62, 204, 269
オーウェン　194, 220
オーフォード　165
オルポート　33

### カ行

カー　168, 267
カイパース　25, 28, 70, 72, 138, 149, 150
カラム　162
ガレティ　25, 51-54, 58, 64, 71, 76, 82, 88, 90, 91, 138, 149, 293
カレン　226
ガン　300
ガントリップ　245, 250
キャッテル　33, 34
ギルフォード　33, 34
キングドン　79, 307

グールネイ　115
グッドジョンソン　138, 141, 152, 202
クマール　295
クラーク（デイビッド・H）　284
クラーク（デイビッド・M）　18, 43, 47, 49, 58, 59, 63-66, 68, 69, 138, 143, 144, 147, 156, 160, 163
クライン　16, 243, 245, 246, 248, 249, 252, 253, 269
グラス　84
クラリッジ　34, 102, 140, 155
グラント　222
グレイ　140, 143, 158
クレイク　231, 232
グレゴリー　240
クレッチマー　33, 34, 282
クレペリン　216, 282
クロウ　304
ゲルダー　18, 62, 158
ケント　167, 204
コーエン　236, 238
コーコラン　103, 165
ゴールドバーグ　37, 119, 296, 306
ゴールトン　35, 223, 228, 229, 235, 242
コクラン　286
コスタ　35
ゴゼッド　223
ゴッテスマン　103
コノリー　281

### サ行

サザランド　240
サリー　227, 229, 230, 232, 235
サルコフスキス　18, 45, 47, 58, 59, 63, 64, 67, 68, 77, 82, 99, 105, 138, 143, 145, 146, 156
ザングウィル　231, 241
サンドラー　153
シーガル　160
シェパード　296
シェリントン　226
下山晴彦　18
ジャクソン（クリス）　166
ジャクソン（ジョン）　226
シャピロ（デイビッド）　85, 167, 264
シャピロ（モンテ）　17, 137, 139, 142
シャフラン　156

シャルコー　261, 282
ジョーンズ（アーネスト）　243
ジョーンズ（マクスウェル）　284
ジョンズ　123, 124, 127-130
ジョンストン　304, 306
スウィフト　281
スキナー　41
スコット　204, 297
スタウト　228, 232
ステプトー　154, 205, 238
ストー　252
スピアマン　35, 178, 229, 235
スピッツァー　36
スペンサー　215, 220
スミス　84
スレイター　103, 299
セリグマン　102, 158
ソーニクロフト　119, 297, 302

## タ行

ダーウィン　216, 226, 228, 242
ターキングトン　51, 79, 101, 307
タービン　167
ターマン　35
タイラー　221
タリア　51, 52, 57, 64, 74, 93, 161, 162, 166
ダルグライシ　102, 160
チャドウィック　51, 56, 58, 73
ツァン　103
ティーズデイル　63, 101, 102, 158
デイヴィ　175, 240
ティチナー　232
デイビッド　300
ティンバーゲン　158, 234
デシルバ　44, 47, 138, 143, 148
テューク　281
ドライデン　203, 262, 269, 270
トラウアー　166

## ナ・ハ行

ナイチンゲール　290
永井洋子　138
夏目漱石　228, 310
ニュートン　225, 226
ハーヴェイ　225
バーギン　83, 141
パーキンソン　226
バークハム　168, 266
バークリー　212
バーチウッド　51, 52, 56-58, 64, 73, 74, 82, 111, 113, 161, 165, 204
バート　34, 192, 196, 236
ハートレイ　214
バートレット　176, 231, 242
バーノン　236
パールズ　269
バーロウ　85
パヴロフ　41
バターワース　240
バッドリー　232
パデスキー　132
ハドック　162
ハミルトン　37, 306
ハリー　222
パリー　167, 265
ハリス　102, 154
バリント　112, 245, 250, 254
バロウクロウ　51, 162
バロン−コーエン　103, 157, 305
パワー　102, 168
ピアソン　35, 223, 235
ピーターズ　20-30, 32, 51, 55, 64, 138, 149, 150, 152
ビネー　35
ヒューム　213
フィッシャー　223
フークス　260
フェアバーン（W・R・D）　245, 248, 250
フェアバーン（クリストファー）　76, 80, 145, 304
フェレンツィ　243
フェンネル　63, 159, 305
フォナギー　85, 153, 246, 265
ブラウン　51, 102, 154
ブラックバーン　63, 307
フリーマン　138, 150
フリス（ウタ）　103, 153, 207
フリス（クリス）　103, 154, 207, 304
フリストン　103, 300, 303
ブリューイン　37, 102, 153
ブルモア　103, 300, 305

ブルーナー 158, 233
フレイザー 221
ブレイド 261
フロイト（アンナ） 16, 153, 243, 245, 246, 252, 253, 258, 259
フロイト（ジグムント） 16, 60, 221, 243, 246, 248-251, 254, 261, 269, 282
ブロイラー 216
プロミン 104
ブロードベント 158, 177, 231-233
ベイカー 37
ベイケル 305
ベイン 215
ベーコン 224
ベック 41, 42, 62, 65, 79, 101, 144, 147, 159, 163, 269
ヘッド 226
ヘッブ 217
ペティ 222, 225
ベビントン 303
ヘムズレイ 20, 28, 51-53, 58, 64, 103, 138, 148, 293
ベリオス 305
ベル 225
ベンタル 34, 51, 102, 164
ホール 15, 37, 95, 157
ボールビィ 102, 258, 298
ホッブス 211
ホワイトヘッド 218

### マ行

マークス 18, 62, 115, 294
マーティン 155
マイケンバウム 41, 62, 269
マイヤーズ 17, 173, 177, 221, 230, 261
マクガフィン 104
マクドゥーガル 221, 229, 232, 233, 235
マクラウド 277
マシューズ（アンドリュー） 160
マシューズ（G） 101, 163
マスロー 17, 269
マツィリア 15, 95, 156
マックレー 35
マラン 254
マリノフスキー 221

マルサス 222
マレイ 20, 297
ミシェル 35
ミル（ジェームス） 214
ミル（ジョン・スチュアート） 215
ムーア 218
メイ 17, 269
メイン 284
メスメル 261
モーガン 228
モーズレイ 282
モリソン 51, 101, 164

### ヤ・ラ・ワ行

ヤスパース 282
ヤング 226
ユール 138, 152
ユング 16, 33, 34, 233, 243, 252
ライル 262, 270
ラカン 261
ラター 102, 259, 298
ラックマン 18, 44, 47, 62, 138, 142, 144, 146, 148
ラッセル 218
ラドクリフ＝ブラウン 221, 230
ラム 70, 138, 152
リード 217
リチャードソン 265
リバース 221, 229, 230
ルイス 293, 301
ルウェリン 157
レアード 240
レイヴン 35
レイン 260
レフ 37, 52, 70, 301
ロジャース 17, 269
ロス 85, 153, 266
ロック 210, 211
ロマーネス 228
ローズ 176
ワード 227, 229
ワードル 154, 206
ワイクス 26, 51, 64, 73, 103, 138, 151
ワトソン 60

## ●項目索引

### a-z

ABC 図式　42, 43, 47, 54-56, 58
DSM
　− -Ⅲ　36
　臨床心理士のための−　61, 208
LEO サービス　75, 90-92, 114
PTSD →外傷後ストレス障害

### あ行

アイゼンク人格質問紙　34
アイゼンク人格目録　34
愛着理論　258
アセスメント・ツール　38, 39, 80, 81
アセスメント・リテラシー　39
安全行動　48, 69
イギリス経験論　210
イギリス行動認知療法学会　27, 77, 97, 99
イギリス行動療法学会　62
イギリス心理療法家同盟（BCP）　263
イギリス精神分析学会　243
異常心理学　18, 22, 24, 40, 58-60, 77
一次医療　107, 108, 110, 112, 114, 116
一事例実験　84
一般開業医　106-110, 112
医療審議会　37
因子論　33
インフォームド・コンセント　83
ウェールズ大学　134
ウェクスラー式　35
英国カウンセリング心理療法協会（BACP）　273, 278
英国心理学会　27, 122, 123, 171, 175, 176, 181, 183, 185, 189, 190, 191, 229, 275, 276, 279
エディンバラ大学　134, 168, 239, 306
王立精神医学会　287
オクスフォード大学　134, 155, 232, 303

### か行

外傷後ストレス障害　49, 64, 69, 148
ガイドライン　85
カウンセラー　116
カウンセリング　15, 17, 18, 268
カウンセリング心理学　197, 202, 275
科学者−実践家モデル　16, 19, 95, 124, 129, 130, 133, 186
家族介入　70
家族の感情表出　51, 70
看護学　290
観察者視点の自己注目　47
感情心理学　102
記述統計学　223
基礎資格　184, 186
基礎的心理学　210
教育研究所　196, 238
教育心理学　192, 197
強迫
　−観念　44
　−スキーマ　46
　−性障害　44-47, 64, 68
　−認知ワーキンググループ　47
クライエント中心療法　269
グラスゴー大学　134, 168, 239
経験に裏づけられた臨床的介入　78
経済コストの分析　89
ケース・フォーミュレーション　22, 29, 58, 59, 66, 68, 71, 72, 78
ケース・マネジメント　22, 23, 29
ケーススタディ　127
結論への性急な飛躍　53
原因帰属バイアス　55
研究環境マネジメント　105, 208
健康心理学　197, 205
現在症診察表（PSE）　36
幻聴　56, 73, 81
ケンブリッジ大学　134, 157, 229, 305
行動アセスメント　37
行動遺伝学　103, 104
行動規範　179
行動病理学　41
行動療法　16, 17, 62, 141
行動療法促進学会　77, 98
公認心理士　123, 184, 188, 189
公認臨床心理士　18, 30, 120, 121, 184
国際環境マネジメント　208
国際疾病分類　36
国民健康サービス　30, 63, 75, 86, 87, 106, 107, 113, 114, 122, 123, 126, 129, 189, 254, 283, 286
コクラン共同計画　286
心の理論　55, 103

国家資格　189
個別専門資格　184, 187
コミュニティ・ケア→地域医療
コミュニティ・メンタルヘルス・チーム　113
コミュニティ精神科看護師（CPN）　115

## さ行

再発モニタリング・システム　74
催眠療法　261
サセックス大学　239
産業心理学　197, 198
シェフィールド大学　167, 241
資格制度　184
資格認定制度　178
実験科学　224
実験心理学　227
実験心理学会　241
実証にもとづく
　―医療　26, 87
　―カウンセリング　279
　―健康政策　18, 286
　―心理療法　153, 243, 264
　―精神医療　286
　―臨床心理学　18, 63, 79, 87, 93, 100, 129, 130, 180
質問紙法　35
自動思考　43, 65
児童心理療法　258
児童心理療法家協会（ACP）　263
私費医療　109
司法心理学　197, 200
司法精神医学　287
社会心理学　102
社会精神医学　284
集団精神療法　260
主張的コミュニティ治療　114
症状対処ストラテジー　57
症状評価
　―質問紙　37
　―尺度　36
職業的心理学　17, 171, 173, 174, 190, 191, 208
事例研究　84
人格障害のアセスメント　38
進化心理学　103
進化論　226

神経学　226, 283
神経学研究所　154, 303
神経心理学　197, 206
神経性大食症　76
診断基準　36, 286
侵入思考　44-46
心配　49
心理アセスメント　15, 29, 31, 32
心理療法　15, 18, 243, 253, 255, 262, 268
推測統計学　223
推論バイアス　55
スーパービジョン　91, 118, 127, 132
スコットランド学派　217
ストレス心理学　102
性急な結論バイアス　55
政治算術論　222
精神医学　15, 281, 282
精神医学研究所　17, 20, 26, 28, 36, 43-45, 52, 53, 62-64, 70, 76, 88, 103, 110, 115, 120, 123, 127, 128, 131, 137-139, 142-145, 148-150, 152, 237, 292-294, 309
精神分析　18, 243, 252, 255
　―療法　16
生物―心理―社会の統合モデル　21
世界行動療法認知療法会議　28, 47, 49, 74, 82, 97, 145, 147, 152, 162, 164, 295, 310
摂食障害　76
先端臨床医学研究所（NICE）　63, 72, 86, 286
全般性不安障害　48
早期介入　74, 75, 113
早期警告サイン　57, 74

## た行

対象関係論　248-251
対照試験　84
対処ストラテジー増強法　74
対人恐怖　47, 64, 68
タビストック・クリニック　253-255
ダブリン大学　168
地域医療　107, 110-112, 114, 119, 284, 285
治療効果
　―研究　26, 78, 83, 84, 87, 90, 91, 93, 94, 141
　―研究センター（CORE）　87, 153, 180
治療マニュアル　79
統一資格　184, 188

投映法　33
統計学　222
統合失調症　50, 51, 54, 65, 70, 71, 73-75, 86
　—型人格　56, 155
動物心理学　228
特性論　33
『どの治療法が誰にきくか？』　26, 85, 153, 266, 267

## な行

二次医療　107, 109, 110, 112
日本行動療法学会　98
日本認知療法学会　99
ニューカースル大学　307
認知行動
　—病理学　41
　—療法　15, 18, 25, 62-69, 71, 73, 76, 77, 79, 86, 88, 90
　—理論　43-45, 47-49, 53, 54, 56
認知心理学　101
認知特性のアセスメント　37
認知脳科学ユニット　157, 231
認知病理学　41
認知分析療法　262
認知リハビリテーション療法　26, 73, 151
認知療法　62, 65
認知理論　52
脳科学　103

## は行

パーソナリティ心理学　102
パーソナリティのアセスメント　33
バーミンガム大学　165
博士論文　128
発達心理学　102
パニック障害　43, 64, 66, 67
パブリック・スクール　193
半構造化面接法　38
反応制止エクスポージャー法　68
ピーターズ妄想質問紙　55
ビッグファイブ理論　35
ビネー式　35
非臨床アナログ研究　45, 56, 95, 100
ブリストル大学　240
文化人類学　220
ベイズ理論　52

## ま行・や行

マンチェスター大学　161, 238, 306
無作為割付対照試験　72, 77, 84, 87, 91, 94, 100, 266
メタ分析　84, 85
メディア・マネジメント　209
面接基準　36
メンタルヘルス・リテラシー教育　60
妄想　52, 53, 55
モーズレイ人格目録　34, 140
モーズレイ病院　293
ユニバーシティ・カレッジ・ロンドン　235, 303
ユング・グループ　252
ヨーロッパ行動認知療法学会　98
抑うつ
　—スキーマ　43, 65
　—認知理論　42
　—リアリズム　53

## ら行・わ行

ラカン派　260
リーズ大学　168
臨床教育環境マネジメント　208
臨床心理学　15, 18, 197
類型論　33
レイン派　260
連合王国心理療法協議会（UKCP）　189, 262, 275, 276, 278
連合心理学　210, 211
ロイヤル・チャーター制度　189
ロイヤル・ホロウェイ　154, 237
ロンドン大学　134, 136, 137, 234
論理分析学派　219
ワークショップ　28, 30, 80, 81, 100, 130, 131
ワーンフォード病院　155, 304

**著者略歴**

丹野　義彦（たんの　よしひこ）
1954 年生まれ
1978 年　東京大学文学部心理学科卒
1985 年　群馬大学大学院医学系研究科博士課程修了
現　在　東京大学総合文化研究科助教授，医学博士，臨床心理士
著　書　『エビデンス臨床心理学』日本評論社　2001，『性格の心理』サイエンス社
　　　　2002，『講座臨床心理学全 6 巻』（共編）東京大学出版会　2001-2002，『自
　　　　分のこころからよむ臨床心理学入門』（共著）東京大学出版会　2001，『統
　　　　合失調症の臨床心理学』（共編）東京大学出版会　2003　など多数
監訳書　『認知臨床心理学入門』（監訳）東京大学出版会　1996　など多数

認知行動アプローチと臨床心理学
——イギリスに学んだこと——

2006 年 4 月 15 日　印刷
2006 年 5 月 15 日　発行

著　者　丹野　義彦
発行者　田中　春夫
発行所　株式会社　金剛出版
　　　　〒112-0005　東京都文京区水道 1-5-16
　　　　電話 03-3815-6661　振替 00120-6-34848

印刷・平河工業社　製本・河上製本
ISBN4-7724-0907-6　C3011　Printed in Japan　©2006

## 認知行動療法入門
### 短期療法の観点から

B・カーウェン,S・パーマー,P・ルデル著／下山晴彦監訳
A5判　248頁　定価3,360円

　　心理援助の専門活動に関わるすべての人々のための認知行動療法の入門書！　認知行動療法，短期療法の基本的な考え方を概説した後，ひとつのケースを丁寧に追うことで，初回から終結までの各段階において使われるさまざまな方略や技法が示され，介入の進め方がわかりやすく解説されている。また具体的なガイドラインやワークシートなどは，臨床の場ですぐに役立つ。

## 心理援助の専門職になるために
### 臨床心理士・カウンセラー・PSWを目指す人の基本テキスト

M・コーリィ，G・コーリィ著／下山晴彦監訳
A5判　296頁　定価3,990円

　　心理援助に関する本は数多く出版されているが，そのほとんどは援助のための技法や理論，あるいは具体的な手続きを扱っている。本書はそうした本とは一線を画し，焦点が援助職（を目指す人）自身にあり，援助専門職になるための教育訓練課程で生じる問題や，他者を援助する際，援助者自身が自らの課題として取り組まねばならない人間的側面がテーマとなっている。心理援助職を目指す学生，初心の専門職のための実践テキストブック！

## 心理援助の専門職として働くために
### 臨床心理士・カウンセラー・PSWの実践テキスト

M・コーリィ，G・コーリィ著／下山晴彦監訳
A5判　238頁　定価3,570円

　　コミュニティや組織の中でどのような働きが求められ，どういった役割を果たす必要があるのかが，アウトリーチ活動，危機介入などをキーワードに示されています。また，グループワークの意義やその活用方法，さらに，家族をシステムとして捉え，援助していくこと，その際に援助者自身の家族体験がいかに影響するか等もテーマとなる。臨床家として生きることを考える，一歩先を行く専門援助職の必読書！

価格は消費税込み（5％）です

## 強迫性障害の行動療法

飯倉康郎編著
A5判　260頁　定価3,990円

　著者らが所属する肥前精神医療センターと九州大学精神科は，強迫性障害に対する行動療法の臨床研究を行っている数少ない医療機関であり，20数年にわたって強迫性障害患者への行動療法の適用について模索してきた。本書は，長年の実践で培ってきたその技術をまとめたものである。理解しやすいよう図表を多用し，行動療法の詳細についてきわめて具体的かつ丁寧に解説。強迫性障害の行動療法による治療を実践するための必読書。

## 保健専門職のための NBMワークブック
### 臨床における物語共有学習のために

T・グリーンハル，A・コラード著／斎藤清二訳
A5判　160頁　定価2,940円

　『NBMワークブック』は医師や看護，保健，ソーシャルワーカー，心理などの医療職に向けて書かれた，NBM（ナラティブ・ベイスト・メディスン）の学習書である。NBMやナラティブという考え方は広く捉えどころがないが，本書には多くの患者の物語が描かれ，物語の側面が10のユニットに分かれて説明されているので，だれもがNBMを直感的にも理論的にも理解できる。

## 初心者のための 臨床心理学研究実践マニュアル

津川律子・遠藤裕乃著
A5判　190頁　定価2,625円

　臨床心理研究は研究者だけのものではない。客観的な視点から事例を振り返り，そしてその結果を世界に向けて――ささやかであったとしても――研究論文として発信することは，日常のクライエントに対する援助と同様，臨床家にとってなすべき重要な仕事である。本書は，臨床心理士や臨床心理を志す方に向けて書かれた，研究の進め方と論文の書き方を詳解した手引き。楽しく学べる1冊！

価格は消費税込み（5％）です

### 育児支援のチームアプローチ
吉田敬子編／吉田敬子，山下 洋，岩元澄子著　妊産婦自身や母子関係の心理・精神医学的諸問題を取り上げ，他職種協働による臨床の実際を示す。　3,990円

### 学校におけるSST実践ガイド
佐藤正二，佐藤容子編　社会的スキルの評価方法，SSTを実施する際の具体的手順や留意点などを詳述した教師やカウンセラーのための最適の入門書。　2,625円

### 境界性パーソナリティ障害
J・ガンダーソン著／黒田章史訳　薬物療法，弁証法的行動療法，認知行動療法，家族療法などの治療技法を併用することの有効性を提示する。　5,985円

### ADHDへのナラティヴ・アプローチ
ナイランド著／宮田敬一，窪田文子監訳　今日のADHD診断の急激な増加や，数多く行われる安易な投薬治療の現状に，鋭く疑問を投げかける書。　3,360円

### 新訂増補 自殺の危険
高橋祥友著　自殺の危険を評価するための正確な知識と面接技法の要諦を多くの症例を交え解説。初版の約2倍の内容を収録した専門的研究の決定版。　4,830円

### 精神障害への解決志向アプローチ
ローワン，オハンロン著／丸山晋監訳／深谷裕訳　健康な側面や能力，可能性を強調するアプローチにより，慢性の精神障害者に希望の光をあてる。　2,730円

### ストレス・マネジメント入門
中野敬子著　ストレスを自分でチェックし，軽減するようにコントロールする技術をだれもが学べ，実践できるようにしたわかりやすい解説書。　3,360円

### 統合失調症者とのつきあい方
野坂達志著　患者さんとのつきあい方からソーシャルワークの実務知識，はたまた辞表の出し方まで，かゆいところに手が届く援助職必携マニュアル。　2,940円

### ACT入門
西尾雅明著　精神障害者が地域で安心して暮らせるための集中型・包括型ケースマネジメント・プログラム（ACT）の理解と実践に向けた入門書。　2,940円

### 心理療法とは何か
村瀬嘉代子・青木省三著　心理臨床家に求められる基本的条件，状況を的確に捉え，言葉と態度を選びとる技術を述べた最適の臨床指導書。　2,730円

### 精神科デイケアの始め方・進め方
窪田 彰著　精神科デイケアの成り立ちから開設の準備，運営面での注意事項，プログラムの組み立て方やグループで起こる問題への対処法までを詳解。　3,700円

### 軽度発達障害児の理解と支援
降籏志郎著　学校や地域の養護施設で働く臨床家や家族のために治療教育的な発達支援の実際を事例をあげてわかりやすく解説した実践的指導書。　2,940円

### 精神障害をもつ人たちのワーキングライフ
D・ベッカー，R・ドレイク著　大島巌他監訳　「IPS（個別職業紹介とサポート）」による援助付き雇用の実践ガイドラインを実例とともに紹介する。　3,780円

### 遺伝相談と心理臨床
伊藤良子監修／玉井真理子編集　事例レポートとともに医学的な解説がなされ，周産期，不妊，法的問題などについても解説する。　3,570円

### 臨床心理学
最新の情報と臨床に直結した論文が満載
B5判160頁／年6回（隔月奇数月）発行／定価1,680円／年間購読料10,080円（送料小社負担）

### 精神療法
わが国唯一の総合的精神療法研究誌
B5判140頁／年6回（隔月偶数月）発行／定価1,890円／年間購読料11,340円（送料小社負担）

価格は消費税込み（5％）です